高等教育公共基础课精品系列教材

大学语文

（理工科版Ⅲ）

主　编　　杨　萌　　胡蔚涛
副主编　　车兰兰　　吴照义
　　　　　孙淑娟　　李　平

北京理工大学出版社
BEIJING INSTITUTE OF TECHNOLOGY PRESS

内 容 简 介

本书是贯彻落实党的二十大精神、根据教育部课程思政的要求,结合新时代大学语文课程教学特点以及近年来教材教学使用情况进行改编的最新版教材。全书共分为四编,包括语言文字学、文学、写作学及文学常识导读四部分。每章前面有"学习目的和意义""学习重点与难点",其后有"本章提示""思维与训练"。第一至三编都附录了阅读参考书目。语言和写作部分强化现代汉语、汉字、实用文体写作;文学部分选读篇目彰显了传统文化的厚重与精妙、革命历史文化的精髓与价值以及社会主义先进文化的内涵与前进方向;文学常识部分介绍了历届诺贝尔文学奖获奖作品及获奖理由、历届茅盾文学奖作家作品及简介,以及我国古代主要作家、作品及文学流派等导读内容。同时附录了常用工具书介绍、教育部推荐大学生必读书目100本。全书旨在引导学生对汉语言文学及中国文学名著有更清晰更全面地认识,激发学生学习、领悟并使用汉语的热情,切实提升学生文学素养,不断增强学生对中华文化的自豪感和自信力。

全书脉络清晰,层次分明,结构完整,设计合理,适合作为普通高等院校大学语文课的通用教材,便于教师灵活组织教学。

版权专有　侵权必究

图书在版编目(CIP)数据

大学语文:理工科版. Ⅲ/杨萌,胡蔚涛主编. —北京:北京理工大学出版社,2021.8(2025.1重印)
ISBN 978-7-5763-0219-6

Ⅰ.①大… Ⅱ.①杨… ②胡… Ⅲ.①大学语文课-高等学校-教材 Ⅳ.①H193.9

中国版本图书馆 CIP 数据核字(2021)第 173572 号

责任编辑:李慧智　　**文案编辑**:李慧智
责任校对:刘亚男　　**责任印制**:李志强

出版发行 / 北京理工大学出版社有限责任公司
社　　址 / 北京市丰台区四合庄路6号
邮　　编 / 100070
电　　话 / (010)68914026(教材售后服务热线)
　　　　　　(010)63726648(课件资源服务热线)
网　　址 / http://www.bitpress.com.cn
版 印 次 / 2025年1月第1版第2次印刷
印　　刷 / 唐山富达印务有限公司
开　　本 / 787 mm×1092 mm　1/16
印　　张 / 24.5
字　　数 / 575千字
定　　价 / 49.80元

图书出现印装质量问题,请拨打售后服务热线,负责调换

前 言

大学语文课程是高等院校普遍开设的基础性课程，旨在培养学生汉语的阅读、理解、评价、赏鉴和写作能力，提高母语修养及综合文化素质。随着汉语文化处境的变迁，对大学生进行汉语综合能力和素质教育的紧迫性日渐明显，大学语文课程在人文素质教育中的基础地位和特殊作用日益突出。顺应时代需要，进行教材建设是搞好本国语言文学教育的基础。本教材针对当前高等教育人才培养的目标和基本规格，根据当前大学生的实际情况，以及社会对人才知识结构的要求，力求克服当前大学语文教学中普遍存在的重"文"轻"语"现象，帮助大学生较为完整地了解中国语言文学的概貌、掌握一般应用写作规律，提高大学生的人文素养。

本教材编写历经多年，从探索模块式结构到编写理工版，在教学过程中我们不断加以改进。2021版教材是在原有的《大学语文》（理工科版Ⅱ）（2014版）基础上修订的，主要是结合新时代的特点和"00后"学生的特点，根据教育部课程思政的要求，结合这几年的教学使用情况，进行了修订。全书分为四编，包括语言学、文学、写作学及文学常识四大知识领域。第一编为语言文字学部分（第一章至第三章），主要阐述语言学的历史发展概貌，汉字的演变与发展，现代汉语的语音、词汇、语法和语用等内容；对原有章节进行调整，增加了"文字"的内容，引导学生对中国语言文字学有更清晰的认识，认识到汉语承载传播中华文化的使命。第二编为文学部分（第四章至第六章），包括中国古代文学作品选、中国现代文学作品选和中国当代文学作品选；选取了富有文化内涵和时代气息的文学作品，删除了部分与中学教材重复的篇目。在现代文学部分增加了毛泽东、李大钊、方志敏、鲁迅等老一辈无产阶级革命家的文学作品；当代文学部分增加了余光中、季羡林、莫言等当代诗人、作家的作品，加强爱国主义教育和社会主义精神文化建设，弘扬社会主义先进文化。第三编为写作学部分（第七章至第九章），其内容有写作基础知识、实用类文体写作和科技类文体写作，包括现实工作与生活中必不可少的几十种常用文体；主要替换了一些较为陈旧的案例，选取了时间较新的一些公文，特别选取了习近平总书记的一些重要讲话等，弘扬社会主义核心价值观，加强爱国主义教育。第四编为文学常识导读部分（第十章和第十二章），主要包括诺贝尔文学奖及茅盾文学奖作家作品介绍，部分古代作家、作品和文学流派及历史年谱等导读内容,以及少数民族历史的简介;增加了部分江西历史文化名人的简述,如朱熹、谢晋、陆九渊、方志敏、朱耷等,加强江西传统文化教育;更新了诺贝尔文学奖获得者名单;增加了茅盾文学奖及获奖作家。在附录部分,向同学们介绍了常用工具书以及"教育部推荐大学生必读书目100本"。

本教材注重规范性与实用性相统一,注重引用案例教学,在每章前都有"学习目的和意义""学习重点与难点"的提示,每章之后有"本章提示""思考与训练"供学习使用。另外,在第一编至第三编的最后分别提供了阅读参考书目,旨在拓宽学生的视野。

本教材第一编由胡蔚涛副教授(南昌工程学院)、孙淑娟副教授(南昌工程学院)编写,第二编由车兰兰讲师(南昌工程学院)、吴照义讲师(南昌工程学院)编写,第三编由杨萌教授(南昌工程学院)、吴照义讲师(南昌工程学院)编写,第四编由李平讲师(南昌工程学院)编写。全书由杨萌教授定稿。

感谢刘善峰及北京理工大学出版社的大力支持,使本书得以出版。

限于我们的水平,书中难免有疏漏和欠妥之处,敬请专家和使用本书的师生、读者给予批评指正。

编者

2021年5月

目 录

第一编 语言文字学部分 ……………………………………………………………（1）

第一章 语言学概论 ……………………………………………………………（3）
　第一节　语言的社会功能 ………………………………………………………（3）
　第二节　语言是符号系统 ………………………………………………………（4）

第二章 现代汉语 ………………………………………………………………（6）
　第一节　现代汉语概说 …………………………………………………………（6）
　第二节　现代汉语语音 …………………………………………………………（10）
　第三节　现代汉语词汇 …………………………………………………………（31）
　第四节　现代汉语语法 …………………………………………………………（49）
　第五节　现代汉语语用 …………………………………………………………（57）

第三章 文字与汉字 ……………………………………………………………（88）
　第一节　文字的定义 ……………………………………………………………（88）
　第二节　文字的产生及汉字的形成 ……………………………………………（89）
　第三节　现代汉字的标准化与规范化 …………………………………………（95）
　本编阅读参考书目 ………………………………………………………………（100）

第二编 文学部分 ………………………………………………………………（101）

第四章 中国古代文学作品选 …………………………………………………（103）
　第一节　中国古代文学概述 ……………………………………………………（103）
　第二节　古文作品选 ……………………………………………………………（109）
　第三节　诗词曲赋选 ……………………………………………………………（132）

第五章 中国现代文学作品选 …………………………………………………（164）
　第一节　中国现代文学概述 ……………………………………………………（164）

第二节	诗歌选	(166)
第三节	散文与戏剧选	(172)
第四节	小说选	(185)

第六章　中国当代文学作品选　(188)

第一节	中国当代文学概述	(188)
第二节	诗歌选	(191)
第三节	散文选	(196)
第四节	小说选	(204)
	本编阅读参考书目	(211)

第三编　写作学部分　(213)

第七章　写作基础知识　(215)

第一节	选题与立意	(215)
第二节	信息资料与书面语言表述	(219)
第三节	文体与结构	(230)
第四节	文章的起草与修改	(241)

第八章　实用类文体写作　(249)

第一节	党政机关公文	(249)
第二节	调查报告	(264)
第三节	计划与总结	(271)
第四节	书信与演讲稿	(280)

第九章　科技类文体写作　(304)

第一节	概　述	(304)
第二节	毕业设计（论文）	(305)
第三节	学术论文写作	(311)
	本编阅读参考书目	(323)

第四编　文学常识导读　(325)

第十章　中国古代文学主要流派、作家及作品　(327)

第一节	中国古代文学主要流派	(327)
第二节	中国古代文学主要作家及作品	(332)
第三节	部分江西历史文化名人简述	(336)

第十一章　部分文学名家作品介绍　(343)

第一节	诺贝尔文学奖及获奖作家	(343)
第二节	茅盾文学奖及获奖作家	(356)

第十二章 中国古代历史年谱及古代少数民族历史导读 (364)

第一节 中国古代历史年谱 (364)

第二节 中国古代少数民族历史简述 (367)

附 录 (375)

第一编

语言文字学部分

第一章

语言学概论

学习目的和意义

通过本章学习,认识什么是语言,学习语言学的意义;了解语言的社会功能;掌握语言符号的性质和特点;从其社会功能中培养学生看待问题的辩证思维方式,从其人文属性中提炼国家精神、民族性格、社会文化等思想政治元素,进而培养学生的文化自豪感。

学习重点与难点

什么是语言、语言的社会功能、语言符号的性质和特点、学习语言学的意义。

第一节 语言的社会功能

语言学,顾名思义,是研究语言的科学。语言学的基本任务是研究语言的规律,使人们懂得关于语言的理性知识。语言的理性知识来源于实践,但是反过来又可以指导实践。所以,语言学在社会生活、科学发展中具有重要的作用。

首先,语言学可以指导我们更好地学习语言。一方面,语言学可使我们的母语学习更具理性,同时也更富成效。另一方面,语言学除了在母语学习方面可以提供帮助外,还可以为外语的学习提供指导。事实证明,在语言学理论的指导下学习外语,可以在短期内收到事半功倍的效果。如"二战"期间,美军急需大量的外语翻译人才,尤其是战争所在地各土著民族语言的翻译人才,当时委托著名语言学家布龙菲尔德写了《实际掌握外国语的指导提纲》(1942),并按它进行训练,仅在一年之内就训练出了数以千计的在作战中会听会说的外语口译人才,解决了战争的需要。

其次,语言学知识对于文学作品的阅读、学习、研究和鉴赏也是十分必要的。我们只有透彻地理解作品的语言,才能透彻地理解作品的内容。同时文学作品的创作和鉴赏也需要深厚的语言学功底和丰富的语言学知识。

一、语言是人类最重要的交际工具

会不会说话是人类和其他动物的根本区别之一。说话时所用的语言是表达思想、进行交际的工具。语言不但是人类交际的工具，而且是各种交际工具中最重要的一种。

除了语言之外，人类有很多种交际工具，如眉目可以传情，手势可以表意，文字可以成为彼此很好沟通的中介。但无论哪一种交际工具，其重要性都无法和语言相比。这是因为，相对其他交际工具，语言有着无可比拟的优势。其一，语言表达较少受外部条件的制约。眉目是可以传情，手势是可以表意，但如果在伸手不见五指的黑夜，这些都得抓瞎。语言当然也受一定条件制约，比如两人说话，相隔十里，如果不借助现代通信设备，当然不成。但相对来说，语言还是较少受到如光线、温度、距离等外部条件的制约。发音器官完好，大脑健康，两人就可顺畅交流。其二，语言表达的广度和深度是其他交际工具根本无法达到的。身体姿势、红绿灯、旗语这些手段的确可以传递一些信息，它们传递的信息量是有限的。唯有语言，可以表达世间万事万物，阐述思想。可以说，无论主观还是客观，都可借助语言在人与人之间传递、交流。文字是唯一在功能上接近语言的交际工具。但是它替代不了语言。一个社会可以没有文字，但是不能没有语言；没有语言，社会就不能生存和发展。文字是在语言的基础上产生的，只有几千年的历史。在文字产生以前，语言早已存在，估计有几十万年历史。今天世界上没有文字的语言比有文字的语言多得多。文字产生以后要随着语言的发展而演变，它始终从属于语言，是一种辅助的交际工具。

二、语言是思维的工具

思维是认识现实世界时的动脑筋过程，也指动脑筋时进行比较、分析、综合以认识现实的能力。思维的时候需要用语言。语言和思维是两种独立的现象，但形影相随，不可分离。

日常说话，因为太平常、太习惯了，脱口而出，仿佛感觉不到有使用语言动脑筋的过程。如果我们考虑的是一些复杂的问题，就能感到有一个默默自语的过程，而且你还能感到动脑筋时所用的语言跟你实际说话时所用的语言是一致的。例如学习外语要养成用外语思维的习惯。如果没有这种习惯，说出来的外语就不会流畅、纯正。总之，不管用本族语思维也好，还是用外族语思维也好，一个人在思维的时候总得运用一种语言。所以思维离不开语言，必须在语言材料的基础上进行。

第二节　语言是符号系统

前一节介绍了语言的社会功用：语言是一种社会现象，是人类最重要的交际工具和思维工具。这一节我们要进一步分析语言本身的结构。语言是符号系统，这句话概括了语言本身的性质和特点。

一、语言符号的性质

语言符号是由声音和意义组成的统一体。声音是语言符号的物质形式，意义是语言符号的内容。语言符号中形式和意义的结合完全由社会"约定俗成",而不是它们之间有什么必然的、本质的联系。汉语中为什么把"成本的著作"这样的意义和 shū 这个语音形式结合起来,这是没有道理可说的,完全由社会的习惯所决定。如果我们的祖先不把这类对象叫作 shū,而叫别的,也完全可以。所以"约定俗成"是语言符号的本质。

二、语言符号的特点

语言符号系统具有两个特点:任意性和线条性。

1. 任意性

(1) 所谓任意性,是指语言的声音形式和意义内容之间的联系是任意的,由社会约定俗成的,没有必然的、本质的联系。什么样的声音表达什么样的意义,什么样的意义由什么样的声音表达,是由社会全体成员共同约定并共同遵守的。为什么人类会有这样多形形色色的语言?这也只能从语言符号的声音和意义联系的任意性角度来解释。

(2) 语言符号的任意性特点具体表现:要求结合人类不同语言的种种现象来认识,有以下几个方面:第一,语言符号音义的结合是任意性的,由社会约定俗成的,即什么样的语音形式表达什么样的意义内容,什么样的意义内容用什么样的语音形式表现是任意的;第二,不同语言有不同的音义联系,音义结合具有不同的特点;第三,同样的语音形式,在不同的语言中表示不同的意义,不同语言音义联系不对等;第四,同一语言的音义关系也有任意性,如方言。

2. 线条性

线条性是指我们在说话时得一个词接一个词地说出来,不可能在同一时间说出两个词来,在文本上写下来就呈现线性排列的特点。符号的任意性是就单个符号的音与义之间的相互关系来说的。符号的线条性使符号能够一个接着一个进行组合,构成不同的结构。这样,就使以任意性为基础的符号处于有条件、有规则的联系之中,使语言具备有条理、可理解的性质。

本章提示

要了解语言的含义及作用;掌握语言符号的本质和特点;熟悉学习语言学的意义。

思维与训练

1. 什么是语言?
2. 语言有哪些社会功能?
3. 语言符号有什么特点?
4. 语言符号系统的任意性指什么?
5. 联系实际谈谈学习语言学有什么意义。

第二章

现代汉语

学习目的和意义

说好普通话是提高语言表达能力的一个重要内容,通过本章学习,掌握现代汉语语音的基本知识,了解普通话语音系统和语音训练的方法,了解社会各行业对普通话水平等级的要求,有针对性地开展语音训练,从而提高说普通话的能力;方言被称为民间文化的"活化石";通过对汉语方言的学习,加强母语教育,使学生了解地方民俗文化的多样性,认同民族文化,增强文化自豪感。

学习重点与难点

现代汉语的定义和地位、语音的性质、声母与韵母的正确发音、词的结构类型、词义的构成、同义词的辨析、常见的句法错误、标点符号的正确使用、语境的概念及其类型、言语交际的基本准则。

第一节 现代汉语概说

一、现代汉语的含义

现代汉语是现代汉民族使用的语言,包括民族共同语和方言。现代汉民族的标准语是作为现代汉民族共同语的普通话;现代汉语方言是现代汉语在不同地域的分支,属于现代汉语的地方变体。

汉语发展到现代汉语阶段,经历了漫长的过程,大体可分为五个发展阶段:汉字产生以前,只有口语而没有书面语,属于原始汉语阶段;先秦至西汉,属于上古汉语阶段;东汉至隋,属于中古汉语阶段;唐代开始,出现了以当时口语为基础、多少掺杂一些文言成分的通俗文学作品,从而开始了近代汉语阶段;五四运动以后,随着长期言文分歧的重新统一和现代汉民族共同语的逐步形成，便进入了现代汉语阶段。

二、现代汉语的地位

汉语是世界上历史最悠久、最发达的语言之一。无论是过去还是现在，汉语在国内外都有很大的影响，具有重要的地位。

汉语是随汉民族的形成逐渐发展起来的一种语言，对中华民族的形成、中国文化的传播起过巨大的作用。汉语不仅是我国汉族人民的交际工具，同时也是我国各民族之间的交际工具，为各民族间的相互学习和协作做出了很大的贡献。汉语也是国际上代表中国的语言，是世界上使用人口最多的语言。

除了中国，汉语还分布在世界各大洲，具有非常深远的影响。汉语和汉字曾随着古代中国高度发达的科学文化知识一起传播到日本、朝鲜、越南等国家。一直到现在，汉语词汇在这些国家的语言里还占有十分重要的地位。这些国家的古代历史文献大多是用汉字记载下来的。

中华人民共和国成立后，随着中国国际地位的日益提高，汉语在世界上的地位也日渐提高。1973 年，联合国大会把汉语列为联合国的 6 种法定工作语言之一（其他 5 种分别是英语、法语、俄语、西班牙语和阿拉伯语）。现在国际上，汉语的影响越来越大，受到了各国的广泛重视，要求学习汉语的人也越来越多，形成了学习汉语的热潮。截至 2018 年，全球有 60 多个国家通过颁布法令政令等方式将汉语教育纳入国民教育体系，170 个国家开设汉语课程或汉语专业。

三、现代汉语共同语

现代汉语共同语是现代汉民族共同用来交际的语言。在中国大陆叫普通话，在我国台湾称国语，在新加坡、马来西亚称"华语"。我国是一个多民族国家，基于各民族间频繁交往的需要，宪法规定"国家推广全国通用的普通话"，这是按照国际惯例，从立法上确定以主体民族的共同语作为全国通用的共同语。

民族共同语是在一种方言的基础上形成的，作为民族共同语基础的方言叫作基础方言。什么方言能成为民族共同语的基础方言，取决于这种方言在社会中所处的地位，取决于这个方言区的政治、经济、文化以至人口等条件。

现代汉民族共同语是近几百年来在北方方言的基础上逐渐形成的，北方方言是现代汉民族的基础方言，这是历史发展的结果。具体说来，一是北方方言的代表城市北京，长期以来是我国的国都所在，是全国的政治中心。自 1153 年金迁都到中都燕京（北京）起，北京的政治、经济地位迅速上升。往后的元、明、清几个朝代，除明初的几十年外，也一直建都北京。上下 800 年，北京始终是我国政治、经济和文化中心，使以北京为代表的北方方言很早以来就处于同其他方言完全不同的特殊社会背景中。二是北方方言分布区域随历史的发展不断扩大，成为汉语诸方言中通行面最广、使用人数最多的方言。分布面积占全国总面积的四分之三，使用人口占说汉语人数的三分之二，并且方言内部一致程度高。三是历史上许多重要的白话文学著作是用北方方言写成，对非北方方言区产生了重大影响。

1955 年 10 月，全国文字改革会议和现代汉语规范问题学术会议相继召开，从语音、词汇、语法三个方面确定了现代汉语共同语定义,即以北京语音为标准音,以北方话为基础方言,以典范的现代白话文著作为语法规范的普通话。

(1) 语音,以北京音为标准音,是就北京话的语音系统讲的,但是,一些土音成分要舍弃,一些有分歧的读音,如异读也要经过审订决定其取舍。有些字在北京人口里读音并不一致,如波浪(bōlàng, pōlàng),跳跃(tiàoyuè, tiàoyào),教室(jiàoshì、jiàoshǐ),亚洲(yàzhōu, yǎzhōu)。对于这类异常读词,普通话审音委员会曾加以审订,规定了前一种念法。北京话中的轻声、儿化问题,也相当复杂,需要加以规范。

(2) 词汇,以北方方言词汇为基础,并不是要兼收并蓄北方方言所有的词汇。某些过于土俗的词汇是要舍弃的。如"太阳"一词,北方方言区中有"老爷儿"(北京、保定),"日头"(沈阳、西安)、"热头"(合肥)等多种说法。同一事物,在北方方言中各地区说法不一致的,应当采取比较通行的词做标准。如"玉米、棒子、苞米、珍珠米、老玉米"应选用通用的"玉米"。"土豆、洋芋、马铃薯、山药蛋"应选用"土豆"或"马铃薯"。为了丰富词汇,普通话也要从方言、古代汉语、外来语中吸收一些所需要的词。像"垃圾、别扭、蹩脚"等方言词就已被吸收进共同语。

(3) 语法,以典范的现代白话文著作为语法规范。典范是指具有广泛的代表性,典范的著作有它的稳固性,可以把规范的标准巩固下来,便于遵循。当然方言语法,外民族语法中有用的东西可适当吸收。如吴语中的"穿穿看""唱唱看"的"看"具有特殊的表达功能,已经收到普通话中了。再如,"过去是,现在是,将来仍然是我们的学习榜样"等外语格式都已被吸收过来,使我们的语言更为精密、准确,更富于表现力了。

四、现代汉语方言

方言是现代汉语的地域变体。汉民族有着悠久的历史,在汉民族发展的历史长河中,由于不同时期的不同社会历史条件和人文地理条件,汉族人民所操的语言自然会不断有所变化。时而分化,时而统一,各种不同的地方方言正是在这分化与统一的过程中产生的。有的方言形成于很早的时期,有的方言却是较晚时期的产物,距今2000多年前扬雄编著的《方言》一书,已经反映了当时错综复杂的方言现象。秦始皇统一中国,实行"书同文",文字的使用是统一了,可是方言不可能因此就统统消失。汉语方言分布区域辽阔,差异较大、情况较复杂的地区多集中在长江以南。长江以北广大地区,尤其是华北、东北地区,汉语方言的一致性比南方高得多。总的格局是:北方各方言一致性大、差异性小;南方各方言差异性大、一致性小。闽、粤两大方言和普通话差别最大,吴方言次之,客家、赣、湘等方言和普通话差别要小一些,北方方言作为民族共同语的基础方言,和普通话的差别自然要小得多。

汉语的方言目前可以分为七大方言区,它们的分布情况大致如下:

(一) 北方方言

北方方言也称北方话、官话,以北京话为代表,内部一致性较强。在汉语各方言中它的分布地域最广,使用人口约占汉族总人口的73%。

有四个次方言:

一是华北、东北方言,分布在京、津两市,河北、河南、山东、辽宁、吉林、黑龙江,还有内蒙古的一部分地区。

二是西北方言，分布在山西、陕西、甘肃等省和青海、宁夏、内蒙古的一部分地区。新疆汉族使用的语言也属西北方言。

三是西南方言，分布在四川、云南、贵州等省及湖北大部分（东南角咸宁地区除外），广西西北部，湖南西北角等。

四是江淮方言，分布在安徽省、江苏长江以北地区（徐州、蚌埠一带属华北、东北方言，除外），镇江以西九江以东的长江南岸沿江一带。

（二）吴方言

吴方言也称江南话或江浙话，以上海话为代表。分布地域包括上海、江苏省长江以南镇江以东地区（不包括镇江）、南通的小部分、浙江大部分。吴方言内部也存在一些分歧现象，如杭州曾做过南宋都城，杭州地区的吴语就带有浓厚的"官话"色彩。使用人口约占汉族总人口的 7.2%。

（三）湘方言

湘方言也称湖南话，以长沙话为代表。分布在湖南省大部分地区（西北角除外），湘方言内部还存在新湘语和老湘语的差别。新湘语通行在长沙等较大城市，受北方言的影响较大。使用人口占汉族总人口的 3.2%。

（四）赣方言

赣方言也称江西话，以南昌话为代表。分布在江西省大部分地区（东北沿江地带和南部除外）和湖北东南、福建西北、安徽西南、湖南东部部分地区。使用人口占汉族总人口约 3.3%。

（五）客家方言

客家方言也称客家话，以广东梅县话为代表。客家人分布在广东、广西、福建、江西、台湾等省的部分地区和湖南、四川的少数地区，其中以广东东部和北部，福建西部、江西南部和广西东南部为主。客家人从中原迁徙到南方，虽然居住分散，但客家方言仍自成系统，内部差别不太大。四川客家人与广东客家人相隔千山万水，彼此仍可交谈。使用人口占汉族总人口的 3.6%。

（六）闽方言

闽方言又称福佬话，现代闽方言主要分布区域跨越六省，包括福建和海南的大部分地区。广东东部潮汕地区、雷州半岛部分地区，浙江南部温州地区的一部分，广西的少数地区，台湾地区的大多数汉人居住区。使用人口约占汉族总人口的 5.7%。

闽方言内部分歧较大，现在一般将其分为五个次方言：闽东、闽南、闽北、闽中、莆仙方言。其中最重要的是闽东方言，分布在福建东部闽江下游，以福州话为代表。闽南方言分布在闽南二十四县、台湾及广东的潮汕地区和雷州半岛、海南省及浙江南部，以厦门话为代表。闽北方言以建瓯话为代表；闽中方言以永安话为代表；莆仙方言以莆田话为代表。

（七）粤方言

粤方言也称广东话，以广州话为代表，当地人称"白话"。分布在广东中部、西南部和广西东部、南部的约一百来个县以及香港、澳门特别行政区。粤方言内部也有分歧，四邑（台山、新会、开平、恩平四县）粤语、阳江话和桂南粤方言等都各有一些有别于广州话的语音特色。使用人口约占汉族总人口的4%。

普通话和客家方言、闽方言、粤方言等，都随着华侨传布海外。

这些方言之间的差异主要表现在语音、词汇、语法等各个方面。其中语音方面差别最为明显，词汇方面次之，语法结构相对稳定，差别较细微。因为各种方言共享一套汉字符号系统，有着一批共同的词汇单位，又有大致统一的语法结构和整套关系密切对应的音系，所以汉语的这些方言是现代汉语的地域变体，并不是和普通话并列的独立语言。

第二节 现代汉语语音

一、语音的性质

语音是由人的发音器官发出来的具有一定意义的声音。自然界的风声、雨声、鸟叫声都不是由人的发音器官发出来的，所以不是语音；气喘声、打喷嚏声虽然是由人的发音器官发出来的，但并不具有意义，所以也不是语音。语音是语言的物质外壳，语言要通过语音来传递信息进行交际。没有语音这个物质外壳，意义无法传递，语言也就不能成为交际工具。

语音具有三种基本属性。

（一）物理属性

语音是声音，从物理上说，声音是由物体振动而产生的音波。语音和其他声音一样具有音高、音强、音长、音色四种要素。

1. 音高

音高指声音的高低，决定于发音体振动的快慢。振动的次数多，频率就高，声音就高；振动的次数少，频率就低，声音就低。语音的高低同声带的长短、厚薄、松紧很有关系。女人的声音听起来比男人高，就是因为女人声带较短、较薄，男人的声带长而厚。汉语的声调，主要是由不同的音高构成的。

2. 音强

音强指声音的强弱，与声波振幅的大小有关。振幅大，声音就强；振幅小，声音就弱。敲鼓时，用力大，音强就强，发出的声音就大；用力小，音强就小，发出的声音就小。重音和轻声是由音强不同所致，如普通话里"莲子"和"帘子"里的"子"音强不同，前一个

"子"音强较强,后一个"子"音强较弱。

3. 音长

音长指声音的长短,决定于发音体振动时间的长短。时间长,音长就长;时间短,音长就短。英语 sheep 和 ship 的区别,主要是其中元音 i 的音长不同。sheep 里的 i 音长长,ship 里的 i 音长短。广州话里"三"和"心"的不同,主要是其中元音 ɑ 的音长不同,"三"里的 ɑ 音长长,"心"里的 ɑ 音长短。

4. 音色

音色又叫"音质",指的是声音的特色,是由声波的不同形状决定的。音色是区别不同声音的最重要的要素,元音 ɑ、o、i 的区别就是由于它们的音色不同。造成不同音色的原因有三:发音体不同,如笛子和二胡;发音方法不同,如二胡和琵琶;发音时的共鸣体不同,如箫和笛。

(二) 生理属性

语音是由人的发音器官发出来的,因而具有生理属性。人的发音器官可以分为三大部分(图 2-1)。

肺是产生语音的动力基地,由肺部呼出的气流是语音的原动力。

声带是发音体,声带是两片富有弹性的薄膜,它的敞开和闭合构成声门。声门敞开时,气流畅通,可以发出清辅音;声门闭合时,气流从声门中挤出,颤动声带发出元音或浊辅音。

咽腔、鼻腔和口腔是语音的调节器和共鸣器(图 2-2)。气流到达咽腔时,从鼻腔泄出叫"鼻音",从口腔泄出叫"口音",从鼻腔和口腔同时泄出叫"鼻化音"。

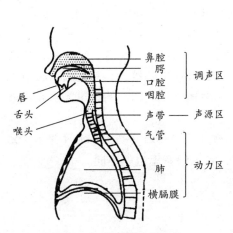

图 2-1 发音器官示意图

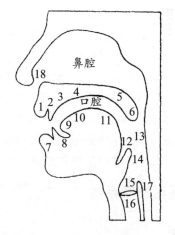

1—上唇;2—上齿;3—齿龈;4—硬腭;5—软腭;
6—小舌;7—下唇;8—下齿;9—舌尖;10—舌面;
11—舌根;12—咽腔;13—咽壁;14—喉盖;15—声带;
16—气管;17—食道;18—鼻孔。

图 2-2 发音器官纵切面示意图

(三) 社会属性

语音表达一定的意义,具有社会属性。语音的社会属性突出表现在声音和意义的联系是社会约定的。同是"一"这个意义,汉语普通话用 yī 这个声音表示,英语用 one 表示,日语用いち表示,可见声音和意义没有必然的联系,什么音表示什么意义是由使用这种语言的社会约定的。每种语言的语音特点,如:有哪些音,没有哪些音,哪些音能区别意义,哪些音不能区别意义,等等,这些也是由语音的社会属性决定的,即由使用该语言的民众决定的,所以说语音的社会属性是语音的本质属性。

二、语音基本单位

(一) 音素和音节

音素是最小的语音单位,例如,汉语里的 a、o、u 都是音素。一个音节可以由几个音素构成,也可以由一个音素构成。音素分为元音和辅音两大类,气流在口腔或咽头受阻碍而形成的音叫辅音,如 b、p、d、t、g、k 等;气流振动声带,在口腔、咽头不受阻碍而形成的音叫元音,如 a、o、e、i、u 等。

音节是语音结构的基本单位,也是自然感到的最小的语音片段。如"飘"piāo 是 1 个音节,"皮袄"pí'ǎo 是 2 个音节,"大学生"是 3 个音节,"高等教育"是 4 个音节。汉语音节和汉字基本上是一对一,一个汉字也就是一个音节。只有少数例外,如"花儿""盆儿"都写成两个汉字,可是读成一个音节 huār、pénr。

(二) 声母、韵母、声调

汉语音韵学的传统分析方法是把一个音节分为声母、韵母两个部分,还有一个贯通整个音节的声调。

声母指音节开头的辅音,韵母指音节里声母后面的部分。例如 dà(大)的声母是 d,韵母是 a;xiào(校)的声母是 x,韵母是 iao。

元音、辅音和声母、韵母是从不同的角度分析语音得出来的概念。元音、辅音是音素的分类,适用于一切语言;声母、韵母是对汉语的音节进行分析得出的概念,只适用于汉语和与汉语有相同的音节结构的语言。在普通话中,声母都是由辅音充当的,韵母主要由元音来充当,有的韵母中也有辅音,但只限于 n 和 ng。

声调指整个音节的高低升降的变化。普通话里 bā(八)、bá(拔)、bǎ(把)、bà(坝)这四个音节的声母和韵母都相同,只是声调不同,表示的意思也就不同。

三、普通话语音系统

(一) 声母

声母指音节开头的辅音。普通话中有 21 个辅音声母,即:b、p、m、f、d、t、n、l、g、k、h、j、q、x、zh、ch、sh、r、z、c、s。我们可以从两个方面来研究声母的发音:

(1) 发音部位,就是气流受到阻碍的部位。

(2) 发音方法,就是气流克服阻碍发出声音的方法。

1. 声母的发音部位

按照发音部位可以把普通话的声母分为 7 类(图 2-3):

（1）双唇音：由上唇和下唇构成阻碍而形成的音，有3个：b、p、m。
（2）唇齿音：由下唇和上齿构成阻碍而形成的音，只有1个：f。
（3）舌尖前音：由舌尖和上齿背构成阻碍而形成的音，有3个：z、c、s。
（4）舌尖中音：由舌尖和上齿龈构成阻碍而形成的音，有4个：d、t、n、l。
（5）舌尖后音：舌尖翘起和硬腭构成阻碍而形成的音，有4个：zh、ch、sh、r。
（6）舌面音：由舌面和硬腭构成阻碍而形成的音，有3个：j、q、x。
（7）舌根音：由舌根和软腭构成阻碍而形成的音，有3个：g、k、h。

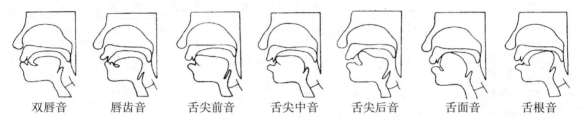

双唇音　　唇齿音　　舌尖前音　　舌尖中音　　舌尖后音　　舌面音　　舌根音

图2-3　声母发音部位示意图

2. 声母的发音方法

声母的发音方法可以从三个方面来说明。

（1）构成阻碍和消除阻碍的方式。

按照发音时构成阻碍和消除阻碍的方式，普通话的声母分为五类：

①塞音。发音时，口腔中构成阻碍的两个发音部位形成闭塞，软腭上升，堵塞通向鼻腔的通路。气流经过口腔时冲破阻碍迸裂而出，爆发成声。塞音有6个：b、p、d、t、g、k。

②擦音。发音时，构成阻碍的两个部位非常接近，留下窄缝。软腭上升，堵塞通向鼻腔的通路。气流经过口腔时从窄缝挤出，摩擦成声。擦音有6个：f、h、x、sh、r、s。

③塞擦音。发音时，构成阻碍的两个部位完全闭塞。软腭上升，堵塞通向鼻腔的通路。气流经过口腔先把阻塞部位冲开一条窄缝，从窄缝中挤出，摩擦成声。先破裂，后摩擦，结合成一个音。塞擦音有6个：j、q、zh、ch、z、c。

④鼻音。发音时，口腔里构成阻碍的两个部位完全闭塞。软腭下垂，打开通向鼻腔的通路。气流颤动声带，从鼻腔通过。鼻音有两个，就是m和n。

⑤边音。发音时，舌尖与上齿龈相接构成阻碍，舌头两边留有空隙。软腭上升，堵塞通向鼻腔的通路。气流经过口腔，颤动声带，从舌头的两边通过。边音只有1个，就是l。

（2）气流的强弱。

按照发音时口腔呼出气流的强弱，普通话声母中的塞音和塞擦音分为两类，就是送气音和不送气音。

①送气音。发音时，呼出的气流较强。有6个：p、t、k、q、ch、c。

②不送气音。发音时，呼出的气流较弱。有6个：b、d、g、j、zh、z。

（3）声带是否颤动。

按照发音时声带是否颤动，普通话的声母分为清音和浊音两类。

①清音。气流呼出时，声门打开，声带不颤动，发出的音不响亮。清音有17个：b、p、f、d、t、g、k、h、j、q、x、zh、ch、sh、z、c、s。

②浊音。气流呼出时，颤动声带，发出的音比较响亮。浊音有4个：m、n、l、r。

3. 声母的发音

把声母的发音部位和发音方法结合起来，就可以说明普通话21个声母是怎么发音的。声母的发音部位和发音方法可以综合为表2－1。

表2－1 声母的发音部位和发音方法

发音部位	塞音		塞擦音		擦音		鼻音	边音
	清音		清音		清音	浊音	浊音	浊音
	不送气	送气	不送气	送气				
双唇音	b	p					m	
唇齿音					f			
舌尖中音	d	t					n	l
舌根音	g	k			h			
舌面音			j	q	x			
舌尖后音			zh	ch	sh	r		
舌尖前音			z	c	s			

4. 零声母

除了以上说的21个辅音声母外，普通话还有一些音节没有辅音声母，例如 ān（安）、ēn（恩）、āo（凹）、ōu（欧）、āng（肮）等。我们习惯上叫它"零声母"。汉语拼音的 y 和 w 只出现在零声母音节的开头，它们的作用主要是使音节界限清楚。例如，yī（衣）、yú（于）、yān（烟）、wáng（王）、wēng（翁）等。

5. 声母辨正

各地方言的声母同普通话声母不尽相同，方言区的人学习普通话声母时要注意以下4个问题：

（1）分辨 zh、ch、sh 和 z、c、s。

zh、ch、sh 与 z、c、s 的区别在于发音部位的不同，zh、ch、sh 是舌尖后音，发音时舌尖翘起来对着硬腭；z、c、s 是舌尖前音，发音时舌尖对着上齿背。先发 z、c、s，然后把舌尖翘起来对着硬腭，发出的音就是 zh、ch、sh。吴方言、闽方言、粤方言，还有北方方言的部分地区，没有 zh、ch、sh 这套声母。北方方言里有些地区虽然有这两套声母，但是分合情况和普通话不完全相同。因此，这些方言区的人学习普通话时就要学会 zh、ch、sh、r 的发音，还要知道普通话里哪些字读 zh、ch、sh，哪些字读 z、c、s。比较下列各组词语：

z、zh 自立—智力 栽花—摘花 短暂—短站 小邹—小周
c、ch 仓皇—猖狂 一层—一成 藏身—长生 有刺—有翅
s、sh 四十—事实 散光—闪光 三哥—山歌 塞子—筛子

（2）分辨 f 和 h。

f 与 h 的差别在于，f 是唇齿音，h 是舌根音，二者的发音部位不同。f 发音时下唇和上齿构成阻碍，h 发音时舌根和软腭构成阻碍。南方有些方言没有 f 这个声母，普通话的 f 在

闽方言多数读成 b、p 或 h，湘方言有些地区把 f 读成 h，而粤方言则相反，把普通话里一些读 h 的字（大都是和 u 结合的字，如虎 hu、花 huɑ）也读作 f。比较下列各组词语：

　　f、h　开发—开花　开方—开荒　公费—工会　废话—绘画

（3）分辨 n 和 l。

n 是鼻音，发音时气流通过鼻腔，由鼻孔呼出，不由口腔呼出。l 是边音，发音时气流从舌头的两旁呼出，不从鼻腔呼出。为了分辨 n 和 l，不妨捏住鼻子练习，捏住鼻孔后发音，如果觉得发音困难，而且耳膜有鸣声，那就是 n 音，反之就是 l。闽方言、北方方言里的西南话和部分江淮话里 n 和 l 是不分的。有的有 n 没有 l，有的有 l 没有 n，有的 n、l 随便读。这些方言区的人除了要学会 n 和 l 的发音外，还要记住在普通话里哪些字的声母是 n，哪些字的声母是 l。比较下列各组词语：

　　n、l　女客—旅客　男子—篮子　难住—拦住　留念—留恋

（4）把浊音改为清音。

清声母发音时声带不颤动，浊声母发音时声带要颤动。普通话里只有 m、n、l、r 四个浊声母，而吴方言和湘方言却有一套和清声母 b、d、g、j、z、s 等相配的浊声母，读起来"培""被"不分，"台""代"不分，"床""状"不分，都读成浊音声母。部分地区除了 m、n、l、r 外还有浊塞音、浊擦音和浊塞擦音声母。这些方言区的人学习普通话的时候，要把这些浊声母改成发音部位相同的清声母。

二、韵母

（一）韵母的发音

普通话有 39 个韵母。韵母主要由元音构成，也有的由元音加鼻辅音构成。按结构可把韵母分为单元音韵母、复元音韵母和带鼻音韵母三类。下面说明三类韵母的发音。

1. 单元音韵母

由一个元音构成的韵母叫单元音韵母，普通话有 10 个单元音韵母，从发音说分为三类：

（1）舌面单元音韵母。

ɑ、o、e、ê、i、u、ü 是舌面单元音韵母，发音时主要由舌面起作用，气流颤动声带，然后由口腔呼出。元音音色的不同主要是由发音时口腔形状的不同造成的，口腔形状的不同又是由舌位的前后、舌位的高低和唇形的圆展造成的。

（2）舌尖单元音韵母。

-i（ɿ）舌尖前元音。舌尖前高不圆唇元音，例字：资、雌、思、自私、此次。发音时舌尖前伸，靠近上齿背，形成一条窄缝，气流经过时不发生摩擦。只用在声母 z、c、s 的后面。

-i（ʅ）舌尖后元音。舌尖后高不圆唇元音，例字：知、吃、诗、知识、支持。发音时舌尖翘起，靠近硬腭，形成一条窄缝，气流经过时不发生摩擦。只用在声母 sh、ch、sh、r 的后面。

（3）卷舌单元音韵母。

er　卷舌元音。卷舌央中不圆唇元音，例字：儿、而、耳。发音时舌头处于自然状态，舌尖翘起和硬腭相对，气流的通路比较宽，嘴唇不圆。韵母 er 永远不和辅音声母相拼。

2. 复元音韵母

复元音韵母是由 2 个或 3 个元音构成的。普通话共有 ai、ei、ao、ou、iɑ、ie、uɑ、

uo、üe、iao、iou、uai、uei 13 个复元音韵母。

复元音韵母的发音特点是从一个元音的发音状况快速过渡到另一个元音的状况，而不是突变的、跳跃的，中间应该有一串过渡音。

汉语拼音方案规定：iou、uei 两个韵母和声母相拼时，写作 iu、ui。例如"球"写作 qiú，不作 qióu；"灰"写作 huī，不作 huēi。

3. 带鼻音韵母

带鼻音韵母也叫鼻韵母，是由元音和鼻辅音韵尾构成的。普通话共有 an、en、in、ün、ian、uan、uen、üan、ang、eng、ing、ong、iong、iang、uang、ueng 16 个带鼻音韵母。

鼻韵母发音时，由元音开始逐渐向鼻辅音过渡，最后阻碍部分完全闭塞，气流从鼻腔流出。

普通话中作韵尾的鼻辅音有两个，就是 n 和 ng。鼻韵母有两类，以 n 为韵尾的是前鼻音韵母，以 ng 为韵尾的是后鼻音韵母。

汉语拼音方案规定，韵母 uen 和声母相拼时，写作 un。例如"困"写作 kùn，不作 kuèn。

可见，一个韵母最少有 1 个音素，最多有 3 个音素。在由 3 个音素构成的韵母中，中间的发音最响亮的音素叫韵腹；韵腹前面的音素叫韵头，也叫介音；韵腹后面的音素叫韵尾。韵腹是韵母中不可缺少的成分，韵头和韵尾可以都有，也可以都没有，也可以只有其中的一个。

(二) 四呼

按韵母开头的元音发音口形，可分为开口呼、齐齿呼、合口呼、撮口呼 4 类，简称"四呼"。"四呼"是传统音韵学里的术语，主要是以韵头为标准对韵母做出的分类。

开口呼：没有韵头，韵腹又不是 i、u、ü 的韵母。

齐齿呼：韵头或者韵腹是 i 的韵母。

合口呼：韵头或者韵腹是 u 的韵母。

撮口呼：韵头或者韵腹是 ü 的韵母。

根据韵母的发音口形、结构和韵尾可以综合为表 2-2。

表 2-2 普通话韵母总表

结构	口形				韵尾
	开口呼	齐齿呼	合口呼	撮口呼	
单元音韵母	-i	i	u	ü	无韵尾韵母
	a	ia	ua		
	o		uo		
	e				
	ê	ie		üe	
	er				

续表

结构	口形				韵尾
	开口呼	齐齿呼	合口呼	撮口呼	
复元音韵母	ai		uai		元音韵尾韵母
	ei		uei		
	ao	iao			
	ou	iou			
带鼻音韵母	an	ian	uan	üan	鼻音韵尾韵母
	en	in	uen	ün	
	ang	iang	uang		
	eng	ing	ueng		
			ong	iong	

（三）押韵和韵辙

押韵是指在特定的文体里，在某些句子的一定位置上使用同韵的字。"韵"与"韵母"不同，韵指韵母中不包括韵头的部分，古代的时候韵还包括声调的成分，同韵的字必须同声调。现代押韵一般不考虑声母、声调和韵头，也不要求韵腹、韵尾完全相同，在韵的归并上，相同、相近的韵母经常可以一起押韵，可归为一个韵。戏曲界习惯上把戏曲唱词中的"韵"叫作"辙"。合辙就是押韵的意思。

合辙押韵可以使诗句、唱词、民歌、戏曲等音调和谐悦耳，富有音乐美，吟诵、演唱顺口，易于记忆。如毛泽东的诗词《浪淘沙·北戴河》（毛泽东．毛泽东诗词选［M］．北京：人民文学出版社，1986：81．）：

　　大雨落幽燕（yān），
　　白浪滔天（tiān），
　　秦皇岛外打鱼船（chuán）。
　　一片汪洋都不见（jiàn），知向谁边（biān）？

词中每一句最后一个字的韵腹（主要元音）和韵尾都相同（an），所以这首词是押韵的。再看一首世代相传的民歌：

　　樱桃好吃树难栽（zāi），山歌好唱口难开（kāi）；
　　要吃樱桃先栽树，要唱山歌拉下脸来（lái）。

这首民歌中第一、二、四句最后一个字的韵腹和韵尾都相同（ai），所以也是押韵的。

先秦韵文一般按30个韵部押韵，隋唐主要按《广韵》中的206韵押韵，宋代归并为106韵（称为平水韵，一度成为诗词押韵的依据）。明清以来，人们又进一步归为"十三辙"。现代人们押韵则根据黎锦熙先生等编的《中华新韵》中的"十八韵"。就总体而言，分韵呈由细而粗的趋势，这既是实际语音的反映，同时也是为了方便文学创作。"十三辙"和"十八韵"的名称、内容，以及同普通话韵母对照见表2-3。

表2-3 十八韵、十三辙及普通话韵母对照表

十八韵	十三辙	普通话韵母
一 麻	发 花	a、ia、ua
九 开	怀 来	ai、uai
十四寒	言 前	an、ian、uan、üan
五 支	一 七	-i [ɿ]、-i [ʅ]
六 儿		er
七 齐		i
十一鱼		ü
二 波	梭 坡	o、uo
三 歌		e
四 皆	乜 斜	ê、ie、üe
八 微	灰 堆	ei、uei (ui)
十五痕	人 辰	en、in、uen (un)、ün
十 姑	姑 苏	u
十二侯	油 求	ou、iou (iu)
十三豪	遥 条	ao、iao
十六唐	江 阳	ang、iang、uang
十七庚	中 东	eng、ing、ueng
十八东		ong、iong

(四) 韵母辨正

有些方言的韵母跟普通话韵母不完全相同，学习普通话时要注意以下4个问题：

1. 分辨前鼻音和后鼻音

韵尾-n 与-ng 不分，比较多地分布于吴方言、西南官话、西北方言等地，有-n 混入-ng 的，也有-ng 混入-n 的。n 和 ng 发音不同。n 是舌尖浊鼻音，发音时由舌尖和上齿背构成阻碍；ng 是舌根浊鼻音，发音时由舌根和软腭构成阻碍。注意分辨下列各组词语的发音：

an—ang　黯然—盎然　扳手—帮手　参天—苍天　反问—访问
ian—iang　坚果—浆果　坚持—僵持　简述—讲述　建材—将才
uan—uang　门宽—门框　关注—光柱　传单—床单　晚年—往年
en—eng　陈旧—成就　分发—风发　门市—盟誓　审视—省事
in—ing　人民—人名　寝室—请示　信服—幸福　亲生—轻生

2. 分辨 i 和 ü

i 与 ü 的混淆，一种是 i 混入 ü，如山东青岛话；一种是 ü 混入 i，如昆明、湖南、广西等地的一些方言。i 和 ü 的区别在于发音时 i 不圆唇，ü 要圆唇。在保持舌位不变的前提下，把嘴唇展开或圆起来，就可发出相应的 i 与 ü。重点要记住哪些字读 i 韵头，哪些字读 ü 韵头。注意分辨下列各组词语的发音：

i—ü　自立—自律　季节—拒绝　经济—京剧　结交—绝交
　　　　　截断—决断　分期—分区　今世—军事　切线—缺陷

3. 分辨 o 和 e

o 与 e 不分的情况，有 o 读成 e 的，如新疆、东北等地的方言；有 e 读成 o 的，如西南某些方言。二者区别在于圆唇与不圆唇。根据普通话声韵拼合规律，o 只同唇音 b、p、m、f 拼，而 e 则同 b、p、f 以外的声母相拼，只要把唇音声母后读成圆唇的元音，而其他声母后读成不圆唇的元音就可以了，这样就能把二者区别开来。注意分辨下列各组词语的发音：

　　e—o　哥哥—伯伯　革命—停泊　得到—波浪　核对—渤海
　　　　　道德—抚摸　动辄—模仿　合格—寂寞　选择—余波

4. 避免 i、u 韵头脱落

丢失 i、u 韵头的情况主要发生在西南方言、湘方言，往往把"堆"（duī）读成"dēi"，把"推"（tuī）读成"tēi"。这就需要该方言区的人将本方言与普通话的读音进行比较，找出对应规律，然后可以系统地纠正。注意分辨下列各组词语的发音：

　　电话—淡化　统帅—统晒　天上—摊上　坏河—害河
　　灰色—黑色　连连—兰兰　家家—嘎嘎　亡羊—昂扬

三、声调

（一）调值和调类

声调指整个音节的高低升降的变化。汉语的声调可以区分意义。例如"山西"（shānxī）和"陕西"（shǎnxī），"主人"（zhǔrén）和"主任"（zhǔrèn），就是由于声调的不同而意义不同。

声调包括调值和调类两个方面。调值指声调的实际读法，也就是高低升降变化的具体形式。调值是由音高决定的，音乐的音阶也是由音高决定的，但是调值和音阶不同。音阶的高低是绝对的，调值的高低是相对的。在音乐里，如 C 调的 1，不管谁来唱，也不管用什么乐器来演奏，音高都是一样的；调值则不同，用普通话读"天"字，成年男人的调值比女人和小孩儿的低，同一个人情绪平静时的调值比情绪激动时低。

为了把调值描写得具体、好懂，一般采用赵元任创制的"五度标记法"来标记声调（如图 2-4 所示）。把一条竖线分作四格五度，表示声调的相对音高，并在竖线的左侧画一条短线表示音高升降变化的形式。

调类指声调的种类，就是把调值相同的音归纳在一起建立起来的类别。例如普通话的"行、学、拔、群、排"调值相同，都是由 3 度到 5 度，就属于同一个调类。古代汉语的声调有四个调类，古人叫作平声、上声、去声、入声，合起来叫作四声。现代汉语普通话和各方言的调类都是从古代的四声演变来的。

（二）普通话的声调

普通话有四种基本调值（图 2-4），可以归并为四个调类。定名为阴平、阳平、上声和去声。

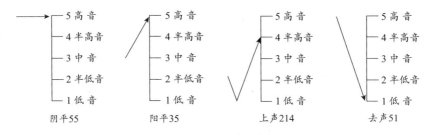

图 2-4　普通话调值五度标记图

（1）阴平。由5度到5度，高而平，叫高平调或55调。例如"他""风""空""中"。

（2）阳平。由3度到5度，由中音升到高音，叫中升调或35调。例如"学""来""才""强"。

（3）上声。由2度降到1度，再升到4度，由半低音降到低音再升到半高音，叫降升调或214调。例如"水""好""努""友"。

（4）去声。由5度到1度，由高音降到低音，叫全降调或51调。例如"代""笑""世""建"。

作诗（格律诗）填词要讲究所谓的"平仄"。"平仄"这一概念的外延，古今稍有区别。古代汉语的"平"指平声，"仄"指上、去、入三声；现代汉语普通话中的"平"指阴平、阳平，"仄"指上声、去声。平声高扬、开朗、绵长，仄声低沉、收敛、短促。在戏曲、唱词中，句末韵脚比较注意运用平仄相对的规律，一般是上句句末多数用仄声字，下句句末多数用平声字。快板、快书等也往往运用"上仄下平"的规律。

四、音节

普通话的音节由声母、韵母和声调3个部分构成。

普通话声母和韵母的配合有比较强的规律性，掌握这种配合规律，有助于学习普通话。这种规律可以用表2-4来表示。

表2-4　普通话的声韵配合规律

声母		韵母			
		开口呼	齐齿呼	合口呼	撮口呼
双唇音	b p m	+	+	只跟u拼合	−
唇齿音	f	+	−	只跟u拼合	−
舌尖中音	d t	+	+	+	−
	n l				+
舌根音	g k h	+	−	+	−
舌面音	j q x	−	+	−	+
舌尖后音	zh ch sh r	+	−	+	−
舌尖前音	z c s	+	−	+	−
零声母	∅	+	+	+	+
注："+"表示能相拼，"−"表示不能相拼。					

从表 2-4 中可以看出，普通话声母和韵母配合的主要规律有以下四条：

（1）b、p、m 和 d、t 能和开口呼、齐齿呼、合口呼韵母相拼，b、p、m 和合口呼相拼限于 u，不能和撮口呼韵母相拼。

（2）g、k、h，zh、ch、sh、r，z、c、s 这三组声母能和开口呼、合口呼韵母相拼，不能和齐齿呼、撮口呼韵母相拼。

（3）j、q、x 和上述三组声母相反，只能和齐齿呼、撮口呼韵母相拼，不能和开口呼、合口呼韵母相拼。

（4）n、l、零声母和四呼都能相拼。

（5）d、t 只能跟开口呼、齐齿呼、合口呼韵母相拼，不跟撮口呼韵母相拼。

表中所示某组声母与某呼韵母有配合关系，并不是指该组声母与该呼所有的韵母相配合，只是与部分韵母相配合。比如，n、l 同撮口呼韵母配合，实际只与 ü、üe 配合，但并不与 üan、ün 配合。又如，d、t 与齐齿呼韵母有配合关系，但 d、t 并不同齐齿呼韵母 in 配合，却同 ing 配合，利用这个规律，可以判定"丁""盯""钉""顶""定""听""停""挺"是后鼻音。还比如舌尖前音 z、c、s 同合口呼韵母有配合关系，但却不同 ua、uai、uang 相配合，利用这个规律，就能断定"抓""刷""拽""踹""甩""庄""窗""双"这些字的声母是翘舌音。

五、语流音变

在一个语流中，语音有时会发生各种临时变化，即在语流中，连着读的音素、音节或声调有时会发生变化，这种变化有别于语音经过一段时间而产生的历史变化，这种音变叫作语流音变。普通话中的语流音变主要有变调、轻声、儿化、"啊"的音变。

（一）变调

在语流中，有的音节的调值会发生有规律的变化，这种变化叫作变调。

1. 上声的变调

两个音节相连，前一个音节是上声时，这个上声受到它后面音节声调的影响发生变调。规律是：

（1）上声和上声相连时，前一个上声的调值由 214 变为 35。例如：买米、好酒、点火、检举、冷水。

（2）上声和非上声相连时，前一个上声的调值由 214 变为 21（半上）。

上声加阴平，例如：武装、好书、写诗、启发。

上声加阳平，例如：语言、好房、举行、想赢。

上声加去声，例如：努力、许诺、写信、伟大。

（3）三个相连，根据词语内部层次不同，有两种情况：

上声 +（上声 + 上声）→半上（21）+ 阳平（35）+ 上声（214）

例如：小老虎、很勇敢、厂党委、纸雨伞、老领导。

（上声 + 上声）+ 上声→阳平（35）+ 阳平（35）+ 上声（214）

例如：展览馆、雨伞厂、洗脸水、演讲稿、保险锁。

在快读的条件下，这两种情况都可以读成"阳平+阳平+上声"。

2. "一"和"不"的变调

"一"的本调是阴平，单读时或在词句末尾时读本调。例如：一、第一。在阴平、阳平、上声的前边读时发生变调，改读为51去声；在去声前改读为35阳平。"不"的本调是去声，在去声的前边改读为35阳平。

（1）"一、不"+去声（51）→阳平（35）+去声（51）。例如：

一定　一向　一对　一个　一去　一样

不去　不唱　不会　不对　不孝　不敬

（2）"一、不"+非去声→去声（51）+非去声。例如：

一听　一说　一人　一行　一举　一想

不说　不吃　不行　不成　不准　不许

（二）轻声

在词或句子里许多音节常常失去原有的声调而读得又轻又短，这样的语音变化叫作轻声，例如，"石头、桌子、说过、喜欢"等词里的第二个音节都读轻声。

轻声的性质和声调的性质不同。声调决定于音高，轻声决定于音强和音长。轻声的特点是发音时用力特别小，音强特别弱。

1. 轻声的表现

一般来说，轻声音强比较弱，音长比较短，音高则由前面音节的声调所决定，大体情形如下：

（1）阴平字+轻声字→2（半低），例如：桌子、星星、吃着、酸的。

（2）阳平字+轻声字→3（中），例如：馒头、南瓜、梨子、红的。

（3）上声字+轻声字→4（半高），例如：椅子、码头、喜欢、美的。

（4）去声字+轻声字→1（低），例如：面子、看头、绿的、护士。

轻声在音色方面的影响，可以表现在声母和韵母上。

声母方面表现为使不送气的清塞音、塞擦音浊化，如"哥哥"[kɤ kɤ]变为[kɤ gə]，"我的"[uotɛ]变为[uodə]。

韵母方面表现为元音央化和失落。央化的例子如"棉花"[mian xuɑ]变为[mian huə]，失落的例子如"意思"[isɿ]变为[is]。

2. 轻声音节的出现范围

（1）助词"的""地""得""着""了""过"。例如：红的、卖菜的、悄悄地、说得、唱着、去了、听过。

（2）语气词"吧""嘛""呢""啊"等。例如：玩吧、好嘛、你呢、是啊。

（3）叠音词、重叠式构词和动词重叠形式的后音节。例如：星星、姥姥、妹妹、看看、学习学习、合计合计。

（4）后缀"子""头"和词尾"们"。例如：金子、底子、想头、骨头、它们、你们。

（5）名词、代词后面表方位的词或语素。例如：脚上、桌子上、被子里、抽屉里。

（6）用于动词、形容词后面作补语的趋向动词。例如：穿上、放下、拿出来、推进去、扎起来、说下去。

（7）量词"个"常读轻声。例如：五个、十个。

（8）习惯轻声。例如：月亮、西瓜、鼓捣、意思、志气、便宜、位置。

3. 轻声的作用

有的轻声音节和非轻声音节构成对比，区别意义和词性。例如：

买卖（轻）：生意，名词。　　　　买卖（重）：买和卖，动词。

地道（轻）：纯粹，真正，形容词。　地道（重）：地下通道，名词。

大意（轻）：疏忽，没有注意，形容词。大意（重）：主要的意思，名词。

东西（轻）：泛指各种事物。　　　东西（重）：东面和西面。

（三）儿化

儿化是指后缀"儿"与前面音节的韵母融合成一个音节，使韵母带有卷舌色彩的现象。儿化时后缀"儿"不能成音节，只代表一个卷舌动作。

1. 儿化韵的发音

（1）无韵尾或有 u 韵尾，只加卷舌动作。例如：花儿（huar）、卷毛儿（maor）。

（2）有 -i、-n 韵尾，去掉韵尾再加卷舌。例如：笔尖儿（jiar）、小孩儿（har）。

（3）韵母为 i、ü 时，加元音［ə］再加卷舌。例如：小旗儿（qiər）、马驹儿（juər）。

（4）韵母为舌尖元音时，元音变为［ə］再加卷舌。例如：鸡子儿（zər）、吃食儿（shər）。

（5）有 -ng 韵尾，去掉韵尾、元音鼻化。例如：小床儿（chuangr）、花瓶儿（pingr）。

2. 儿化的作用

（1）区别词义。例如：

信：信件。　　　信儿：消息。

头：脑袋。　　　头儿：首领。

白面：小麦粉。　白面儿：毒品，海洛因。

（2）区分词性。例如：

盖：动词，打上，蒙上。　　　盖儿：名词，盖子。

尖：形容词，末端锐利。　　　尖儿：名词，锐利的末端。

（3）一些儿化词常常有"小"的意义，而且有喜爱、亲切等感情色彩。例如"小孩儿""小猫儿""小刀儿""小碗儿""小玩意儿"。不过这个现象并不严格，"老头儿""老伴儿""大院儿""东边儿"没有小的意思，"小偷儿、小流氓儿"也说不上什么喜爱的意味。

（四）"啊"音变

语气词"啊"经常位于其他词的后面，发音受前面音节影响，产生音变。其音变的类型主要是增音，具体情形如下：

（1）i、ü、a、o、e、ê + a → ya 呀，例如：鸡呀、鱼呀、什么呀、回家呀、波呀、哥呀、妈呀、鞋呀。

（2）u + a → wa 哇，例如：路哇、流哇、好哇。

(3) n＋a→na 哪，例如：天哪、看哪、办哪。

(4) ng＋a→nga 啊，例如：行啊、听啊、想啊。

(5) -i、er＋a→ra 啊，例如：是啊、儿啊、治啊。

(6) -i＋a→za 啊，例如：字啊、词啊、撕啊。

六、语调

我们说话的时候，除了每个音节的声调外，整个句子在语音上还有抑扬顿挫的变化。有的音节要读得重些，有的音节后面要有个小小的停顿；有的句子的音高逐渐上升，有的句子的音高逐渐下降。这些变化跟全句的意思和说话人的感情有直接的关系。例如"他喜欢看书"这句话，音高逐渐上升，就是问话；音高逐渐下降就是一般的叙述。这种用来表达意思和感情的抑扬顿挫的调子就是语调。构成语调的因素很复杂，主要包括停顿、重音、升降和快慢4个方面。

（一）停顿

停顿就是句子内部或句子之间说话时的间歇。一段话里面什么地方停顿、停顿是长是短，是由表达的需要来决定的。要使说话和朗读的内容便于理解，必须注意停顿的位置。停顿大致可分为四种情况。

1. 区分性停顿

区分性停顿是指能使意义产生变化的停顿。如下面这句话：

最贵的一套十万块钱。

由于停顿位置不同产生不同的意思：

最贵的一套/十万块钱。

最贵的/一套十万块钱。

如果停顿安排在"十"前面，表示只有一套是最贵的；如果停顿安排在"一"前面，则表示有不止一套值十万。

2. 语法停顿

语法停顿是反映一句话里面的语法关系的，在书面语言里就反映为标点。语法停顿时间的长短同标点大致相当。句号、问号、叹号的停顿比分号、冒号长，分号、冒号的停顿比逗号长，逗号后的停顿比顿号长，段落之间的停顿长于句子停顿的时间。例如：

海洋中含有许多生命所必需的无机盐，如氯化钠、氯化钾、碳酸盐、磷酸盐，还有溶解氧，原始生命可以毫不费力地从中吸取它所需要的元素。（童裳亮《海洋与生命》）（漆权. 普通话水平测试与培训教程［M］. 3版. 南昌：江西高校出版社，2005：105.）

这个句子里，停顿的长短情形是：句号＞逗号＞顿号。

3. 强调停顿

为了起到突出、强调的作用而使用的停顿叫强调停顿。停顿可以放在被强调的词、短语或句子的前面或后面，甚至前后同时进行停顿，使强调的词句凸显出来。例如：

星光/在我们的肉眼里虽然微小，然而它使我们觉得/光明/无处不在。（巴金《繁星》）（漆权主编. 普通话水平测试与培训教程［M］. 3版. 南昌：江西高校出版社，2005：

103.）

一般在"星光"后面安排一个停顿，在"光明"的前后同时进行停顿以起到强调的作用。

4. 节拍

句中的停顿把一句话分为几个段落。这样的段落叫作"节拍群"（诗歌里叫音步）。在散文里，一句话的节拍数可多可少，比较自由。朗读速度快些，节拍数就少些。例如：

这就是被誉为"世界民居奇葩"、世上独一无二的神话般的山区建筑模式的客家人民居。（漆权．普通话水平测试与培训教程［M］．2版．南昌：江西高校出版社，2001：216.）

说得快些的时候，中间可以只有一个停顿，即在顿号处停顿，分成两个节拍群。说得慢些的时候，中间可以有7个停顿，分成6个节拍群：

这就是/被誉为"世界民居奇葩"、世上独一无二的/神话般的/山区建筑模式的/客家人/民居。

韵文则要求各句的节拍数比较匀称、均衡，以加强节奏感。一般来说，五字句是2～3个节拍，七字句是3～4个节拍，十字句也是3～4个节拍。例如下面的诗歌节拍可以这样划分：

凉 州 曲
（唐）王翰

葡萄/美酒/夜光杯，欲饮/琵琶/马上催。
醉卧/沙场/君莫笑，古来/征战/几人回！

（蘅塘退士．唐诗三百首［M］．上海：中华书局，1995：422.）

祖 国 啊，我 亲 爱 的 祖 国
舒 婷

我/是你河边上/破旧的/老水车，
数百年来/纺着/疲惫的歌；
我/是你额上/熏黑的/矿灯，
照你/在历史的隧洞里/蜗行/摸索；
……

（舒婷．舒婷精选集［M］．北京：燕山出版社，2006：6.）

现代诗歌格律不严，每句的节拍数可以根据语句的长短、内容和感情的需要略有不同，但也要大致相近。一般不宜按照字数机械地划分节拍，而要考虑词和短语关系的疏密，还要照顾到整节节拍数的匀称。至于每个节拍所用时间的长短则要根据内容的需要进行调整。

（二）重音

重音指的是语句里的某些词语根据表达的需要念得比较重的现象。重读可分两种情况：

1. 语法重音

在不表示什么特殊思想和感情的情况下，根据语法结构的特点，重读句子里的某些词语，这种重读叫语法重音。主要规律如下：

（1）一般句子里谓语要读语法重音。例如：

明天下雨。

我们的任务完成了。

（2）定语、状语和补语常读成语法重音。例如：

他在平凡的岗位做出了不平凡的业绩。

气温渐渐地回升了。

他的普通话说得很标准。

（3）疑问、指示代词要读语法重音。例如：

哪儿来的这帮人？

这是我们的工作。

2. 强调重音

为了故意强调意思而重读某些成分，叫作强调重音。强调重音没有固定的规律，要根据交际的具体情况而定。例如：

谁在屋里看书？——我在屋里看书。

你在哪里看书？——我在屋里看书。

你在屋里干什么？——我在屋里看书。

你在屋里看什么？——我在屋里看书。

通常对比性词语、比喻性词语、夸张性词语、表判断的词语等总是读强调重音的，例如：

我批评的是他，不是你。（"他"和"你"构成对比）

可能有人不欣赏花，但决不会有人欣赏落在自己面前的炮弹。（严文井《莲花和樱花》，选自：袁青山．普通话训练与水平测试［M］．西安：西北大学出版社，2005：150．"花"和"炮弹"构成对比，"决不会"是否定性判断）

强调重音只起强调作用，不改变句子的意义。

（三）句调

句调是指整句话的高低升降变化。这种升降变化最能表示说话人的态度和感情。普通话的句调有四种形式：

1. 升调

升调就是调子由平升高，可用来表示反问、疑问、惊异和号召等语气。例如：

你难道不知道？（反问）

怎么？他又回来了？（惊异）

正义的力量，团结起来！（号召）

2. 降调

降调就是调子先平后降，陈述句、祈使句、感叹句一般用降调。例如：

他性格温和。（陈述）

你快把窗户打开吧！（祈使）

一曲动人心弦的歌！（感叹）

3. 平调

平调就是调子始终保持同样的高低，可以用来表示严肃、冷淡、叙述等语气。例如：

我们目前面临的形势非常严峻。（严肃）
我不想发表任何意见。（冷淡）
她渐渐地走进暮色里去了。（叙述）

4. 曲调

曲调就是调子先升后降或先降后升，一般表示含蓄、讽刺、怀疑、言在意外等语气。例如：

你的本事可真不小。（讽刺）
这个卖牡蛎的怎么这样像于勒？（怀疑）

说话时的感情和语气可以有种种变化，这种变化常常使得句子的语调发生比较复杂的变化。例如：

明天要下雨。（一般的陈述，用降调）
明天要下雨？（一般的提问，用升调）
明天要下雨！（天气之好出乎意料，先升后降）
明天要下雨？（不太相信，升得快而高）
明天要下雨。（极端的肯定，降得快而低）

（四）快慢

快慢指说话时的速度，这主要取决于音长。如果音节的音长比较短或音节间连接比较紧密，语速就快；反之，语速就慢。不快不慢的语速叫中速。

1. 快速

一般人们在表达欢乐、兴奋、激动、惊恐、愤怒、着急时，语速较快。例如，表现焦急的心情：

甲：哎呀，演出都要开始了，他怎么还没到啊？
乙：哎，哎，那不是他吗？来了，来了！

2. 慢速

一般人们在表示平静、痛苦、忧郁、悲哀、迟疑、失望时，语速就较慢。例如，表现沉重情绪的：

他就那么弯着腰，一手捂着胃，保持着近于鞠躬的体态，又缓慢地说："我老了，腿发软了，手也发抖了。我干不了什么了。我真的干不了什么了……"（梁晓声．平民梁晓声 [M]．北京：北京广播学院出版社，2004：108.）

3. 中速

一般人们在表达说明性的内容，或者一般的叙述时，语速适中。例如，说明性的内容表述：

我国的建筑，从古代的宫殿到近代的一般住房，绝大部分是对称的，左边怎么样，右边怎么样。（叶圣陶《苏州园林》，选自：漆权．普通话水平测试与培训教程[M]．3版．南昌：江西高校出版社，2005：109.）

四、现代汉语语音特点

与印欧语系语言相比，现代汉语的语音有许多特点：音节界限分明，乐音较多，加上声调高低变化和语调的抑扬顿挫，因而具有音乐性强的特点。

1. 元音占优势

汉语音节中可以没有辅音，但不能没有元音。一个音节至少有一个元音，还可以有复元音。不止一个元音的音节占有相当大的比例。因为元音是乐音，所以汉语语音中乐音成分比例大。

2. 没有复辅音

辅音在音节中出现时，主要位于音节的开头，只有少数辅音可以处在音节的末尾。一个音节最多包含两个辅音，而且不会出现两个或两个以上辅音相连的结合体，不存在 sk、str 之类的辅音丛。因此，汉语音节与音节界限分明，音节的结构形式比较整齐。音节的结构形式简短，声、韵两部分最多4个音素。

3. 有声调

每个音节都有一定的声调，声调具有区别意义的作用。声母、韵母相同的音节，往往靠不同的声调来表示不同的意义。例如，"西"（xī）、"席"（xí）、"喜"（xǐ）、"戏"（xì），仅仅因声调的不同而意义有别。这种情况在印欧语系里极为罕见。印欧语普遍属于非声调语言，词的意义与读音的高低升降无关。由于声调可以使音节和音节之间界限分明，又富于高低升降的变化，于是形成了汉语音乐性强的特殊风格。

五、普通话等级考试

1. 普通话等级考试性质及行业标准

普通话等级考试是在教育部、国家语言文字工作委员会领导下，根据统一的标准和要求在全国范围内开展的一项测试。它不是普通话语言知识的考试，不是文化水平的考核，也不是口才的评估，而是对应试人员运用普通话所达到的标准程度的测试和评定。普通话水平测试是一种标准参照式测试，它以标准的普通话为参照标准，通过测试来评定应试人的普通话水平等级，为国家公务员、播音员、节目主持人、演员、教师等行业人员逐步实行持证上岗制度服务。从这个意义上说，普通话水平测试也是一种资格证书的考试。根据各行业的规定，有关从业人员的普通话水平达标要求如下：

中小学及幼儿园、校外教育单位的教师，普通话水平不低于二级，其中语文教师不低于二级甲等，普通话语音教师不低于一级；高等学校的教师，普通话水平不低于三级甲等，其中现代汉语教师不低于二级甲等，普通话语音教师不低于一级；对外汉语教学教师，普通话水平不低于二级甲等。报考中小学、幼儿园教师资格的人员，普通话水平不低于二级。师范类专业以及各级职业学校的与口语表达密切相关专业的学生，普通话水平不低于二级。国家公务员，普通话水平不低于三级甲等。国家级和省级广播电台、电视台的播音员、节目主持人，普通话水平应达到一级甲等，其他广播电台、电视台的播音员、节目主持人的普通话达标要求按国家广播电影电视总局的规定执行。话剧、电影、电视剧、广播剧等表演、配音演员，播音、主持专业和影视表演专业的教师、学生，普通话水平不低于一级。公共服务行业的特定岗位人员（如广播员、解说员、话务员等），普通话水平不低于二级甲等。普通话水平应达标人员的年龄上限以有关行业的文件为准。

2. 普通话水平测试等级标准

国家语言文字工作委员会颁布的《普通话水平测试等级标准》是划分普通话水平等级

的全国统一标准。普通话水平等级分为三级六等,即一、二、三级,每个级别再分出甲乙两个等次;一级甲等为最高,三级乙等为最低。应试人的普通话水平根据在测试中所获得的分值确定。普通话水平测试等级标准如下:

一级甲等。朗读和自由交谈时,语音标准,语汇、语法正确无误,语调自然,表达流畅。测试总失分率在3%以内。

一级乙等。朗读和自由交谈时,语音标准,语汇、语法正确无误,语调自然,表达流畅。偶有字音、字调失误。测试总失分率在8%以内。

二级甲等。朗读和自由交谈时,声韵调发音基本标准,语调自然,表达流畅。少数难点音(平翘舌音、前后鼻尾音、边鼻音等)有时出现失误。语汇、语法极少有误。测试总失分率在13%以内。

二级乙等。朗读和自由交谈时,个别调值不准,声韵母发音有不到位现象。难点音较多(平翘舌音、前后鼻尾音、边鼻音、fu—hu、z—zh—j、送气不送气、i—ü不分等)。

三级甲等。朗读和自由交谈时,声韵母发音失误较多,难点音超出常见范围,声调调值多不准。方言语调明显。语汇、语法有失误。测试总失分率在30%以内。

三级乙等。朗读和自由交谈时,声韵调发音失误多,方音特征突出。方言语调明显。语汇、语法失误较多。外地人听其谈话有听不懂的情况。测试总失分率在40%以内。

3. 普通话水平测试大纲

《普通话水平测试大纲》由国家语言文字工作委员会颁布,是进行普通话水平测试的全国统一大纲。普通话水平测试试卷内容全部来自大纲。《普通话水平测试大纲》内容包括:

(1) 普通话语音分析,对普通话声韵调简要、准确的描写和介绍,以指导读者学习普通话。这部分内容不属于测试范围。

(2) 提供了常用词语(词表),分表一、表二排列。表一根据国家对外汉语教学办公室和汉语水平考试部刊布的《汉语水平词汇与汉字等级大纲》中部分词语编制,共8 455条。表二选取了中国社会科学院语言研究所词典编辑室编的《现代汉语词典》中部分常用词语,共15 496条。这些词语能基本满足一般口语交际和正确朗读一般书面材料的需要,是测试的范围之一。测试时,分读单音节字词和读双音节词语两个测试项。其中,从表一选用的词语占60%,从表二选用的词语占40%。

(3) 提供了部分方言区和普通话不一致的常用词语和短句对照,测试时,选取部分用来测评应试者普通话词汇和语法的掌握情况。

(4) 提供50篇朗读材料按顺序编为1~50号,供朗读测试用。测试时,应试者随机抽2个号,确定其中1篇进行测试。

(5) 列举1~50号题目,作为说话测试的话题。测试时,应试者随机抽2个号,确定其中1个话题进行说话测试。

(6) 《普通话水平测试大纲》在总论中还阐述了普通话水平测试的要求和特点,规定了普通话水平测试的制卷要求,普通话水平测试的评分办法。因此,参加普通话水平测试的人员必须首先学习和掌握《大纲》的内容,进行必要的训练,才有基础有条件接受测试。

4. 普通话水平测试要求及具体细则

普通话水平测试试卷包括四个部分:

(1) 读单音节字词100个（排除轻声、儿化音节）。

目的：考查应试人声母、韵母、声调的发音。

要求：100个音节里，每个声母出现一般不少于3次，方言里缺少的或容易混淆的酌量增加1~2次；每个韵母的出现一般不少于2次，方言里缺少的或容易混淆的韵母酌量增加1~2次。字音声母或韵母相同的要隔开排列。不使相邻的音节出现双声或叠韵的情况。

评分：此项成绩占总分的10%，即10分。读错一个字的声母、韵母或声调扣0.1分。读音有缺陷每个字扣0.05分。一个字允许读两遍，即应试人发觉第一次读音有口误时可以改读，按第二次读音评判。

限时：3分钟。超时扣分（3~4分钟扣0.5分，4分钟以上扣0.8分）。

(2) 读双音节词语50个。

目的：除考查应试人声母、韵母和声调的发音外，还要考查上声变调、儿化韵和轻声的读音。

要求：50个双音节可视为100个单音节，声母、韵母的出现次数大体与单音节字词相同。此外，上声和上声相连的词语不少于2次，上声和其他声调相连不少于4次；轻声不少于3次；儿化韵不少于4次（ar ur ier üer），词语的排列要避免同一测试项的集中出现。

评分：此项成绩占总分的20%，即20分。读错一个音节的声母、韵母或声调扣0.2分。读音有明显缺陷每次扣0.1分。

限时：3分钟。超时扣分（3~4分钟扣1分，4分钟以上扣1.6分）。

(3) 朗读。

从《测试大纲》第五部分朗读材料（1~50号）中任选。

目的：考查应试人用普通话朗读书面材料的水平，重点考查语音、连读音变（上声、"一"、"不"），语调（语气）等项目。

计分：此项成绩占总分的30%。即30分。对每篇材料的前400字（不包括标点）做累积计算，每次语音错误扣0.1分，漏读一个字扣0.1分，不同程度地存在方言语调一次性扣分（问题突出扣3分；比较明显，扣2分；略有反映，扣1.5分。停顿、断句不当每次扣1分；语速过快或过慢一次性扣2分）。

限时：4分钟。超过4分30秒以上扣1分。

说明：朗读材料（1~50）各篇的字数略有出入，为了做到评分标准一致，测试中对应试人选读材料的前400个字（每篇400字之后均有标志）的失误做累积计算；但语调、语速的考查应贯穿全篇。从测试的要求来看，应把提供应试人做练习的50篇作品作为一个整体，应试前通过练习全面掌握。

(4) 说话。

目的：考查应试人在没有文字凭借的情况下，说普通话的能力和所能达到的规范程度。以单向说话为主，必要时辅以主试人和应试人的双向对话。单向对话：应试人根据抽签确定的话题，说4分钟（不得少于3分钟，说满4分钟主试人应请应试人停止）。

评分：此项成绩占总分的40%，即40分。其中包括：

语音面貌占30%，即30分。其中档次为：

一档 30 分　语音标准；
二档 27 分　语音失误在 10 次以下，有方音不明显；
三档 24 分　语音失误在 10 次以下，但方音比较明显；或方音不明显，但语音失误大致在 10～15 次之间；
四档 15 分　语音失误在 10～15 次，方音比较明显；
五档 12 分　语音失误超过 15 次，方音明显；
六档 9 分　语音失误多，方音重。

语音面貌确定为二档（或二档以下）即使总积分在 96 以上，也不能入一级甲等；语音面貌确定为五档的，即使总积分在 87 分以上，也不能入二级甲等；有以上情况的，都应在等内降等评定。

词汇语法规范程度占 5%。计分档次为：
一档 5 分　词汇、语法合乎规范；
二档 4 分　偶有词汇或语法不符合规范的情况；
三档 3 分　词汇、语法屡有不符合规范的情况。

自然流畅程度占 5%，即 5 分。计分档次为：
一档 5 分　自然流畅；
二档 4 分　基本流畅，口语化较差（有类似背稿子的表现）；
三档 3 分　语速不当，话语不连贯；说话时间不足，必须主试人用双向谈话加以弥补。

第三节　现代汉语词汇

词汇是语言的建筑材料，是一种语言里所有（或特定范围的）词和固定短语的总和。词汇是语言中最直接反映社会生活的要素，既代表了语言的发展状况，又标志着人们对客观世界认识的广度和深度。词汇是一个知识库，人们几千年来认识世界、改造世界的成果，大都被词汇记录下来、储存起来。就一种语言来讲，它的词汇越丰富越发达，语言本身也就越丰富越发达，表现力也就越强。就一个人来讲，他的词汇量就越大，他的语言表达就越准确，他的知识也越丰富。个人的词汇量往往取决于自身的学识和阅历。深入生活、关注社会、阅读书籍是扩大词汇量的有效途径。

一、词汇单位

1. 语素

语素是语言中最小的音义结合体。对一个语言片段，不断地进行切分，得到的最小的语言单位就是语素。例如"蜡烛"一词就有两个语素。语素是构词的单位，词是造句的单位。

现代汉语的语素绝大部分是单音节的，如："大""小""人""天""地""东""啊"等；也有两个音节的，如："蜿蜒""徘徊""参差""沙发"等；还有三个或三个以上音节的，如："巧克力""乌鲁木齐""奥林匹克""布尔什维克"等。双音节语素有一部分是从外语借来的，三音节及三音节以上的语素大都是从外语借来的。

确定语素的方法是"同形替代法"。例如"礼物"中的"礼"和"物"可以为别的有意义的语言单位来替换，而且替换以后仍然有意义。例如：

物——货物、杂物、财物

礼——礼品、礼节、礼堂

以上替换，说明"礼物"这个词是有"礼"和"物"两个语素构成的。而像"冰激凌""秋千""马达"等，要么是有的成分不能被替换，要么是替换后意义发生改变，所以都是一个语素。

词和语素有的有交叉的情况，即一个语素可能也是一个词。例如在"景色非常美"和"天气真好"这两个句子中，"美""好"有声音有意义，是独立运用的语言单位，都分别是词。但是在"我们的明天更美好"中，"美好"已经结合成为一个不容随意拆开的整体，是句子中一个独立运用的语言单位，所以是一个词。在"美好"这个词里，"美"和"好"各自都是一个语素。我们在鉴别一个最小的语音语义结合体是词还是语素时，就看它是否能独立运用，能独立运用的是词，不能独立运用的是语素。

根据构词功能，语素可以分为成词语素和不成词语素两类。本身就能成为一个词的语素是成词语素，如前面分析的"美"和"好"就是如此。只能同其他语素结合成词的叫不成词语素，如："阿""民""语"等。

不成词语素中有一些位置是固定的，只表示附加的意义，如："阿""们""子""者"，称为词缀。除此之外其他的成词语素和不成词语素都称为词根，即表示词的基本意义的语素。

辨析：语素、词和字

字是记录语言的符号。同一个字可以表示不同的语素，例如：

好：美好（hǎo）——喜好（hào）

长：漫长（cháng）——成长（zhǎng）

有的字既不是词，也不是语素，只表示一个音节，例如："旖""滂""尴"等。但是它们可以和其他字分别结合成"旖旎""滂沱""尴尬"。

成词语素在组成词的时候，是语素；在组成句子的时候，是词。例如"书"和"字"，在"他看书，我写字"这个句子中都是能独立运用的单位，是组成句子的成分，所以是词；在"书本""字迹"中，只是组成词的成分，所以是语素。

2. 词

词是能独立运用的最小的语言单位。例如："我们的明天更美好。"这个句子由"我们""的""明天""更""美好"5个词组成的。这5个词都能分别和其他的词组成另外的句子。5个词中，"的"和"更"无法再拆分，"我们""明天""美好"似乎可以拆，但是它们的意义不是两个构成成分的简单相加，而是已经紧紧地凝结在一起。在这个句子里，它们都分别是能独立运用的最小的表意单位，是作为一个整体来充当句子成分的。

3. 固定短语

短语是由词与词组合构成的，一般的短语根据表意需要临时组合词语而成，如："看电影""召开会议"等；有些短语是词跟词的固定组合，从形式到意义都成为一个整体，一般不能随意增删、改换其中的词语，作用相当于一个词，称为固定短语。固定短语分为专名短语和熟语两大类。

专名短语是一些用于专门名称的短语，国家、机关、单位等都有一个专门的名称，如："中国共产党中央委员会""联合国环境规划署"等。一般短语如果用于书名、杂志名或电影电视片名就成了固定短语。

熟语包括成语、歇后语、谚语、惯用语等，结构比较固定。

二、词的结构类型

1. 单纯词

单纯词是由一个语素构成的词。单音节的如"笔""书""天""说"，多音节的有以下几类：
（1）联绵词：两个音节不能拆开的词。
　　①双声，两个音节声母相同。例如：参差、仿佛、伶俐、崎岖、尴尬。
　　②叠韵，两个音节的韵母或韵尾相同。例如：窈窕、荒唐、烂漫、逍遥、朦胧。
　　③其他，例如：狼狈、芙蓉、玛瑙、鸳鸯、蝴蝶。
（2）叠音词：相同的两个音节重叠构成。例如：猩猩、姥姥、依依、谆谆、快快。
（3）音译外来词：葡萄、迷你、咖啡、华尔兹、歇斯底里。
（4）拟声词：哗啦、扑通、咔嚓、滴答、啪嗒。

2. 合成词

合成词是由两个或两个以上的语素组合而成的词。包括复合式、附加式和重叠式3种。
（1）复合式：由两个或两个以上的词根结合在一起组成。从词根之间的关系看，可以分为以下几种类型：

A. 联合型，由两个词根并列组合而成。两个词根的意义关系包括相同、相近、相关和相反等。例如：

意义相同或相近的：语言　价值　拼搏　答复　简单　清楚　刚才　自从
以上这些词，并列的词根意义上起着互相补充的作用。
意义相反的：彼此　今昔　奖惩　高下　横竖　买卖　开关　反正　悲喜
以上这些词，有的并列的词根原义仍然保留着，组合成的词包含相互对立的两方面意义，如"彼此""今昔"。有的组合后产生了新的意义，如"动静""反正"。
意义相关的：心胸　口齿　河山　水土　描写　负担　招待　辛酸　冷淡
以上这些词已经具有新的意义，不能简单地从词根的意义来解释。
其中一个词根意义已经消失了的偏义词：质量　国家　人物　窗户　动静　忘记　好歹

B. 偏正型，前一词根限制或修饰后一词根。例如：
新潮　公园　视线　地铁　奇迹　冷饮　细心　必然　火红

C. 述宾型，前一词根表示动作、行为，后一词根表示动作、行为支配关涉的对象。例如：
建议　冒险　主席　理事　立春　举重　结果　签名　下海

D. 述补型，后一词根补充说明前一词根。述补型词又可以分为两类：
第一类：前一词根表示动作，后一词根补充说明动作的结果或趋向。例如：
改正　推广　证实　震动　充满　分明　降低

第二类：前一词根表示事物，后一词根是事物的单位。例如：

房间　车辆　信件　人口　马匹　纸张　船只　花朵

E. 主谓型，前一词根表示被陈述的对象，后一词根表示陈述的情况，又叫陈述式。例如：

日食　事变　心慌　自学　月亮　神往　年轻

（2）附加式：由词根和词缀构成。词缀在词根前面的叫前缀，在词根后面的叫后缀。例如：

词缀（前缀）+词根：

老——老虎　老乡　老师　老总

阿——阿爸　阿姨　阿毛　阿猫

第——第一　第三　第十

小——小赵　小狗　小伙子　小两口

词根+词缀（后缀）：

子——孩子　刀子　帽子　胖子　日子

头——石头　苗头　想头　奔头　甜头

家——作家　儒家　思想家　科学家　老人家

性——感性　弹性　原则性　积极性　创造性

化——美化　深化　恶化　淡化　自动化

还有一种词根后加上一个叠音词缀的：

红彤彤　亮晶晶　绿油油　雄赳赳　慢腾腾

需要注意的是，词缀是由词根演化而来的，要把词缀和同形的词根区别开来。如"老虎"的"老"不同于"老人"的"老"，"刀子"的"子"不同于"莲子"的"子"。某些词缀加在指人或动植物的词根前，往往带有一定的感情色彩。"阿"就带有亲昵的意味，如"阿姨""阿哥"。部分词缀还表示一定的语法意义。词缀"子""儿""头"是名词的标志（带"儿"的词有少数例外，如"玩儿"是动词），"性""者"也是构成名词的词缀，"化"是动词的标志。

（3）重叠式：由相同的词根重叠组成。例如：

哥哥　星星　恰恰　仅仅　纷纷

现代汉语中绝大多数的词是由两个语素组合成的，也有三个以上语素构成的合成词，其内部关系一般比较复杂，它们往往是按照一定的结构方式逐层地构造起来的。例如：

3. 简称

为了用语经济，称说方便，人们常把形式较长的名称和习用短语加以简化，这种简便称呼就是简称。常见的方式有：

（1）从全称中提取有代表性的语素构成简称。例如：

环境保护→环保　北京大学→北大　高等院校→高校　超级市场→超市

人民代表大会→人大

（2）从全称中截取关键性语素。例如：

电冰箱→冰箱　清华大学→清华　中国人民解放军→解放军

（3）省略并列的几个结构中相同的语素。例如：

中学、小学→中小学　企业、事业→企事业　理科、工科→理工科

（4）用数字概括表示几项具有共同特点的成分。例如：

拥军优属、拥政爱民→双拥

通航、通邮、通商→三通

有理想、有道德、有文化、有纪律→四有

还有将并列的几种事物的共同属性找出来，然后标数。例如：

猪、牛、羊→三牲（用于祭祀的）

稻、黍、高粱、麦、豆→五谷

马、牛、羊、鸡、犬、豕→六畜

简称本来是全称的临时替代，但是有些简称经过长期使用，形式和内容都固定了，成为一般的词，全称就很少使用了。如"地铁"（地下铁路）、"教研室"（教学研究室）、长江"三峡"（瞿塘峡、巫峡、西陵峡）等。

使用简称还应注意避免简缩不当的情况，如把"维持生命"缩略为"维生"，把"技术革新"缩略为"技革"，缩减后意义含混不清。

三、词义及其性质和构成

（一）词义的性质

词是声音和意义的结合体，声音是形式，意义是内容。词义就是词的意义。

1. 客观性和主观性

不论是客观存在的还是人们想象中的事物，不管它是否真实，出于社会交际的需要，都可以用词来表示。在表示客观事物的过程中，词义表现出了客观性和主观性这两个方面的性质。一方面客观事物的存在是词义产生的基础，词义是客观存在的事物反映到人们的大脑中后所形成的一种认识，所以词义具有客观性；另一方面词义并不等于客观事物，它是人们对客观事物的概括的认识，总带有人的主观性，只能在一定程度上反映客观对象，所以词义又具有主观性。

2. 词义的概括性

词义通常是对客观事物、现象的概括反映，即人们在认识过程中，把对象共同的、本质的特点概括起来形成词义。比如"车"，有自行车、三轮车、板车、摩托车，有马车、汽车、火车、电车，有公交车、出租车，有卡车、轿车、跑车，总之有种种差别。但是"车"这个词在反映这类事物时，把一些具体的、个别的特点舍弃掉了，只留下本质的、共同的特点。《现代汉语词典》的解释是："陆地上有轮子的运输工具。"这样就能把这一类运输工具和其他类别的运输工具区别开来，这就是词义的概括性。

3. 词义的模糊性

词义的界限具有不确定性，原因是词所反映的事物本身边界不清。例如"青年"，《现

代汉语词典》的解释是："指人十五六岁到三十岁左右的阶段。"可是在具体使用中这个词表现出了很大的模糊性。如共青团的年龄上限一般是 28 岁；中小学的青年教师算到 30 岁，高校的青年教师算到 35 岁，全国的杰出青年评选年龄定在 40 岁以下。又如"中午"同"上午""下午"之间没有一个明确的界限，"胖"和"瘦"也没有明确的界限。词义的模糊性满足了语言表达的客观需要，例如法律文件中经常用到：后果严重的、视情节轻重、数额巨大、影响恶劣等。

4. 词义的民族性

词汇的民族性，不仅表现在集中反映民族文化特征的文化词汇上，也反映在不同民族对客观事物不同的观察、概括和归类的方式上。例如汉语中亲属称谓特别丰富，表示父母的兄弟有"伯伯""叔叔""舅舅"等不同的称谓，而英语只用"uncle"表示。再如"雪"的概念，汉语中只由一个词来概括，但是在靠近北极地区的拉巴人和楚克奇人中，却有几十个词来标记"雪"。日本属于海洋性气候，日语中关于雨的名称就特别多，而阿拉伯语中关于骆驼的词多达五六千个。

即使是同样一个词，也存在差别。如英语"fire"的名词义和汉语的"火"相同，但"fire"有着丰富的动词用法，表示"射击""发射""提出""解雇""激发"等意思，汉语的"火"没有这么多的动词用法。

受民族文化影响，很多词语附加上了感情色彩和象征意义。例如"梅""兰""竹""菊"象征高尚品格，"龙""凤""蝙蝠""羊""喜鹊"象征吉祥幸福，"鸳鸯""红豆"象征爱情忠贞，"松柏""仙鹤""龟"象征长寿，"猪""熊""驴"象征愚蠢笨拙，"狼""狐狸""蛇""蝎子"象征凶狠贪婪等。这些在不同的民族都有不同的表现。

5. 词义的历史性

词义是个历史范畴，在语言发展的历史中，受社会生活、思想意识、内部调整等因素的影响，词义处于经常演变的状态。具体表现为：

（1）词义深化：由于人对客观事物、现象认识的进步，词义适应的对象虽然不变，但对其特点的认识有所深化。如人、牛、云等。古人以为心是思维的器官，所谓"心之官则思"（《孟子·告子上》）。这从汉字的结构中也可以看出来，以"心"为表示意义的形符的"思""想""念""怨""愁""恨""忆""怯""怜"等，都是与思维活动有关的，现在人们认识到这是由大脑主管的了。

（2）词义扩大：有些词的应用范围原来比较狭小，后来包含了更多的意义，应用范围也更广泛。例如"河"，古代专指黄河，后来泛指一般河流，由专称变为通称。再如"齿"，古义是指排列在唇前的牙。甲骨文画的正是门牙，后来泛指牙齿。又如"航"，原指船，后指船在水上行驶。现在飞机、飞船等飞行器在空中飞行也称航，如航空、航天等。

（3）词义缩小：有些词的应用范围原来比较宽泛，后被比较狭窄的意义所代替。例如"宫"，上古泛指房屋，后专指封建帝王的住宅，现在除了旧有名称外，只有少数群众文化活动或娱乐场所称宫，如少年宫、文化宫，"宫"的词义越来越缩小了。再如"对话"，原指两个或更多的人之间的谈话，现在常用于表示两方或几方之间为谋求取得共识的交谈，词义范围比"谈话"小。

（4）词义转移：有些词原来的意义转移，出现了新的意义。例如"豆"，甲骨文中是一种盛肉食的木制的高脚碗。后来,"豆"的意义转移到豆类植物及其果实上了。豆类植物,上古不叫"豆",而叫"菽"。再如"脚",原指小腿,中古以后指踝骨以下部分,当"足"字解。又如"书记",原指文字、书籍、文章等,后指从事公文、书信工作的人员,现指党、团组织和某些团体的负责人。

（5）色彩变化：随着风俗习尚和社会思潮的改变，人们对事物的评价与看法也发生了变化，从而引起色彩意义的变化。例如"爪牙"，古代指武将、猛士，是个褒义词，现在指帮凶、走狗，成为贬义词了。又如"锻炼"，古代指"玩弄法律对人进行诬陷"，是个贬义词，现在指通过运动强壮身体，或通过劳动和实践提高觉悟与工作能力，成为褒义词了。

（二）词义的构成

词义的构成有多种因素，除了有一种表示客观事物概念的理性义之外，还可能有附着在理性义上的色彩义。

1. 理性义

理性义是词义中反映客观事物本身的那部分内容，以概念为主体，也叫概念义。如：

学位：根据专业学术水平由高等院校、科研机构等授予的称号，如博士、硕士、学士等。

急就章：为了应付需要，匆忙完成的作品或事情。

铁定：确定不移。

开导：以道理启发劝导。

词典对词条的解释主要是理性义。

2. 色彩义

理性义是词义的核心部分，词语还具有色彩义，是附着在理性义之上反映出人们的主观认识，表达出特定感受。色彩义有感情色彩、语体色彩、形象色彩、地域色彩、社区色彩，等等。

（1）感情色彩：词的感情色彩反映的是人的爱憎好恶，表明人对事物的褒贬态度。据此可以把词分为褒义词、贬义词和中性词，如"勇敢""狂妄""大胆"。有些词本身是中性词，但在特定的句子里会产生褒义或贬义色彩，如"有价值""是时候""够硬"有褒义色彩，"这套衣服大了点儿""这块木板有点软"，有不合要求的意思，带着贬义色彩。

（2）语体色彩：根据词语适用语体的不同，分为书面语色彩和口语色彩。相对于口语色彩来说，书面语色彩具有庄重、文雅、正式的特点。比较下面几组词语：

害臊—羞愧　数落—责备　马上—立即　生日—诞辰　吃饭—进餐

语体色彩是相对而言的。例如"牢房""监狱""囹圄"，监狱相对于牢房具有书面语色彩，但相对于囹圄，又表现出口语色彩。

（3）形象色彩：具有形象色彩的词能使人在理解理性意义之外，产生具体生动的感觉。这种感觉包括形态、动态、颜色和声音等。例如：

形态：丹顶鹤、凤尾竹、喇叭花、鸭嘴兽、美人鱼、鸡冠花。

动态：失足、垂柳、扑面、碰碰船、朝天椒、向日葵。

颜色：墨菊、青松、雪豹、黑熊、白桦、碧空。
声音：乒乓球、布谷鸟、恰恰舞、叮当车、呼啦圈。
合理运用词汇的色彩意义，有助于提高语言表达的准确性和生动性。

四、现代汉语词汇的组成

（一）基本词汇和一般词汇

从词汇的使用范围、使用频率、构词能力及稳固性等方面考察，可以将词汇分成基本词汇和一般词汇两部分。

1. 基本词汇

基本词汇是全民族使用最多、一般的生活当中最必需的、意义最明确的词汇成分的总和。例如：

水	山	牛	马	十	百
头	手	脚	口	前	后
爸	妈	兄	妹	年	月
说	走	吃	打	飞	睡
高	重	小	好	这	啊

基本词汇有三大特点：全民性、稳固性、能产性。

（1）全民性：基本词汇表示日常生活中长期存在的最基本、最必要的概念和关系，为使用同一语言的人普遍使用，不论哪种行业都要经常使用。

（2）稳固性：许多基本词所表明的事物具有长时期的稳定性，如："火""地""人""树""鸟""上""下"等，这些事物和概念本身都是极为稳定的，这就使得表明它们的基本词也在千百年的时期里生存着，并且会继续使用下去。

（3）能产性：基本词汇的核心词汇多是一些单音节语素，具有能产性，是构成新词的基本材料。如"大"和"心"，据不完全统计，由"大"构成的词有近400个，由"心"构成的词有400余个。

2. 一般词汇

词汇里基本词汇以外的词语构成一般词汇。一般词汇对于社会的发展变化反应非常敏感。随着社会发展、科技进步、人类认识的提高，新词不断产生。这些以基本词为基础构造出来的新词首先进入一般词汇。随着时间的推移和社会生活的发展，当它们所表示的事物和概念在长时期中与人们的生活关系非常密切，并具备了全民性、稳固性和能产性这三个特点之后，就进入了基本词汇。例如"党"这个词，从过去的一般词汇进入了现在的基本词汇，而且已经进入基本词汇的核心了。

也有原属于基本词汇的某些词，由于它们所表示的事物和概念在社会发展过程中与人们的社会生活关系越来越疏远，甚至成了过时的东西，这些词就会退出基本词汇，进入一般词汇。例如"君""臣"。

（二）传承词、古语词、方言词、行业词、外来词、新造词

从组成的来源看，现代汉语的词汇包括传承词、古语词、方言词、行业词、外来词和新

造词。

1. 传承词

传承词是指古代词汇中流传下来继续使用而延存至今的词。传承词在现代汉语词汇中占据大多数，并多属于基本词汇。例如表示自然现象名称的"风""雷""电""云""水""山""土""天"等，表示动作行为的"出""来""入""立"等，表示性质状态的"大""少""新""黄""白""老"等，在历史上很早就产生，其中不少在甲骨文中就已经出现了。

有的词在长期的延续中会在词义、词的结构上发生一些变化，如"走"在古汉语中指"跑"，现在的词义是"步行"。"国"和"家"在古汉语中是两个词，现在合成一个复合词"国家"，其中"家"的意义消失了。

传承词中也包括一些历史上从其他民族借来的词。例如"葡萄""苜蓿""师子（狮子）"等是西域借词，"站""胡同""蘑菇"等是蒙古语借词。东汉以后，随着佛教传入中国，一些佛教用语进入了汉语词汇。例如"佛""塔""僧""尼""菩萨"等。明、清时代，西洋传教士陆续来到中国，近代汉语里出现了西方语言的外来词，例如"公司""赤道""温带""亚热带""地球""鸦片"等。这些都流传了下来。

2. 古语词

古语词是指古代汉语词汇中现在通常不使用的词。这些古语词大致可分成两类：

（1）历史词：历史上曾经存在过的事物、现象，现在已不存在，反映这些事物、现象的词叫历史词。有特殊需要涉及历史的表述时，才会用到这些历史词。例如：

丞相	陛下	廷尉	郡守	册封
科举	环佩	顶珠	花翎	夏正
井田	屯田	世袭	禅让	釜
甑	簋	缶	尊	

（2）文言词：文言词所反映的事物、现象，现实生活中仍然存在，但已由其他的词所代替。例如：

| 目—眼 | 甘—甜 | 履—鞋 | 食—吃 | 弛—放松 |
| 汲—打水 | 博—赌钱 | 肩舆—轿子 | 敛—收缩 | |

文言词虽然被取代，但其中很多成了现代汉语的构词语素，仍以前面所提到的一些词为例：

| 目—眉目 | 甘—甘甜 | 履—履历 | 食—食品 | 弛—松弛 |

文言词已经陈旧过时，现代不再使用。但其中有一些在书面语中还具有生命力，使用时具有典雅、古朴的语体色彩。例如"鏖铄""伉俪""隽永""迤逦""觊觎""囹圄"等。在某些应用文体中，如贺电、唁电等，用"华诞""荣膺""欣悉""谢世""罹难"一类词，有时比一般词语更为适合。还有一些文言代词、虚词也不时使用，例如"吾""尔""孰""谨""毋""抑""苟""也""矣"等。

3. 方言词

方言词是指限于某个地区使用而普通话里并不使用的词。但是方言词汇是普通话词汇的一个重要来源，普通话不断从各方言中吸取有用的成分来丰富自己，例如"背时""陌生"

"龌龊""面孔""把戏""瘪三""帮腔""出息""打退堂鼓"等。这些方言词所表达的特殊意义是对普通话词汇的补充。

方言词进入普通话词汇的速度和数量与方言地区的经济、文化、政治等方面关系密切,例如20世纪六七十年代的上海话,八九十年代的广州话,都曾向普通话里输入了大量的方言词。随着内地和港台的接触日益频繁,一些港台词语特别是反映新事物的词语,也进入全民族共同语的词汇中来,例如"小巴""融资""物业""杀手""娱乐圈""自助餐""美食城""购物中心"等。

人们的口语里往往混杂着各种各样的方言词,书面语中有时也用方言词,但不同类型的文章使用方言词的频率不同。公文和科技著作中不用或很少用方言词,文学作品中因描写风土人物的需要,往往用得较多。

4. 行业词

行业词是各种行业应用的词语。行业词也是普通话词汇的来源之一,某些行业词语,在一定的条件下可以取得全民性,在专门的意义之外又获得了一个一般的意义,从而成为普通话词汇。例如"战役""进军""攻坚战"原来是军事用语,"背景""角色""亮相"原来是戏曲用语,"曝光"原来是摄影用语,"工程""设计""蓝图"原来是建筑学用语,"比重""渗透"原来是物理用语,"腐蚀""饱和"原来是化学用语,"麻痹""感染"原是医学用语,这些已经应用到广泛的社会生活中来,成为普通话词汇中的一部分了。

5. 外来词

外来词也叫借词,是从非汉语的其他语言里借来的词。各民族之间的贸易往来、文化交流、移民杂居、战争征服等原因,都会引起语言的接触,出现词的借用。

汉语的外来词既多且广。从词源来看,有来自英语的,如"可可""咖啡""沙发""尼龙""巧克力""迪斯科";有来自法语的,如"芭蕾舞""香槟""沙龙";有来自俄语的,如"苏维埃""拖拉机""杜马";有来自德语的,如"纳粹""盖世太保";有来自日语的,如"经济""社会""干部""组合""左翼""协会";还有来自蒙语的"胡同""戈壁""喇嘛""褡裢";来自满语的"萨其马""啰唆";来自藏语"氆氇""哈达";来自维吾尔语的"阿訇""亚克西""坎儿井";来自朝鲜语的"阿妈妮""金达莱";来自阿拉伯语的"木乃伊""祖母绿";来自波斯语的"珐琅",等等。从涉及面来看,是多方位、多层次的,既有科学技术、思想文化、政治经济类,也有生活娱乐、饮食穿着、艺术体育等类。

外来词与社会政治关系密切,开放的社会与外界交流多,语言上的渗透与借用也就多。外来词也与语言地位的高低和影响力的大小有关,强势语言对其他语言的影响力较大。

汉语外来词有以下几种形式:

(1) 音译词。照着外语词的读音,用汉字译写。例如:的士(taxi)、扑克(poker)、克隆(clone)、蒙太奇(montage)、苏打(soda)、雪碧(Sprite)。

(2) 音意兼译词。用汉字译写外语词读音的同时,可以用汉字的意义联想外语词义。例如:幽默(humour)、基因(gene)、黑客(hacker)、乌托邦(Utopia)、俱乐部(club)、可口可乐(Coka Cola)、逻辑(logic)。

(3) 半音半意词。一半表音,一半表意。例如:大巴、卡车、啤酒、艾滋病、霓虹灯、摩托车、芭蕾舞、浪漫主义、多米诺骨牌。

(4) 借形词。直接借用英文字母,或者英文字母与汉字夹用。例如:MBA、SOS、MTV、WTO、IP、CT、DVD、X 光、B 超、AA 制、卡拉 OK、KTV 包房。

要注意的是,单纯的意译词不看作是外来词,如"收音机""电话""电子邮件""情人节""发动机""电脑病毒""超级市场"等,它们是根据已有的事物和概念用汉语语素按汉语的构词法造出来的。

6. 新造词

随着社会生活、科学技术和人的思想观念等发生的深刻变革,表示新事物、新概念的词语不断涌现。例如经济领域里的新词语"承包""合资""外资""法人""公共关系""企业文化""宏观调控""房改""下岗""招商引资",科技新词语"火箭""导弹""太阳能""互联网""硬件""光盘""激光""液晶""宇宙飞船",社会生活方面的新词语"旅游""度假村""盗版""著作权""方便面""绿色食品""手机""健身""信用卡""地铁",等等。

新造词的产生,扩大并丰富了语言的词汇,增强了语言的表现力。但是,随着新词的大量产生,在书面语里也出现了滥造新词的现象,即任意凑合语素来生造词语,如"盖罩""丰奢""葱茂"等。这种词语并不是表达所需要的,意义也不明确,不具备新词产生和成立的条件。对滥造新词的现象要予以反对。

五、词的聚合

(一) 同义词

意义相同或相近的词叫同义词。同义词通常分为等义词和近义词两种。等义词是概念意义完全相同的一组词,在一般情况下可以任意互相替代。如"土豆"和"马铃薯","演讲"和"讲演","自行车"和"脚踏车","互相"和"相互"。这类词在词汇里比较少,其中多数是词汇规范化的对象,应做出取舍。近义词是概念意义基本相同但又有细微差异的一组词。如"希望"和"盼望"、"想念"和"怀念"、"高兴"和"愉快"、"愤怒"和"愤慨"。一般所说的同义词主要是指这类词,现代汉语词汇中存在大量这样的同义词。同义词的基本特征是"大同小异",学习同义词就是要学会"认同辨异",从而做到准确用词。

在言语交际中,本不是同义词的在某些特定的语言环境下也可以产生同义现象。例如:

阿Q……从腰间伸出手来,满把是银的和铜的,在柜台上一扔,说,"现钱,打酒来!"(鲁迅. 阿Q正传 [M]. 北京:人民文学出版社,1976:38.)

"银的"和"铜的"在这里获得了"钱"的意义,和"钱"构成同义现象,但并非同义词,它们一旦离开了特定的语言环境,同义现象就消失了。

多义词有几个意义,这几个意义常常各自有自己的同义词,所以一个多义词的同义词实际上二者之间是局部的同义。例如"痛快",在"他办事很痛快"这个句子里,"痛快"与"爽快""直率"同义;在"明天去玩个痛快"这个句子里,"痛快"与"开心""尽兴"同义。又如"平常"一词,在"他外貌平常,可是精明能干"这个句子里,"平常"和"普通""一般"同义;在"平常他这会儿早来了"这个句子里,"平常"和"平时""通常"同义。

1. 同义词的辨析

汉语的同义词非常多,这是语言高度发达的表现。准确地把握同义词的异同,尤其是细微差异,是恰当地运用词语的一个重要基础。通常从以下几个方面对同义词的词义进行辨析:

(1) 理性意义方面同义词的辨析。

①语意轻重不同。有些同义词所表示的事物概念虽然相同,但在表现程度上有轻重之别。例如"违背""违反""违犯"和"违抗"都有不遵从的意思。"违背"指背离、不遵守、不实行,语意较轻,常用于协议、诺言、良心等,如"他这个人说话算数,从不违背自己的承诺"。"违反"指不符合,向反面去做。它有的地方可以和"违背"互换,但总的说来,语意较重,常用于理论、原则、规章、制度等,如"他违反校规,受到了记过处分"。"违犯"不是一般的违背、违反,且有触犯、抵触之意,性质严重得多,常用于政策、法令、法规、纪律等,如"党纪国法不容违犯"。"违抗"强调对抗、抗拒,是蓄意的行为,性质恶劣,如"胆敢违抗政府法令的人,定将受到严惩"。再如"优良""优秀"和"优异","优良"指十分好,"优秀"指非常好,"优异"指特别好。类似的例子如:

轻视—鄙视 失望—绝望 爱好—嗜好

损坏—毁坏 清除—根除 固执—顽固

②范围大小不同。有些同义词所指对象的范围有大小之别。例如"性质"和"品质"所代表的都是"属性"这一概念,但"性质"可以指一切事物的属性,"品质"则仅指人的一种精神修养上的特性,范围大小不同。再如"时代"和"时期"都指社会或人生发展的某一时间阶段,但"时代"所指时间较长,"时期"所指时间可长可短。又如"局面"和"场面"都指情势状况,但"局面"指全局性的情势,"场面"指具体的情状。类似的例子如:

心情—心境—心绪 生命—性命 边疆—边境

事情—事件—事故 战争—战役 灾难—灾荒

③侧重不同。有些同义词侧重的方面不同。例如"坚定"和"坚决","坚定"侧重于"定",即不动摇,"坚决"侧重于"决",即不犹豫;再如"安定"和"稳定","安定"含有平安、安好之意,"稳定"更强调平稳、无大变化;又如"爱护"和"爱惜","爱护"侧重于保护,"爱惜"侧重于珍惜。类似的例子如:

公平—公正 解除—废除 更改—更换

④集体与个体不同。有些同义词的区别在于,有的词所指的对象是个别的、具体的,有的则专指集体的、概括的。例如"树木"和"树","树木"指的是概括的、一切的树(如"这里树木繁茂"),"树"指的则往往是个别的、具体的(如"桃树"或"那棵树")。再如"信件"和"信","信件"指同类事物的集合体,很多的信,后者指个别的、具体的信。类似的例子如:

书籍—书 人口—人 船只—船 花卉—花

(2) 色彩意义方面同义词的辨析。

①感情色彩不同。有的同义词它们的意义差不多,但是感情色彩不同。例如"结果""成果"和"后果",都指所达到的最后状态,其中,"结果"是中性词,可以用于好的事

物，也可以用于坏的事物；"成果"是褒义词，意思是工作或事业上的收获，是一种好的结果；"后果"是贬义词，意思是后来的结果、结局，多用于坏的方面。再如"巨大""宏大"和"庞大"，都有很大的意思，"巨大"是中性词；"宏大"是褒义词，有雄伟、壮阔之意；"庞大"是贬义词，常含过大或大而无当之意。类似的例子如：

鼓动—煽动 果断—武断 含蓄—含混 依靠—依赖

②语体色彩不同。语体色彩主要体现在书面语色彩和口语色彩，书面语和口语各有自己的色彩特点，适用的语境、场合也不相同。例如"儿童"和"小孩儿"都是指比较幼小的未成年人，但前者比较庄重，后者比较亲切。在"儿童是祖国的花朵"里，如换用"小孩儿"就不协调；而在"瞧，这位老爷爷在逗小孩儿呢"里，如换用"儿童"，也会失去原有情味。再如"恐吓"和"吓唬"，"吝啬"和"小气"，均为同义词，前者多用于书面，后者多用于口头。类似的例子如：

散步—溜达 父亲—爸爸 理发—剃头 如何—怎么

普通用语和公文特殊用语也存在不同，例如：

现在—兹 这—此 私下—擅自 收到—收悉

此外语体色彩还体现在普通话词语和方言词语的不同，专业词语和一般词语的不同上。

(3) 搭配意义方面同义词的辨析。

有些同义词在搭配的对象范围方面有所不同。例如"关心"和"关怀"，"关心"的对象范围很广，可以是人，也可以是事物，既可以是别人，也可以是自己，既可以对上，也可以对下；"关怀"的对象范围比较窄，一般是人，只能对别人，不能对自己，而且一般用于上对下。再如"交换"和"交流"都指双方把自己的东西给对方，但是它们的搭配对象却不同。"交换"可以和"资料""意见""产品""礼物"等搭配；"交流"则与"文化""思想""经验""物资"等搭配。"交换"搭配的对象大都是意义比较具体的或所指范围较小的词；"交流"搭配的对象大都是意义较抽象或所指范围较大的词。类似的例子如：

观察—察看 维持—保持 发挥—发扬 履行—执行

(4) 语法功能方面同义词的辨析。

一般来说，词性或句法功能不同的词，不能形成同义词，但是当一个词具有几种不同的意义，并且分别属于不同词类的时候，则可以在意义相同或相近而词性相近的条件下，分别同别的词形成同义词。例如"刚才"和"刚""刚刚"，都有不久之前的意思，但"刚才"是时间名词，可以做主语（刚才还是乌云密布，一会儿就雨过天晴）、定语（刚才的电话没打通）、状语（你刚才上课了吗）；"刚"和"刚刚"则是副词，只能作状语（他刚下课、小王刚刚还在这儿）。"刚才"在做状语的时候和"刚""刚刚"构成同义关系。类似的例子如：

拘泥—拘谨 申明—声明 壮大—强大

2. 同义词的作用

同义词的产生是语言发展的必然结果，是言语交际中最积极、最活跃的因素。在现代汉语丰富的词汇中，同一事物、同一概念，往往可以用几个、十几个，以至于几十个同义词来表现。例如表示"看"这个动作，我们可以用"看""瞧""瞅"表示一般的看；用"见"

"看到""目睹"表示已经看到;用"望""眺望""远眺""瞭望"表示向远处看;用"仰视""仰望"表示向上看;用"鸟瞰""俯视""俯瞰"表示向下看;用"顾""张望""环视"表示回头看和四方看;用"窥"表示偷看;用"盯""瞄""注视"表示集中视线注意地看;用"瞪"表示张大眼睛愤怒地看;用"瞟""瞥""浏览"表示略略一看;用"察看""观察""相"表示仔细地看;用"觐"表示下级看上级;用"视察""检阅"表示上级看下级;用"观""观看""阅"表示看大场面;用"阅览""阅读"表示看文字之类;用"目击"表示亲眼所见;用"探望"表示远道来看;用"打量"表示上下地看等。

精心选用同义词,对于增强语言的表达效果有积极作用。

(1) 可以使语言表达精确、严密。例如:

冬季日短,又是雪天,夜色早已笼罩了全市镇,人们都在灯下匆忙,但窗外很寂静,雪花落在积得厚厚的雪褥上面,听去似乎瑟瑟有声,使人更加感到沉寂。(鲁迅.鲁迅全集第二卷·祝福 [M].北京:人民文学出版社,1973:145.)

文中"寂静"和"沉寂"是一对同义词,"寂静"表现的是外界环境,而"沉寂"更增添了人物思想情绪的变化,两个词用得恰到好处。

(2) 可以避免重复,富于变化。

如果相同的意思都用同一个词语,语句就会单调乏味,而运用同义词语则显得生动活泼。例如:

①落霞与孤鹜齐飞,秋水共长天一色。

②我们以我们的祖国有这样的英雄而骄傲,我们以生在这个英雄的国度而自豪。

(3) 可以增强语势,丰富语意。例如:

奇妙的却又有另外一位老人和幽灵一样地浮现了出来。那便是反动派的商山四皓之一的吴稚晖。那个庞大、臃肿、肮脏、龌龊的"虚伪"的形象化!(郭沫若.洪波曲 [M].北京:人民文学出版社,1979:32.)

作者连用"庞大""臃肿"和"肮脏""龌龊"两组同义词,加强了对国民党极右分子吴稚辉的憎恶之情,既突出强调,又相互补充,语意更加完足。

有的同义词连用之后进而构成具有特殊色彩的成语,例如"家喻户晓""谨小慎微""轻描淡写""门当户对""花言巧语""风平浪静""零敲碎打""左顾右盼"等。

(二) 反义词

意义相反或相对的词叫反义词。例如"大"和"小"、"上"和"下"、"难"和"易"、"多"和"少"等。这些都是意义相反的反义词,它们是客观事物、现象矛盾对立的反映。但是也有一些词,如"天"和"地"、"日"和"月"、"春"和"秋"、"红"和"白"等,它们所反映的事物、现象本身,严格说来并不是互相矛盾对立的,只是人们在社会交际中常常把它们当作同一范畴中互相矛盾对立的事物看待,成为社会的语言习惯,也被视为反义词。

构成反义的两个词必须是属于同一个意义范畴的。如"大"和"小"都属于体积范畴;"昼"和"夜"都属于时间范畴;"长"和"短"都属于度量范畴。不同范畴的词,如"大"和"短"就不能构成反义词。

反义词的范围限于"词",词和短语是不能构成反义词的。如"好"和"不好","乱"和"井井有条"虽有反义关系,但因为"不好"和"井井有条"是短语,所以不能构成反义词。

一个词通常只有一个反义词,但多义词同时有几个意义,因此它的每一个意义,都可能分别同意义相反或相对的词构成反义配对关系,也就是说,形成一个词和几个反义词对应的情况。例如:"正",表示垂直或符合标准方向时,反义词为"歪";表示位置在中间时,反义词为"侧""偏";表示正面时,反义词为"反";表示正确时,反义词为"误";表示合乎法度、端正时,反义词为"邪";表示职务是第一把手时,反义词为"副";表示大于零的数时,反义词为"负";等等。反义词之间错综复杂的关系,使语言运用具有很大的灵活性。

1. 反义词的类型

(1) 绝对反义词。两词之间的关系是一种"非此即彼"的关系,不存在中间状态的概念,肯定 A 就必然否定 B,否定 A 就必然肯定 B。例如:

生—死 有—无 曲—直 动—静

真实—虚假 正确—错误 完整—残缺

(2) 相对反义词。这类反义词是表示某些事物或现象相互对立的两端,两词之间一般存在着中间状态的概念。它们之间的关系是,肯定 A,必然否定 B,但否定 A,却不能肯定是 B。例如:

大—小 冷—热 苦—甜 软—硬

快乐—忧愁 朋友—敌人 开始—结束

2. 反义词的不平衡现象

反义词是成对出现的,但两个词的语义范围和使用频率却不相等,存在不平衡现象。例如当我们提问"~不~"时,通常会选用反义词中的一个。如"快—慢",如果问车速,在不知快慢时一般问:"车速快不快?"可以回答:"快,有 100 公里/小时。"也可以回答:"慢,只有 20 公里/小时。"只有在设想或担心其慢时,才问"慢不慢?"在"有多~"这样的格式中,一般情况下会说:"有多快?"类似的例子如"长—短""大—小""厚—薄"等。在"有 [数量] ~"这样的格式中,只能用"长""大""厚",如可以说"有一米长",不能说"有一寸短";可以说有"有一尺厚",不可以说"有两寸薄"。

3. 反义词的作用

反义词可以揭示事物的内部矛盾,构成鲜明的对比,收到良好的表达效果。

(1) 凸显事物间的对立,加深对矛盾、对立事物的印象和认识。例如:

①悲剧将人生的有价值的东西毁灭给人看,喜剧将那无价值的撕破给人看。(鲁迅. 坟 [M] . 北京:人民文学出版社,1980:187.)

②到那时,到处都是活跃的创造,到处都是日新月异的进步,欢歌将代替了悲叹,笑脸将代替了哭脸,富裕将代替了贫穷,康健将代替了疾苦,智慧将代替了愚昧,友爱将代替了仇杀,生之快乐将代替了死之悲哀,明媚的花园,将代替了凄凉的荒地! 这时,我们民族就可以无愧色地立在人类的面前,而生育我们的母亲,也会最美丽的装饰起来,与世界上各位母亲平等携手了。(方志敏. 可爱的中国 [M] . 北京:人民文学出版社,1952:24.)

作者用了一系列反义词语,形成鲜明的对照和映衬,清楚地对照出中国新、旧社会给人的爱和憎,并期待摒弃旧的,迎来新的!读了这一段,我们不禁热血沸腾,强烈感受到方志敏烈士那颗赤热的爱国之心。文中一系列的反义词突出了文章的主题,加强了文章的表现力。

(2) 反义词对举,利用表面上的矛盾构造更深刻的哲理,言简意赅,深刻有力。许多格言和谚语常常用反义词来表现。例如:

①人无远虑,必有近忧。
②居安思危,戒奢以俭。
③凡事勤则易,凡事惰则难。
④世界上最快而又最慢,最久而又最短,最易被人忽视而又最易令人后悔的,就是时间。

(3) 运用反义词凸显事物或概念间的关系,发人深省,耐人寻味。例如:

①这是最普通的花,但又是最珍贵的花。
②熟悉的陌生人。

(4) 多组反义词连用,可以增强语势,起到强调的作用。例如:

①一切只顾个人不顾社会,只顾局部不顾全体,只顾眼前不顾将来,只顾权利不顾义务,只顾消费不顾生产的观点和行为,都是必须反对的。(中共中央文献编辑委员会.周恩来选集(下卷)[M].北京:人民出版社,1980:145.)

再如:

②我们大家辛辛苦苦为的是什么?就为的一个心愿:要把死的变成活的,把臭的变成香的,把丑的变成美的,把痛苦变成欢乐,把生活变成座大花园。(杨朔.杨朔散文选[M].北京:人民文学出版社,1978:116.)

4组连用的反义词突出了人们的决心,即要把破旧肮脏的北京城建设成美好欢乐的北京城。

有些反义词还可以用来构成成语,表意更丰富。例如:

取长补短　厚古薄今　深入浅出　喜新厌旧　弃暗投明　苦尽甘来

反义词与同义词交叉复合也能构成成语,例如:

瞻前顾后　生离死别　博古通今　横冲直撞　欢天喜地　长吁短叹

(三) 同音词

语音形式完全相同而意义完全不同的词叫同音词。同音要求声、韵、调完全相同,如"一、衣、依、伊""权利、权力、全力""公关、攻关""公式、公事、攻势、工事"。如果多音节词,要求其重音格式也相同。如"利害"(轻声,剧烈、凶猛)和"利害"(利益和损害),两个词的重音格式不同,不能认为是同音词。

1. 同音词的类型

按书写形式是否相同,同音词分作两类:

(1) 同形同音词。书写形式完全相同。例如:

bái　白$_1$——东方发白
　　　白$_2$——写白字

　　　　　白₃——表白
hǎikǒu　海口₁——河流通海的地方；海港内的港口
　　　　　海口₂——漫无边际地说大话叫夸海口

（2）异形同音词。书写形式不同。例如：

书—输　长—涨　强—墙　情—晴

诡计—轨迹　公关—攻关　报复—抱负　关隘—关爱

需要注意的是，同形同音词与多义词的区别。区分方法就是看词的意义之间是否有联系，多义词是具有几个意义的一个词，这些意义相互有一定联系；而同音词则是没有意义联系的几个词，各自独立存在。例如："花"，表示可供观赏的植物（花木），形状像花朵的东西（灯花、雪花），烟火的一种（花炮），花纹（白地蓝花），用花或花纹装饰的（花篮、花车），颜色或种类错杂的（花白、花猫），模糊迷乱（眼花），比喻年轻漂亮的女子（校花），等等。这些意义之间有相通的地方，所以这个花是多义词。可是另外还有一个"花"，表示用、耗费（花费、花钱、花时间），这个"花"与前面那个"花"意思没有什么联系，所以这两个不同的"花"就是同形同音词。在词典中，同形同音词通常各为独立的条目，而多义词则只设一个条目。

2. 同音词的作用

同音词在语言中的运用主要在于能构成同音双关，从而加强语言生动形象的表现力。例如：

（1）人们总是羡慕海阔天空，以为一片茫茫，无边无界，必然大有可观。因此以为坐海船坐飞机是"不亦快哉"！其实也未必然……然而飞机快是真的，两点半钟，到重庆了，这倒真是个"不亦快哉"！（朱自清《飞》）（蔡清富. 朱自清散文选集 [M]. 天津：百花文艺出版社，1986：260.）

"不亦快哉"中的"快"本是"痛快"之意，前面使用这个词是赞叹坐飞机大有可观，必定痛快；后面再用时，却是兼指坐飞机旅行速度快，一语双关，生动风趣。

（2）鲁侍萍（大哭）　这真是一群强盗！（走至周萍面前）你是萍……凭……凭什么打我的儿子？（曹禺. 雷雨 [M]. 北京：人民文学出版社，1994：96.）

侍萍看到周萍（她与周朴园的儿子）打了鲁大海的耳光后，气愤至极，脱口而出"你是萍"，但马上意识到，在当时不能与儿子相认，便急中生智，巧用同音词"凭"字掩饰了过去。作家用双关手法精细地刻画出鲁妈瞬间复杂的心理活动，是剧中精彩的一句台词。

在报刊上，也常见到运用同音关系来嘲讽和揭露某些社会不良现象。例如把不落实的"指标"讽刺为"纸标"，把官多兵少的臃肿机构讽刺为"五官科"等。

六、现代汉语词汇的特点

1. 语素以单音节为主，词以多音节为主

根据《现代汉语频率词典》统计，使用度最高的前9 000个词中，单音节词为2 400个，多音节词为6 600个，其中双音节词为6 285个。在使用频率上，单音节词占优势。6 285个双音节词的使用频率为60次，2 400个单音节词则高达350次。尤其是常用词使用频率高。（北京语言学院语言教学研究所编. 现代汉语频率词典 [M]. 北京：北京语言学院出版社，1986.）

2. 词语呈现双音节化趋势

从词汇的发展历史看，汉语的词有一种很明显的双音化趋势，即把单音节词扩充为双音节词，把超过两个音节的词压缩为双音节词。这是汉语发展的内部规律之一，例如：

桌—桌子　　　月—月亮　　　师—老师　　　　　发—头发
照相机—相机　山茶花—茶花　彩色电视机—彩电　空气调节器—空调

3. 广泛运用词根复合法构成新词

广泛运用词根复合法构成新词，且内部构造跟短语构造大体一致。例如：

雪白（偏正）　　碰壁（述宾）　　领袖（联合）　　雪崩（主谓）　　抓紧（述补）

现代汉语还运用附加、重叠等方式构成新词。如：

阿姨（附加）　　花朵（附加）　　爸爸（重叠）

七、现代汉语词汇的规范化

在语言的发展过程中，词汇是语言三要素里变化是最显著的。尤其是一般词汇，对现实社会的各种变化非常敏感，新事物的产生、原有事物的变化和旧事物的消失，都在一般词汇中得到反映。词汇不仅数量庞大，而且在不断地变化，人们在学习和运用过程中难免出现错误，因此词汇的规范化工作很重要。一是要维护词语的既有规范，二是对新词语进行规范。

对于新词语的规范主要从必要性、普遍性和明确性三个方面入手，也就是看这个词语是否有存在的必要，在表达上是不是不可少的，是不是人们普遍使用的，意义是否是明确的。

例如对方言词的规范，普通话以北方方言为基础，但北方方言地域广阔，其方言词汇一方面丰富了普通话词汇，另一方面也存在引起混乱的情况。如"蚜虫""腻虫""蚁虫""蜜虫""油虫""旱虫"等并存，选取哪个词呢？从普遍性、明确性看，选用"蚜虫"。普通话词汇一直在吸收有特色的方言词语，如来自西南方言的"搞"，吴方言的"摆平""嗲""噱头""写字间"，粤方言的"连锁店""策划""休闲""炒鱿鱼"等，这些词语具有独特的表达效果，成为普通话词汇中有用的一员。但是要防止毫无必要地滥用方言词语，特别是那些流行地区狭窄、没有表达新义、没有新的修辞色彩、容易产生误解或歧义的词语。

在对外来词的规范中，要统一外来词的汉字书写形式。应该尽量选用意译方式的外来词，除人名、地名、国名用音译方式外，一般尽量采用意译，因为意译更接近民族语言习惯，便于理解和记忆。例如用"维生素"不用"维他命"，用"话筒"不用"麦克风"，用"发动机"不用"马达"，用"小提琴"不用"梵哑铃"。

在对古语词的规范中，要反对滥用古语词。我们运用古语词是为了特殊的表达需要，如"秀才""哀悼"等。对于那些丧失了生命力的语词要避免使用。

随着互联网的迅速普及，网络词语大量产生。网络语言的特点是简洁、风趣，富有人情味儿和个性化，网络词汇尤其是网民聊天使用的词语和符号越来越多，如"美眉"（妹妹）、"菜鸟"（初级网民）、"飞鸟"（经验丰富的网民）、"杯具"（悲剧）、"餐具"（惨剧）等，还有用英文缩写或汉语拼音缩略及阿拉伯数字等符号的词语，如"88"（再见）、"BF"（男友）、"GF"（女友）、"DD"（弟弟）、"GM"（哥儿们）等。虽然对这类词语规范起来难度比较大，也应该加以引导，使之朝着健康、规范的方向发展。

第四节 现代汉语语法

一、语法是什么

语法是语言的三要素之一，语法是语言的结构规律，换句话说，语法是组词造句的规则。我们每天都在说话，可是却并没有感觉到自己是在按什么规则说话，就像人生活在空气里，不知道空气的存在；人每天在行走，不知道保持平衡的力学公式的存在；人每天在用语言交流，却并不知道有语法的存在。一种语言的最基本的结构形式和规律是在语言的长期发展和变化中逐步形成的，如汉语的祖先语早在五六十万年前就已经存在，这种语言随着使用它的社会的发展而发展着，今天的汉语就是多少万年前的汉语变化发展的结果。

语法规定着人们如何用词造句，指示人们怎样正确理解话语的意思。如果有人不按说话规则说话，别人就听不懂。譬如说，"买一斤苹果""苹果买一斤"，这两种说法我们都能接受，因为这两种说法都是符合汉族人说话的规则；可是，如果有人说"一斤买苹果""斤苹果买一"，就让人不知所云了，因为这两种说法都不符合汉族人说话规则。再如：

(1) 他喜欢看书。
(2) 书他喜欢看。
(3) *喜欢书他看。
(4) *书看喜欢他。

上面所举的四个例子里，都包含有"他""喜欢""看""书"这四个成分。但是说汉语的人都会感到，前两句能说，后两句不能说。这是为什么呢？这是因为例(1)、例(2)是按照汉族人的说话规则组织起来的；而例(3)、例(4)是胡乱拼凑起来的，根本不合汉族人的说话规则，所以不成话。例(1)、例(2)虽然能说，而且包含的成分也相同，但意思有细微的差别。这又为什么呢？这是因为它们各自所依据的具体的说话规则不一样。可见说话是有规则的。我们学习研究语法就是要学习、研究这种说话规则。

有人可能认为语法不用学，不学语法照样能说话、写文章。事实上，学一点语法知识，自觉掌握语法规则，用以指导语言实践，不仅可以帮助我们把话说（写）得通顺，而且可以帮助我们把意思表达得更清楚、更准确，使语言更富表现力。

在平时说话、写文章中，应尽量避免出现语病。如果句子有毛病，往往就不能把意思表达清楚。例如2007年8月9日《文汇报》第8版一篇短文的标题：

她的微笑难以释怀——记浦东边检站女民警冯雅茹

这句话错在搭配不当，"释怀"是化解、消除的意思，"微笑"怎么能与"难以释怀"搭配呢？应改为：

她的微笑难以忘怀。

语言表达上有毛病，不仅会使文章意思含混不清，有时甚至还会造成政治性错误。例如1974年4月2日《文汇报》一版有一条副标题：

我国党政领导人周恩来、叶剑英、陈锡联、吴德、苏振华和西哈努克亲王、宾努首相等以及首都群众到机场欢迎

　　同一天的《人民日报》用的是这样两行字的标题：

　　　　我国党、政领导人周恩来、叶剑英、陈锡联、吴德、苏振华到机场欢迎

　　　　西哈努克亲王、宾努首相和夫人等也到机场欢迎

　　两个标题一比较，前者的毛病就看得很清楚了。按前一个标题，西哈努克亲王、宾努首相也成了"我国党政领导人"了。这不就大错特错了吗？

　　目前，在各种媒体中普遍存在着语句不顺、文理不通的现象。我们应自觉加强语文学习，包括语法知识的学习，努力提高语文修养，从而使语言这个交际工具更好地为我们交流思想服务。

二、现代汉语的语法手段

　　语言中用来表示语法关系、表现语法意义的语法手段有很多，包括形态变化、词序变化、虚词运用等。印欧语言词形变化很复杂，有性、数、格、时、体、式等变化。这些就是所谓形态变化。形态变化丰富的语言，其语法关系主要通过这些形态变化来表示。而汉语是缺少形态变化的，因此它的语法关系、语法意义主要通过语序和虚词来表示。语序不同，虚词的有无，语法意义、语法关系往往也就不同。

（一）语序

　　语序的变化对语法结构和语法意义具有重大影响。例如：

　　（1）我们喜欢（主谓结构）——喜欢我们（述宾结构）

　　"名词+动词"构成主谓结构，语序改变后，变成"动词+名词"，构成述宾结构。

　　（2）房间干净（主谓结构）——干净房间（偏正结构）

　　"名词+形容词"构成主谓结构，语序改变后，变成"形容词+名词"，构成偏正结构。

　　（3）紧握（偏正结构）——握紧（述补结构）

　　"形容词+动词"构成偏正结构，反过来就成了"动词+形容词"，变为述补结构。

　　以上语序的变化都使得语法结构关系发生了改变，语义也跟着产生了变化，这些都属于真正的语法上的语序变化。

　　语序的变化有时不改变语法结构，仅仅是语义上发生变化，例如：

　　（1）老鼠怕猫。——猫怕老鼠。

　　（2）他们不都喜欢看电影。——他们都不喜欢看电影。

　　虽然它们的语法结构没改变，但是里面的词语在句法结构中的角色关系发生了变化。"老鼠怕猫"中的"老鼠"是动作的发出者（施事），"猫"是动作的接受者（受事）。而在"猫怕老鼠"里，"老鼠"变成了受事，"猫"变成了施事。所以，这种语序变化也属于语法范畴。

　　还有出于言语交际的需要，临时变化语序，语法结构没有变化，语义也没有区别，只是增添了一些语用色彩。例如：

　　（1）你真行啊！——真行啊，你！

　　（2）看你高兴得嘴都合不拢了。——嘴都合不拢了，看你高兴的。

（二）虚词

汉语里虚词十分丰富，对语法结构和语法意义有重要作用。主要表现在三个方面：

（1）虚词的有无改变了语法结构和语法意义。例如：

A. 哲学历史（联合结构）——哲学的历史（偏正结构）
B. 我们老师（同位结构）——我们的老师（偏正结构）
C. 起草文件（述宾结构）——起草的文件（偏正结构）

（2）虚词的有无影响语义，不改变语法结构关系。例如：

A. 英国朋友——英国的朋友

"英国朋友"是指英国人，但"英国的朋友"就不一定是英国人了。再如：

B. 江西宾馆——江西的宾馆

"江西宾馆"是以"江西"命名的一座宾馆，"江西的宾馆"指的是江西所有的宾馆了。又如：

C. 十斤西瓜——十斤的西瓜

"十斤西瓜"指大大小小的西瓜一共十斤，"十斤的西瓜"是指十斤一个的西瓜。

（3）虚词的有无既不改变语法结构关系，也不影响语义，但是在语用意义上会带来一些影响。例如：

古代文化——古代的文化

结构助词"的"加入后，语法结构没有改变，语义也基本相同，但是仔细体会，两者还是有区别的，加了"的"，有强调分类的作用，表示这是"古代的"文化，而不是现代的。

三、现代汉语的语法特点

现代汉语无严格意义的形态变化，语序和虚词是主要的语法手段，这是现代汉语语法特点之一，除此之外，与印欧语言比较，还有以下几个特点：

（一）词法、句法、结构基本一致

汉语各个语言单位的结构方式之间有比较统一的共同点，这是汉语语法的一个重要特点。

汉语不论语意组成词，词组成短语，或者短语组成句子，其语法结构关系大体一致。如汉语基本结构关系有五种：联合、主谓、述宾、偏正、述补关系，词（合成词）、短语、句子都有这5种结构关系。例如：

关系	词	短语
联合	父母	父亲母亲
主谓	年轻	年纪轻
述宾	达标	达到标准
述补	说服	说得服气
偏正	火红	像火一样红

从上面的例子可以看出，由于汉语的多音节词主要是从短语的临时性组合发展而来的，

所以词的结构跟短语的结构大体一致。

短语和句子的区别在于是否有语调。短语加上语调就成为句子，从书写形式上看，就是加上了标点符号；反之，句子去掉语调，就是一个短语。所以句子的结构形式与短语基本一致。

而在英语中，句子结构和短语结构具有明显的区别，英语句子的谓语部分必须有一个限定动词，但在短语里是不允许有限定动词的，如果要出现动词，就必须采用动词不定式或动名词的形式。例如：

（1） He drives a car.（他开车。）

（2） To drive a car is easy.（开车容易。）

（3） Driving a car is easy.（开车容易。）

例（2）、例（3）句中表示"开车"的短语都没有限定动词，动词"drive"出现的形式分别是动词不定式"to drive"和动名词"driving"。而例（1）中，就必须有一个限定动词。

汉语词法和句法之间存在的一致性，像联系词法与句法之间的桥梁，既体现汉语语法结构方式的简易明确的特点，又有助于学习者触类旁通地掌握语法的规律。

（二）词类和句法成分之间不存在简单的一一对应关系

现代汉语的词类体系包括实词和虚词两大类，实词有10类：名词、动词、形容词、区别词、数词、量词、代词、副词、叹词、拟声词；虚词有4类：介词、连词、助词、语气词。

现代汉语的句法成分是短语和句法结构的组成成分，一共有8种句法成分：主语、谓语、动语、宾语、定语、状语、补语、中心语。主语和谓语是陈述与被陈述的关系；谓语里如果有宾语，那个支配、关涉宾语的成分就是动语；定语是名词性短语里中心语前面的修饰语，状语是谓词（动词、形容词）性短语里中心语前面的修饰语，补语是动词、形容词性短语里中心词后面的补充成分。

在印欧语言里，由于有形态，词类和句法成分之间往往存在一种简单的对应关系，大多是一对一，少数一对二。拿英语来说，大致是：

名词——主语、宾语　动词——谓语　形容词——定语　副词——状语

在汉语里，词类与句法成分之间的关系错综复杂，除了副词只能作状语，属于一对一之外，其余的都是一对多，即一种词类可以作多种句法成分。例如：

名词主要充当主语和宾语，但也经常作定语，还有作谓语和状语的情况：

（1）作定语，例如：电信职工、中国文化、城市卫生、塑料制品。

（2）作谓语，例如：明天星期一、今天晴天、他美国人。

（3）作状语，例如：现在就行动、历史地看问题、本能地回了一句。

动词主要充当谓语，但也有作定语、主语、宾语和状语的情况：

（1）作定语，例如：毕业论文、报名手续、游泳健儿。

（2）作主语，例如：毕业是明年的事儿了、报名是程序的第一步、游泳对身体有好处。

（3）作宾语，例如：我们盼着毕业、他们忘了报名、他喜欢游泳。

（4）作状语，例如：公开宣布、感动地说、联合部署。

此外，形容词主要充当定语，也能充当谓语、状语和主语、宾语。

（三）有丰富的量词，有语气词

印欧语言，像英、俄语数词可以和名词直接组合，如 four books，而现代汉语数名词组合中间一般要用一个量词，如"四本书"。现代汉语量词很丰富，有名量词和动量词两类，不同的事物所用的量词往往不同。如"一个人""一匹马""一把椅子""一颗珍珠""一粒谷子"等。有很多名词可以充当量词，如"一屋子人""一车水果""一桌菜""一脚泥"等。再如表示动作次数的"来一次""看一回""打一下""跑一趟"等。

跟印欧系语言比较，有语气词是汉语的另一个特点。语气词常出现在句末，表示各种语气的细微差别。如"给我吗？""给我吧。""给我呢。"

四、现代汉语常见句法错误

（一）句法成分搭配不当

1. 主谓搭配不当

（1）＊生活告诉人们：急躁的人，事情一旦办不成，往往容易转化为灰心丧气。

"人……转化为……灰心丧气"显然不通。"转化为"三个字完全是多余的，应删去。

（2）＊理论正确是衡量文章好坏的重要标准。

主语"理论正确"是从一个方面说的，而谓语"是衡量文章好坏的重要标准"则是从两方面说的，不搭配。应将主语改成"理论是否正确"或"理论正确与否"。

2. 述宾搭配不当

（1）＊为了防止类似事故不再发生，他们加强了安全教育与管理。

只能说"防止……发生……"，不能说"防止……不再发生……"。如要保留"防止"，得把"不再"删去；如要保留"不再发生"，可以将"防止"改为"使"。

（2）＊你看完这个电影，会强烈地感到一个没有出场的人，那就是电影故事的作者。

动词"感到"要求带动词或形容词性词语，而现在"一个没有出场的人"是个名词性词组，与要求不合。可将"一个没有出场的人"改为"有一个人没有出场"。

3. 主宾搭配不当

＊秋天的北京是一年中最长最美的季节。

主语的中心语是"北京"，不可能是"季节"，可改为"北京的秋天是一年中最长最美的季节"。

4. 修饰语和中心语搭配不当

（1）＊一支动人的历史性歌声。

"歌声"前用了三个定语——"一支""动人的""历史性"，其中"一支"和"历史性"都不能跟"歌声"搭配。

（2）＊这篇作文在写法上非常简洁、生动。

介词结构"在写法上"作为状语跟中心语"非常简洁、生动"在意义上不搭配，"简洁、生动"只能用来说明文章的内容，不能用来说明文章的写法。可改为"这篇作文写得非常简洁、生动"。

（二）句法成分残缺

1. 主语残缺

＊在老师和同学们的热心帮助下，使他的学习成绩迅速提高。

整个句子没有主语。可以有两种改法：一是将"在"和"下"删去，保留使动句式；一是保留"在……下"的说法，把"使"字去掉。

2. 谓语残缺

＊小李在去办公室的路上，突然有一位老同学迎面走来。

主语"小李"后只有状语，没有谓语，陈述不完整，可改为"小李在去办公室的路上，突然发现有一位老同学迎面走来"。

3. 宾语残缺

＊张老师乐于帮助贫困学生，有时还拿出稿费来资助。

"资助"所支配的对象不明，可改为"张老师乐于帮助贫困学生，有时还拿出稿费来资助他们"。

（三）句法成分多余

1. 主语有多余成分

＊晏海洋同学在党的培养下，他成了既爱学习，又爱劳动的学生。

这句话中主语"晏海洋同学"与"他"重复，应去掉"他"。

2. 谓语有多余成分

＊读完这篇文章，读者就会被主题所感染，使读者感到余味无穷，不忍释手。

该句中的"使读者感到余味无穷，不忍释手"是个承前省略主语的兼语短语作谓语，如果把主语补出，则是"读者使读者感到余味无穷，不忍释手"，显然"使读者"是谓语的多余成分，应删。

3. 宾语有多余成分

＊蒲松龄的《聊斋志异》，借神话抒"孤愤"，刺贪虐扬善恶，行世300多年来，各种版本难以数计，至今仍有广大读者群。

此句中的宾语"广大读者群"的"群"多余，既说"广大读者"，为什么还说"群"呢？"群"该删。

（四）句法成分杂糅

1. 格式套叠

＊我省是全国主要的侨乡之一，各条战线上有数以百计的归侨、侨眷应该广泛地动员起来，使他们在科教兴国中发挥更大的作用。

这句话中述宾短语"有数以百计的归侨、侨眷"和主谓短语"数以百计的归侨、侨眷应该广泛地动员起来"套叠，可改为：

我省是全国主要的侨乡之一，各条战线上有数以百计的归侨、侨眷，应该把他们动员起来，使他们在科教兴国中发挥更大的作用。

2. 句式杂糅

*作为一个翻译工作者，一方面要学好外语，一方面要学好本民族语言也是非常重要的。

这是把本该分开说的两句话"焊接"在一起，硬凑成了一句。可在"要学好本民族语言"之后点断，并在后半句话"也是非常重要的"前加一个代词"这"，使另立为一个分句。可改为"作为一个翻译工作者，一方面要学好外语，一方面要学好本民族语言，这也是非常重要的"。

五、标点符号

（一）标点符号的作用

标点符号是辅助文字记录语言的符号，可以表示停顿、语气或词语的性质和作用，是书面语里不可缺少的组成部分。标点符号的主要作用有：

（1）表示句子结构和意思，如：

①小江、小吕上街去了。

②小江，小吕上街去了。

③小江：小吕上街去了。（剧本中的台词）

（2）表示语气和口气，如：

①他的口才好不好？（疑问语气）

②他的口才是很好。（陈述语气）

③他的口才真是好！（感叹语气）

再如：

④很白很亮的一堆洋钱，而且是他的——现在不见了！（破折号表示口气突然转换）

⑤对……对不起！我……大概认错人了。（省略号表示语气断续）

（3）标明词语或句子的性质和作用，如：

①巴金的《家》

②巴金的家

③《巴金的家》

（二）标点符号的种类

标点符号包括点号和标号两大类。点号表示语句中的各种停顿，句末点号兼表语气。标号用于表示词语或句子的性质和作用，有些也兼有表示停顿的作用。点号有句号、问号、叹号、冒号、分号、逗号和顿号，标号有引号、括号、破折号、省略号、专名号、书名号、着重号、间隔号和连接号，见表2-5、表2-6。

表2-5 点号的名称及形式

名称	句末点号			句内点号			
	句号	问号	叹号	逗号	顿号	分号	冒号
形式	。	？	！	，	、	；	：

表 2-6　标号的名称、形式及位置

名称	引号	括号	破折号	省略号	专名号	书名号	着重号	间隔号	连接号
形式	" "	( )	——	……	___	《 》	.	·	—或~
位置	左、右上角		占两格	占两格	标字下		标字下	标字间	占一格

（三）标点符号的错用

1. 句号使用不当

句号通常用在陈述句和语气舒缓的祈使句末尾，在使用中，存在着该用句号而不用，不该用句号又用了的情况。句号使用不当会造成句子结构层次不清，表述不明。例如：

（1）*花生秧子是生猪的好饲料，种花生为发展养猪事业提供了有利条件，这几年由于花生种得多，全村养猪数量达到1 600多头，猪多肥多，又促进了粮食产量的提高。

句中有六个分句，应改为三个句子。前面两个分句是一个意思：种花生为养猪提供了条件；中间两个分句又是一个意思：种花生促进了养猪；后面两个分句意思是养猪促进了生产。因此第二、第四两个逗号应改为句号。

（2）*有时话不好直说，则可用体姿来暗示对方。如在业务洽谈中。开始时气氛友好，进展顺利，但后来对方突然提出苛刻条件……

句中的第二个句号使用不当，导致举的例子还没有表达出来就结束了，应改为逗号。

2. 问号使用不当

问号通常用在疑问句、反问句和选择问句的末尾。但需要注意的是，有些句子虽然有疑问代词或疑问格式，但是整个句子不是疑问语气，不能用问号。例如：

（1）*房价为什么居高不下？是值得我们研究的问题。

（2）*能否提高成绩？主要是看我们学习的态度和努力的程度怎么样？

3. 叹号使用不当

叹号用在感叹句、语气强烈的祈使句、反问句的末尾。有时感叹句存在主语、状语等成分倒置的情况，叹号不能用在句中，必须放在句末。例如：

（1）*多壮观啊！黄果树瀑布。（主谓倒装）

（2）*欢呼吧！为我们取得的成就。（状中倒装）

有人喜欢连着用两三个叹号，以此表达强烈的感情，这种叠用叹号的做法是不当的。例如：

（3）*我们成功了！！！

应该运用词语来表达强烈的感情，不宜靠叠用叹号，所以叹号一般不叠用。

4. 逗号使用不当

逗号是用于句中表示停顿的，但是并非句中所有停顿都可以用逗号。例如：

（1）*妈妈把墙上的照片，取下来仔细地端详着。

（2）*这些谬论都已经被我国各项建设事业的胜利，驳斥得体无完肤。

两句中分别用介词"把""被"组成介词短语作状语，这里的状语和中心语联系紧密，一般不用逗号点断。

（3）＊我们应该鼓励，青年学生利用一切条件开展创业活动。

"青年学生"是兼语，它既是"鼓励"的宾语，又是"利用"的主语。动词"鼓励"与兼语"青年学生"之间并无停顿，不应该用逗号点断。

5. 顿号使用不当

顿号用于表示语句内部较短的并列词语之间的停顿。要注意的是，用了连词"和"的地方，就不能再在"和"的前面用顿号了。例如：

＊学生们在操场上做操、打球、跳绳、和踢毽子。

顿号还常常用在次序语之后。如"一、……二、……"。但是如果次序语用了括号，就不能再用顿号了。例如：

＊（一）、

＊（1）、

6. 分号使用不当

分号主要用于表示复句中并列分句之间的停顿，具有分清分句层次的作用。分号该用而不用，不该用却用了，都会造成复句的层次关系不清楚。例如：

（1）＊他到处收集有关资料，对收集到的资料进行认真分析；不拘泥于前人的说法，终于有了新的发现。

四个分句不应该分为两组，要把分号改为逗号。

（2）＊成功了，我们再接再厉。失败了，我们从头再来。

"再接再厉"后用了句号，点断了本来关系密切的并列关系，应改为分号。

第五节　现代汉语语用

一、语用和语用学

语用是指人们在一定的语境中对于语言的实际运用活动。对语言进行语用分析，不是分析静态的词、短语和句子，而是人们在一定的语境中说出和听辨这些词、短语和句子的动态的行为过程。语用学是现代语言学的一门分支学科，专门研究语言是如何被运用的。语言的实际运用主要是进行交际对话，就是用语言进行信息交流和交换。我们把进入交际中的语言称为言语。

语言是静态的，言语是动态的。语言单位的意义是脱离开具体环境条件的一般性意义。例如"车""汽车"都不是指向具体的某辆"车"。在具体的语用环境中，结合具体的角色和话语意图，这些"静态的意义"就成为动态会话交际系统中的意义，具有了活生生的现实含义。例如：

"你去干什么？"

"我去洗车。"

在这样的言语交际中，有了语境，"车"便有了具体的所指。再来看一个例子：

"外面风真大。"

对这句话，如果把它作为静态的句子进行分析，我们得到的是字面意义；如果把它看作是动态的言语，进行语用分析，考察的是说这句话的人的真实意图。结合语境，就可以分析出这句话是在简单地表述一个命题呢，还是希望不要出门。

可见，语境在语用学的研究中有着极为重要的作用。可以说，语用学就是对语境意义的研究。

二、语境及其类型

语境就是语言使用的环境，就是言语行为发生的环境。这个环境包括言语行为所涉及的客观条件和背景，如特定的时间、特定的空间、特定的情景、特定的人物等。语境可分为以下几类：

1. 上下文语境

从静态的角度看，它由一个语句的上下文（书面语）或前后语（口语）所组成；从动态角度看，则由一个言语行为之前及之后的其他言语行为所组成。

言语交际过程中有许多省略的现象，就是借助上下文提供的信息保证省略的表达能够顺利地进行交际。例如：

她（水生嫂）问："他们几个哩？"

水生说："还在区上。爹哩？"

女人说："睡了。"

（孙犁《荷花淀》选自：何积全，肖沉冈. 中国乡土小说选（上）[M]. 贵阳：贵州人民出版社，1986：383.）

这里的对话都是省略句，单独拿出来，无法理解。但是在交谈的句子中间，所涉及的任务、动作行为主体都十分明确，没有歧义。

2. 现场语境

现场语境指的是一个言语行为发生的具体时空环境。其范围大小，就是言语行为双方当时感知能力所能达到的限度。

离开现场语境，即使很平常的话，也常常难以确定说话人所要表达的意思。例如：

"快七点了。"

这句话在不同的情景中，可能表达出不同的言外意义。

如果是早晨妈妈对还没起床的孩子说这句话，言外意义可能是"你该起床了"；

如果是在与别人聊天时说这句话，言外之意可能是"时候不早了，该回家了"；

此外，如果是正在教室、医院、火车候车室、公共汽车上……言外之意可能各不相同。

3. 交际语境

交际语境指的是与言语行为相关的各种交际要素组成的抽象环境。包括说话的主题、说话的场合（正式场合还是非正式场合）、说话的方式、交际双方的地位以及相互之间的关系（年龄、性别、亲密程度、知识背景、文化传统）等。例如：

"今天的阳光真好。"

这是一句简单的陈述句。用在不同的对象之间，会有不同的含义。

孩子对妈妈这样说，也许是想要出去玩；

生日宴会上人们这样说，是对过生日者婉转的祝福，暗示天气好是个好兆头；如果一个下级不满上司的批评，冷不丁冒出这样一句话，那表示了变相的反抗。

4. 背景语境

背景语境是在人们记忆中储存着的关于整个世界的百科知识，以及一定的文化背景下的信念系统等。

例如，民族心理和风俗习惯不同，对于语词的理解和运用也不同。

You are a lucky dog.

这句英语直译过来是"你是一只幸运的狗"。但是真的翻译成汉语应当译为"你是个幸运儿"。汉语中"狗"常用作贬义词，指坏人，如"落水狗""丧家犬""狗腿子""狗仗人势""狗眼看人低"等。汉语中有句俗语"嫁鸡随鸡，嫁狗随狗"，这是封建意识的产物，把妇女当成男子的附属物，用动物做比喻强调"三从四德"的程度。不了解中国封建礼教的外国人，无法理解这句话的真正意义。

可以说语境指示了我们如何理解别人的言语行为，因此语境具有一定的补充语义的作用。由于言语表达讲究经济原则，一般来说，为了避免重复啰唆，经常将上文出现过的旧信息省略，因此语境起到了补充语义的作用。例如一则在图书馆里的对话：

管理员问某女生："你要找什么？"

女生答道："我在找《丈夫》和《家》。"

这则对话由于话语的内容（找"丈夫"和"家"）、使用语言的人的性别身份等，在日常交际中容易引起误解。但在图书馆这个特定的场所，管理员不会产生歧解，便是因为具体的地点、场合及其相关的背景知识起了制约和引导的作用。

三、言语交际的基本准则

人们运用语言组成话语进行交际，总是以具有一定目的和意义的言语行为方式出现的。整个交际过程就是由交际双方一连串的言语行为互动、互应而形成的过程。成功的言语交际需要交际双方协同一致、配合默契，任何言语交际都是双方合作的结果。在言语交际中存在一些基本的行为原则，包括合作原则、礼貌原则、道德原则等。

（一）合作原则

言语交际总是要相互合作的，通过合作才能保证交际的顺利进行。合作原则内部有四条准则，即数量准则、质量准则、关联准则和方式准则。遵循这四条准则可以实现言语交际中信息传递的最高效率。

1. 数量准则

数量准则指话语所含信息量要适度，以实际需要为标准。即言语交际时说出的话应当包含交际所需要的必要信息，而且话语信息量不超过所需要的信息。

如果信息量少于交际目的所需要的数量，会造成话语的含糊、晦涩，形成理解困难。而信息量超出交际目的需要的数量，就会造成话语的重复、啰唆，使人厌烦。比如甲问乙在什么单位工作，乙可能做出三种回答：

（1）中国高新技术开发公司。

（2）在中国。

（3）在中国高新技术开发公司工作。我们单位设备先进、技术力量雄厚，经营范围广，是个效益非常好的单位。

例（1）的回答是适量的，例（2）的回答信息量不足，例（3）的回答信息过量。

需要注意的是，不同类型的言语行为，不同的语境，对话语所含信息量的要求会有所不同。比如都是通知，如果是电话通知或在周围环境很嘈杂的情况下通知，相同的信息就可能被多次重复。火车站候车室内的反复通知，也是为了给乘客提供需要的主要信息。这种重复并不被人认为是冗余信息。因此，信息量的适量与否，要根据实际情况来确定。这不仅取决于发话人提供的信息，也取决于受话人的信息期待和需要。再如王光英妙答记者问（石丹林. 金口才［M］. 北京：同心出版社，1996：75.）：曾被刘少奇誉为"红色资本家"的王光英，在"文化大革命"中历尽劫难。复出后，受命赴香港创办光大实业公司。不料刚下飞机，就被香港记者围住，其中一位女记者提了个很难回答的问题：

"这次来港办公司您带来多少钱？"

这是个棘手的问题，因为钱的数目事关经济机密，说多少都会被人钻空子。王光英机智地回答：

"对女士不能问岁数，对男士不能问钱数。小姐，您说对吗？"

表面上看，这个回答信息量是不足的，但是在当时的环境和背景下，这个回答却是非常得体和幽默的。

2. 质量准则

质量准则指发话人发出的信息内容是真实的，即发出的信息不虚假，有充分的根据。诚实是一种美德，言语交际也不例外。在交际时，不能把虚假的话当作真实的话说，否则就是欺骗。例如从前有10个人，相约每人带一壶酒来聚餐。其中一人心想：我带一壶水去，和他们的酒混在一起，不会有人知道是谁带的。不料想其余9人和他想法一样，都带了水来当白酒。结果喝酒时，每个人倒了一杯，发现一点儿酒味也没有。都以为是自己那壶水造成的，不好说酒淡，反而啧啧称赞：

"好酒！"

"好香啊！"

这个笑话中，每个人喝的都是水，却称赞"好酒！""好香啊！"隐含"我喝的是真正的好酒"的意思，因此每个人发出的信息都是虚假的。

根据言语交际双方的实际情况，信息的真实性可进行调节。例如与人打招呼，假如你最近身体很不好，在路上巧遇一位正急着去办事的朋友，他跟你打招呼：

"好久不见，你好吧！"

如果回答："还好。"

虽然身体不好，但是这样模糊地回答，符合当时情境下对方的话语意图，属于正常的交际行为。如果回答："好什么呀，最近身体糟糕得很。"

这种情况下，他就要停下来表示关心，询问情况。这实际上违背了对方"打招呼"的交际目的。可见不分场合地实话实说也会影响交际效果，例如梁启超在徐志摩婚礼上的致辞（郎伟，赵明. 人类重要文学命题［M］. 武汉：湖北教育出版社，2000：134.）：徐志摩在与陆小曼苦恋 3 年后终于要结婚了，在徐志摩父亲的要求下，请来梁启超做证婚人。梁郑重致辞说：

"徐志摩，你这个人性情浮躁，所以在学问方面难有成就。你这个人用情不专，以致离婚再娶……你们不是要我证婚吗，好，我就送你们一句话：愿你们这次都是此生最后一次结婚！"

作为长辈，梁启超如果在私下场合里讲这番话，是无妨的。可是在喜庆的婚礼场合，当着众多宾客如此讲话，虽然真实，但并不得体。

3. 关联准则

关联准则指话语之间以及话题与话题之间应该相互关联。对发话者来说，遵守关联准则意味着他有说话的诚意。认认真真按照所说事物之间的逻辑联系，按照受话者接受话语或者说接受新经验时的心理顺序来组织话语、展开话语。每次说话都会有一个话题，这是发话者的兴趣所在，也是发话者希望受话者注意力集中的范围。它一旦决定，所有的话语就应该围绕着这个话题展开。发话者若是有说话诚意并尊重受话者的话，就不会任意转移话题。在这样的情况下，话语之间和话语与话题之间就会密切相关，使受话者的注意力稳定集中，接收信息时思路清晰明确，很容易地就能把握住发话者的说话意图。

对受话者而言，遵守关联准则意味着他相信发话者是有说话诚意的，说的每一句话都是关联的，万一感觉有不关联之处，首先不是怀疑发话者的诚意，而是努力参照语境搜寻它们之间可能存在的联系，直至能顺利地把它们关联起来。例如：

"你多大了？"

"十九。"

"参加革命几年了？"

"一年。"（《百合花》）

（茹志鹃. 高高的白杨树 [M]. 上海：上海文艺出版社，1959：56.）

这是符合关联准则的，言语交际顺利。也有故意违反关联准则的情况，例如：

甲：李老师不学无术，完全是在误人子弟。

乙：今天又是一个好天气。

乙认为甲在背后说长道短，不愿意随声附和，只好借谈天气来敷衍甲，勉强表示合作。

然而有时为了传递语用信息，在允许的范围内，也可以故意把话题扯远，让受话人从外部检索相关信息。例如：一个醉鬼在酒馆喝多了，醉鬼对招待说：

"快拿点醒酒的东西来吧！"

招待说："好，我这就去拿账单。"

醉鬼要的"醒酒的东西"，是茶水、饮料之类的东西。招待的回答显然不符合关联准则，但目的是让醉鬼知道，他已经喝得太多，钱也花得太多了。账单一拿来，看到花了那么多钱，醉鬼肯定就会吓得醒了酒。这样的言语行为常常会收到幽默讽刺的语用效果。

4. 方式准则

方式准则指话语的表达方式应该让受话者易于理解。发话者既然诚心诚意要告诉受话者一些事情，就应该让话语的表达方式清楚明白，简明易懂，使受话者能在花费最少量的精力和时间的情况下获取最多量的信息。所以发话者在说话时应尽量避免歧义、晦涩、含混等现象，而追求一种通晓流畅、条理分明、易于理解的表达方式。

跟遵守关联准则一样，受话者对遵守方式准则也体现在只要他相信发话者是有说话诚意的，那么他也就会相信发话者一定是力图把话说得清楚明白的。如果万一有不清楚不明白的现象存在，他也会积极地到语境中去寻找原因。

交际违反方式准则就会造成误导，使人无法了解，影响交际。例如：

"你会打乒乓球吗？"

"打不过刘国梁。"

其实受话者刚学会打乒乓球，就把自己跟世界冠军相比，本身就是不恰当的。尽管他的回答确是实情，但给对方造成一种假象：好像他的球技高超。从而使对方无法获得真实信息。

（二）礼貌原则

礼貌是古今中外普遍存在的社会规范，言语交际必须遵从这种社会规范，才能顺利进行。礼貌原则处在比合作原则更高的层次上，因为只有在遵循了礼貌原则的前提下，才谈得上遵循合作原则。礼貌原则维护了交际双方的均等地位和他们之间的友好关系，只有在这个大前提下，受话者才更愿意去配合发话者，发话者的语用意图才可能更充分地在受话者身上得到实现。所以为了维护礼貌原则，人们甚至不惜牺牲合作原则的某一准则。例如有时我们要拒绝别人的邀请但又不想造成不礼貌的后果，往往会违反质量准则说一些无碍大局的谎话。

礼貌原则包括以下几个准则：

1. 慷慨准则

慷慨准则指尽量少表达利己的和有损于对方的看法。这一准则的基础是一种处理人际关系的道德观念：尽量使他人受惠最大而受损最小，尽量使自己受惠最小而受损最大。

这个准则要求发话者在提出某种要求时，应尽可能地在话语中涉及对听话人有利的内容，同时又要尽可能回避自己受惠的实质。例如在要求对方做某件事时，用疑问句的方式来表达祈使，就体现了慷慨准则。如：

"你把房间打扫一下吧。"（祈使句）

"你能把房间打扫一下吗？"（疑问句）

用疑问句表达，尊重了对方的选择权，在话语给了对方按自己意愿行事的权利。所以几乎在所有的语言中，用疑问句来表示祈使都被认为是一种礼貌的表达方式。再如：

"这些成绩都是大家支持的结果，没有大家的支持，我是什么都干不出来的。"

这句话人们乐于接受，就在于遵从了慷慨准则。

2. 谦虚准则

谦虚准则指在话语中要尽量少赞誉自己并少贬低对方。谦虚包括耐心听受话方说话，对受话方多赞扬，少指责；对自己的评价要尽量保持谦虚和低调，不能夸大自己的优点、忽视或者掩盖自己的缺点，有时还需要适当地贬低自己。例如电影演员李雪健在1991年荣获"金鸡""百花"两个最佳男主角奖后，他站在领奖台上说：

"苦和累都让一个好人焦裕禄受了；名和利都让一个傻小子李雪健得了。"

这句谦虚而幽默的话博得了满场掌声。

谦虚，要学会在话语体系中恰当地多使用谦辞和敬语。善于使用谦辞是汉语的优良传统，比如，古人把"贵""令""贤""宝""雅""高""妙""卓"等词加到对方的称呼之前，如称"贵校""令尊""贤弟""宝号""雅正""妙笔"等；把"鄙""愚""拙""窃""敝""贱""家""舍""小""免贵""不肖"等词语加到与自己有关的事物前，如称"鄙人""愚兄""窃以为""拙作""家父""家兄""拙荆""犬子"等，都能表达出谦恭的语气。

不同的民族对谦虚准则有不同的理解。例如同样是得到别人的赞美，欧美人通常用感谢之辞来表达礼貌；汉族人比较传统的做法是否定，甚至还要以自贬来表示自己的谦虚。例如当年李鸿章出访美国，一次他宴请当地官员，席上循例说了几句客套话："今天蒙各位光临，非常荣幸。我们略备粗馔，没有什么可口的东西，聊表寸心，不成敬意，请大家包涵……"（康家珑．语文趣谈［M］．北京：语文出版社，1985：126.）第二天报纸照译为英文登出来，饭馆老板看了大为恼火，认为李鸿章是对他的饭馆的污蔑，除非他能具体提出菜肴怎么粗，怎么不可口，否则就是损害他店家的名誉。他提出控告，要求李鸿章赔礼道歉。

3. 一致准则

一致准则指在话语中尽量缩小与对方的分歧，尽量夸大与对方的一致。这种分歧和一致既可以是观点上的，也可以是感情上的。在言语交际行为中要尽量减少与对方的分歧，在非原则问题上尽量靠拢对方的观点，以增加一致性。每个人都希望别人赞同自己的观点。在交谈中如果我们能够发现对方观点合理性的方面，并加以充分的肯定，交流就会进行得很顺利，反之，则容易导致交际失败。例如：

"工资要发、奖金也要发，大家的要求都是合理的。我完全理解你们的实际情况。现在，需要我们冷静地对待这个问题。厂子是大家的。厂子有困难，就是咱们大家的困难。谁家过日子也会遇到各种各样的困难。但是，困难是暂时的。如果什么也不干，就这么争论下去，说破大天也不会掉下馅饼。只要咱们想办法把库存积压的产品推销出去，厂子有救了，大家也有救了。"

面对工人罢工，提出补发工资的要求，先表示理解和赞同，然后再劝阻，就可以收到比较好的效果。

在感情上缩小分歧就是淡化和削弱对对方的厌恶，夸大一致就是尽量显示对对方的同情与关心。它们能缩小双方的情感距离，使对方更易于在一种融洽的氛围中接受自己的观点。例如毛泽东同志跟李银桥的一次谈话（徐丹晖．语言艺术探索［M］．北京：北京广播学院出版社，1999：127.）：李银桥本是周恩来的警卫员，后调到毛泽东身边。刚调动时，李银桥看到一起参军的老乡已做了团政委，就不想再留在领导身边，要求下连队上前线。毛泽东知道后，在一次散步时和他进行了亲切友好的谈话。谈话从李银桥的名字开始，之后毛泽东拉起了家常：

"你跟父亲亲还是跟母亲亲？"

"我父亲脑子好，多少账也算不糊涂，可是脾气大，张口就骂，动手就打。我妈妈很温和，非常疼我们。我跟妈妈亲。"

"啊哈，我们两家很一样。你母亲一定信佛。"

"主席怎么知道？"

"她心善么，出家人慈悲为怀。"

这种坦率、平等的谈话打开了李银桥的心扉，两人的心理距离一下子缩短了。沟通了心灵，毛泽东很快解开了李银桥的思想疙瘩，取得了谈话的成功。

再如邓小平同志1979年应美国总统卡特邀请正式访美，在一次讲话中谈到台湾问题，他说：

"我们知道，不少朋友关心台湾的前途。统一祖国，这是全体中国人民的夙愿。我想，曾经在一百多年前经受过国家分裂之苦的美国人民，是能够理解中国人民统一祖国的民族愿望的。"（李红锋．邓小平新时期重要活动纪略［M］．北京：中国华侨出版社，1994：29.）

他巧妙地联系美国历史上经受国家分裂的史实，唤醒听众心中的民族感情，实现了感情上的共鸣。

四、言语交际技巧

教育家们研究发现，人生的成功，才能、智力的因素只占30%，而人际关系协调能力、交际能力的因素却占70%。卡耐基更强调说，一个人的成功，只有15%是由于他的专业技术，而85%则是靠人际关系和他的为人处世能力。在我国人力资源和社会保障部确定的人的核心技能中，交流与表达能力排在首位。一个人的语言能力不仅包含辨认、造出合乎语法的句子的能力，而且应包含恰当使用语言的能力，这便是交际能力。交际能力指的就是交际者（或说：社会的人）实际的语用能力。下面介绍几种言语交际的技巧。

（一）适应语境，利用语境

语境因素对言语交际起着制约作用，言语发出者要想取得满意的交际效果，就必须学会适应语境，但同时也可以灵活地利用语境为交际服务；对于言语接收者而言，要准确地理解话语，又需要有一定的语境因素来参与。下面我们分别谈谈如何在言语交际中适应语境、利用语境。

1. 适应语境准确措辞

语境是客观存在的，人们首先要学会如何去适应它，学会如何根据不同的语境来遣词造句，这样，语言才能用得其所，才能发挥应用的交际功能。适应语境，通俗地讲，就是到什么山上唱什么歌。

比如说称呼，称呼是人们之间的社会关系与心理距离在语言中的反映。与人交往，称呼总是少不了的，称呼是否得当，往往影响到交际成败。称呼得体，人们之间可以因此而拉近心理距离；称呼不得体，就会给沟通设置障碍。得体的称呼，一般是随境而发的，具体说来就是：

（1）根据时地来确定。

称呼随着时代的发展而呈现出不同的特点，20世纪50—60年代，男女统称"同志"，到了70年代左右，"师傅"这一称呼又盛行开来，80—90年代，男士普遍称"先生"，女士则称"小姐"。称呼还会随场合的变化而变化，在宾馆、酒店、银行、超市等场所，"先生""小姐"这样的称呼比较合适，但在医院，应根据职业分工的不同而称"医生"和"护士小姐"，到了学校，则应该称"老师"。著名演讲家曲啸有一次应邀去监狱演讲，曾为称呼斟酌过一番，他没有用"罪犯""犯人"这样的字眼，而是称"触犯共和国法律的青年朋友们"，既符合对方的身份，又表达了平等相待、愿与之相互交流的愿望，很受人欢迎。

（2）根据交往的深浅程度来确定。

关系一般的可按照对方的职业、职务来称呼，如"张医生""孙老师""汤处长""李主任"。关系比较密切的可以直呼其名，也可以采用加"老"的称呼方式，如"老赵""老哥""老姐""老弟"。

（3）根据习俗与个人情况来确定。

在我国，人们习惯于把自己的配偶称为"爱人"；而在海外，人们只把自己钟情的人称为"爱人"；在英美国家，已婚妇女称为"夫人"或"太太"，未婚妇女称为"小姐"，婚姻状况不明的称为"女士"，男士统称"先生"。在交际活动中，只有入乡随俗，尊重各国民族的称呼习惯，才能为交际的顺利开展创造有利条件。

再比如说恭维话，在交际中，许多人喜欢用恭维的语言，适当的恭维能达到取悦人心的目的，对人际沟通、维系良好的关系会产生重要的作用。在面对不同对象的时候，什么样的恭维话才是恰当的呢？如果是年轻人，你要能举出几点，证明他的将来大有成就，他一定十分高兴，视你为知己，因为年轻人总是自以为前途无量的；如果是老年人，假使你说他的儿子无论学识能力都胜过他，是个难得的人才，他内心一定认为你慧眼识英雄，并感激你，因为老年人的希望在他的子孙；如果是商人，你应该说他才能出众，手腕灵活，现在红光满面，发财在即；如果是官员，你应该说他为国为民，一身清正，廉洁自持，劳苦功高；如果是文人，要说他学有根底，笔下生花，宁静淡泊。总之，要了解对方的职业再说恭维话，这样能为良好的沟通打下坚实的基础。但要注意避免反复滥用或过度恭维，言不由衷，只会收到相反的效果。

在说话的态度上，也视具体情况而定。

与地位高者谈话时，态度要尊敬；对方讲话时要全神贯注地听；不要随便插话，除非他希望你讲话；回答问题要简练适当，尽量不讲题外话；说话要自然，不要显得紧张。自己尊重自己，不要做一个"应声虫"，让人觉得没有主见。

与地位低于自己的人谈话时要庄重、有礼、和蔼，避免高高在上的态度；赞美他出色的工作表现；讲话不要太多；不要显得太亲密；不要以自己的优越地位阻止他说话。

与长者谈话要谦虚，不要直接涉及他的年龄，只提起他干过的事，这一话题能深入他的心。

与比你年幼的人谈话要深沉一些，不要降低自己的身份；不要给他们直呼你姓名的机会，也不要同他们争辩，要赢得他们的尊重。

2. 利用语境营造氛围

为了能在言语交际中取得成功，人们仅仅适应语境还是很不够的，还要学会灵活地利用语境。言语交际过程有着特定的目的，为了达到这个目的，言语表达者就必须对整个交际过程的气氛加以控制，营造出一种对交际有利的环境，或紧张，或轻松，或活泼，或严肃，或欢快，或悲伤，视具体情况而定，目的是为了使交际顺利进行下去。例如：

同志们，解放全中国已经不需要太长的时间了！解放上海，更是指日可下！（台下爆发出雷鸣般的掌声）过不了几天，我们的大炮，我们的机枪，还有，（讲生硬的沪语）阿拉这些土八路可以到上海白相了！（台下充满笑声）（沙叶新. 陈毅市长［M］. 上海：上海文艺出版社,1980:6.)

陈毅是四川人,在向部队作进军上海的动员报告时,处于当时的场景,为了使报告更贴近群众,特意插入上海话"阿拉""白相"。因为接下来部队就在向上海挺进了,这时讲话插入上海话,与做报告的场合、气氛很协调,给会场带来了轻松、活泼的愉快气氛。

言语表达者还可以根据交际需要,事先或临时创设语境,然后再加以利用。1984年,里根总统访问我国期间,曾在复旦大学发表过一番演说。中美两国在文化背景诸多方面存在差异,总统与大学生之间存在心理距离,这些因素都给演说的成功设置了障碍。里根总统意识到了这一点,为了给演说找到一个好的开场白,他与陪同人员一起进行了一番精心策划。临行前,他们先物色了一个来自复旦的美国留学生,里根总统亲自打电话询问她有没有什么需要转达给母校的。与复旦大学的师生见面后,里根总统开始发表他的演说:"在来中国之前,我碰见了你们的校友,她让我捎个口信问候大家。"里根总统的开场白让复旦师生感到亲切自然,为接下来的演讲营造了良好的气氛。其秘诀在于他事先为自己创造了语境,临场又巧妙地将这一语境利用起来,言语富有人情味,符合中国人的心理。

如果言语表达者能够捕捉到语境中的某一点,将其与自己的言语表达巧妙结合在一起,就可以调动言语接受者的真实感情,使交际现场的情境朝言语表达者所控制的方向发展。例如有一位演讲者正在为竞聘某一工作而发表演讲,当演讲即将结束的时候,天气突然转阴,接着,窗外电闪雷鸣。这时,他灵机一动,马上联系自己所讲的内容,即席发挥道:"同志们,听着窗外响起的阵阵春雷,我的心不由得一震,是啊,我们的屋内不也是春雷滚滚吗?干部聘任制度改革的春雷正在我们这块天空上震响,在这场竞争中也许我只是一个过客,但我要张开双臂,为春雷的到来而欢呼!"台下的听众听到这番话,都感到精神振奋,热血沸腾,全场的气氛因此而达到高潮。

(二) 日常言语交际技巧

在日常的言语交际中,尊重他人、言语真诚是基本原则。人的天性都是喜好赞扬而厌恶批评的,这是人类自尊的天性使然。在言语交际中,尊重他人,维护他人的自尊是成功交际的基础。在这个基础上,选择恰当的语言表达方式来表达真实感受,可以既不伤害对方,又实现交际目的。

1. 赞美要真诚恰当

人在任何时候都有一种被人肯定、被人赞美的强烈愿望,在日常生活中,赞美可以激起人的自尊心。据说有甲乙两个猎人外出打猎,第一天各猎得两只野兔回家。甲的妻子见后,冷冷地说:"就两只啊?"丈夫在心里埋怨着。第二天他故意空手回家,让女人知道打猎是不容易的事情。乙的情况正相反,第一天,他的妻子看到两只野兔,高兴地说:"你竟然打到了两只?"乙听了心里喜悦,"两只算什么。"他骄傲地回答女人。第二天,他竟打回来四只野兔。可见赞美的力量是巨大的,它能够激发人的积极性和创造性,使人增添克服困难和战胜困难的勇气,甚至创造出奇迹。赞美还可以用来缓解矛盾,俗话说,良言一句三冬暖,赞美可以让沟通更加通畅。

赞美别人要注意恰到好处,要学会赞美别人首先要加强思想品德修养。赞美别人一定要出自内心，诚心诚意。"久仰大名""如雷贯耳"之类缺乏真情实感的、公式化的寒暄客套，决不能打动人心。虽然在生活中常有人爱听逢迎献媚的话，但大多数人心中能分辨出你的话中包含多少诚意。那种与事实相反，或者无中生有的赞美，可能会使对方倒胃口。

赞美要恰如其分，通过观察，使赞美符合实际，言之有物。赞美别人宜多用尊敬和礼貌用语，以表示尊重对方的感情和人格；要避免使用粗鲁、生硬甚至污秽的词语。

2. 道歉要及时诚恳

与人交往，难免不说错话，不做错事，有时甚至会给别人带来精神痛苦和经济损失。对此，如果能及时认识到自己的错误，诚恳地向对方道歉，并主动承担责任，通常总是能得到别人的原谅的。假使你发现自己错了，却不及时道歉，甚至千方百计找借口辩解，其结果不仅得不到别人的谅解，还会受到道德上的谴责和人格、形象上的损害，进而失去朋友，失去友谊。

真正的道歉并不只是认错，而是要勇敢地为自己的过错承担责任，承认自己的言行破坏了彼此间的关系。通过道歉表示你对这个关系十分重视，并希望重归于好，这样不仅可以弥补破裂了的关系，而且还可以增进感情。

要记住道歉并非耻辱，而是真挚和诚恳的表现。道歉要堂堂正正，不必奴颜婢膝，既不要躲躲闪闪，也不要夸大其词，一味地往自己的脸上抹黑，那样只会让别人觉得你虚伪。

在不能及时道歉的情况下，日后也要找机会表示自己的歉意。如果觉得道歉的话说不出口，或者在某种场合不方便说，不妨用别的办法来替代，比如送一束鲜花，做一个动作或递一个眼神，等等。

接受道歉和向人道歉一样，也要有技巧。比如一位母亲，孩子们向她道歉后她总要搂抱和亲吻他们。她说："我要我的孩子明白，他们不必为了得到爱而隐瞒干过的错事。相爱的人是能够互相谅解的。人嘛，行孰能无过，言孰能无失？"

3. 道谢要适时热情

获得了别人的帮助向对方表示感谢，既流露了自己接受对方给予努力帮助的不安，又对别人给以一种心理安慰和补偿，是对人际关系的深化发展。道谢看似简单，也有许多讲究。

别人为你帮忙、办事，多少总要耗费一些额外的精力，有时还要辗转拜托他人。因此道谢时一般要用含有歉意的语言来表示自己的不安，如"真对不起""实在不好意思""让您费心了"，等等。

当接受别人恩惠或帮助时，感谢的话要首先说出来，不要存有"感激的话留到以后再说"的心理，唯有懂得适时表达感谢的人，才能于所到之处皆受欢迎。如"真谢谢你的礼物，既实用又美观"，"上次你帮我设计的封面广告，大受好评呢！还是你有办法"。无论是以口头还是书信的方式表示，或是接受礼物、恩惠时立刻打电话致谢，其间流露的真切和热情都会令对方欣慰和喜悦。

道谢要注意适时，有时被谢者不希望让外人知道自己帮了你，就要尊重对方的意愿。如果恰好在大庭广众之下遇见对方，就应含蓄致谢，或者放低声音，或者借握手之机，用热情的力度和含笑的眼神来表示，或者离开人群，找个合适的地方再坦诚致谢。

有时在口头道谢后还要附赠礼物，这时可说："一点小意思，不成敬意。"或者说："随便买了点小东西，不知道你喜欢不喜欢。"要注意不要张扬，不要让物品冲淡了人情。此外，对道谢者来说，有机会时，需要在行动上回报对方，因此可适当表露这种心愿，说"希望在适当的时候能为您出点力，以表示我的一份心意""以后有需要我的时候，尽管说一声""能让我为你做点什么吗"，等等。

4. 说服要耐心知心

说服他人是我们日常交谈中最为重要的目的之一，给朋友提供建议，向客户推销产品，跟家人商量事情等，目的都是希望对方可以接受你的观点。但是大多数情况下，别人是不会被一"说"就"服"的，所以要说服别人，需要有十分的耐心。在说服别人之前，就要细心地了解别人的想法，研究别人的问题，充分掌握别人的想法、做法和问题之后，从为别人着想的立场出发，获得别人的信赖。

如果要说服别人与自己合作，第一，要吸引对方的注意和兴趣，可以用"这样的事，你觉得怎样？这对你来说是绝对有用的……"之类的话；第二，要明确表达自己的思想，用"如此一来不是就大有改善了吗？"之类的话来具体说明你所想表达的话题；第三，要动之以情，例如说"如果按照我说的去做，肯定会……"之类的话，从感情深处征服对方；第四，要提示具体做法，要让对方明白，他应该做什么、做到何种程度最好，等等。到了这一步，对方往往会很痛快地按照你的指示去做。

当有人犯错之后，非但不坦然承认，还以种种理由为自己的错误辩解，这时就很有必要有人对他的错误及时给予纠正。如何才能让对方接受呢？第一，对人要具有极大的同情心，要时刻想着自己与对方是站在一边的，而不是敌对的；第二，说话要温和委婉，不要用刺激的或让人不舒服的字眼，否则即使对方嘴上承认，心里也是不服的；第三，纠正他人错误的言语要越少越好，最好能一两句就让对方明白，不要啰唆，让对方产生反感；第四，在指出对方不妥之处的同时，对可取之处加以赞赏，以使对方心理保持平衡，心悦诚服；第五，对于不可挽回的损失，要站在朋友的立场上给予恳切的指正，使他知错而改，但不可施以严厉的责问；第六，切忌用命令的口吻纠正别人的过错。

如果要给对方提出忠告，最好一对一，千万不要当着他人的面提出。

5. 拒绝要委婉坚决

在人际交往中，互相帮助是常有的，但是，如果别人提出来需要帮忙的事情是不合情理的，或者是我们做不了的，或者是我们没有把握的，这时，我们要拒绝。但拒绝不太容易，因为每个人都有自尊心，都不希望别人不愉快，因此很难说出拒绝的话。所以拒绝也需要讲究方法。我们可以采取以下几种方法：

用轻轻地摇头表示委婉的拒绝，之后阐述拒绝的理由，可以使别人理解而不至于怨恨你。

用冷淡表示拒绝，比如当有人向你诉说股市如何看好，企图向你借钱时，你可以说："我对股市没有兴趣，也不太懂。"这样既能使对方明白你拒绝他的意思，又可以不用直言拒绝。

说些扫兴的话表示拒绝，说一些含有"反正""但是"这样词语的话，或在对方说话时不表示兴趣，仅以"嗯，是吗？"做回答，或在回答对方问题时说"也许吧""可能吧"，这都是一些暗示，会令对方感觉出你对他的反感而退避三舍，更不会提出什么要求了。

委婉打断谈话，阻止对方提要求。当人们兴致勃勃地提出某些话题时，如果经常被打断，会大失谈兴，可能会主动结束谈话。打断的方法可以是装作没听清楚，不断问对方：

"什么？再说一遍。""对不起""打断一下"也可以转换话题。

用幽默诙谐的语言，笑着说"不"。这种方法也叫"声东击西"法或"金蝉脱壳"法，不是直接拒绝，而是希望对方能领会意图，知难而退。

巧妙迂回地讲出自己的难处，并通过推理让他明白做成此事你将会付出许多不必要的损失，而这对他也是无益的，甚至可能还会影响他的利益，促使他全面考虑后放弃请求。

最常见、最常用的一种拒绝方法是敷衍含糊，用打哈哈应付请求人。

如果你采用了许多拒绝的方法，而对方就是不领会，还是一味地死缠硬磨，那你就应该直截了当地回绝，要敢于说"不"，不要给对方以任何余地。尽管一口回绝可能得罪人，但事到如今，只能如此，自己可以落得个心里踏实。

6. 倾听要认真热诚

善于倾听与善于说话同样重要。俗话说得好："会说的不如会听的。"也就是说，只有会听，才能真正会说；只有会听，才能更好地了解对方，促成有效的交流。越是善于倾听他人意见的人，人际关系就越理想。就是因为，倾听是褒奖对方谈话的一种方式。所以只有懂得倾听的人才是真正会说话的人。

妨碍人认真倾听的因素有很多，比如以自我为中心，以对方的谈话没深度、说话态度恶劣等理由先否定对方，或者只听自己想听的话，于是出现听而不闻的情况。还有的人差不多已成习惯，专门和别人作对，无论别人说什么，他总是照例反驳，凡事都想占上风，根本听不进别人的话。

怎样才是好的倾听呢？我们需要做到以下几点：

坚定自己倾听的欲望，要培养积极的态度、宽容的心胸去接纳并认同对方。即使对方所说的话跟你的兴趣和理念相去甚远，也不能表现出任何的不耐烦。

要热诚地倾听，要对谈话内容做出适度的反应。用一些很短的评语表示你在认真地倾听，诸如"真的吗？""太好了！""告诉我是怎么回事？""后来呢？"这些话语会使对方兴趣倍增。当对方说得兴起时，要与君同乐；当对方悲痛不已时，要感同身受，从而达到心灵的交流。

要听全面，在谈话中不要自作聪明打断对方的话，不要只听到一半就装作自己明白的样子。在不能真正明白对方的讲话内容时，也不能不耐烦地打断对方说："你是不是想说这个……"一定要有耐心等对方把话说完，再发表自己的意见。

用适当提问引导话题，一般谈话的内容比较多地掌握在询问的一方，善于询问，就代表着其实你在引导话题的方向。同时，问题能否问到对方的心坎上，也表明了你的认真与诚意。

倾听能力其实是一种综合能力，要提高自己的倾听能力，需要培养注意力、理解力、记忆力和反应能力。

（三）职场言语交际技巧

1. 沉稳应变的求职语言

（1）巧做自我介绍。

在应聘过程中，自我介绍是展露自己水平与能力的窗口，恰到好处的自我介绍不仅使对方初步了解你的才华，还可以让人感受到你的自信与抱负，感受到你的工作热情与积极向上的精神。

自我介绍时，要针对对方的要求叙述出你与他们的工作要求有关的经历，以引起对方要试用你的念头。语言既要有概括，也要有具体事例的说明，用清晰的语言表达使对方领会你的意图，明白你的情况，给人留下干练的印象。

要对自己充满信心，要自然地列举自己的优点，对外语、计算机、专业技能擅长的人，可以直接说明。对自己人品、意志修养等方面的优点可以通过事例来讲。一定要讲出至少三个优点才可能打动对方。

（2）巧对面试问题。

招聘单位提出的面试问题，通常是为了通过求职者的回答了解他的品行、工作能力以及处理问题的能力。这些题目通常看上去比较难，在回答之前，必须想清楚对方提这个问题的目的，思考什么样的答案能令他满意。比如对方问你最大的弱点是什么时，不需要坦诚地揭示自己曾经的失败，只要简单地说出你的弱点，而这些弱点却是新工作中潜在的长处。如"我经常要将工作做完才肯回家，所以常常会被家人抱怨""我无法忍受没有效率的工作"等。避实就虚，不但巧妙地回避了那些尴尬的问题，还从一个侧面展现了你的优点。

面试中，应试者一般都会被问到应聘动机的问题，有几个原因千万不要说得太多，一是人际关系复杂，这会让对方认为你缺乏协调能力；二是收入太低，这会让人觉得你是个很计较得失的人；三是分配不公平；四是工作压力太大。在谈论以前的工作时，不要指责你的前任单位，不要对以前的工作岗位抱有微词。可以采用这样的中性回答："我辞去以前的工作来这里应聘的目的是为了能够承担更多的责任，并寻求更好的发展机会。说实在的，我非常喜欢以前那份工作，但在那里我的发展潜力受到了限制，因为公司的规模比较小，而且规模的扩张并不是公司当前的主要战略步骤。"

在回答业余爱好时，要有所保留，可以在回答前加一句"这也算不上什么爱好，我只懂得那么一点点……"，后面紧跟的有关问题即使你不懂，也不会让人觉得你狂妄自大，不懂装懂。如果回答时说自己喜欢读书、听音乐，会给人留下消极的印象，让人觉得这类人性格孤僻，缺乏创造性和活动能力。如果说一些与运动有关的活动，如登山、打球、旅行、游泳等运动，则可显示你性格活泼开朗，适合群体运动，而且又有健康的身体和旺盛的精力，这是用人单位所喜欢录用的人选。如果回答说自己没有什么爱好，那么会让人觉得你没有个性且生活态度消极，不会给单位带来好的影响，因此不会录取你。

如果遇到自己不会的问题，也不必紧张，可以坦率地说"我不会"。这并不表明你水平欠佳，因为每个人都有自己的特长，也有自己的缺点。当你说明自己不会时，会得到对方的谅解，并被视作坦诚、爽朗的人。

如果遇到难以启口的问题，对于自己的隐私或不便说出的事情，最好的方法就是痛快地拒绝，直截了当地说出自己的想法，这样容易给对方留下做事干脆利落的好印象。

（3）巧问求职问题。

有时招聘者向应聘人员提供提问机会，这也是测试应聘人员综合素质的一种方式，抓住提问机会，有时能达到扭转不利局面的效果。如何才能提出恰当的问题呢？可以从三个方面入手：一是围绕企业状况发问，方法可以是先介绍一下自己所了解到的企业情况，让后再请对方就某一方面给你做出更详尽的介绍；二是围绕所应聘的职位发问，一方面表现自己对所应聘职位有所认识，另一方面表现自己与岗位的匹配性；三是围绕个人的长期发展发问，包括企业能为新人提供哪些培训，个人在企业中有哪些职业发展方向等。

2. 简洁客观的工作语言

在工作中，与同事、领导或下属谈论工作上的事宜，要求简短扼要，重点突出。因为在现代社会越来越快的工作节奏中，没有说废话的时间。汇报工作最理想的方式是："关于Ａ案，第一是……其次个人观点是……第三应采取的措施是……"如果对方提出"关于Ａ案是否可以再做详细一些的说明"时，再根据情况加入一些简洁的说明即可。但是语言的简洁不等于忽略重点，因此要注意详略得当。在与同事交流工作情况时，也要突出重点，要在一开始就把工作的结果告诉对方，以保证交流的顺畅。

同时不要把私人的感情带入工作中，例如在与同事或客户谈论工作时，不要把自己的主观想法，过去的经验、感受等加入报告里，应该以第三者的立场，冷静客观地向对方提出报告。因为在报告中加入个人的感情，容易误导对方的判断，并有失报告的准确性。

在谈论公事时，一般也不可以把自己的主观意见和感情加入其中。但是如果觉得自己的考虑或者构想比较妥当，可以在报告中另加注解，说明这是你的想法。向对方提出问题时，也可用这种方法提供给对方作为参考。需要注意的是这些想法绝对不是为了你个人的利益而提出的，要站在单位和工作的立场上提出来，这样才能避免招来他人的反感。

3. 把握分寸的聊天语言

办公室聊天是同事之间互相沟通、联络感情的一种方式，谈话内容可能涉及工作以外的各种事情，把握好你与同事间谈话的分寸就成了人际交往中不可忽视的一环。

与同事聊天不要过多涉及私生活，因为办公室里聊的私生活常常会成为四处传播的耳语，只要人多的地方，就会有闲言碎语。由于职场是竞技场，每个人都可能成为竞争对手。对方知道你越多就越容易攻击你，你暴露得越多就越容易被击中。所以不要聊私人问题，不要议论单位和他人的是非短长。不要炫耀自己的快乐，做人低姿态一点，是自我保护的好办法，可以避免激发别人的嫉妒心。

与领导聊天，也要注意分寸，不可开黑色玩笑，或有人身攻击成分的玩笑。要表现出适度的敬意，态度要不卑不亢。在无话可说的时候，可以聊聊衣着之类的安全性话题。一方面可以赞扬他的衣着品位，另一方面可以借机展示一下你的口才。

五、语言要素的修辞

（一）什么是修辞

修辞就是依据题旨情境，运用各种表现手法，提高语言表达效果的一种活动。研究这种提高语言表达效果规律的科学就叫修辞学。

语言包含语音、词汇、语法三个要素。语音学、词汇学、语法学是分别以语言的有关组成部分为研究对象的。修辞学和这三者不同，它所研究的是如何根据语言各个要素的构成、特点、规律、规则等，提高表达的效果。有时修辞手段的运用，跟对应的某一语言要素直接有关。例如语言的声律美和语音有关，词语、句式的精美适当，和词汇、语法有关。有时话语修辞手段的运用，甚至会同时涉及以上几个方面。所以，对于修辞来说，语言三要素是修辞的手段和基础，是修辞要调动、加工的语言材料；就语言三要素来说，修辞是对它们的综合的艺术加工，是它们的高级体现。比较以下两句话：

（1）禁止践踏草地。

（2）足下留青。

哪句更好呢？我们首先看到，例（1）是命令、训诫的语气，使人反感；例（2）是祈使、劝导的语气，显得有礼貌。其次我们可以发现例（2）的语言艺术含量也更高，四个字的语音段落是中国人民喜闻乐见的一种格式，形容词"青"灵活运用表示名词性词组"青青的草坪"，整个句子是人们所熟悉的习用语"手下留情"的仿造，"留青""留情"谐音双关，新巧而含蓄。例（2）之所以表达效果好，是综合利用汉语语言要素的特点，精心组词造句的结果。

同样一个意思可以有不同的语言表达形式，是否讲求修辞，效果是大不一样的。学习修辞，既有助于提高说话和写作能力、阅读和欣赏能力，又有助于提高语言修养，也有助于信息更准确、更畅通地传递。

（二）语音的协调

语音是语言的物质外壳，语言文字的审美意义是通过声音来传递和感受的。现代汉语的声调变化、音节的分明，体现出节律上的抑扬美和匀称美，产生强烈的感染力和悦耳的美感。一篇佳作必然是念起来朗朗上口，听起来和谐悦耳的。因此中外的语言大师都认为，文学作品的音乐性是作品艺术性的重要标志之一。语言的音乐美，主要表现在音节的整齐匀称，叠音的自然传神，声调的抑扬顿挫，韵脚的和谐自然。

1. 音节要整齐匀称

汉语中单音节词和双音节词的同义并存现象为我们合理安排音节提供了方便条件。根据汉语语言习惯，要求在不影响意义表达的情况下，选择音节匀称、成双成对的词语，使上下文的语句互相对应，从而顺畅上口，具有整齐美和节奏美。例如，平时我们说"准备耕种"，或者说"备耕"，而不说"准备耕"。前两种说法，双音节与双音节搭配或单音节与单音节搭配，念起来匀称、上口。第三种说法意思虽然没变，但是单音节与双音节搭配不顺口。如说"又冷又湿又黑"或"又寒冷又潮湿又黑暗"，都是整齐协调的，若说成"又寒冷又湿又黑暗"或"又冷又潮湿又黑"等，就显得别扭，原因就是音节不协调。因此，音节协调，配合得当，可以收到节奏明快、匀称和谐的修辞效果。例如：

东有东山，西有西山，北有卧虎，南有鸡笼，太原正好坐落在一个肥沃的盆地里。（吴伯箫《难老泉》）

（蒋静，周植行. 中国名家游记（上册）[M]. 北京：国际文化出版公司，1995：324.）

每个分句的句尾都安排了双音节词，使全句搭配匀称，增强了语言的音乐美。

在一些结构相同或相似的三个以上语句的并列组合中，一般把音节少的放前面，音节多的放后面，避免前重后轻的现象，以求协调。例如：

从未见过开得这样盛的藤萝，只见一片辉煌的淡紫色，像一条瀑布，从空中垂下，不见

其发端,也不见其终极,只是深深浅浅的紫,仿佛在流动,在欢笑,在不停地生长。(《紫藤萝瀑布》)

(宗璞.那青草覆盖的地方[M].沈阳:辽宁人民出版社,2007:143.)

根据音节调整的需要,可以对某些词进行重叠,对长的词语进行简缩,还可以加"衬字"或儿化韵的方法来协调,把音节调整好,以增强语句的整齐美。例如:

花篮的花儿香,
听我来唱一唱。
来到了南泥湾,
南泥湾好地方。

歌词中的"儿""来"都是为了使音节匀称加上去的衬字,若去掉它们,就会失去原有的节奏感和旋律美。

2. 叠音要自然传神

用音节重叠构成的词叫叠音词,包括结构上含有叠音语素的词语。这种构词方式和修辞效果是汉语所特有的。突出的作用是加强描绘的形象性和音乐性。如"干干净净"比单说"干净"的程度高,"红红绿绿"是五光十色的意思,不单指红、绿二色。例如:

看近处,那些落光了叶子的树木上,挂满了毛茸茸亮晶晶的银条儿,那些冬夏常青的松树和柏树上,挂满了蓬松松沉甸甸的雪球儿。一阵风吹来,树木轻轻地摇晃着,那美丽的银条儿和雪球儿就簌簌落落地抖落下来。(《瑞雪图》)

(峻青.秋色赋[M].北京:人民文学出版社,1978:39.)

"毛茸茸亮晶晶"有形象有光泽,"蓬松松沉甸甸"有形象有重量,"簌簌落落"有声音有形象。作者用这些词语勾画出一幅姿态各异、和谐统一、层次分明的优美的"瑞雪图",同时也增强了这段文字的音乐美。双声、叠韵词的使用,也可增加语句的音乐美。例如:

早霞渐渐变浓变深,粉红的颜色,渐渐变为橘红,以后又变成为鲜红了。而大海和天空,也像起了大火似的,通红一片。正在这时,在那水天融为一体的苍茫远方,在那闪烁着一片火焰似的波光的大海里,一轮红得耀眼光芒四射的太阳,冉冉地升腾起来……(《沧海日出》)

(峻青.屐痕集[M].长沙:湖南文艺出版社,1986:72.)

句中"通红""苍茫""光芒""升腾"是叠韵,"闪烁""耀眼"是双声。在这短短的文字中,既有双声,又有叠韵,还有双声叠韵的连用和交错使用。不仅让人感受到了沧海日出的美景,而且感受到了悦耳的音响。

3. 声调要抑扬顿挫

现代汉语中,平声就是阴平、阳平两个调类,仄声就是上声、去声两个调类。平声的特点是上扬的,音感洪亮,读时声音可以拉长;仄声是下抑的,读时声音短促,音感脆快。在词语中,平仄调配,可以增强语言的音乐美。汉语的成语声调搭配很有规则,如"光明正大""乘风破浪"是"平平仄仄";"快马加鞭""胆战心惊"是"仄仄平平";"风调雨顺""心明眼亮"是阴阳上去四声顺次排列,念起来十分流畅顺口,听起来悦耳动听。

诗歌,特别是律诗,是要讲究平仄的。现代诗歌散文不必遵守古代格律,但是充分发挥汉语语音特点，注意声调的搭配，形成声音高低、轻重、缓急的变化，使文章抑扬顿挫，铿锵悦耳，能大大增强语言的艺术魅力。具体来说，一要注意在同一句子里平仄相间，不要声调全相同；二是上下句句尾最好平仄相对应，形成上下相对。例如：

夜深了，人静了，风凉了，

睡梦里，多少歌，

新席上，多少笑，

枣花的清香满村飘……（平声—，仄声｜）（《笑》）

（李瑛．枣林村集［M］．北京：人民出版社，1972：73.）

诗里，中间两行的头部和尾部注意了平仄对用，增强了诗句的跳跃性和节奏感，显得和谐而富于变化。再如：

两岸山上布满了旧时的堡垒，高高下下的，错错落落的，斑斑驳驳的，有些已经残破，有些还完好无恙。这中间住过英雄，住过盗贼，或据险自豪，或纵横驰骋，也曾热闹过一番。现在却无精打采，任凭日晒风吹，一声儿不响。（朱自清《莱茵河》）

（蔡清富．朱自清散文选集［M］．天津：百花文艺出版社，1986：209.）

不论从整句还是从标点停顿处看，都大致注意到了平仄交替运用。还在句中插入了一些四字短语，平仄交替较有规律。如"高高下下"是平平仄仄，"错错落落，斑斑驳驳"是四仄四平上下对应，"完好无恙"是"平仄平仄"。句尾平仄也大致是交错起伏的；从"据险自豪"句到最后，每个句尾都是平仄相对，读来高低起伏，错落有致，优美和谐。

调配平仄，可以适当利用句间停顿，选用四字格成语或四字语，还可借助调整语序和对称的词语。

4. 韵脚要和谐自然

韵脚指放在有关句子末尾的能起到押韵作用的一组字。这些字，韵母相同或相近。安排好韵脚，能造成声音的反复、回环，形成一个统一的旋律，把前后语句连成一体，和谐自然、优美动听，增强感染力。

诗歌是讲究押韵的，为了押韵，有时还将诗句的结构做特殊的处理。如"白日依山尽，黄河入海流"，第二句的"流"字本应在"黄河"之后。再如"十年征战后，国共合作又"，第二句的"又"字本应放在"合作"之前。这都是为了求得声韵的优美。

有些散文是当诗来写的，为了加强表达效果，也很讲究押韵，虽然间隔长了些，也不那么严整，但仍然让人感到韵律的回环美，给人以艺术享受。例如纪录影片《敬爱的周恩来总理永垂不朽》解说词中关于送灵场面的几段：

泪水模糊了我们的双眼。灵车隔断了我们的视线。敬爱的周总理啊！我们多么想再看一看您，再看一看您哪！

……

灵车队，万众心相随。哭别总理心欲碎，八亿神州泪纷飞。红旗低垂，新华门前撒满泪。日理万机的总理啊，您今晚几时回？

· 74 ·

长夜无言，天地同悲。只见灵车去，不见总理归。
……

（阮柳红，等．情归周恩来［M］．北京：中华书局，2009：附录．）

这几段解说词，在疏散自然中显示出整齐严密之美。韵随意转，声音回环低沉。万众哀思潮涌、悲恸欲绝的情景，宛然眼前。

为了韵脚和谐，有时需要改变词语结构，或者换用同义词语，以求押韵。例如：

敬爱的周总理，您为祖国山河添光辉，您为中华儿女振声威，您不朽的业绩永世长存，您光辉的名字青史永垂。

句中的"青史永垂"是由成语"永垂青史"改变而来，就是为了韵脚的统一和谐。

（三）词语的锤炼

词汇是语言的建筑材料，句子是由词构成的，词语运用是否准确贴切，直接影响到句子的表达效果。要讲究修辞，提高语言的表达效果，就必须积蓄大量的词语，并能够精确地掌握词语的含义和用法，在说话和写文章的时候才能运用自如。刘勰曾说："夫人之立言，因字而生句，积句而成章，积章而成篇。篇之彪炳，章无疵也；章之明靡，句无玷也；句之清英，字不妄也。"（刘勰．文心雕龙译注［M］．济南：齐鲁书社，1995：426．）"字不妄"，就是指选用的词要准确、贴切、明晰。认为词语选用是否得当，直接影响到了句、章、篇。他把"字"看成"立言"之本，可谓精当。

我国诗歌创作历来重视锤炼词语，古人叫作"炼字"。为了达到"字字珠玑，句句警策"的境界，古人抱着"语不惊人死不休"的决心，呕心沥血，力臻完美。如唐代著名诗僧齐己写过一首《早梅》诗，其中有两句："前村深雪里，昨夜数枝开。"诗人想表现在大雪纷飞的日子里有几枝梅花已经开了，开得早。他请教友人郑谷。郑谷说："'数枝'不足以点明'早'，不如改为'一枝'。"齐己听了欣然接受。后世学子称郑谷为齐己的"一字之师"。

其实古人的"炼字"并非为了追求华丽的辞藻，而是对极普通的词语进行巧妙的安排，赋予它崭新的含义、新颖的情趣、新鲜的色彩，使语言得到新的生命。词语本身是无所谓优劣的，对词语锤炼，为的是选用最恰当的词语。如历来传诵的王安石的《泊船瓜洲》这首诗：

京口瓜洲一水间，钟山只隔数重山。
春风又绿江南岸，明月何时照我还？

第三句中的"绿"字，据说先后改掉了"到""过""入"等词，最后确定选用"绿"，把一个表示色彩的形容词用为动词，写出了生机蓬勃、春满江南的形象，也表达了作者当时的心情。是不是"到""过""入"就不如"绿"好呢？我们看下面的诗句：

姑苏城外寒山寺，夜半钟声到客船。（张继《枫桥夜泊》）
身轻一鸟过，枪急万人呼。（杜甫《送蔡希鲁都尉》）
峨眉山月半轮秋，影入平羌江水流。（李白《峨眉山月歌》）

在这些诗句中，"到"字表达夜半钟声传到客船上，与诗歌中的上两句照应，点出船上愁人未曾合眼；"过"字这个动词具体而形象地勾勒出蔡希鲁驰骋疆场的矫捷雄姿；"入"

字也用得很好,月影投江,水光接天,明月、高山、流水,通过一个"入"字联系在一起,构成了一幅美丽的山水画。可见,选用什么样的词语合适,要根据特定的语境来决定。

1. 词语锤炼的基本要求

(1) 准确贴切。

使用词语首先要准确,每个词语都含有一定的意义,只有透彻地了解词语的确切含义,才能准确无误地表达思想,这是运用词语最起码的要求。

语言中意义接近的同义词非常丰富,准确地辨析同义词,才能正确地阐明思想,说清道理。我们从作家对自己作品的修改中,可以看出他们一丝不苟、精益求精的写作态度,以及他们选择词语的方法。例如:

原句:从此就看见许多新的先生,听到许多新的讲义。

改句:从此就看见许多陌生的先生,听到许多新鲜的讲义。(鲁迅《藤野先生》)

(北京市语言学会. 语文知识丛刊(3)[M]. 北京:地震出版社,1982:9.)

"新的先生"可以指刚来的先生,也可以指"我"不熟悉的先生,作者的意思是"我"不熟悉的先生,因此把"新"改为"陌生"一词就更确切了。再如:

原句:"娘,我肚皮饿!……饿。"

人群中还有两个小孩,……他们也用缓慢的声音来响应他。

改句:"娘,我肚皮饿!……饿。"

人群中还有两个小孩,……他们也用微弱的声音来响应他。

(《巴金选集·五十多个》)

(倪宝元,章一鸣. 名家锤炼词句[M]. 杭州:浙江教育出版社,1988:17.)

"缓慢"是就速度而言,"微弱"是从强度方面说的,二者词义不同。这里用"微弱"说明饿得慌的孩子的声音,比用"缓慢"更贴切。

可见修辞上所要求的确切,是指被采用的词语要切合表达原意,既不夸大,也不缩小,达到恰如其分、恰到好处的地步。

(2) 简洁有力。

语言表达的简约,意味着有限的词语包含较多的信息,收到文约而意丰的效果。我国文学创作历来崇尚简约。例如欧阳修反复修改《醉翁亭记》(刘焕辉. 修辞学纲要(修订本)[M]. 南昌:百花洲文艺出版社,1997:49.),原文开头写了"滁州四面皆山也,东有乌龙山,西有大丰山,南有花山,北有白米山",有26个字。后来经过反复推敲、修改,提炼为"环滁皆山也"5个字。字数减少了,表现力却提高了。它描画了滁州群山环绕的地形特点,而且精当凝练,掷地有声,具有雄浑刚劲之美。

在现代文学创作中也同样追求简约。老舍先生说:"世界上最好的文学,也是最精练的文字,哪怕只有几个字,别人可是说不出来。简单、经济、亲切的文字,才是有生命的文字。"(老舍. 出口成章. 关于文学的语言问题[M]. 2004:75.)鲁迅先生在谈创作经验时说:"写完后至少看两遍,竭力将可有可无的字、句、段删去,毫不可惜。"(《答北斗杂志社问》)(鲁迅. 鲁迅全集(第四卷)[M]. 北京:人民文学出版社,1973:354.)叶圣陶先生也曾说过,"咱们写一个作品,在语言的使用上也该遵守节约的原则",要"把文章的'水分'挤掉一点"(叶圣陶. 关于使用语言[J]. 人民文学,1956(3):15.)。他在自己的写作实践中也是这样做的。例如：

……仿佛给他们加保了一重稳当可靠的险，他们也就个个增加一种新的勇气。（叶圣陶.潘先生在难中［M］.北京：华夏出版社，1997：149.）

修改中把"稳当可靠的"删去了，因为"加保了一重险"已包含了这曾意思。修改后语言更加凝练有力。

简洁有力，还要求力求以少胜多，做到斟酌一字一词，使之能表达更丰富的含义。例如：

风吹雨打，从不改色，刀砍火烧，永不低头……（袁鹰《井冈翠竹》）（袁鹰.当代散文名家精品文库·袁鹰卷［M］.成都：四川人民出版社，1997：230.）

原稿中是"从不低头"，"从不低头"写出了井冈翠竹的过去，而"永不低头"不仅反映了过去，也写出了未来，传递了更丰富的信息，意味深长。

重复、累赘、堆砌是简练的大敌，必须注意克服这些毛病。看下面这些句子里是不是符合简洁有力的要求：

①＊首都几家报纸曾经多次发表文章介绍小李的先进事迹。

②＊你看，那一只只璀璨夺目、炯炯闪光、银光四射、晶莹耀眼的国产手表，构成了一幅幅五彩缤纷的图画。

③＊国外经营的食品、饮料很多是不加糖的，食用时可以随不同人的口味多加糖、少加糖或不加糖。

例①中"首都几家报纸""多次介绍小李的先进事迹"一般都用"发表文章"的方式，这是无须说的，所以"发表文章"就是可有可无的。例②中重叠运用了四个华丽的词组描写手表，纯属堆砌，只用一两个就够了。用"五彩缤纷"形容手表也欠妥当。例③中三处用了"加糖"，宾语"糖"均可承接上文省略，加上其他地方的改动，宜改成："……可以随不同人的口味多加、少加甚至不加。"

我们提倡简洁，并不是主张字数越少越好。语言是否精练要看容量大小、效能高低，词语该多就多，该少就少。不必要的，一个字也不多留；必需的，字数再多也不可少。例如：

中国必须抗战下去，团结下去，进步下去，要投降，要分裂，要倒退，我们是不能容忍的。（《新民主主义论》）

（毛泽东.毛泽东选集第二卷［M］.北京：人民出版社，1952.）

三个"下去"、三个"要"连用，构成排比句式，加强了语气和表达的力量，不是多余，决不能删，连用几个也不违背简洁的原则。

（3）新鲜生动。

清代李渔说："人惟求旧，物惟求新；新也者，天下事物之美称也。而文章一道，较之他物，尤加信。"（《闲情偶寄》）文章如果堆砌陈词滥调，就显得单调呆板，只能使人望而生厌。语言要做到新鲜活泼，很重要一点就是词语要用得巧，用得奇，韵味深厚，情趣盎然。例如：

那溅着的水花，晶莹而多芒；远望去像一朵朵小小的白梅，微雨似的纷纷落着。据说，这就是梅雨潭之所以得名了。但我觉得像梅花，格外确切些。轻风起来时，点点随风飘散，

那更是杨花了。——这时偶然有几点送入我们温暖的怀里，便倏地钻了进去，再也寻它不着。（《温州的踪迹》）

（蔡清富．朱自清散文选集［M］．天津：百花文艺出版社，1986：41．）

末句是写的水珠溅在胸前的衣服上，很快被吸干，看不出来。这么一个人们不加留意的、平平常常的小事情，作家却把它写得那么有趣味，"温暖的怀里""倏地钻了进去""寻它不着"，分明是一个小淘气躲进了人们怀里，和人们捉起迷藏来。这给美丽的瀑布景色，又平添了一份灵动之气，洋溢在字里行间的童趣，为人们带来了欢乐。

在重复提出某种事物对象时，为避免用词重复单调，可变换使用同义词，从而使文章活泼生动。例如：

参谋长……入林海他（杨子荣）与土匪多次打交道，擒栾平，逮胡标，活捉野狼嗥。（人民文学出版社．革命样板戏剧本汇编（第一集）．智取威虎山［M］．北京：人民文学出版社，1974：28．）

文中，"擒""逮""捉"，都是同义词。变换使用，语言显得活泼而有生气，读起来朗朗上口，错综生动。

2. 词语锤炼的方法

锤炼词语的方法有很多，下面介绍常用的几种：

（1）熔铸新意。

为了收到某种修辞效果，有时可以有意打破词语的习惯用法，突破原来的意义范围，灵活地赋予新意，使人感到耳目一新，例如：

过了几天，他居然独个人到庙里去了。庙就是从前他恋爱"发祥"的那只庙，可不在山里，而在小小的乡镇。（《有志者》）

（茅盾．茅盾作品经典［M］．北京：中国华侨出版社，1996．）

"发祥"原指帝王祖先兴起，现在用来指民族、文化等的起源。这里的"发祥"降级使用，是"从这里开始"的意思。

（2）词性活用。

在特定的上下文里，临时突破原有的词性和用法，能给人新鲜的感觉。例如：

但是河中眩晕着的灯光，纵横着的画舫，悠扬着的笛韵，夹着那吱吱的胡琴声，终于使我们认识绿如茵陈酒的秦淮水了。（《桨声灯影里的秦淮河》）

（蔡清富．朱自清散文选集［M］．天津：百花文艺出版社，1986：31．）

"纵横""悠扬"都是形容词，临时当动词用，使画舫和笛声都增添了动态感。

（3）化静为动。

把静态的事物通过联想，用动态的词语去描绘，可以达到栩栩如生的效果。这种化静为动的锤炼词语的方法，往往能出现古人所说的"传神之笔"，形成所谓"诗眼""文眼"。例如：

历来人们也确实把爬泰山看作登天。不信你回头看看来路，就有云步桥、一天门、中天门一类上天的云路。现时悬在我头顶上的正是南天门。（《泰山极顶》）

（杨朔．杨朔散文选［M］．北京：人民文学出版社，1978：189．）

一个"悬"字,让静止的南天门顿时高悬了起来,颇有气势。

(4)运用辞格。

辞格是人们在长期的语言实践中所创造出来的、能增强语言表达效果的、具有固定格式的修辞方式。汉语的辞格有几十种,这里介绍与词语锤炼相关的辞格。

①仿词:仿词就是仿照前人现成的词语或语篇,临时加以翻新更动,使词、句、篇具有新的含义和光彩。运用仿词能获得诙谐幽默、新鲜生动的效果。例如:

别的人是一表人才,我们的菊霞小姐是两表人才,能文能武,天上少有,地上无双。(周而复.上海的早晨[M].北京:人民文学出版社,2005.)

"两表人才"是对"一表人才"的类比仿造,显得生动活泼,诙谐有趣。有的仿词经过许多人的使用,已逐渐取得了词的地位,如从"先进"仿造出来的"后进"。

成语有时也可以翻新使用。

有些翻新的说法经过广泛较长期地使用,就逐渐成为独立的新成语了。如从"无的放矢"仿造的"有的放矢"。

②移就:将描写一种事物或现象的词语用来描写另一种事物或现象,这种词语的"移花接木"的用法叫移就,也叫移情。恰当运用会使人感到新颖、别致。例如:

她们被幽闭在宫闱里,戴了花冠,穿着美丽的服装,可是陪伴她们的只是七弦琴和寂寞的梧桐树。(周而复.上海的早晨[M].北京:人民文学出版社,2005.)

"寂寞"原本是用来描写人的感受,这里却用来修饰"梧桐树",倍增寂寞的气氛,读来新鲜生动。这种移就在语言里是很常见的,有的已凝固成一个词或成语了。如"喜酒""情书""寿桃""愁眉苦脸""怒发冲冠""老泪纵横"等。

③借代:不用本来指称某人或某事物的名词,而用另一个与这个人或事物有密切关系的词语来代替。借代的目的在于突出某人或某事物的特征,可以引起联想,加深印象。例如:

大枣核存心把剩下的钱,往少处说。(周立波.周立波文集·暴风骤雨[M].上海:上海文艺出版社,1981:18.)

"大枣核"是地主韩老六的老婆,因为长得大肚子、小脑袋像个枣核而得此绰号。这是用人物形象特征代本体。

在一定的语境里,有时遇到自己不愿说,或不便说,或是别人忌讳的东西,可以改用与之相关的比较含蓄委婉的词语来代替。例如:

射手倒了,班长也挂了花。

"倒了"代替牺牲,"挂花"代替"负伤"。在汉语中,"死"往往有多种词语用来避忌,如"以身殉职""永远闭上了眼睛""停止了呼吸""离开了我们""老了""不在了"等。这都是因为人们不愿直接把"死"字说出来而采取的修辞方法。

④拈连:把无关的两事物连在一起叙述,把适用于甲事物的词语顺势巧妙地连用到乙事物上,就叫拈连。例如:

铁窗和镣铐,坚壁和重门,锁得住自由的身,锁不住革命精神!(杨沫.青春之歌[M].北京:人民文学出版社,2005.)

拈连增强了语言的生动性和深刻性。再如:

辛亥革命初年,我满身"土气",第一次从万山丛中出来,到一百里远的县城考高小。有位年纪比我大两倍的同乡说:"进城考洋学堂,也该换一身像样的衣服,怎么就穿这一身来了。"我毫不知天高地厚,一片憨直野气,土铳一样,这么铳了一句:"考学问,又不是考衣服!"这一铳非同小可,把对方的眼睛铳得又大又圆。他连声说:"了不起!了不起!言之有理!有理!"(曹靖华《忆当年,穿着细事莫等闲看》)

(马瑞芳.20世纪中国散文精品赏读[M].济南:山东教育出版社,2003:21.)

拈连的运用,描画出一个淳朴、爽直的农村青年的可爱形象。

⑤暗用比喻:省略了各种类型的比喻中必须出现的喻体,直接将适于描绘喻体的词语用于本体,既能发挥作者的奇思妙想,又能充分调动读者的想象力。例如:

我们已经走出了树丛,现在是在被月光洗着的马路上了。(《苏堤》)

(巴金.巴金小说[M].杭州:浙江文艺出版社,2000:35.)

不说"照着",而说成"被月光洗着",暗含了一个"月光如水"的比喻,写出了月光下的马路格外洁净、清新。

词语的锤炼是对语言进行创造性的艺术加工,需要在实践中深入体会、琢磨。

(四) 句式的选择

句子是表达思想、言语交际的基本语言单位。一个意思可以用不同的句子表达,而不同的句子又有不同的表达效果。甚至同一种句型,因为附加成分的有无和多少,也可以造成不同的表达效果。例如:

①山呼,海唱。

②山在欢呼,海在歌唱。

③巍巍群山在欢呼,滔滔大海在歌唱。

这三句都是由两个主谓句构成的复句,但表达效果很不一样。例①虽形象不够具体,但语气急促,简洁明快;例②形象虽然也不够具体,但语气较舒缓,增加了一些抒情色彩;例③形象具体鲜明,语气更舒缓,使得抒情色彩更浓了。至于用哪个句子更好,则需要结合语言环境恰当地选择。再如北宋沈括在《梦溪笔谈》中记载的一个故事:一天,有叫穆修、张景的两个人一起上朝,忽然看见一匹马奔了过来,把一只黄狗给踩死了,于是两个人把这件事记了下来,比谁的好。见下面例①、例②。沈括自己也写了一个,见下面例③。《唐宋八家丛话》中也记载了一个类似的事:一天欧阳修和同事出游,看见一匹奔马在路上踩死了一只狗。欧阳修说:"请你把这件事记记看。"于是同事写了下面例④的句子,欧阳修看了说:"如果让你写历史,一万卷也写不完。"同事说:"您看该怎么写呢?"欧阳修写的是下面例⑤的句子。《唐宋八家丛话》叙述这件事时,也写了一个句子,见例⑥。这样同样一件事,就有6个不同的表达句式:

①马逸,有黄犬遇蹄而毙。(穆修)

②有犬死奔马之下。(张景)

③适有奔马践死一犬。(沈括)

④有犬卧通衢,逸马蹄而死之。(欧阳修同事)

⑤逸马杀犬于道。(欧阳修)

⑥有奔马毙犬于道。(《唐宋八家丛话》)

（谢逢江．炼字趣话［M］．武汉：湖北人民出版社，1996：93．）

这里，有的是单句，有的是复句；有的以施事"马"作为主语，有的以受事"犬"作为主语。究竟哪个好呢？单独来看，应该说各有所长、各有特点。如果要求简要，单句为好；如果要求细致，复句为好。如果强调活动的主体、动作的施加者，应以"马"为主语；如果突出后果的遭受者，应以"犬"为主语。因此具体运用哪种句式，必须结合上下文、语境，甚至题旨，视情况而定。

句式作为修辞学术语，一般指意思相同而结构方式和修辞效果不同的句子格式。汉语的句式丰富多样，选择恰当，不但使文章错落有致，富于变化，而且能够收到积极的效果。下面介绍几种常用的句式。

1. 长句和短句

长句一般指的是形体较长、结构比较复杂的句子；短句一般指的是形体较短、结构比较简单的句子。句子的长短是相对而言的。

（1）长句的特点和作用。

长句的特点是细致、周详、严密，能够十分细腻、精确地表达思想内容，使文章的句子层次清楚，气势畅达。因此，在政论语体和科技语体中，长句运用频繁，一般是在精确地叙述事物或严密地说理论证的情况下用。例如：

①自从60年代国内外学者提出夸克模型、层次模型以及部分分子模型以来，通过艰苦的实验工作和理论探索，人们对强子的内部结构已经有了一些认识。

②正当十月社会主义革命的炮声，把古老的中国从睡梦中惊醒，五四运动的浪潮席卷祖国大地的时候，中国现代文学史上最伟大的诗人郭沫若同志从遥远的日本海岸，用惠特曼式的粗犷豪放的激情唱出了一曲雄伟奇丽的战歌。

③本月2日，两只去年8月无性生殖成功的恒河猴在美国俄勒冈地区灵长类动物研究中心的一片特别区域内蜷缩在一起的情景。

例①开头的"自从……以来"是一个结构复杂的状语，表示时间意义，接着又一个长状语，表示一种方式，在随后还有两个状语修饰、限制，相当准确严密地表达了全句的意思。例②开头的"正当……时候"是表示时间的状语，接着是修饰主语的长定语，又接一个状语，把郭沫若的《女神》产生的时代背景、写作特点、写作风格、诗集的价值、作者在现代文学史上的地位等内容都融铸在一句话里了。例③是照片说明文字，"恒河猴"和"情景"之前，都有定语，后者结构还比较复杂，但是介绍的内容具体、详细。

（2）短句的特点和作用。

短句的特点是简洁明快、活泼有力。多用于口头表达，如讲演、辩论、小说中的人物对话、戏剧台词等。可表达欢快、激动、愤怒的情感，渲染激烈、紧张、恐怖的气氛。又因短句概括性强，容易记住，一些标语、口号、结论性文字常用这种句式。例如：

①学习，学习，再学习！

②六月十五那天，天热得发了狂。太阳刚一出来，地上已经像下了火。一些似云非云似雾非雾的灰气低低地浮在空中，使人觉得憋气。一点风也没有。（《骆驼祥子》）

（老舍．老舍选集第一卷［M］．成都：四川人民出版社，1982：176．）

③北京的街灯，有的是圆球状，像是一颗珍珠放大了几万倍；它们集织在一起的时候，又很像一串葡萄。有的是玉兰花蕊状的，这些花蕊，又有的像含苞待放，有的则已微微绽开；北京饭店那头，灯光又很像一朵朵梅花了。车过天安门广场或者北海公园的时候，我常常被这种灯景迷住，从心里赞叹道："真美！"（《长街灯语》）

（秦牧.秦牧旅游小品选［M］.郑州：河南人民出版社，1984：49.）

④风！你咆哮吧！咆哮吧！尽力地咆哮吧！在这暗无天日的时候，一切都睡着了，都沉在梦里，都死了的时候，正是应该你咆哮的时候，应该你尽力咆哮的时候！（郭沫若.屈原［M］.北京：人民文学出版社，1952：98.）

⑤四周特别安静，我好奇怪，平时这会儿，到处都有小虫子叫，青蛙叫，闹嚷嚷的，可眼下是怎么了？一点儿声音都没有，静得反常，静得叫人发憷。

突然间，我听见一个古怪的声音，"吱——"从头顶飞过去。像风？不。也不像动物的叫声。说不清像什么，没法打比方，平时就没有听见过这种怪声音。那声音尖细尖细，像一把刀子从天上划过去。（钱钢《唐山大地震》）

（伍仁.共和国重大事件纪实（卷二）［M］.西安：西北大学出版社，1992：262.）

例①作为一个口号提出来，结构单纯，简明有力，强调了学习的重要性，一目了然，给人印象深刻。例②用短句对景物做了简洁凝练的描写。例③讲到的内容比较多，人们很容易写成长句子，但作者用短句一层一层、一点一点地往下说，化繁为简，语意晓畅。例④是《屈原》的一段台词，多为短句，表现了人物对黑暗的愤怒，对光明的呼唤，急促快速，热烈奔放。例⑤是1976年6月28日唐山大地震中一名亲身经历者的叙述。多为短句，表现了说话人惶惑、紧张的心情，营造了恐怖气氛。

（3）长短句连用。

长句和短句各有特点和用处，要根据表达的内容选用。由于短句简洁明快，通常在文章或段落的开头与结束处用短句。因为开头写得明白易懂，才能引人入胜；结束处斩截有力，才可给人留下深刻印象。长句含义丰富，叙述周详，适合用在篇章中叙述正文。在一篇文章或一段文章中单纯用短句或单纯用长句的时候不多，一般总是灵活交错地运用长短句，以更好地表现思想的丰富多彩和感情的波澜起伏。例如：

这时候，太阳从东山头收走了最后一片光亮，西山边的火烧云也在变着颜色，先是朱红，后是橘红，过了一会儿，又变成了杏黄、浅黄，最末变成灰白，接着就黑了。

（浩然.艳阳天［M］.北京：人民文学出版社，1974.）

当然，这种文章开头和结尾用短句、中间用长句的做法是就一般情况而言的，不必每一段都拿这个框框去硬套。

（4）长句化短句的方法。

因为长句结构比较复杂，词语比较多，读起来费力，写起来难以驾驭，容易出错。所以若没有必要，最好避免使用长句。长句化短句有以下几种方法：

①分散法。长句之所以长，最多的一种情况是句中有修饰语。修饰语多的长句其基本结构并不复杂，但是修饰语多，犹如大树的主干被众多的枝叶遮掩了，人们不容易看清楚，把握住。而这类长句人们必须一口气从开头一直读到结尾，才能理解它的意思，中间停不下来。把长修饰语抽出来，变成几个分句，使句子的两个相互关联的成分靠拢，就容易脉络清

楚，表达鲜明，好念也好听。例如：

原句：延安人民在各种条件比较困难的情况下修建了一条长达一百多华里的全部用石块砌成的渠道。

改句：在各种条件比较困难的情况下，延安人民修建了一条渠道，长达一百多华里，全是用石块砌成的。

原句中的宾语"渠道"前有三个修饰语，抽出两个定语变成分句，意思就很明白了。

②指称法。将较长的修饰语或宾语抽出来单列一句，同时在它们原来的位置上用称代词语代替，主要的意思自然醒目突出。例如：

原句：晶体管有着能够控制工作电路中的电流，既可做导通和切断的转换，也可在开与关之间做适当的调节的重要作用。

改句：晶体管有着这样的重要作用：能够控制工作电路中的电流，既可做导通和切断的转换，也可在开与关之间做适当的调节。

③重叠法。长句之所以长的第二个原因是句子里联合成分多。遇到包含联合结构的长句，可不变动句子各部分的次序，重复某个关键词语，就可以使句子的脉络更加清晰。例如：

原句：为了使学龄儿童能进学校读书，使孩子们小学毕业后能继续就读，有效地用科学文化知识改变山区落后面貌，我们必须认真实行九年制义务教育。

改句：为了使学龄儿童能进学校读书，为了使孩子们小学毕业后能继续就读，为了有效地用科学文化知识改变山区落后面貌，我们必须认真实行九年制义务教育。

2. 主动句和被动句

陈述对象发出动作、行为的句子，叫作主动句；陈述对象接受动作、行为的句子叫作被动句。最典型的主动句是"把"字句，最典型的被动句是"被"字句。比较下列句子：

（1）他翻译了普希金的一首诗。

（2）他把普希金的一首诗翻译了。

（3）普希金的一首诗被他翻译了。

（4）普希金的一首诗翻译了。

前两句是主动句，以施动者为陈述对象，着重说明施动者"他"有什么行为。例（2）的主动句用了"把"，具有对被动者加以处置的意味。后两句是被动句，以受动者为陈述对象，着重说明受动者的被动状态。例（4）是不用"被"的被动句，一般施动者不出现。可见，用主动句还是被动句，同陈述的对象有密切关系。

主动句比被动句直截了当，大多数场合都可以使用，所以使用频率高，而被动句所陈述的事情，是陈述对象的一种遭遇，常常是不愉快的，所以被动句的使用频率低。例如：

由于宣传哥白尼的新宇宙观，意大利哲学家布鲁诺坐了七年牢，最后被处火刑；意大利物理学家伽利略七十岁时受到宗教法庭审判，并被终身监禁。

但是在特定的条件下，用被动句可以产生较好的修辞效果。如为了保持陈述对象一致，语气贯通，适合选用被动句。例如：

他也躲在厨房里，哭着不肯出门，但终于被他父亲带走了。（鲁迅《故乡》）

（何积全，肖沉冈. 中国乡土小说选（上）[M]. 贵阳：贵州人民出版社，1986：4.）

保持了主语一致，使得话题集中，语气顺畅。

有时为了突出受动者，可是又不宜说出或者无从说出施动者的时候也适合用被动句。有时为了强调人物的不幸遭遇或叙述不如意的事情，选用被动句，才能表达出一种感情色彩。如"他被欺骗了"，"他被淘汰了"等。

3. 肯定句和否定句

对事物做出肯定判断的句子，叫肯定句；对事物做出否定判断的句子，叫否定句。修辞学上讨论肯定、否定，限于那些本来可以用肯定形式表达的意思，却用了否定形式，这里就有特定的修辞效果了。例如：

（1）他的表达能力是很强的。

（2）他的表达能力是不差的。

两者句式不同，表达的意思差不多，不同的是语意的轻重强弱。否定句的语意往往比肯定句轻些、弱些，表达效果是不相同的。

只有一个否定副词的否定句叫单重否定句，一般来说，语气比较委婉、缓和，语意自然要弱些。例如：

晚上天色不太好，可是父亲也来了，实在很难得。（许地山《落花生》）

（漆权．普通话水平测试与培训教程［M］．2 版．南昌：江西高校出版社，2005：147．）

作者用否定式"天色不太好"而不用肯定句"天色较好"，语气显得和缓，语意较弱，为下文做铺垫，更加突出后面作者的叙述"父亲也来了，实在很难得"，语意连贯、自然。

如果否定句和肯定句结合使用，对同一事物，从一方面肯定，从另一方面否定，互相补充，就能加重语气，使所要表达的意思鲜明、突出，含义印象深刻。例如：

对于高勇来说，深圳不是一个城市，而是一个自由，一个解放，一个可能，一个悬念，一个心情，一根救命稻草。（池莉．水与火的缠绵［M］．北京：人民文学出版社，2004．）

否定句中先后连用两个否定句，或者用一个否定词加上否定意义的动词或反问语气词，叫双重否定句。常用形式有"不可不""不能否认""难道不行吗"等。这种双重否定，等于肯定，比一般的肯定句语气加重，语意也更强些，有了"不容置疑"的意思。例如：

我们不是已经胜利地征服了长江么？（《黄河之水天上来》）

（杨朔．杨朔散文选．［M］．北京：人民文学出版社，1978：163．）

用"不……不""不……无"等构成的双重否定句，比肯定句语气要委婉一些。例如：

办好一个大学，要抓师资队伍的建设，这一点你不是不知道。

"不是不知道"比肯定句"你是知道的"的语气显得委婉一些。可是正因为婉转，也就显得更有力量。

4. 常式句和变式句

常式句是由句子成分或分句的通常次序构成的句子；变式句是由句子成分或分句的特殊次序组成的句子。在特定的语境下，为了表达的需要，把常式句换成变式句，往往可以收到特殊的修辞效果。

语序不同，表达思想感情的重点也不同。为了突出重点，就需要把强调的部分提前或挪后，就是变式句的表达。对于单句来讲，就是句子成分的位置发生改变。通常主语在前，谓语在后；动语在前，宾语在后；定语和状语在前，中心语在后，等等。为了强调或补充说明，就会有意变换成分的位置。例如：

而孩子的妈妈并没有伸出手去，只是微笑着鼓励说：
"自己上，小乖乖。"（孙继梓译《第一次》）

（王松毅．普通话口语训练［M］．海口：南海出版公司，1999：93.）

"自己上，小乖乖"一般都说成"小乖乖自己上"，但文章颠倒了通常的语序，把谓语放到了主语的前面，表现了孩子妈妈复杂微妙的内心感情，既亲切果断又温柔含蓄，突出了人物形象。再如：

"雷峰夕照"的真景我也见过，并不见佳，我以为。（《论雷峰塔的倒掉》）

（鲁迅．鲁迅全集（第一卷）．［M］．北京：人民文学出版社，1973：157.）

以上句子的正常语序应是"我也见过'雷峰夕照'的真景，我以为并不见佳。"但作者连用两个宾语前置句，以加强语意，突出感情，加深了读者的印象，耐人寻味。又如：

大队向草原走着，在晚霞里，在暮色里，在晨曦中。（《老兵新传》）

（李准．走乡集．［M］．北京：中国电影出版社，1963：32.）

将定语和状语移置到中心语的后面，由于位置发生了不同寻常的变化，因而十分引人注意，突出了定语和状语的作用，又使结构紧凑、语气舒缓、易于上口，给人以新奇变化之感。

对于复句来讲，就是分句的位置发生改变。偏正复句中的分句通常是偏句在前，正句在后，有时为了突出正句，让偏句起补充说明的作用，就必须改变分句位置，采用变式句。例如：

①今晚却很好，虽然月光也还是淡淡的。（朱自清《荷塘月色》）（正句提前）

（蔡清富．朱自清散文选集［M］．天津：百花文艺出版社，1986：107.）

②为衣食奔波，而不大感到愁苦，只有童年。（《乡里旧闻》）（偏句挪后）

（孙犁．孙犁作品精编（下卷）．［M］．桂林：漓江出版社，2004：168.）

在科技语体和公文语体中大都用常式句，显得严谨、庄重。在政论语体和文艺语体中变式句用得比较多，可以突出所要强调的成分。

本章提示

现代汉语可以有广义和狭义两种理解，广义的是指现代汉民族使用的语言，包括各地的方言；狭义的只指现代汉民族的共同语"普通话"。因此有必要把普通话跟汉语方言联系起来考察。汉语有着极为悠久的历史，与世界各国不同民族的语言又存在很多差异，因此我们要从纵向和横向上来考察现代汉语，既要在历史演变的进程中来考察，又要在跟外语的比较中进行考察，这样才能对现代汉语有全面准确的认识。我们对自己的母语，不仅要知其然，还要知其所以然。

语音部分要在了解语音性质和语音单位的基础上，掌握辅音和元音的发音原理和正确的发音方法，如辅音的不同主要在于发音部位和发音方法的不同，单元音的不同主要在于舌位的前后、高低和唇形的圆展不同，在语音原理的指导下不断实践，从而提升自己说普通话的能力。

词汇部分要在了解词汇单位和现代汉语词汇组成的基础上，掌握词的结构、词义的构成及其性质、同义词的辨析方法及其表达作用、反义词的类型及其表达作用和词汇积累的方法等，并将其运用于语言实践中，从而丰富自己的词语储备，提高自己的写作水平。

语法部分要在了解语法概念和现代汉语语法特点的基础上，掌握现代汉语语法手段、常见的句法错误、标点符号的使用、词语锤炼的方法等，用所学的语法知识来规范语法的使用。

语用部分在了解语境的定义及其类型的基础上，掌握语境与语用的关系、言语交际的基本准则和技巧，从而提高自己言语交际的能力。

思维与训练

1. 什么是现代汉语共同语？它是怎样形成的？
2. 现代汉语有哪些方言？我们提倡学习普通话，有人担心方言最终会消亡，你认为呢？
3. 什么是语音？它同自然界其他声音有何异同？
4. 语音具有哪些属性？
5. 听、读下列各字，写出它们的声母。
   蓝（ ）　先（ ）　罩（ ）　翠（ ）　灰（ ）　俊（ ）
   灵（ ）　盼（ ）　软（ ）　耍（ ）　青（ ）　敦（ ）
   庄（ ）　囊（ ）　柴（ ）　芬（ ）
6. 什么叫作单纯词和合成词？合成词的构成方式主要有哪几种？
7. 词义具有什么特点？
8. 分析下列词语的色彩义。
   鸟瞰　　脑袋　　出台　　轻蔑　　商榷　　鸭嘴兽　　康复
9. 辨析下列各组同义词。
   毛病—缺点　　小心—谨慎　　车—车辆　　鼓励—怂恿　　漂泊—流浪
   持续—继续　　鼓动—煽动　　纠正—改正　　周密—严密—精密
10. 反义词在语言中有什么作用？
11. 广告语中常常有改造成语的情况，如电脑广告"百文不如一键"、冰箱广告"领鲜一步"、防蚊液广告"默默无蚊"，你对这种改造是否赞同，为什么？
12. 现代汉语语法的特点有哪几点？
13. 以"不怕辣""辣不怕""怕不辣"为例，说明汉语语法语序变化的特点。
14. 标点符号有什么作用？
15. 有人喜欢把问号和叹号连起来用，像"?!""!!"，你觉得好不好？
16. 什么是语境？语境分为哪几类？
17. 会话的合作原则包括哪些准则？
18. 会话的礼貌原则包括哪些内容？
19. 比较下列各句的原文和修改文，分析作者修改的目的（括号中的词语是原文，加"."的词语是改定文）。

（1）三十年代之初，有一个在初中毕业以后就失了学，失了学就完全自学的青年人（青年数学家），寄出了一篇代数方程的文章，给了熊庆来。（徐迟《哥德巴赫猜想》）

（2）那家伙（他）吼了一声，像是只豹子，挺着刺刀朝我们直冲过来。（杨朔《麦子黄时》）

（3）漫天风雪，封住山，阻住路，却摇撼不了人们的意志，扑灭（浇灭）不了人们心头的熊熊烈火。（袁鹰《井冈翠竹》）

20. 请将下面长句化为短句。

（1）为了使学龄儿童能进学校读书，使孩子们小学毕业后能继续就读，有效地用科学文化知识改变山区落后面貌，我们必须认真实行九年制义务教育。

（2）他是一个身体健康，学习刻苦，工作积极并且立志要为祖国奋斗终生的三好学生。

第三章

文字与汉字

学习目的和意义

通过本章的学习，要理解文字的内涵，了解古人对"文字"的叫法、汉字的形成和形体的演变过程，掌握汉字构型的基本理论，从而认识到古文字承载着传播中华古代文化的使命，学好汉字是每个中国人的责任，要不断提高对文字的认识，自觉用好汉字。

学习重点与难点

文字的概念、汉字的形成和形体的演变、"六书"说。

第一节 文字的定义

一、文字的含义

文字是记录语言的书写符号系统。在汉语里，"文字"一语，也叫"字"，它们可以用来指一个个的字，也可以指记录某种语言的文字符号的整个体系。在有必要的时候，我们把后者称为"文字体系"。

二、古人对文字的称呼

我们现在说"文字"或"字"，古人原来不是这么称呼的。他们叫作什么呢？春秋以前叫"文"，如《左传·昭公元年》："于文，皿虫为蛊，谷之飞亦为蛊。"杜预注："文，字也。"到了现在，"文"仍然可以指"文字"，但多用于比较专门的术语，如"英文""法文"等。

除了言"文"以外，古代还使用"名"这个词。如《周礼·春官·外史》："掌达书名于四方。"郑玄注："或曰：古曰名，今曰字。使四方知书之文字，得能读之。"把文字叫作

"名",其实现在对大家也不应该很陌生,比如说日语中有"平假名""片假名",这其中的"名"就是"字"的意思。

除"文""名"的叫法外,战国后人们常把文字叫"书",如《尚书序》:"造书契。"释文:"书者,文字。"

第二节 文字的产生及汉字的形成

一、文字的产生历程

文字的产生经历了一个漫长的历史阶段。在文字问世之前,先民们主要利用实物手段来帮助记忆,以满足不断增长的交际需要。这些实物手段包括结绳、结珠、刻契、讯木等。如结绳,近世台湾的高山族,云南的哈尼族、傈僳族都曾如此。刻契即在木条上或竹条上刻上锯齿,用来记数。我国境内的少数民族在历史上大多采用过此法。

实物记事花样繁多,不一而足。据周有光在《语文闲谈》(周有光. 语文闲谈 [M]. 北京:生活·读书·新知三联书店,2004.)中称,云南景颇族的载瓦人曾出现过实物的情书、战书、和约。情书:用红、白、黑三色线缠一个芭蕉叶包,内有树根,表示想念;石灰,表示希望会见;草烟叶,请对方吸后增加爱情。战书:三色线的芭蕉叶包,内有土块,表示争夺土地;子弹,表示宣战。和约:竹筒一节,两端各刻一个缺口,代表议和双方;中间刻一个缺口,代表中人;把竹筒一劈两半,各方保存一半。

继实物之后,古人记事和表达思想便进入了另一高级阶段——文字画阶段。文字画属于前文字阶段。文字画不注重绘画艺术性,只混沌地记录语言的大意,内容缺乏具体性与准确性,因而不能算作文字,只能视为文字的滥觞。世界各地保存的原始壁画大都具有此类性质,例如印第安人奥基布娃(Ojibwa)部落的一个女子的情书(图3-1):

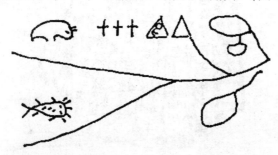

图3-1 印第安人奥基布娃部落一个女子的情书

上面就是这个女子在赤杨树的树皮上写给自己情人的信。左上角的熊是女子的图腾,左下角的泥鳅是男子的图腾,曲线代表道路,帐篷表示约会地点,里面有人等着;"+++"代表天主教徒的居住地。

文字画后,真正的文字就逐渐产生了。因此说,文字最大可能是起源于图画。文字的创造发明者无疑是勤劳而充满智慧的劳动人民。关于文字的起源,各国都有一些相关的神话传说。例如,古埃及的圣书字是知识之神托特所造,古巴比伦的楔形文字是命运之神那勃所造，希伯来文是摩西所造，婆罗米文是梵摩天帝所造，汉字是仓颉所造，等等。

二、汉字的形成

探讨汉字的起源。我们应该站在世界文字的高度来考察。从世界表意体系文字的形成过程看，它们都起源于图画。人类最初的图画可能不用于记事，而是为了满足艺术的需要或者达到巫术祭祀的目的。后来图画有了起帮助记忆、传递信息的作用，成为一种助记符号。再后来文字和图画渐渐分歧，差别逐渐显著，文字不再是图画，不需要逼真的描绘，而是突出其记录语言文字的特点，于是形成了象形文字。所以，文字形成大致经历了这样一个发展阶段：图画→示意图画→象形文字。

三、汉字形体的演变

汉字的形体演变，主要经历了甲骨文、金文、篆书、隶书、楷书、草书、行书等几个发展阶段。

1. 甲骨文

甲骨文（图3-2）是指商代刻写在龟甲和兽骨上的文字，距今约三千年。甲骨文于1899年在河南安阳市郊的小屯村被发现，发现者为被誉为"甲骨之父"的王懿荣。他为清末著名的金石学家，时任国子监祭酒。

甲骨文的别称有殷墟文字、卜辞、殷契、契文等。甲骨文全部单字4 600个左右，其中已经认识的约1 000个，尚未认识的多为地名、人名和族名等。

图3-2 甲骨文

甲骨文一般是用刀刻的，笔画细瘦，线条苍劲，多方笔与直笔，字形瘦长且大小不一。甲骨文的结构还没有完全定型化，字的方向可以变换，笔画繁简不一，偏旁不固定，异体字较多。如：

止：（是脚的象形）

牢：（是圈牛羊的地方）

车：⊕⊕⊕ ⊕⊕⊕ 车 （是战车的象形）

从内容看，一篇完整的甲骨文大致由前辞、贞（问）辞、占辞和验辞四部分构成。甲骨文是政府的公文，甲骨文的语体是一种公文语体。由于制作困难并受甲骨材料的限制，甲骨文的篇幅大多短小。简约性和程式化是甲骨文语言的重要特点。因此，绝不能将甲骨文的语言看成是殷商语言的全部。

2. 金文

金文是指铸刻在青铜器上的文字，先秦称铜为"金"，所以叫金文。青铜器以钟和鼎最为常见，所以又叫钟鼎文。从商周到秦汉都有金文，这里主要指西周青铜器上的文字。下面是西周铜器上的金文拓片（图3-3）。

金文笔画丰满粗壮，周代成王、康王之后的金文点画圆浑，体势雍容。这一时期的文字变化的特点是形声字大量增加，字在形体上的区别更细致了，出现了很多简体字。

图3-3 金文 大盂鼎铭文（局部）

从内容看，金文多记述庆典及帝王赏赐之事，为歌功颂德、自我炫耀之作。金文的篇幅明显加大，不乏鸿篇巨制（多者字数可达500），如著名的大盂鼎、毛公鼎。

3. 篆书

篆书一般有大、小之分。大篆又有广义与狭义之别。广义的大篆指先秦所有的文字，包括甲骨文、金文、籀文和春秋战国时代的六国文字；狭义的大篆专指春秋战国时代秦国的文字。这里采用狭义的说法，大篆一般以籀文和石鼓文为典型代表。籀文传说是《史籀篇》（已失传）里的字，石鼓文因刻在鼓形石上（图3-4）而得名。

大篆直接脱胎于金文，故尚有较浓的金文的痕迹，但笔画更趋均匀，字形更趋整齐。

小篆是汉字第一次规范化的字体，是秦统一六国后，在大篆的基础上整理、简化而成的。小篆的带弧形、圆转而匀称的线条使字形略带椭圆，极其整齐。小篆把原来没有固定形式的各种偏旁统一起来，确定了每个偏旁在汉字形体中的位置，减少了异体字，每个字的书写笔数也基本固定，基本上做到了定型化。泰山石刻（图3-5）是小篆的典型代表。

图3-4 石鼓文（局部）　　　　　　　图3-5 小篆　泰山石刻（局部）

4. 隶书

隶书分秦隶和汉隶两种。秦隶又称古隶，是秦代运用的隶书（图3-6）。秦代篆、隶并用，小篆是官方运用的标准字体，用于比较隆重的场合；秦隶是下级人员用于日常书写的辅助性字体。

秦隶在形体上实现了根本的转变，即基本摆脱了汉字象形的意味，可谓古文字与今文字的分水岭。

汉隶又称今隶，是汉代通行的字体（图3-7）。秦隶残存着篆书的某些痕迹，汉隶就很少有篆书的痕迹了，笔画增添了波势和挑法，字形也渐成扁方形了。

图3-6 秦隶　睡虎地秦墓竹简（局部）　　　图3-7 汉隶　张迁碑（局部）

汉隶使汉字结构更趋简化和定型，奠定了现代汉字的基础。用点、横、竖、撇、捺等笔画转写篆书所发生的变化叫作隶变。

5. 楷书

楷书又叫真书、正书,"楷"是规矩整齐、可为楷模的意思。楷书兴于汉末,成熟于东汉末年,盛于魏晋南北朝,一直沿用至今,是通行时间最长的标准字体(图3-8)。

楷书由隶书演变而来:波势改为平直,扁平改为方正。楷书出现,汉字成为方块字就定形了。

图3-8 楷书 钟繇 墓田丙舍帖(局部)

6. 草书

广义地说,自有汉字以来,各种字体都有草率的写法。草书有章草、今草和狂草三种。章草是隶书的草写体,东汉章帝时盛行(图3-9)。今草是楷书的草写体,产生于东汉末年,流传至今(图3-10)。狂草起于唐代,变化多端,极难辨认,变成了纯艺术品,没有实用性(图3-11)。

 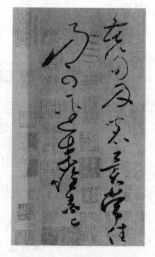

图3-9 章草 皇象 急就章(局部)　　图3-10 今草 王羲之 十七帖(局部)　　图3-11 狂草 怀素 苦笋帖(局部)

7. 行书

行书产生于东汉末年,介于楷书和草书之间(图 3-12)。行书又分行楷、行草两类,前者近于楷书,后者近于草书。行书是应用最广泛的手写体。

从上述汉字字体演变的历史来看,汉字的形体主要是朝着简单易写的方向发展的,由不定型到定型,由繁体到简体,由非方块形到方块形(图 3-13)。

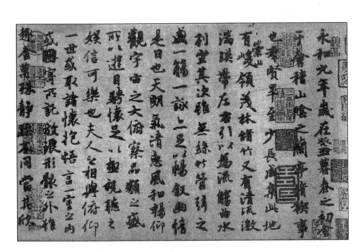

图 3-12 行书 王羲之 兰亭序(局部)　　　　　图 3-13 七种字体对照

四、汉字形体构造的基本类型

关于汉字构形的基本理论,历来有所谓的"六书"之说。"六书"具体指的是象形、指事、会意、形声、假借、转注。其实象形、指事、会意、形声是真正的造字法,假借、转注一般认为只是"用字之法"。

1. 象形

象形就是描绘事物形状的造字法。例如:

　月　雨　口　牛　羊　车　舟　泉　瓜

汉字里用象形方法造的字是不多的,因为有的事物描画不出来,可以描画出来的又不便书写。

2. 指事

指事是用象征性的符号来提示字义的造字法。例如:

　上　下　三　本　末　朱　甘　刃

指事字可分两类，一类是象征性符号的指事字，如用三条线表示"三"。另一类是象形字加提示符号，如"本"原义是树根，在"木"下部加一个点，表示树根所在；"末"原义是树梢，在"木"上部加一个点，表示树梢所在；"朱"原义是赤心树，"木"中加一点，表示赤心所在。纯粹用抽象符号的字很少，在象形字上增加符号的方式用得较多。

3. 会意

会意是用两个或两个以上字形组合起来表示字义的造字法。例如：

武　休　取　明　涉　益　从　森

会意字分两类，一类是异体会意字，用不同的字组成。如"武"，止是趾的本字，戈下有脚，表示人拿着武器走，有征伐或显示武力的意思。"涉"的甲骨文像两脚过河。另一类是同体会意字，如"从"，两人一前一后，有随从的意思。

4. 形声

形声是用形符和声符组合起来分别提示字的意义和读音的造字法。如"湖"（hú），形符氵（水）表示湖泊有水，声符胡（hú），表示读音。形声字采用形符和声符相结合的方式弥补了单纯依靠字形来表达字义的缺陷，丰富了汉字记录汉语的手段，具有强大的派生能力，所以后来成为最主要的造字方法。

假借是本无其字而根据被记录的词的读音，借用音同或音近的已有汉字来表示新词的一种方法。例如"自"原是"鼻"的象形字，假借来记录"自己"的"自"。"莫"原是今天"暮"字的会意字，借来表示否定副词"莫"。转注是指一对同部首的字，由于意义相近、声音相同或相近而互相注释。例如"老"和"考"就是一对转注字。

现代的汉字大部分从古汉字演变而来，也有一些是现代新造的。百分之九十以上的现代字用的是形声的方法。如：氚（chuān）、咚（dōng）、趴（pā）、猹（zhā）等。会意的方法还会继续使用，不过造的字不太多，例如"籴"（dí，买米）、"氽"（cuān，食物放在开水里稍煮一下），还有"尘""灭""泪"等用的也是会意法。

第三节　现代汉字的标准化与规范化

一、现代汉字的标准化

文字作为辅助语言的交际工具必须实现标准化。汉字标准化的主要内容是"四定"，就是定量、定形、定音、定序。

1. 定量

定量就是规定现代汉字的数量。汉字自古至今的总字数多达数万。《康熙字典》收字 47 035 个，《汉语大字典》收字 54 678 个，1994 年出版的《中华字海》收字 85 568

个。在这 8 万多字中,大部分是文言古语用字,只有 1 万多个是现代汉字。在这 1 万多个现代汉字中,使用的频率并不相等,有的高有的低。根据使用频率可以实现对汉字的分级定量。

(1) 常用字。

常用字是教学用字,包括小学、初中等几个级别的教学用字。根据汉字字频和覆盖率的关系,2 400 个常用字覆盖率 99%,可以作为小学的识字量;3 800 个常用字覆盖率是 99.9%,可以作为初中的识字量。1988 年 1 月,国家语言文字工作委员会和国家教育委员会公布的《现代汉语常用字表》,收常用字 3 500 字。又分为两级:一级常用字 2 500 字,二级次常用字 1 000 字。

(2) 通用字。

通用字是印刷出版用字,是记录现代汉语一般要用到的字。从全部现代汉字中除去罕用字,得到的就是通用字。选定通用字对于印刷出版、辞书编纂、汉字的机械处理和信息处理都有重要的作用。1988 年 3 月,国家语言文字工作委员会和新闻出版署公布的《现代汉语通用字表》,收通用字 7 000 字,包括了 3 500 个常用字。《现代汉语通用字表》是规范字表,它全面体现了国家关于汉字字形的规范。它显示了每个字的规范字形,包括笔画数、结构和笔顺。

2. 定形

定形就是规定现代汉字的标准字形,中华人民共和国成立后公布的《第一批异体字整理表》《简化字总表》《印刷通用汉字字形表》等确定了现代汉字的标准字形。

(1) 整理异体字。

异体字指的是读音和意义相同而形体不同的一组字,如:够夠、床牀、窑窯窰。异体字给学习和使用增加了负担。整理异体字就是从每组异体字中确定一个为标准字,其余的字作为非标准字加以淘汰,停止使用。确定标准字形的原则是从俗从简。从俗就是选择群众中比较流行的,从简就是选择笔画比较简单的。1955 年 12 月,文化部和中国文字改革委员会公布了《第一批异体字整理表》,表内收异体字 810 组,共保留 810 字,淘汰了 1 055 字。在这之后,国家主管语言文字的部门从淘汰的异体字中恢复了 28 个字为标准字,实际淘汰了异体字 1 027 字。

(2) 简化汉字。

汉字简化主要是减少笔画,同时也减少字数。1956 年 1 月国务院公布了《汉字简化方案》,1964 年编制成《简化字总表》,有简化字 2 236 字。1986 年 10 月国家语言文字工作委员会重新发表《简化字总表》,有简化字 2 235 字。这是中华人民共和国成立以来政府公布推行的全部简化字。简化工作的方针和步骤是"约定俗成,稳步前进"。简化汉字取得了明显的效果。《简化字总表》里的 2 235 个简化字,平均每字 10.3 画;已经简化了的繁体字有 2 264 字,平均每字 15.6 画。简化字与繁体字相比,平均每字减少了 5.3 画。

(3) 整理异形词。

异形词是社会上并存并用的同音、同义而书写形式不同的词语,如"笔画——笔划、人才——人材、倒霉——倒楣"等。教育部和国家语委已经于 2001 年 12 月发布《第一批异形词整理表》,整理了异形词 338 组。

汉字印刷用的字体也常有不同,如:叙敘敍、别別、羡羨、黄黃等。为了克服这种分歧，文化部、教育部、中国文字改革委员会、语言研究所等部门于 1962 年组成汉字字形整理组，对印刷用汉字字形进行整理，最后制成了《印刷通用汉字字形表》。1965 年 1 月 30 日文化部和中国文字改革委员会公布了这个字表，并开始在出版印刷行业推行。《字形表》收印刷用宋体铅字 6 196 字，规定了每个字的笔画数、结构，并隐含着笔顺。

3. 定音

定音就规定现代汉字的标准读音。为了做到字有定音，应主要解决好异读字的读音问题。

一个字有两个或两个以上的读音而表示的意义相同，这样的字是异读字。汉字自古以来就有异读字。例如《广韵》"峒"徒红切，又徒弄切（黄侃．广韵校录［M］．上海：上海古籍出版社，1985：31．）。现代汉字中也有一批异读字。例如"暂时"的"暂"可以读 zàn，也可以读 zhǎn。审定异读字的读音，就是从现有的几个读音中确定一个为标准音，其余的读音作为异读停止使用。从 1957 年到 1962 年，审音委员会分三次公布《普通话异读词审音表初稿》，共审定异读词 1 800 多条。例如，"暂时"审定为 zànshí。1985 年 12 月由国家语委、国家教委、广播电视部发布了《普通话异读词审音表》。表里凡是注明"统读"的字，表示这个字不论用在什么词语中都读成这一个音。例如（~代表字头）：

阿　（一）ā　~訇　~罗汉　~木林　~姨
　　　（二）ē　~谀　~附　~胶　~弥陀佛
挨　（一）āi　~个　~近
　　　（二）ái　~打　~说
癌　ái（统读）

多音字也应当审订，多音字指的是具有两个或两个以上读音而不同读音有不同意义的字。例如"中"读 zhōng，表示中间、中心、跟四周距离相等；读 zhòng，表示正对上、遭受、受到。现代汉字中的多音字大约占 10%。适当减少多音字的读音对于汉字的使用是有好处的。轻声词、儿化词有一定的随意性，也要逐步审订，以求统一。

4. 定序

定序就是规定现代汉字的排列顺序。现代生活里，字序的应用极为广泛，工具书的检索、图书档案的排列、各种目录的编制都需要字序。目前，最常用的字序有两种，就是部首法和音序法。

（1）部首法。

从汉字的字形着手，把具有相同偏旁的字归并为一部，那个相同的偏旁叫作部首。部首法要包括立部和归部两部分。建立多少部、都是哪些部，属于立部。某一个字归入哪一部，就是归部。归部的原则有两大类，一类是据义归部，一类是据位归部。据义归部是把表义的偏旁作为部首。以《说文解字》为例，"甥"属男性，归男部；"江"指长江，是水名，归水部。据义归部在使用中遇到的主要困难，是部首的位置不固定，使用者不容易确定哪个偏旁是部首。据位归部是根据偏旁所在的位置确定部首，部首的一般位置在字的上、下、左、右、外。一般位置没有部首的查中坐，中坐没有部首的查左上角。修订本《辞海》采用了据位定部的归部法。

（2）音序法。

从汉字的读音着手，根据读音排定字序。当前使用最广的音序法是汉语拼音音序法，按照汉语拼音方案里字母的顺序排列字母的先后。同音字再按照笔画数的多少，由少到多排列。笔画数相同的，按起笔的笔形横竖撇点折顺序排列。起笔笔形相同的，按照第二笔笔形，依此类推。例如读 chù 的字，要按下列顺序排列：丁处怵绌畜搐触憷黜矗。《新华字典》《现代汉语词典》《中国大百科全书》等的条目排列都采用汉语拼音音序法。

二、用字的规范化

使用汉字的规范化包括正确书写字形，不写错字、别字，不写被废止的繁体字、异体字，不写不合规范的简化字，不写旧形字等，也包括正确地读字音，不错读乱读字音等。

当前社会用字存在许多问题，具体表现为滥用繁体字、乱造简化字和随便写错别字。

滥用繁体字的情况比较严重，也比较复杂。尤其是工厂、企业、商店、事业单位的牌匾用字，报刊的名称用字，影视片片名用字和书名用字。另外，当前错用繁体字和繁简混用的现象也相当严重，加剧了社会用字的混乱。有一本图书叫《皇後淚》，规范的写法是《皇后泪》。"皇后"的"后"没有简化，根本就不能写作"皇後"，"淚"是"泪"的异体。

乱造简化字的现象在有的地方也比较普遍。"街道"写成"亍道"，"零售"写成"另售"，这些都是《简化字总表》里没有的简化字。

错别字包括错字和别字，错字是汉字中根本没有的字，别字是汉字中虽然有但是不能这样用的字。在现今的文字生活中，错别字时常见到。如"蒸汽"的"蒸"少了中间的一横。"喜迎回归"的"迎"，错成了走之旁加个"卯"。"猪脚"错成了"猪角"，"欢度元旦"错成了"欢渡圆旦"，"砍头"错成了"坎头"。

用字规范化首先要消灭错别字。常见的错字有三类：①增笔。如"武"错成了"㦱"，"展"错成了"㞡"。②减笔。如"拜"错成"拝"。③写错结构。如"范"错成"范"，"默"错成"嘿"。常见的别字有：①同音别字。如"直截了当"错成"直接了当"，"一箭封喉"错成"一剑封喉"，"情有独钟"错成"情有独衷"，"蝇营狗苟"错成"蝇蝇狗狗"。②形近别字。如"床笫"错成"床第"，"大杂烩"错成"大杂脍"，"肆无忌惮"错成"肆无忌弹"。③同音形近别字。如"竞赛"错成"竟赛"，"沧桑"错成"苍桑"，"通宵"错成"通霄"，"嬉笑打闹"错成"嘻笑打闹"，"皇皇巨著"错成"煌煌巨著"。

本章提示

通过本章的学习，要求了解文字的概念及其名称的流变，掌握汉字的形成及其形体的演变和汉字构型基本理论，理解文字所蕴含的文化内涵，从而指导我们更好地写好和用好汉字。

思维与训练

1. 什么是文字？
2. 古人是怎么称呼文字的？
3. 汉字起源于什么？它的形成过程经历了哪几个阶段？

4. 为什么说隶书是古汉字和今汉字的分水岭？
5. 古代的"六书"是什么？
6. 下列各汉字各是用什么造字法造的？
   虫　囚　燕　泪　水　采　固　沐　木
7. 汉字标准化包括哪些内容？

本编阅读参考书目

［1］胡裕树．现代汉语（重订本）［M］．上海：上海教育出版社，2019．

［2］国家语言文字工作委员会组编．中国语言文字事业发展报告2018［M］．北京：商务印书馆，2018．

［3］裘锡圭．文字学概要［M］．北京：商务印书馆，2018．

［4］黄伯荣，廖旭东．现代汉语［M］．增订6版．北京：高等教育出版社，2017．

［5］［瑞士］费尔迪南·德·索绪尔．普通语言学教程［M］．纪念版．高名凯，译．北京：商务印书馆，2017．

［6］邵敬敏．现代汉语通论［M］．3版．上海：上海教育出版社，2016．

［7］邢福义．现代汉语［M］．北京：高等教育出版社，2015．

［8］江西省语言文字工作委员会办公室．普通话水平测试与培训教程［M］．南昌：江西高校出版社，2014．

［9］陈璐．谈话的艺术［M］．北京：中国商业出版社，2014．

［10］叶蜚声，徐通锵．语言学纲要（修订版）［M］．北京：北京大学出版社，2010．

［11］朱德熙．语法讲义［M］．北京：商务印书馆，2010．

［12］戴庆厦．语言学基础教程［M］．北京：商务印书馆，2006．

［13］何自然．语用学概论［M］．长沙：湖南教育出版社，2006．

［14］郑悦素．口才全书［M］．哈尔滨：哈尔滨出版社，2005．

［15］张严明，袁蕾．新编普通话口语训练与测试指导［M］．北京：中国市场出版社，2004．

［16］［俄］B．A．伊斯特林．文字的产生和发展［M］．2版．左少兴，译．北京：北京大学出版社，2002．

［17］刘焕辉．言语交际学（新订本）［M］．南昌：江西教育出版社，2001．

［18］徐丹晖．语言艺术探索［M］．北京：北京广播学院出版社，1999．

［19］刘焕辉．修辞学纲要［M］．南昌：百花洲文艺出版社，1997．

［20］周有光．汉字改革概论［M］．3版．北京：文字改革出版社，1979．

第二编

文学部分

第四章

中国古代文学作品选

学习目的和意义

文学是人类最崇高、最不朽的情思的产品，是人类心灵、精神的外化形式。学习中国古代文学的目的和意义在于传承和弘扬中华优秀传统文化，增强我们的民族自豪感和文化自信。通过阅读大量的古代文学作品，去尝试感受古人的心境与思考，重温他们的情感和志向，与往圣先贤对话，与天地精神往来，培育自我人格，让自己的精神得到生长。

学习重点与难点

充分了解作品时代背景、作者生平经历，结合大学生自身实际，把握作品的真正内涵和时代价值。

第一节 中国古代文学概述

中国文学历史悠久，源远流长，在漫长的历史发展过程中，取得了极其灿烂的成就。

先秦文学是指远古至秦统一中国之前，包括原始社会、奴隶社会和封建社会确立的战国时代的文学，主要样式是诗歌和散文。《诗经》是我国第一部诗歌总集，它收录诗305篇，为西周初期至春秋中叶约五百年间的作品。根据音乐的不同，分为风、雅、颂三类，并灵活运用赋、比、兴三种表现手法。《诗经》中的作品具有强烈的现实主义精神，广泛而深刻地反映了周代社会的历史和现实，反映了人民群众多种多样的思想感情，内容丰富，手法多样，语言形象生动，风格淳朴自然，奠定了我国诗歌的现实主义传统，我国诗歌艺术的民族特色由此肇端而形成。战国时期在南方出现的具有楚文化特征的新体诗——楚辞，开辟了中国诗歌史上继《诗经》之后的第二个重要时期，它和《诗经》共同构成中国诗歌史的源头。我国文学史上第一位伟大的诗人屈原，创作了以《离骚》为代表的光辉诗篇。以屈原作品为主要代表的"楚辞"，开创了我国诗歌的浪漫主义传统。《诗经》和楚辞，在文学史上并称"风骚",代表先秦诗歌的最高成就,对后世文学产生了深远的影响。

春秋战国时期,儒、墨、道等各派学说竞起,严格意义上的中国思想界形成。在百家争鸣的氛围中,产生了诸子散文,并在发展变化中逐步成熟。《论语》《老子》《墨子》为语录体,《孟子》《庄子》为对话体,《荀子》《韩非子》为专论体。《庄子》《孟子》擅长论辩,文学性强。先秦诸子散文以深厚的思想内涵和文化意蕴,成熟的说理文体制,形象化的说理方式,丰富多彩的创作风格和语言艺术,成为中国古代文学的基石之一,影响后世的文学创作。与之相辉映的,是记言记事的史传散文。《尚书》《春秋》《左传》《国语》《战国策》等史传散文的出现,标志着叙事文的成熟。《尚书》记言,文字古奥。《春秋》记事,微言大义。《左传》《国语》《战国策》等叙事散文,它们直书其事、褒贬鲜明的特点和高超的写作艺术,对后代的文学创作产生了深远的影响,其叙事传统和语言艺术对史传文学、散文和小说创作的滋养,尤为明显。

秦朝二世,学术与文学几乎一片荒芜,李斯《谏逐客书》为仅存之名篇。

西汉时期,统治者实施休养生息的政策,学术得以复兴。适应大一统帝国的需要,赋体文学进入高峰。散体赋是随南北文化合流,融铸诗、骚、散文而成的一种新体,作家的文学激情和审美感受在散体赋中得到了充分抒发,中国文学发展中一段辉煌的历史便由此展开了。汉赋经过了骚体赋、散体大赋、抒情小赋几个发展阶段。司马相如的《子虚赋》《上林赋》和扬雄的赋作,驰骋想象,铺张夸饰,使作品产生超乎寻常的巨丽之美,体现出铺张扬厉的风格和豪放昂扬的气势。东汉抒情小赋感情激切,由自怨其生而转为伸张正义,表现出强烈参与现实的入世精神。两汉文学中最有价值的是"感于哀乐,缘事而发"的乐府民歌,这是我国诗歌发展史上继《诗经》、"楚辞"之后所出现的第三个重要里程碑,它以娴熟巧妙的叙事手法,杂言和五言为主的句式,朴实自然的语言,深刻反映了两汉社会生活的各个侧面,给后世留下了一幅幅形象画卷,推动了诗歌艺术的发展。在它的哺育下,汉代文人五言诗也走向成熟,到东汉后期,五言取代传统的四言成为新的诗歌样式。《古诗十九首》代表汉代文人五言诗的最高成就,被誉为"五言之冠冕"。

汉代散文在先秦散文的基础上有了长足的发展,主要有政论散文和史传散文两类。代表汉代散文最高文学成就的是司马迁的《史记》。《史记》首创纪传体这一新的史书体例,以"不虚美、不隐恶"的实录精神和批判精神,标志着中国古代史传文学的发展已经达到高峰,它所塑造的一系列栩栩如生的人物形象,高超的叙事艺术,雄深雅健的风格,富有表现力的语言,为后代文学的发展提供了丰富的营养和强大的动力。鲁迅誉之为"史家之绝唱,无韵之离骚"。

魏晋南北朝时期,文学获得了更加自觉的发展,诗歌、散文、辞赋、小说、骈文等样式都取得显著成就。五言诗进入了大发展时期。以曹操、曹丕、曹植为核心,以王粲等"建安七子"为骨干的邺下文人集团,其诗歌具有时代特色鲜明、情感真挚强烈、格调慷慨悲壮、文笔健美有力的共同风格,历来作家都把"建安文学"看作我国古代文学发展的黄金时代。魏晋之交,世风变易,阮籍、嵇康等人继承"建安风骨"的优良传统,阮籍的《咏怀》组诗,开创我国文学史上政治抒情组诗的先河。东晋玄言诗占据诗坛,陶渊明超拔流俗,他成功地将"自然"提升为一种美的至境,开创了田园诗这种新的诗歌题材。其后谢灵运开创了山水诗,把自然界的美景引进诗中,使山水成为独立的审美对象。他们对诗歌题材和诗歌艺术的探索与创新具有十分积极的意义。此外，在南北朝的著名诗人中，鲍照、谢朓、庾信等人的诗歌成就最为突出。这一时期乐府民歌再现光彩，因南北地域、民族、文化及心理的差异，南朝民歌清丽缠绵，更多地反映了人民真挚纯洁的爱情生活，北朝民歌粗犷豪放，广泛地反映了北方动乱不安的社会现实和人民的生活风习。骈文是这一时期的流行文体，形式上讲究对偶、声律和藻饰之美，但仍有一些佳作。这一时期的小说创作和文学理论批评引人注目。以干宝《搜神记》为代表的志怪小说，以刘义庆《世说新语》为代表的轶事小说，是我国小说艺术的雏形，开启后世笔记小说的先声。曹丕《典论·论文》、陆机《文赋》、刘勰《文心雕龙》和钟嵘《诗品》，是我国文学理论批评史上具有划时代意义的论著。

唐代是我国古代文学发展的高峰时期，唐文学的繁荣，表现在诗、文、小说、词的全面发展上。唐代文学的最高成就是诗，古体近体争奇斗艳，各种风格流派异彩纷呈，初唐、盛唐、中唐、晚唐各期大师辈出。"初唐四杰"（王勃、杨炯、卢照邻、骆宾王）和陈子昂，继承汉魏风骨，力扫齐梁藻饰诗风，扩大诗歌题材，在诗歌形式和表现手法上进行了大胆探索，为唐诗的变革和繁荣开辟了道路。

史称盛唐的开元、天宝年间，经济繁荣，国力强盛，涌现出大批禀受山川英灵之气而天赋极高的诗人，出现了两大风格不同的诗歌流派，创造出各种诗歌之美。以王维、孟浩然为代表的山水田园诗派，开拓了山水田园诗的题材，融合诗画的艺术手法，创造情景交融的意境。以高适、岑参为代表的边塞诗派，描绘雄奇的边塞风光和艰苦的军旅生活，追求不朽功名的意气与直面现实的悲慨相结合，诗歌具有慷慨悲壮的风格。李白和杜甫，被称为中国诗歌史上雄视千古的"双子星座"。李白诗歌内容丰富多彩，他继承并发展了庄子、屈原所开拓的浪漫主义传统，以蔑视权贵的不屈精神，奔放炽烈的政治热情，豪放飘逸的艺术风格，把我国古典浪漫主义诗歌创作推到一个新的高峰。杜甫继承了《诗经》、汉乐府、建安诗歌现实主义的优良传统，其诗歌集中反映了唐王朝由盛转衰的社会现实，感情深厚真挚，风格沉郁顿挫，向有"诗史"之称。李白和杜甫，分别以其浪漫主义和现实主义的卓越成就，泽被后世，成为诗歌创作的光辉典范。中唐时期，名家辈出，流派分立。以白居易、元稹为代表的元白诗派，倡导"新乐府运动"，创作了直接反映现实生活和民众疾苦的新乐府诗。白居易感伤诗《长恨歌》《琵琶行》，把叙事和抒情融为一体，以生动的形象、动人的情节、缠绵的感情、优美的语言，成为脍炙人口的名篇。其他著名诗人，尚有韩愈、孟郊、贾岛、李贺、刘禹锡、柳宗元等。晚唐诗歌，气格卑弱，最有成就的是有"小李杜"之称的李商隐和杜牧。杜牧擅长七绝，其怀古咏史诗注入了深沉的历史感慨。李商隐精工七律，在爱情题材、心灵世界领域，把诗歌的艺术表现力提高到了一个新的高度，开拓了深情绵邈的朦胧境界，使抒情诗的意蕴更加含蕴深沉。

唐代散文创作也取得重大成就。韩愈、柳宗元发起了一场有目的、有理论主张、有广泛参与者的古文运动，建立起新的美学规范，其散文能积极反映社会现实问题，内容充实，感情真切，手法丰富，体式多样，其中议论文、人物传记、寓言和山水游记成就最高。唐代还出现两种新的文体：一是唐传奇，一是曲子词。唐传奇是指唐代流行的文言小说，它标志着我国文言小说发展到了成熟的阶段。曲子词是配合燕乐歌唱的新诗体，初唐时即在民间及文人中开始创作，中唐时词体基本建立，晚唐至五代，艺术趋于成熟。五代时西蜀和南唐成为词的创作中心，第一部文人词总集《花间集》问世。南唐后主李煜以词写亡国之痛，境界开阔，寄慨遥深，语言清丽，在词史上产生了深远的影响。

宋代文学取得了辉煌的成就，作为宋代文学之胜的是宋词。宋初词坛虽因袭晚唐五代词风，但也有开拓革新。宋词流派众多，名家辈出。最早领袖词坛的是晏殊，范仲淹、富弼、宋祁、欧阳修、张先、梅尧臣等都出其门下，词作影响很大，因而有晏欧一派，他们创作出大量抒情浓郁美丽动人的爱情词，风格雍容婉丽。范仲淹词描写塞外景象与边塞生活，风格沉郁苍凉。晏殊之子晏几道，词作叙写男女悲欢离合，语淡情深。柳永于词，多有贡献，他以写都市繁华和相思旅愁见长，大量制作慢词，擅长铺叙白描，发展了词的艺术形式和表现手法，在词史上富有开创性。文学巨匠苏轼对词体进行了全面改革，借鉴诗歌的艺术经验，扩大题材，提升意境，丰富表现手法，最终突破了词为"艳科"的传统格局，提高了词的文学地位，使词从音乐的附属品转变为一种独立的抒情诗体，开创了与婉约词平分秋色的豪放词派，从根本上改变了词史的发展方向。此外，秦观、贺铸、黄庭坚、周邦彦等人，分别对宋词的发展做出了贡献，共同创造了北宋词坛的繁荣局面。这是两宋词史上多种风格情调并存的繁荣期。南北宋之交的李清照，是中国文学史上创造力最强、艺术成就最高的女性作家之一，她近嗣秦观，远师李煜，其后期作品抒写身世之感和家国之痛，感情凄切，涵蕴弥深，艺术上自成一家，被后人誉为"婉约正宗"。

靖康之难后，感时伤乱、抗金爱国成为词作的重大主题。南宋前期，李纲、岳飞、张元干、张孝祥等上承苏轼一脉，都写有豪放激荡的词篇。伟大的爱国词人辛弃疾，词作内容和社会现实、词人命运与人格紧密联系，既借鉴诗歌又吸取散文的创作手法，利用各种创作手段和语言，将词体的表现功能发挥到了最大限度，确立并发展了苏轼所开创的"豪放"一派。属于辛派的著名词人有陆游、陈亮、刘过等。辛派后劲则有刘克庄、刘辰翁等。南宋后期宋金对峙相对稳定，婉约词派复兴，代表人物姜夔继承周邦彦，走尚风雅、立格律的创作道路，词作变直抒胸臆为比兴寄托，意境清空，格调骚雅，被奉为雅词的典范。史达祖、高观国等为其羽翼。吴文英与姜夔一样师承周邦彦，而作词多采李贺、李商隐的诗艺，注重炼字琢句，词境幽邃晦涩，质实密丽而自成一派。由宋入元的词人尚有周密、王沂孙、张炎等，这些遗民词作一片苦调哀音，苍茫感慨。

宋诗与唐诗相比，盛极难继，但宋代诗人着重从艺术构思、手法技巧、篇章结构、遣词造句上去创新，以理性态度体察人情物理，表达思想见解，自有特色。北宋初期流行西昆体，经过欧阳修、梅尧臣、苏舜钦等人的努力，开创了宋诗散文化、议论化的风气，为宋诗的继续发展开辟了道路，稍后大诗人王安石，进一步形成宋诗的特点。北宋诗坛影响最大的诗人是苏轼和黄庭坚。苏轼始终把批判现实作为诗歌的重要主题，题材广泛，形式多样，情蕴深厚，诗风清雄，在创造宋诗新面貌的过程中做出了巨大贡献。黄庭坚尊崇杜甫，把杜诗视为诗歌美学理想的参照典范，有"点铁成金""脱胎换骨"之说，创作求新求变，诗风瘦硬生新，成为江西诗派的宗主。南宋诗人陆游、杨万里、范成大、尤袤被称为"中兴四大诗人"。伟大的爱国诗人陆游，留下诗作近万首，唱出了时代的最强音，形成气势奔放、境界壮阔的诗风。南宋后期国势屡弱，诗坛出现"永嘉四灵"和江湖诗派，但作品现实性不强，诗风浮弱。宋末民族英雄文天祥和汪元量等人的诗篇，浩气磅礴，为这时期的诗坛增添了最后一道光彩。

宋代散文是在古文运动中发展起来的，宋初西昆体统治文坛，文坛领袖欧阳修倡导诗文革新运动，他坚持"事信言文"的主张，提倡平易通达的文风，在他的提携下，曾巩、王安石和苏氏父子先后登上文坛，和韩愈、柳宗元一起被后人尊崇为"唐宋八大家"，其中苏轼散文内容深广，各体兼备，自由挥洒，排宕宏伟，是宋文中成就最高的一家。欧、苏等人的作品，一直成为后人学习古代散文的楷模。此外，宋代通俗文学随着城市经济的繁荣而得到发展，在唐代讲唱文学的基础上演化产生了话本，成为后世演义小说和白话小说的滥觞，推动着古代叙事文学逐步走向黄金时期。

元朝是我国历史上第一个由少数民族的统治者建立的统一政权，叙事性文学第一次居于文坛的主导地位。元曲是杂剧和散曲的合称。元杂剧以其高度的思想意义和社会价值，杰出的艺术成就和独特的形式体制，开辟了我国戏曲的黄金时代。关汉卿是元代剧坛最杰出的代表之一，其名剧《窦娥冤》以酣畅豪雄的笔墨，为我国古典悲剧艺术提供了典型范例。王实甫的《西厢记》以惊世骇俗的思想内容和完整的舞台艺术，达到了元代戏曲创作的最高水平。关、王和马致远、白朴，被誉为元剧的"四大家"。元末，南戏继杂剧之后走向兴盛，高明的《琵琶记》代表南戏艺术最高成就，它以耀眼的光辉，不仅映照当时的剧坛，而且笼罩着整部戏曲的历史，为明清传奇奠定了基础。散曲是一种配合当时流行曲调清唱的抒情诗体，是继诗、词之后兴起的新诗体，在元代文坛上它与传统的诗、词分庭抗礼，代表元代诗歌创作的最高成就。散曲主要有小令和套数两种，小令是单支曲子，套数由两支以上属同一宫调的曲子连缀而成。元散曲的内容，大多抒写汉族知识分子在元蒙统治者重压下的愁苦郁闷。散曲语言通俗生动，幽默感极强，作品具有浓郁的市民通俗色彩。元代前期散曲作家以关汉卿和马致远为代表，作品通俗平易，诙谐泼辣；后期代表作家是张可久与乔吉，风格趋于雅正典丽。其他重要的散曲作家还有白朴、贯云石、张养浩、睢景臣等。作为正统文学样式的诗文，元代与前代相比处于低谷时期。

明代由于商业经济的繁荣与城市文化形态的形成，随之产生的人文主义思潮及其对文学创作的推动，促进了小说、戏曲和各类通俗文学创作的繁荣。在各类通俗文学中，小说的勃兴最为引人注目。明代出现了我国古代长篇小说主要的甚至是唯一的体裁——章回小说。明初罗贯中在民间流传的三国故事基础上整理加工而成的《三国志通俗演义》，是我国第一部长篇章回小说，也是历史演义小说的开山之作。作品主要描写起自黄巾起义、终于西晋统一的魏蜀吴三国的斗争，以儒家的政治道德观念为核心，糅合着千百年来广大民众的文化心理，表现出对于导致天下大乱的昏君贼臣的痛恨，对于创造清平世界的明君贤臣的渴慕。施耐庵的《水浒传》艺术地再现了北宋末年以宋江等三十六人为首的一场波澜壮阔的农民起义，突出了"官逼民反"的进步主题，成功地塑造了一系列超伦绝群而又神态各异的英雄形象，它和《三国演义》一起奠定了我国古代长篇小说的民族形式和民族风格，为广大民众所喜闻乐见，形成了中华民族特有的审美心理和鉴赏习惯。明中叶以后，长篇小说创作兴起高潮，出现神怪小说、世情小说、历史小说、公案小说等佳作。吴承恩的《西游记》描写唐僧师徒四人去西天取经的艰难历程，通过寓人于神、人神合一的孙悟空形象，表现广大人民群众对美好理想的不懈追求，和战胜艰难困苦的无畏精神，体现出鲜明的浪漫主义艺术特征。署名兰陵笑笑生的《金瓶梅》，借《水浒传》中之西门庆为话题叙写西门庆一家之事，对揭露明代官商勾结、鱼肉人民的黑暗面，有其积极意义。这是我国第一部以家庭生活为题材的白话长篇小说，在古代小说中具有开创性意义。明代短篇小说在宋元话本的基础上有很大的发展，主要形式是拟话本，这是一种文人模仿民间话本而创作的案头文学。冯梦龙整理编成的《喻世明言》《警世通言》《醒世恒言》，凌濛初编著的《初刻拍案惊奇》《二刻拍案惊奇》，合称"三言二拍"，代表了明代短篇小说的最高成就。明代戏曲分传奇和杂剧两类，主体是传奇，与元代剧坛诸家并立、各有千秋的创作局面不同，明代剧坛总体呈现出一峰独秀、群山环拱的气象。明代成就最高、影响最大的剧作家汤显祖，其"临川四梦"达到了同时代戏剧创作的高峰。浪漫主义爱情剧《牡丹亭》，通过杜丽娘和柳梦梅生离死合的爱情波折，揭示了反封建礼教的主题，体现了个性解放的时代精神，成为古代爱情戏中继《西厢记》以来影响最大、艺术成就最高的一部杰作。其他传奇作家作品还有李开先《宝剑记》、梁辰鱼《浣纱记》，杂剧则有康海《中山狼》和徐渭《四声猿》。

明代的诗文领域，初期刘基、宋濂、高启的作品较有社会现实内容。中叶以后出现以李梦阳为核心的前七子和以王世贞为首的后七子，他们都以复古相号召，提出"文必秦汉，诗必盛唐"，在诗文发展过程中起过一定作用，但也存在弊端。后期文坛有反对"前后七子"复古倾向的"唐宋派"，其中散文成就最高的是归有光。继而反对拟古主义的有袁宏道兄弟为代表的"公安派"，以钟惺、谭元春为首的"竟陵派"。晚明出现了富有特色的小品文，代表作家是张岱。明末陈子龙、夏完淳的诗文，表现了强烈的爱国主义精神。明代散文有其特色，但诗的成就不仅远逊唐宋，而且不及清代。

清代是中国最后的一代封建王朝，中国文学到清代已经过数度变迁，具有丰富的历史积累，各类文体呈现出蔚为大观的集大成的景象。中国古代文学一般指从上古到1919年五四运动以前的中华民族文学。其中1840年鸦片战争至1919年五四运动前夕的文学，又被称为近代文学。

清代文学成就最大的是小说，最为后人称道的莫过于《红楼梦》。曹雪芹的《红楼梦》以贾、史、王、薛四大家族由盛而衰的过程为背景，以宝玉和黛玉、宝钗的爱情婚姻悲剧为主线，表现了具有叛逆倾向的青年与传统思想的尖锐冲突，揭示了封建社会走向没落的必然趋势，堪称我国古典小说艺术的高峰。作品更以异常出色的艺术形象和丰富深刻的思想底蕴，使学术界产生了以该书为研究对象的专门学问——"红学"。吴敬梓的《儒林外史》，以知识分子的生活和精神状态为题材，全面而深刻地揭示了科举制度给社会带来的严重祸害，是我国古代讽刺文学中最杰出的代表作，为以后讽刺小说的发展开辟了广阔的道路。文言短篇小说中，最富有创造性、文学成就最高的是蒲松龄的《聊斋志异》，作品叙写神仙狐鬼精魅故事，曲折地反映现实生活，歌颂爱情，抨击时弊，表现了反对封建礼教的精神。戏曲创作保持着明末的旺盛势头，清初吴伟业的《秣陵春》、李玉的《清忠谱》，标志着戏曲创作艺术的更加成熟。清代传奇最成功、最有影响的作品是洪昇的《长生殿》和孔尚任的《桃花扇》，前者演绎唐明皇与杨贵妃的爱情故事，表现了进步的思想倾向，具有浓郁的诗情画意和抒情色彩。后者以复社文人侯方域和秦淮名妓李香君的离合之情为主线，记录南明王朝兴亡的历史，是一部思想和艺术达到完美结合的杰出作品。"南洪北孔"之后，传奇趋向衰落，地方剧开始繁荣。

清代的诗、词、散文，总体成就未能超越前代，但名家迭出，流派众多。清初最富有时代精神的诗歌是遗民的作品,以气节高尚而被后世景仰的为顾炎武、黄宗羲、王夫之三大学者。钱谦益和吴伟业主领虞山派与娄东派,王士禛提倡"神韵说",均是当时诗坛领袖。清中叶诗坛,流派纷呈,但受训诂考订的朴学影响,大都主张复古,如沈德潜倡"格调说",翁方纲主"肌理说"等。给诗坛吹进清新空气、独树一帜的是袁枚,与袁枚同属"性灵派"的有蒋士铨和赵翼,他们合称"乾隆三大家"。乾隆诗坛上,吟唱盛世悲歌,可视为性灵派外围的是郑燮、黄景仁等。清代词坛呈现中兴气象,清词人中最重要的是康熙朝的三大家,即陈维崧的阳羡词派、朱彝尊的浙西词派和誉为"国初第一词人"的纳兰性德。清中叶张惠言开创常州词派,纠浙西派之偏,把词的创作和理论推向尊词体、重寄托的阶段,其影响直达近代。清代散文大体沿着明代"唐宋派"的路线向前发展,"清初三大家"魏禧、侯方域和汪琬,以侯方域的影响最大。中期出现著名的散文流派桐城派及其支派阳湖派,由方苞奠基开创,刘大櫆、姚鼐进一步发展的桐城派,其文论形成严密的体系,影响深广。

第二节　古文作品选

一、《周易》

（一）《周易》简介

1. 《周易》是我国现存最早的一部论著

《周易》亦称《易经》,是儒家重要经典之一。其内容包括"经"和"传"两个部分。"经"指的是六十四卦符号（共三百八十四爻）和说明这些符号含义的简短文辞;"传"则是对"经"的再解释,即阐释卦爻符号和卦爻文辞深刻而丰富的象征意义。"经"和"传"产生的时代相隔甚远,相传"经"由伏羲画八卦、周文王演六十四卦而成;"传"则由孔子所撰写。就《周易》一书的性质而言,研究者历来有争论,古人多认为其是一部占筮之书,也有人认为是一部哲学著作。从多学科相互贯通比较来研究,可挖掘其文学价值、史学价值、美学价值、文字学音韵学价值等,这是一部对后代社会和民族文化产生重大影响的博大精深的著作。

2. 阴阳理论

在《周易》的卦形符号体系中,"阳"用"—"表示,"阴"用"--"表示;八卦、六十四卦就是以这两种一连一断的阴阳符号重叠组合而成。"阳"与"阴"的象征范围十分广泛,两者可分别喻示自然界或人类社会中的一切对立的物象,如天地、男女、昼夜、炎凉、上下、胜负等,乃至现代科学中电的正极负极、数学中的正数负数等概念亦与之相通。也可以说,《周易》一书的"阴阳"大义通过"象征"形式反映了包含对立统一的运动、变化、发展这一哲学原理。

3. 八卦

八卦以阴"--"和阳"—"符号三叠而成的八种三画卦形,称为"八卦",它们是《周易》六十四卦的基础。八卦各有一定的卦形、卦名、象征物，其对应关系如下：

卦 名	卦 形	象征物	卦 名	卦 形	象征物
乾	☰	天	坎	☵	水
坤	☷	地	离	☲	火
震	☳	雷	艮	☶	山
巽	☴	风	兑	☱	泽

4. 六十四卦

将八卦符号两两相重，即成六十四组各不相同的六画卦形，是为"六十四卦"，《周易》主要是解说六十四卦。《周易》六十四卦分为上下两篇，上篇30卦言天道，以《乾》《坤》为首，象征着宇宙万物开始于天地阴阳；下篇34卦言人事，以《咸》《恒》为始，象征天地生成万物之后，出现人、家庭和社会。《周易》作者力图使六十四卦排列符合世界进化过程。

（二）《周易》节选

周易·乾卦第一

☰ 乾①：元，亨，利，贞②。

【译文】

《乾》卦象征天：元始，亨通，和谐有利，贞正坚固。

【注释】

①乾：卦名，下卦、上卦皆乾（☰），象征"天"。《说卦传》"乾，天也"，"乾，健也"，即言"乾"之象为"天"，其意义为"健"。

②元，亨，利，贞：《正义》："《子夏传》云：'元，始也；亨，通也；利，和也；贞，正也。'言此卦之德，有纯阳之性，自然能以阳气始生万物，而得元始、亨通，能使物性和谐各有其利，又能使物坚固贞正得终。"

……

《象》①曰：天行健②，君子以自强不息③。

【译文】

《象传》说：天的运行刚强劲健，君子因此不停地自我奋发图强。

【注释】

①象：《周易》中的"象"字，即"形象""象征"之意。

②天行健：此释《乾》卦上下"乾"均为"天"之象，说明"天"健行周流，永不衰竭。《正义》："行者，运动之称；健者，强壮之名。"

③以：介词，其后省略一"之"字，可释为"因此""像这样"，以引出下文推阐性结果。自强不息：指"君子"效法《乾》卦"健行"之象，立身、行事始终奋发不止。

……

周易·坤卦第二

☷ 坤：元亨，利牝马之贞……

《象》曰：地势坤①，君子以厚德载物②。

【译文】

《象传》说：大地的气势厚实和顺，君子因此增厚美德、容载万物。

【注释】

①地势坤：此释《坤》卦上下"坤"皆为"地"之象。

②厚德载物：厚，用作动词，犹如增厚。这是说明"君子"效法"地"厚实和顺之象，增厚其德以载万物。

（选自：黄寿祺、张善文. 周易译注［M］. 上海：上海古籍出版社，1990.）

提示

乾卦是《周易》六十四卦第一卦，代号是7：7，主卦和客卦都是一卦乾卦，三条爻当位，三条爻不当位，不存在有应关系。卦象是天，特性是强健。象曰：天行健，君子以自强不息。卦辞为"元亨利贞"。乾卦主显，是"显学"，坤卦主隐，是隐学。两卦不可分割，乃是一个整体，是万物运动最本质的过程。乾卦讲的是一个事物从发生到繁荣的过程，即春生—夏长，与坤卦相反，坤卦讲秋收—冬藏的过程。乾卦主方和客方都很强健，主卦和客卦的阳数比是1：1，主客双方势均力敌，双方都有强大的力量，也都有同样的高亢缺点，可以是强健的竞争者，也可能是双赢的合作者，关键在于主方如何巧妙地处理。

坤卦是《易经》六十四卦之第二卦。坤为地（坤卦）柔顺伸展。代号是0：0。坤卦展示像"坤"的形势下各种变化的可能性。形象说明当前主客关系状态。相对于我们所在位置来说，地是静止的，代表当前关系是静止状态，变化较少；地是广大的，地上万物生长，象征当前关系比较宽松而悠闲。坤卦的主卦和客卦都是经卦坤卦，阳数都是0。静止而广大的两方面，组合在一起，形成一种比较稳定而宽松的关系。主方应当珍视这种关系，顺应形势，努力维持目前的状态。不过要注意，静止是暂时的，主方应当做应对变化的准备。

乾为天，刚健中正。象征龙（德才两全的君子），又象征纯粹的阳和健，表明兴盛强健。乾卦是根据万物变通的道理，以"元、亨、利、贞"为卦辞，示吉祥如意，教导人遵守天道的德行。

坤为地，承载万物。坤卦是唯一的纯阴卦，是"至柔""至静"之卦，朱熹称之为"阴之纯，顺之至"。代表纯阴柔顺之事物，以及与此相关联的人伦义理概念。全卦揭示具有顺承气质的阴柔元素的发展变化规律。充分体现了大地之美、女性之美、阴柔之美。坤为大地，顺应天时，化育万物，大地具有宽厚、包容、正直、宏大、安静的胸怀，值得我们好好学习。

思维与训练

1. 请结合实际，谈一谈你对"天行健，君子以自强不息"的理解。

2. 请结合实际,谈一谈你对"地势坤,君子以厚德载物"的理解。

二、《尚书》

(一)《尚书》简介

《尚书》亦称《书经》,是商周时期的官方文件和部分后人追述上古事迹的历史文件汇编,是儒家的重要经典之一。其编辑年代和作者已很难确定。内容包括典、谟、诰、誓,相传孔子曾经编纂过《尚书》。

《尚书》按时代先后分为《虞书》《夏书》《商书》《周书》四个部分,记事的内容,上起原始社会末期的唐尧,下至春秋时的秦穆公,历时1 500多年。它的基本内容是古代帝王的文告和君臣谈话记录。《尚书》使用的语言、词汇比较古老,因而较难读懂。

《尚书》作为我国最早的政事史料汇编,记载了虞、夏商、周的许多重要史实,真实地反映了这一历史时期的天文、地理、哲学思想、教育、刑法和典章制度等,对后世产生过重要影响,是我们了解古代社会的珍贵史料。

(二)《尚书》节选

尚书·虞书·舜典(节选)

帝曰:"夔!命汝典乐,教胄子①。直而温,宽而栗,刚而无虐,简而无傲②。诗言志,歌永言,声依永③,律和声,八音克谐,无相夺伦,神人以和④。"夔曰:"于!予击石拊石⑤,百兽率舞。"

【注释】

① 胄子:《史记》作稚子,犹今言孩子。

② 栗:庄严。无:勿。简:朴。

③ 永:同咏。朱熹云:"古人作诗,只是说它心下所存事,人便将它诗来歌。其声之清浊长短,各依它作诗之语言,却将律来调和其声。"

④ 夺:侵夺。伦:条理。和:和谐。

⑤ 石:磬。拊:也是击,孔颖达云:"击是大击,拊是小击。"

【译文】

帝舜对夔说道:"夔!命你作典乐,教孩子们学习歌乐。要教导他们正直而又温和,宽宏而又严肃,刚强而不至于残虐,简朴而不至于傲慢。诗是用语言来表达思想感情,歌则是用声音来咏唱这种语言。所以声音的高低、长短、清浊就要适应咏唱的需要,必须以音律来加以调和。然后配合各种乐器,都能和谐悦耳,不至互相扰乱,失其伦次。这样,不管是神是人听了,都会感到和谐了。"夔满有信心地说:"好啊!我只要敲打石磬,百兽都会争相跳起舞来!"

(选自:郭成仁. 尚书今古文全璧 [M]. 长沙:岳麓书社,2006.)

提示

《虞书》是《尚书》组成部分之一,记载中国上古唐、虞时代的历史,对当时的历史和政治思想的研究有重要作用，具有重要的文化学价值。

《虞书》相传是记载夏朝之前的新兴王——虞朝之书。今本凡《尧典》《舜典》《大禹谟》《皋陶谟》《益稷》五篇。其中《舜典》由《尧典》分出，《益稷》由《皋陶谟》分出。《大禹谟》系伪《古文尚书》的一篇。本文选自《尚书·虞书·舜典》。

《舜典》第一次提出中国著名的文学理论术语"诗言志"，朱自清先生《诗言志辨序》认为这是中国历代诗论"开山的纲领"。《舜典》第一次记载先秦诗、乐、舞合一的文学艺术理论和文学艺术形态。舜说："诗言志，歌永言，声依永，律和声。"《诗大序》说："诗者，志之所之也，在心为志，发言为诗。情动于中而形于言，言之不足故嗟叹之，嗟叹之不足故永歌之，永歌之不足，不知手之舞之足之蹈之也。"舜任命夔担任乐官，却谈到诗，可见上古诗、乐合一。夔回答舜说："于！予击石拊石，百兽率舞。"即人们扮演百兽伴随乐音翩翩起舞，又可见上古乐、舞合一。有议有叙，文采斐然。

帝舜任命了九个官分管各方面工作，夔主管音乐，教育年轻人。把他们培养成什么样的人呢？就是具有"直而温，宽而栗，刚而无虐，简而无傲"这种品格的人。培养途径是什么呢？就是音乐、诗歌。这里既有教育目标，又有教育方式，简明、完备。"直而温、宽而栗、刚而无虐、简而无傲"中，"直、栗、刚、简"是刚性品格，"温、宽、无虐、无傲"是柔性品格；二者对立相成、交融并济，构成了一种刚柔相济的人格。

思维与训练

1. 翻译：直而温，宽而栗，刚而无虐，简而无傲。
2. 为什么说音乐、诗歌是培育孩子的途径？

三、《论语》

（一）《论语》简介

1. 《论语》是我国第一部语录体著作

《论语》是孔子弟子及再传弟子记录孔子及其弟子言行而编成的语录文集，成书于战国前期。全书共20篇492章，以语录体为主，叙事体为辅，较为集中地体现了孔子及儒家学派的政治主张、伦理思想、道德观念及教育原则等。作品多为语录，但辞约义丰，有些语句、篇章形象生动，其主要特点是语言简练，浅近易懂，而用意深远，有一种雍容和顺、纡徐含蓄的风格，能在简单的对话和行动中展示人物形象。

2. 《论语》是儒家经典著作

作为儒家经典的《论语》，其内容博大精深，包罗万象，《论语》的思想主要有三个既各自独立又紧密相依的范畴：伦理道德范畴——仁，社会政治范畴——礼，认识方法论范畴——中庸。孔子确立了仁的范畴，进而将礼阐述为适应仁、表达仁的一种合理的社会关系与待人接物的规范，进而明确"中庸"的系统方法论原则。"仁"是《论语》的思想核心。

《论语》与《大学》《中庸》《孟子》《诗经》《尚书》《礼记》《易经》《春秋》并称"四书五经"。通行本《论语》共20篇。

3. 孔子简介

孔子（前551年9月28日—前479年4月11日），子姓，孔氏，名丘，字仲尼，祖籍宋国栗邑（今河南省商丘市夏邑县），生于春秋时期鲁国陬邑（今山东省曲阜市）。孔子是中华文化思想的集大成者，儒家学说的创始人。我国古代伟大的思想家、教育家、政治家。与弟子周游列国十四年，晚年修订六经，即《诗》《书》《礼》《乐》《易》《春秋》。

孔子被尊为儒家始祖，其哲学思想提倡"仁义""礼乐""德治教化"，以及"君以民为体"。儒学思想渗入中国人的生活、文化领域中，同时也影响了世界上其他地区的大部分人近两千年。孔子被联合国教科文组织评为"世界十大文化名人"之首。

(二)《论语》节选

子曰：学而不思则罔①，思而不学则殆。(《论语·为政》)

子曰：默而识之，学而不厌，诲人不倦，何有于我哉？②(《论语·述而》)

子曰："不愤不启，不悱不发。举一隅不以三反③，由不复也。"(《论语·述而》)

子曰："知之者不如好之者，好之者不如乐之者。"④(《论语·雍也》)

子谓伯鱼曰："女为《周南》《召南》矣乎？人而不为《周南》《召南》，其犹正墙面而立也与！"⑤(《论语·阳货》)

子曰："质胜文则野，文胜质则史。文质彬彬，然后君子。"⑥(《论语·雍也》)

子曰："人而不仁，如礼何？人而不仁，如乐何？"⑦(《论语·八佾》)

子曰："知者乐水，仁者乐山。知者动，仁者静。知者乐，仁者寿。"⑧(《论语·雍也》)

子以四教：文、行、忠、信⑨。(《论语·述而》)

子曰："志士仁人，无求生以害仁⑩，有杀身以成仁⑪。"(《论语·卫灵公》)

(选自：杨伯峻．论语译注［M］．北京：中华书局，1958．)

【注释】

① 罔（wǎng）：同"惘"，迷惘，无知的样子。

② 识（zhì）：通"志（誌）"。记住。诲：教导。何有于我哉：这些事情我做了哪些呢？

③ 愤：心里苦苦思索而未想通的样子。悱（fěi）：口里想说而不能明确说出来的样子。隅（yú）：角落。

④ 知：懂得。好：爱好。乐：以……为乐。

⑤ 为：研究。《周南》《召（shào）南》现存《诗经·国风》之中。这句话是说，你研究过《周南》《召南》了吗？

⑥ 质：质地，指内容。文：文采，指形式。史：这里指虚夸。彬彬：指文和质配合恰当。

⑦ 人而不仁，如礼何：人如果没有仁德，拿礼怎么办？这里指谈不上讲礼。

⑧ 知：同"智"，聪明。

⑨ 文、行、忠、信：指文化知识、社会实践、忠心耿耿、坚守信约。

⑩ 害仁：损害仁义。

⑪ 成仁：成全仁义。

提示

这里所选《论语》里的十则语录，内容主要侧重在增进学业和修养人格两个方面。

孔子认为：增进学问，要有实事求是的明智态度，要把学习知识与思考辨析两相结合；修养人格，贵在从善如流，见贤思齐，贵在以身作则，贵在经得住考验，要时时刻刻维护仁义，即使牺牲性命也在所不惜。这些思想见解，是孔子长期学识积累和丰富人生经验的积淀，充满真知灼见，且言简意赅，两千多年来一直被人们广泛传诵，大多已成为志士仁人牢记、信守的格言。

思维与训练

1. 你认为，孔子有关人格修养的这些论述，在今天有着怎样的积极意义？
2. 试结合自身实际，谈谈对于孔子有关增进学业论述的体会。

四、《孟子》

（一）《孟子》简介

1. 《孟子》是儒家经典著作

《孟子》是儒家的经典著作，战国中期孟子及其弟子万章、公孙丑等著。全书共 7 篇，记录了孟子与其他各家思想的争辩、对弟子的言传身教、游说诸侯等内容。《孟子》记录了孟子的治国思想、政治策略（仁政、王霸之辨、民本、格君心之非、民为贵社稷次之君为轻）和政治行动，成书大约在战国中期。南宋时朱熹将《孟子》与《论语》《大学》《中庸》合在一起称"四书"，自宋、元、明、清以来，成为家传户诵的书，就像我们的教科书一样。

2. 性善论

"性善论"是战国时期孟子提出的一种人性论。其学说出发点为性善论，主张德治。孟子认为，"性善"可以通过每一个人都具有的普遍心理活动加以验证。既然这种心理活动是普遍的，因此性善就是有根据的，是出于人的本性、天性的，孟子称之为"良知""良能"。《孟子·告子上》："恻隐之心，人皆有之；羞恶之心，人皆有之；恭敬之心，人皆有之；是非之心，人皆有之。恻隐之心，仁也；羞恶之心，义也；恭敬之心，礼也；是非之心，智也。仁义礼智非由外铄我也，我固有之也。"《孟子·公孙丑上》："人皆有不忍人之心。所以谓人皆有不忍人之心者：今人乍见孺子将入于井，皆有怵惕恻隐之心。非所以内交于孺子之父母也，非所以要誉于乡党朋友也，非恶其声而然也。"《孟子·尽心上》："人之所不学而能者，其良能也；所不虑而知者，其良知也。孩提之童无不知爱其亲者，及其长也，无不知敬其兄也。"

3. 孟子简介

孟子（约前372—前289），名轲，字不详，战国中期鲁国邹人（今山东邹城市东南部人），距离孔子的故乡曲阜不远。

孟子是著名的思想家、政治家、教育家，孔子学说的继承者，儒家的重要代表人物。相传孟子是鲁国贵族孟孙氏的后裔，幼年丧父，家庭贫困，曾受业于子思（孔伋，是孔子的孙子）的门人（指学习于某人的弟子）。学成以后，以士的身份游说诸侯，企图推行自己的政治主张，到过梁（魏）国、齐国、宋国、滕国、鲁国。当时几个大国都致力于富国强兵，争取通过武力的手段实现统一。他继承了孔子"仁"的思想并将其发展成为"仁政"思想，被称为"亚圣"。

（二）《孟子》节选

我善养吾浩然之气①

公孙丑②问曰："夫子加③齐之卿相，得行道焉，虽由此霸王，不异④矣。如此则动心否乎？"

孟子曰："否！我四十不动心。"

曰："若是，则夫子过孟贲⑤远矣。"

曰："是不难，告子⑥先我不动心。"

曰："不动心有道乎？"

曰："有。北宫黝⑦之养勇也：不肤挠，不目逃⑧，思以一豪挫于人，若挞之于市朝⑨。不受于褐宽博⑩，亦不受于万乘之君；视刺万乘之君，若刺褐夫；无严⑪诸侯，恶声至，必反之。孟施舍⑫之所养勇也，曰：'视不胜犹胜也。量敌而后进，虑胜而后会⑬，是畏三军⑭者也。舍岂能为必胜哉？能无惧而已矣。'孟施舍似曾子⑮，北宫黝似子夏⑯。夫二子之勇，未知其孰贤，然而孟施舍守约⑰也。昔者曾子谓子襄⑱曰：'子好勇乎？吾尝闻大勇于夫子⑲矣：自反⑳而不缩㉑，虽褐宽博，吾不惴焉；自反而缩，虽千万人，吾往矣。'孟施舍之守气，又不如曾子之守约也。"

曰："敢问夫子之不动心与告子之不动心，可得而闻与？"

"告子曰：'不得于言，勿求于心㉒；不得于心，勿求于气。'不得于心，勿求于气，可；不得于言，勿求于心，不可。夫志，气之帅也；气，体之充也。夫志至焉，气次焉；故曰：'持㉓其志，无暴其气㉔。'"

"既曰'志至焉，气次焉'，又曰'持其志，无暴其气'者，何也？"

曰："志壹㉕则动气，气壹则动志也。今夫蹶者趋者㉖，是气也，而反动其心。"

"敢问夫子恶乎长？"

曰："我知言㉗，我善养吾浩然之气。"

"敢问何谓浩然之气？"

曰："难言也。其为气也，至大至刚，以直养㉘而无害，则塞于天地之间。其为气也，配义与道；无是，馁㉙也。是集义所生㉚者，非义袭而取之㉛也。行有不慊㉜于心，则馁矣。我故曰告子未尝知义，以其外之㉝也。必有事焉而勿正㉞，心勿忘，勿助长也。无若宋人然：宋人有闵㉟其苗之不长而揠之者，芒芒然归，谓其人曰：'今日病矣！予助苗长矣！'其子趋而往视之，苗则槁㊱矣。天下之不助苗长者寡矣。以为无益而舍之者，不耘苗者也；助之长者，揠苗者也——非徒无益，而又害之。"

"何谓知言?"

曰:"诐㊲辞知其所蔽,淫辞知其所陷,邪辞知其所离,遁辞知其所穷。生于其心㊳,害于其政;发于其政,害于其事。圣人复起,必从吾言矣。"

(选自:杨伯峻.孟子译注[M].北京:中华书局,1960.)

【注释】

① 选自《孟子·公孙丑上》。

② 公孙丑:孟子的学生。

③ 加:在位,担当。

④ 不异:不足为怪。

⑤ 孟贲:齐国人,当时的著名勇士。

⑥ 告子:名不害,孟子同时人。《孟子·告子》篇记载他与孟子曾有过论辩。

⑦ 北宫黝:复姓北宫,名黝,战国时勇士。

⑧ 不肤桡,不目逃:不因为肌肤受刺激而退缩,不因为眼睛被刺而转睛逃避。

⑨ 以一豪挫于人,若挞之于市朝:被别人动了一根毫毛,就像在闹市上受人一顿鞭挞一样觉得是奇耻大辱。豪,同"毫",毫毛。

⑩ 不受于褐宽博:不能受到下层民众的侮辱。褐,粗布。宽博,宽大的衣服。这里用以指代地位低下的人。

⑪ 严:畏惧。

⑫ 孟施舍:战国时勇士,事迹无考。

⑬ 会:会战。

⑭ 畏三军:害怕对方强大的军队。

⑮ 曾子:名参,孔子的弟子。

⑯ 子夏:姓卜,名商,字子夏,孔子的弟子。

⑰ 守约:显得较为简要。

⑱ 子襄:曾子的弟子。

⑲ 夫子:对孔子的敬称。

⑳ 反:反思。

㉑ 缩:理直。

㉒ 不得于言,勿求于心:不能在言辞上取得胜利,不必从内心去寻找原因。

㉓ 持:保持,引申为坚定。

㉔ 暴其气:滥用意气,感情用事。暴,乱。

㉕ 壹:专一。

㉖ 蹶者趋者:摔倒的人和快跑的人。

㉗ 知言:透彻地分析别人的言语。

㉘ 以直养:用正义去培养它。

㉙ 馁:软弱。

㉚ 集义所生:由平日行事的正直日积月累而生成。

㉛ 义袭而取之:靠一时的正直行为而获得。

㉜ 慊：满足。

㉝ 外之：把义看成是心外之物。

㉞ 有事焉而勿正：从日常行事的积累来培养，而不要专意求取。正，预期。

㉟ 闵：同"悯"，悲伤。

㊱ 槁：干枯。

㊲ 诐：偏颇。

㊳ 生于其心：这句话前面省略了主语"这四种言辞"。

提示

在道德修养方面，孔子更多地追求平和自在的人生境界，所谓"君子不忧不惧"（《论语·颜渊》），所谓"君子坦荡荡，小人长戚戚"（《论语·述而》）。在孟子的时代，杨朱等早期道家思想中就已提出贵生的思想，认为自然的人性趋向于清静长寿，因此，只要清心寡欲，人就不会受到外物的侵扰以至丧失心性，身心就能得到养护，达到长寿。而孟子则吸收了这样的思想，建构了儒家的心性修养学说。孟子认为，充斥于身体之中，表现为情感、意气甚至欲望的是"气"，而"气"的"帅"，即主宰，是作为心志的思想意志。此二者又是互相影响的。"志壹则动气，气壹则动志"，所以要"持其志，无先暴其气"，使人的情感、意志、欲望这些容易为外物所动的倾向都受到自觉自持的心志引导。所以不动心，就是不让气反动其心。一旦气受到心志的控制，身体的一切活动都符合道德，久而久之，自然而然身体中的气也得到了道德的养护，变得至大至刚，集合了道义，扩大为充塞于天地之间的浩然之气。而一个人到了这样的境地，便能够洞悉任何言辞和人心。

浩然之气的养成，充满了痛苦、挫折与磨难，甚至要经历死亡的考验。它的养成，使人自觉地认识到人生的价值，感受到道德的充沛以及和宇宙合一的欢乐，为了人的独立与尊严，为自由与平等、真理与道义，勇敢地承担起历史的使命，从而使生命与人格迸发出灿烂夺目的光辉和感天动地的力量。

思维与训练

1. 结合课外对《孟子》的阅读，进一步掌握孟子关于身心及心性的思想。
2. 分析《孟子》善用比喻的写作特点。

五、《大学》

（一）《大学》简介

《大学》是一篇论述儒家修身治国平天下思想的散文，原是《小戴礼记》第四十二篇，相传为曾子所作，实为秦汉时儒家作品，是一部中国古代讨论教育理论的重要著作。经北宋程颢、程颐竭力尊崇，南宋朱熹又作《大学章句》，最终和《中庸》《论语》《孟子》并称"四书"。宋、元以后，《大学》成为学校官定的教科书和科举考试的必读书，对中国古代教育产生了极大的影响。

《大学》提出的"三纲领"（明明德、亲民、止于至善）和"八条目"（格物、致知、诚意、正心、修身、齐家、治国、平天下），强调修己是治人的前提，修己的目的是为了治国平天下，说明治国平天下和个人道德修养的一致性。

《大学》全文文辞简约，内涵深刻，影响深远，主要概括总结了先秦儒家道德修养理论，以及关于道德修养的基本原则和方法，对儒家政治哲学也有系统的论述，对做人、处事、治国等有深刻的启迪性。

（二）《大学》①节选

古之欲明明德于天下者②，先治其国；欲治其国者，先齐其家③；欲齐其家者，先修其身；欲修其身者，先正其心；欲正其心者，先诚其意；欲诚其意者，先致其知④，致知在格物⑤。物格而后知至，知至而后意诚，意诚而后心正，心正而后身修，身修而后家齐，家齐而后国治，国治而后天下平。自天子以至于庶人，壹是皆以修身为本。其本乱而末治者否矣⑥。其所厚者薄，而其所薄者厚⑦，未之有也。（《大学·经一章》）

（选自：中华书局阮刻《十三经注疏》本《大学》）

【注释】

① 《大学》：儒家经典之一，录存于西汉成书的《小戴礼记》。大学，大人之学，指人的道德修养，是修己治人的学问，与偏重训诂文字音义的"小学"相对而言。

② 明：彰明，发扬，作动词用。明德：美德，光明正大的品德。

③ 齐：整治，管理。

④ 致其知：充实其认识。

⑤ 格物：推究事物的道理。

⑥ 否：不对，不行。

⑦ 所厚者薄：对应看重的反而轻视。所薄者厚：对应看轻的反而重视。

提示

先秦儒家一贯重视人的道德修养。本文主旨在于阐明修身的途径以及修身的重要意义。作者认为，修身要从"格物"入手，由"格物"而"致知""诚意""正心"，循序渐进，以至"修身"，而后方能"齐家""治国""平天下"。尽管所论未必尽当，但其对修养自身道德的重视与强调，依然可作为我们当今提高自身修养、完善自我道德、建设精神文明的借鉴。

思维与训练

1. 谈谈你对"格物""致知""诚意""正心""修身""齐家""治国""平天下"八个方面之间关系的看法。

2. 试结合我们今天的历史条件，谈谈加强道德修养的意义。

六、《中庸》

（一）《中庸》简介

《中庸》是《礼记》的篇目之一，在南宋前从未单独刊印，相传为战国时孔子之孙子思所作。"中庸"主张处理事情不偏不倚，认为过犹不及，是儒家核心观念之一。全书集中讲述性情与封建道德修养，肯定"中庸"是道德行为的最高准则，"至诚无息"，将"诚"看作是世界的本体，并提出"博学之，审问之，慎思之，明辨之，笃行之"的学习过程和认知方法。

《中庸》是被宋代学人提到突出地位上来的，宋一代探索中庸之道的文章不下百篇，北宋程颢、程颐极力尊崇《中庸》。南宋朱熹又作《中庸章句》，并把《中庸》和《大学》《论语》《孟子》并列称为"四书"。宋、元以后，《中庸》成为学校官定的教科书和科举考试的必读书，对古代教育产生了极大的影响。中庸就是既不善也不恶的人的本性。从人性来讲，就是人性的本原，人的根本智慧本性。实质上用现代文字表述就是"临界点"，这就是难以把握的"中庸之道"。

（二）《中庸》①节选

或生而知之②；或学而知之③；或困而知之④：及其知之，一也⑤；或安而行之⑥；或利而行之⑦；或勉强而行之⑧：及其成功，一也。子曰⑨："好学近乎知，力行近乎仁，知耻近乎勇。"知斯三者⑩，则知所以修身；知所以修身，则知所以治人；知所以治人，则知所以治天下国家矣。（《中庸·第二十章》）

博学之，审问之，慎思之，明辨之，笃行之⑪。有弗学，学之弗能弗措也⑫；有弗问，问之弗知弗措也；有弗思，思之弗得弗措也；有弗辨，辨之弗明弗措也；有弗行，行之弗笃弗措也。人一能之己百之，人十能之己千之⑬。果能此道矣⑭，虽愚必明⑮，虽柔必强⑯。（《中庸·第二十章》）

（选自：中华书局阮刻《十三经注疏》本《中庸》）

【注释】

① 《中庸》：儒家经典，录存于西汉成书的《小戴礼记》，相传为战国时孔伋（字子思，孔子之孙）所作。宋代时，程颐、朱熹等把《中庸》与《大学》《论语》《孟子》并列为"四书"。

② 或生而知之：有的人天资聪颖，能自然地从日常生活中获得经验和知识。

③ 学而知之：通过学习获得知识。

④ 困而知之：通过解决困惑疑难问题获得知识。

⑤ 及其知之，一也：尽管（上述三者的）途径不一样，但获取知识的效果是相同的。

⑥ 或安而行之：有的人心安理得，能出于本能自然地行道。

⑦ 利而行之：出于对自己有利而行道。

⑧ 勉强而行之：条件或力量不够，仍勉为其难，发愤用功而去行道。

⑨ 子曰：孔子说。据朱熹《四书集注》的说法，此二字为衍文。

⑩ 斯：此，这。
⑪ "博学之"五句：这是讲如何达到"诚"的五层功夫。审，详审，详细。慎，勤慎，勤勉。笃，笃实。
⑫ 有弗学，学之弗能弗措也：要么不学，学了就一定要学好，否则就不停止。有，有假设意味。措，停止，放弃。
⑬ "人一能之"两句：别人用一倍功夫的，自己就用百倍功夫；别人用十倍功夫的，自己就用千倍功夫。
⑭ 果能此道矣：真的能具有这种精神。果，真。
⑮ 虽愚必明：即使再愚昧的人也必定能达到聪明的境地。虽，即使。
⑯ 虽柔必强：即使再软弱的人也必定能进至勇敢的境地。

提示

这两则语录主要论述了如何获取知识、实行儒道以到达"诚"的道德境界，并把个人的进学求知、修身养性看成是经世治国的基础和前提，对孔子、孟子的有关思想做了重要的阐发和补充。其中关于博学慎思、明辨笃行的论述，至今仍可作为我们治学为人的座右铭。

思维与训练

1. 你认为，对"生而知之"的内涵应该怎样理解？
2. 为什么说"知耻近乎勇"？请举现实生活中的例子予以说明。

七、《老子》

（一）《老子》简介

1. 《老子》是道家思想的源流

《老子》又名《道德经》，是老子用韵文写成的一部哲学著作。为道家的主要经典，也是研究老子哲学思想的直接材料。全文共分 81 章，包括对待一般性问题的准则、治国治天下的道理、诸侯国之间问题与战争、怎样立身处世、如何养生等方面的内容。该书五千言，文约义丰，包含着十分丰富、深刻的哲学思想。其哲学思想核心是"道生万物"的宇宙生成说。老子哲学的精髓是他的朴素辩证法思想。《老子》被俄、日、德、英等国翻译出版，深受各国读者喜爱。

2. 老子简介

老子（约前 571—前 471?），姓李名耳，字聃，一字伯阳，或曰谥伯阳，春秋末期人，出生于春秋时期陈国，籍贯也多有争议。中国古代思想家、哲学家、文学家和史学家，道家学派创始人和主要代表人物，与庄子并称"老庄"。后被道教尊为始祖，称"太上老君"。在唐朝，被追认为李姓始祖。曾被列为世界文化名人，世界百位历史名人之一。

老子曾担任周朝守藏室之史，以博学而闻名，孔子曾入周向他问礼。春秋末年，天下大乱，老子欲弃官归隐，遂骑青牛西行。到灵宝函谷关时，受关令尹喜之请著《道德经》。

老子思想对中国哲学发展具有深刻影响，其思想核心是朴素的辩证法。在政治上，主张无为而治，行不言之教；在权术上，讲究物极必反之理；在修身方面，讲究虚心实腹、不与人争的修持，是道家性命双修的始祖。

(二)《老子》节选

天下皆知美之为美①，斯恶已②；皆知善之为善，斯不善已。故有无之相生，难易之相成，长短之相形③，高下之相倾④，音声之相和⑤，先后之相随。是以圣人处无为之事，行不言之教⑥。万物作而不辞，为而不恃，功成而不居。夫唯不居，是以不去。(《老子》第二章)

信言不美，美言不信。善者不辩，辩者不善。知者不博，博者不知。圣人不积，既以为人己愈有，既以予人己愈多。天之道，利而不害；圣人之道，为而不争⑦。(《老子》第八十一章)

曲则全⑧，枉则直，洼则盈⑨，敝则新⑩，少则得，多则惑⑪。是以圣人抱一为天下式⑫。不自见，故明⑬；不自是，故彰⑭；不自伐，故有功⑮；不自矜，故长⑯。夫唯不争，故天下莫能与之争。(《老子》第二十二章)

图难于其易⑰，为大于其细⑱；天下难事必作于易，天下大事必作于细。是以圣人终不为大，故能成其大。(《老子》第六十三章)

(选自：高亨. 老子注释[M]. 郑州：河南人民出版社，1980.)

【注释】

①天下皆知美之为美：天下人们都知道美之所以为美。

②斯恶矣：这就有了丑了。

③形：体现。

④相倾：相向，因对立而存在。

⑤和：和谐，谐和。

⑥处无为之事，行不言之教：以"无为"的态度处事，用"不言"的方式去教诲别人。

⑦信：诚实。美：华丽。博：博学。知者不博：有知识的人不表现自己博学。博者不知：表现自己博学的人就没真知识。

⑧曲则全：委曲反能保全。

⑨洼(wā)则盈：亏缺反能充盈。

⑩敝则新：陈旧反能新奇。

⑪少则得，多则惑：(知识)少的反而能获取，多了反而迷惑。

⑫圣人抱一为天下式：圣人以"一"为观察天下万物的工具。一，即老子所谓的"道"。式，也作栻，古代占卜者所用的一种器具，以它转动的结果，来判定吉凶祸福。

⑬不自见，故明：不单一依赖自己的眼睛，所以才看得分明。

⑭不自是，故彰：不自以为是，所以才是非昭彰。

⑮不自伐，故有功：不自我夸耀，所以才有功劳。

⑯不自矜(jīn)，故长：不自高自大，所以才会受到别人的一致尊重。矜，矜持。长，领导者。

⑰ 图难于其易：打算克服困难，要在它还容易的时候（着手）。
⑱ 为大于其细：实现伟大的事业，要在它还微小的时候（开始）。

提示

从总体上讲，老子的哲学思想带有唯心色彩，但在一些具体的论述中，他却不时地用对立统一的辩证思维认识事物，给人以富有哲理的启迪。上面所选的几则语录，揭示了有与无、长与短、高与下等范畴互为依存的关系，揭示了曲与全、枉与直、旧与新等范畴互相转化的奥妙。人们要看到老子思想的复杂性、丰富性，不要简单判定。另外，老子辩证的思想方法与简洁的论述风格，也很有可取之处。

思维与训练

1. 如何理解老子所阐述的辩证的思想方法。
2. 老子关于"图难于其易，为大于其细"的论述，对你的学习、工作有无教益？

八、《庄子》

（一）《庄子》简介

1. 《庄子》是道家主要经典

《庄子》是道家学派的著作汇编，现存有33篇，包括内篇7篇，外篇15篇，杂篇11篇。内篇7篇为庄子所作，外篇15篇和杂篇11篇一般认为是其门人和后学者的伪作。同《论语》并非一人所著一样，《庄子》是战国中期思想家庄周和他的门人以及后学所著，因此它的思想内容不是纯一的，但其主体思想是庄周的思想，其理论主要是庄周的理论。

《庄子》具有很高的文学价值。《庄子》文字的汪洋恣肆，意象的雄浑飞越，想象的奇特丰富，情致的滋润旷达，给人以超凡脱俗与崇高美妙的感受，在中国的文学史上独树一帜。他的文章体制已脱离语录体形式，标志着先秦散文已经发展到成熟的阶段，可以说，《庄子》代表了先秦散文的最高成就。

《庄子》语言之丰富生动，在先秦诸子著作中是无与伦比的，创造了近200个寓言故事，开创了以虚构的手法反映现实和表现理想的先河，被称为"诙谐小说之祖"。

2. 庄子简介

庄子（约前369—前286），战国中期哲学家，庄氏，名周，字子休（一作子沐），汉族，蒙（今安徽蒙城，又说河南商丘、山东东明）人。是我国先秦（战国）时期伟大的思想家、哲学家、文学家。

庄子原系楚国公族，楚庄王后裔，后因乱迁至宋国，是道家学说的主要创始人。与道家始祖老子并称为"老庄"，他们的哲学思想体系，被思想学术界尊为"老庄哲学"，然文采更胜老子。代表作《庄子》被尊崇者演绎出多种版本，名篇有《逍遥游》《齐物论》等，庄子主张"天人合一"和"清静无为"。

庄子的想象力极为丰富，语言运用自如，灵活多变，能把一些微妙难言的哲理说得引人入胜。他的作品被人称之为"文学的哲学,哲学的文学"。据传,又尝隐居南华山,故唐玄宗天宝初年,诏封庄周为南华真人,称其著书《庄子》为《南华真经》。

(二)《庄子》节选

庄子·秋水

秋水时至,百川灌河;泾流之大①,两涘渚崖之间②,不辩牛马。于是焉河伯欣然自喜③,以天下之美为尽在己。顺流而东行,至于北海,东面而视,不见水端,于是焉河伯始旋其面目,望洋向若而叹曰④:"野语有之曰,'闻道百,以为莫己若'者⑤,我之谓也。且夫我尝闻少仲尼之闻而轻伯夷之义者⑥,始吾弗信;今我睹子之难穷也,吾非至于子之门则殆矣,吾长见笑于大方之家⑦。"

北海若曰:"井鼃不可以语于海者,拘于虚也⑧;夏虫不可以语于冰者,笃于时也⑨;曲士不可以语于道者,束于教也⑩。今尔出于崖涘,观于大海,乃知尔丑⑪,尔将可与语大理矣。天下之水,莫大于海,万川归之,不知何时止而不盈;尾闾泄之⑫,不知何时已而不虚;春秋不变,水旱不知。此其过江河之流,不可为量数。而吾未尝以此自多者,自以比形于天地而受气于阴阳⑬:吾在于天地之间,犹小石小木之在大山也。方存乎见少⑭,又奚以自多!计四海之在天地之间也,不似礨空之在大泽乎⑮?计中国之在海内,不似稊米之在大仓乎⑯?号物之数谓之万,人处一焉;人卒九州⑰,谷食之所生,舟车之所通,人处一焉⑱;此其比万物也,不似豪末之在于马体乎?五帝之所连⑲,三王之所争,仁人之所忧,任士之所劳⑳,尽此矣㉑!伯夷辞之以为名,仲尼语之以为博,此其自多也;不似尔向之自多于水乎㉒?"

(选自:郭庆藩. 庄子集释 [M]. 北京:中华书局,1961.)

【注释】

① 泾流:即水流。泾,直流的水波。

② 涘(sì):岸。渚:水中的小洲。

③ 河伯:黄河之神,名冯夷。

④ "于是焉"二句:始,才。旋其面目:改变了(自得的)表情。望洋,仰视貌。若,即下文"北海若",海神。

⑤ 闻道百以为莫己若:听说了很多道理,以为没有人比得过自己。

⑥ 少仲尼之闻而轻伯夷之义:以为仲尼的见闻浅陋、伯夷的高义微不足道。

⑦ 大方之家:通晓大道的人。

⑧ 鼃:同"蛙"。虚:同"墟",指处所。

⑨ 笃:固,拘限。

⑩ 曲士:乡曲之士。曲,偏僻住所,乡里。束,束缚。教,教养。

⑪ 丑:陋劣,低水平。

⑫ 尾闾:神话中海水泄出的地方。

⑬ 受气于阴阳:禀受阴阳之气而形成的一物。

⑭ 方:正。存:省察。见少:显得很少。

⑮ 垒(lěi)空：蚁穴。
⑯ 稊(tí)米：小米。大：读作"太"。
⑰ 卒：读为"萃"，聚集。
⑱ 人处一焉：此语在本篇中两见，前一"人处一焉"，指人在万物中仅居其一，后一"人处一焉"，指个人在人类中仅居其一。
⑲ 连：连续。指其接续的事业。
⑳ 任士：能人。
㉑ 尽此矣：都不出这个范围。
㉒ 向：过去。

提示

本文选自《庄子》外篇《秋水》的第一章，它借两个虚构的神话人物河伯与北海若的对话，形象地表达了庄子关于人只有不断超越自身存在与认知的局限，才能接近对世界的本真一道的体认的思想。启迪人们不可囿于个人有限的识见而自满自足。

文章开头就描绘了一幅波澜壮阔的黄河秋涨图，由此自然而然地引出了河伯的沾沾自喜，又自然而然地引出了黄河入海时的望洋兴叹与自惭形秽，也为第一层问答中的小大之辨做了铺垫。在这层问答当中，北海若以类相推，层层类比，形象地说明了每一事物皆有其存在的局限，只有不断地突破这种局限，才能反观自身的有限性，领悟更大范围和更高层次的真理。在第二层问答中，北海若从"量""时""分""终始"四个方面，说明小与大各有其不可穷尽的复杂性，进一步破除了河伯将小大之别绝对化的成见。两层问答在逻辑上环环相扣、周密完足，在文势上自然流畅、一气贯通，显示了作者深刻的思想和高超的写作技巧。

本文无论就思想的精深还是文体的技巧而言，都像是庄子本人的作品，其生动有趣的寓言故事，逼真传神的形象描写，卓尔不凡的见解，挥洒自如的语言风格，在《庄子》全书中堪称一等。

思维与训练

1. 本文揭示了什么道理？这种道理在客观上有什么意义？
2. 在阐述哲理时，本文使用了多种修辞手法，请指出来，并说明其效果。

九、《水经注》

（一）《水经注》简介

1.《水经注》是我国古代地理名著

《水经注》是我国古代地理名著，共40卷，全面而系统地介绍了水道所流经地区的自然地理和经济地理等诸方面内容，是一部历史、地理、文学价值都很高的综合性地理著作。《水经注》是以《水经》所记水道为纲，《唐六典》注中称《水经》共载水道137条，而

《水经注》则将支流等补充发展为1 252条。今人赵永复将全书水体包括湖、淀、陂、泽、泉、渠、池、故渎等算入，实记2 596条，倍于《唐六典》之数。

注文达30万字。涉及的地域范围，除了基本上以西汉王朝的疆域作为其撰写对象外，还涉及当时不少域外地区，包括今印度、中南半岛和朝鲜半岛若干地区，覆盖面积实属空前。所记述的时间幅度上起先秦，下至南北朝当代，上下2 000多年。它所包容的地理内容十分广泛，包括自然地理、人文地理、山川胜景、历史沿革、风俗习惯、人物掌故、神话故事等，真可谓是我国6世纪的一部地理百科全书，无所不容。难能可贵的是这么丰富多彩的内容并非单纯地罗列现象，而是有系统地进行综合性的记述。《水经注》文笔雄健俊美，既是古代地理名著，又是山水文学的优秀作品，是一部具有文学价值的地理著作。

2. 郦道元简介

郦道元，字善长，北魏涿州郦亭（今河北涿州市）人。生年未定，史书仅记载他于孝昌三年（527）被害于阴盘驿亭（今陕西临潼区）。他出身仕宦之家，少年时随父宦居山东，喜好游历，酷爱祖国锦绣河山，培养了"访渎搜渠"的兴趣。成年后承袭其父封爵，封为永宁伯，先后出任太尉掾、书侍御史、冀州镇东府长史、颍川太守、鲁阳太守、东荆州刺史、河南尹、黄门侍郎、侍中兼摄行台尚书、御史中尉等职。他利用任职机会，周游了北方黄淮流域广大地区，足迹遍布今河北、河南、山西、陕西、内蒙古、山东、江苏、安徽等省区。每到一地都留心勘察水道形势，溯本穷源，游览名胜古迹，在实地考察中广泛搜集各种资料，以补文献不足，从而完成了举世无双的地理名著《水经注》。郦道元自幼好学，历览奇书，除《水经注》外，还撰有《本志》13卷及《七聘》诸文，但都已亡佚，仅《水经注》得以流传。

（二）《水经注》节选

水经注·江水（节选）

（江水）又东，右合油口①；又东迳公安县②北。刘备之奔江陵，使筑而镇之。曹公闻孙权以荆州③借备，临书落笔。杜预克定江南④，罢华容⑤置之，谓之江安县，南郡⑥治。吴以华容之南乡为南郡，晋太康元年，改曰南平⑦也。县有油水，水东有景口，口即武陵郡⑧界。景口东有沦口，沦水南与景水合，又东通澧水及诸陂湖。自此渊潭相接，悉是南蛮府屯也⑨。故侧⑩江有大城，相承⑪云仓储城，即邸阁也。江水左会高口⑫，江浦⑬也，右对黄州⑭。江水又东得故市口，水与高水通也。江水又右迳阳岐山⑮北。山枕⑯大江，山东有城，故华容县尉⑰旧治也。大江又东，左合子夏口。江水左迤⑱北出，通于夏水，故曰子夏也。大江又东，左得侯台水口，江浦也。大江右得龙穴水口，江浦右迤也。北对虎洲，又洲北有龙巢，地名也。

（选自：光绪二十三年新化三味书室据长沙王氏本重刊本《水经注》）

【注释】

① 油口：在今湖北省公安县北，为古油水入长江口。

② 公安县：即下文的"江安县"。三国吴之公安县，晋改为江安县，故城在今湖北省公

安县。

③ 荆州：汉武帝所置十三刺史部之一。辖境约当今湖北、湖南两省及河南、贵州、广东、广西四省各一部，东汉治今湖南省常德市东北，东晋时定治今湖北省江陵县。

④ 杜预：西晋文学家，字元凯，京兆杜陵（今陕西省西安市）人，著有《春秋左氏传集解》传世。克定：平定。江南：泛指长江以南地区。

⑤ 华容：古县名，西汉置，治今湖北省潜江县西南。一说在监利县北。

⑥ 南郡：古郡名，战国秦置。三国吴移治今湖北省公安县，西晋又移治今湖北省江陵县。

⑦ 南平：古郡名，西晋置，治今湖北省公安县西北。

⑧ 武陵郡：古郡名，汉高祖置。东汉治今湖南省常德市西。

⑨ 南蛮府：据熊会贞按引《晋书·职官志》，武帝置南蛮校尉于襄阳（今湖北省襄阳市），江左初省，寻又置于江陵（今湖北省江陵县）。屯：屯田。

⑩ 侧：临近，靠近。

⑪ 相承：相传。仓储城：故址在今湖北省公安县东北，又叫"邸阁"。

⑫ 高口：在今湖北省石首市西北。

⑬ 浦（pǔ）：小水流入大水的交汇口。

⑭ 黄州：在今湖北省公安县南。

⑮ 阳岐山：在今湖北省石首市西。

⑯ 枕：接临，靠近。

⑰ 华容县尉：华容县武官治；官署所在地。

⑱ 迤（yǐ）：延伸。

提示

我国古代记载河流的专著就叫《水经》，尚难确认它成书的具体年代和作者情况，相传是西汉时桑钦所作。

"《水经注》非注，自是大地史。"（王世贞《艺苑卮言》）《水经注》所记大小河流有1 000余条，从河流的发源到入海，举凡干流、支流、河谷宽度、河床深度、水量和水位季节变化，含沙量、冰期，以及沿河所经的伏流、瀑布、急流、滩濑、湖泊等都广泛搜罗，详细记载。所记湖泊、沼泽500余处，泉水和井等地下水近300处，伏流有30余处，瀑布60多处。所记各种地貌，高地有山、岳、峰、岭、坂、冈、丘、阜、崮、障、峰、矶、原等，低地有川、野、沃野、平川、平原、原隰等，仅山岳、丘阜地名就有近2 000处，喀斯特地貌方面所记洞穴达70余处，植物地理方面记载的植物品种多达140余种，动物地理方面记载的动物种类超过100种，各种自然灾害有水灾、旱灾、风灾、蝗灾、地震等，记载的水灾共30多次，地震有近20次。

在人文地理方面，所记的一些政区建置往往可以补充正史地理志的不足。所记的县级城市和其他城邑共2 800座，古都180座，除此以外，小于城邑的聚落包括镇、乡、亭、里、聚、村、墟、戍、坞、堡10类，共约1 000处。在这些城市中包括国外一些城市，如在今印度的波罗奈城、巴连弗邑、王舍新城、瞻婆国城等，林邑国的军事要地区粟城和国都典冲城等都有详细记载。交通地理包括水运和陆路交通,其中仅桥梁就记有100座左右,津渡也近100处。经济地理方面有大量农田水利资料,记载的农田水利工程名称就有坡湖、堤、塘、堰、堨、靓、墱、坨、水门、石逗等。还记有大批屯田、耕作制度等资料。在手工业生产方面,包括采矿、冶金、机器、纺织、造币、食品等。所记矿物有金属矿物如金、银、铜、铁、锡、汞等,非金属矿物有雄黄、硫黄、盐、石墨、云母、石英、玉、石材等,能源矿物有煤炭、石油、天然气等。此外还有兵要地理、人口地理、民族地理等各方面资料。

除了丰富的地理内容外,书中还有许多学科方面的材料。诸如书中所记各类地名约在2万处,其中解释的地名就有2 400多处。所记中外古塔达30多处,宫殿120余处,各种陵墓260余处,寺院26处以及不少园林等。可见该书对历史学、考古学、地名学、水利史学,以至民族学、宗教学、艺术等方面都有一定的参考价值。仅就历史地理方面来说,就有取之不尽的资料,侯仁之教授曾利用它复原了北京周围古代水利工程,研究了毛乌素沙漠的历史变迁。我们可以运用它来研究古代水道变迁、湖泊湮废、地下水开发、海岸变迁、城市规划、历史时期气候变化等诸多课题。

《水经注》有如此深远的影响,这与郦道元治学态度的认真是分不开的。为了著作此书,他搜集了大量文献资料,引书多达437种,辑录了汉魏金石碑刻多达350种,还采录了不少民间歌谣、谚语方言、传说故事等,并对所得各种资料进行认真的分析研究,亲自实地考察,寻访古迹,追本溯源,采取了实事求是的科学态度。

思维与训练

1. 郦道元的《水经注》,写江河经过的两岸的风物,偶尔也叙述些神话、历史故事,颇近于一本游记。结合《水经注》,分析文章所记述的江水经过的两岸风物的特点。

2. 郦道元《水经注》的写景语言,既不同于辞赋,亦不同于骈文,综合了辞赋、骈文的语言特色,再参酌山水诗的文字技巧。结合《水经注》,分析文章的语言风格。

十、《史记》

(一)《史记》简介

1. 《史记》是中国历史上第一部纪传体通史

《史记》最初称为《太史公书》或《太史公记》《太史记》,是西汉史学家司马迁撰写的纪传体史书,是中国历史上第一部纪传体通史,记载了上至上古传说中的黄帝时代,下至汉武帝太初四年(前101)间共3 000多年的历史。太初元年(前104),司马迁开始了《太史公书》即后来被称为《史记》的史书创作。该著作前后经历了14年,才得以完成。

《史记》全书包括12本纪(记历代帝王政绩)、30世家(记诸侯国和汉代诸侯、勋贵兴亡)、70列传(记重要人物的言行事迹,主要叙人臣,其中最后一篇为自序)、10表(大事年表)、8书(记各种典章制度记礼、乐、音律、历法、天文、封禅、水利、财用)。共130篇,526 500余字,比《淮南子》多395 000余字,比《吕氏春秋》多288 000余字。《史记》规模巨大,体系完备,而且对此后的纪传体史书影响很深,历朝正史皆采用这种体裁撰写。

《史记》被列为"二十四史"之首，与《汉书》《后汉书》《三国志》合称"前四史"，对后世史学和文学的发展都产生了深远影响。其首创的纪传体编史方法为后来历代"正史"所传承。《史记》还被认为是一部优秀的文学著作，在中国文学史上有重要地位，被鲁迅誉为"史家之绝唱，无韵之《离骚》"，有很高的文学价值。刘向等人认为此书"善序事理，辩而不华，质而不俚"。

2. 司马迁简介

司马迁（前145—前90），字子长，夏阳（今陕西韩城南）人，一说龙门（今山西河津）人。中国西汉伟大的史学家、文学家、思想家。司马谈之子，任太史令，因替李陵败降之事辩解而受宫刑，后任中书令。发奋继续完成所著史籍，被后世尊称为史迁、太史公、历史之父。司马迁早年受学于孔安国、董仲舒，漫游各地，了解风俗，采集传闻。初任郎中，奉使西南。元封三年（前108）任太史令，继承父业，著述历史。他以其"究天人之际，通古今之变，成一家之言"的史识创作了中国第一部纪传体通史《史记》，被公认为是中国史书的典范。

（二）《史记》节选

史记·项羽本纪（节选）①

项籍者，下相人也，字羽。初起时，年二十四。其季父项梁②，梁父即楚将项燕③，为秦将王翦④所戮者也。项氏世世为楚将，封于项，故姓项氏。

项籍少时，学书不成，去学剑，又不成。项梁怒之。籍曰："书足以记名姓而已。剑一人敌，不足学，学万人敌。"于是项梁乃教籍兵法，籍大喜，略知其意，又不肯竟学。项梁尝有栎阳逮，乃请蕲。狱掾曹咎⑤书抵栎阳狱掾司马欣⑥，以故事得已。项梁杀人，与籍避仇于吴中。吴中贤士大夫皆出项梁下。每吴中有大繇役及丧，项梁常为主办，阴以兵法部勒宾客及子弟，以是知其能。秦始皇帝游会稽，渡浙江，梁与籍俱观。籍曰："彼可取而代也。"梁掩其口，曰："毋妄言，族矣！"梁以此奇籍。籍长八尺余，力能扛鼎，才气过人，虽吴中子弟皆已惮籍矣。

……

太史公⑦曰：吾闻之周生⑧曰："舜目盖重瞳子⑨。"又闻项羽亦重瞳子。羽岂其苗裔邪⑩？何兴之暴也？夫⑪秦失其政，陈涉首难⑫，豪杰蜂起，相与并争，不可胜数。然羽非有尺寸⑬，乘势起陇亩之中，三年，遂将五诸侯灭秦，分裂天下，而封王侯，政由羽出，号为霸王，位虽不终，近古以来，未尝有也。及羽背关怀楚⑭，放逐义帝而自立，怨王侯叛己，难矣。自矜⑮功伐，奋⑯其私智，而不师古，谓⑰霸王之业，欲以力征经营天下，五年，卒亡其国，身死东城⑱，尚不觉寤⑲，而不自责，过矣。乃引"天亡我，非用兵之罪也"，岂不谬哉⑳！

【注释】

①项羽：名籍，字羽，下相（今江苏省宿迁市西）人。秦二世时，陈涉首先发难，项羽跟从叔父项梁起义兵，大破秦军，率领五国诸侯入关灭秦，分封王侯，自称"西楚霸

王"。后为刘邦所败,困于垓下,在乌江自杀。本纪:《史记》的一种体例。按照年代先后,叙述历代帝王政迹。项羽虽没有完成帝业,但在秦亡以后汉兴以前的过渡阶段中,项羽实际上支配当时的政局,也代表当时的政权。正如本文所说,"政由羽出,号为霸王,位虽不终,近古以来未尝有也。"

②项梁(?—前208):姬姓,项氏,名梁,下相(今江苏省宿迁市西)人。秦朝末年历史人物,楚国贵族后代,楚国名将项燕之子,西楚霸王项羽的叔父。秦朝末年,起兵于会稽。拥立楚王熊心即位,加号"武信君",平定秦嘉和景驹的势力。在反秦起义的战争中,颇有功劳。秦二世二年(前208),受到秦国名将章邯攻击,大战于定陶,兵败身死。

③项燕(?—前223):周王族姬姓项国后代,泗水下相(今江苏省宿迁市西)人。战国末年楚国名将。

④王翦(生卒年不详):字维张,频阳东乡(今陕西省富平县)人,战国时期秦国名将、杰出的军事家。

⑤曹咎(?—前203):九江郡海春县(今湖北蕲春县)人。秦朝末年西楚霸王楚项羽部下大将。初为私家蕲县狱掾,营救犯事入狱的项梁,跟随项梁发动起义,得到项羽重用,拜大司马,封海春侯。楚汉战争时期,奉命坚守成皋(今河南荥阳市汜水镇),却禁不住汉军挑战,贸然出击,兵渡汜水,为汉军所袭,兵败自杀。

⑥司马欣(?—前203):程姓,司马氏、程伯休父的后裔,秦朝长史,陈胜起兵后辅佐章邯作战,巨鹿之战战败后,章邯、司马欣、董翳投降项羽,秦灭亡后,由秦人章邯、司马欣、董翳三人获得关中之地。分别为雍王、塞王、翟王。号称三秦。

⑦太史公:司马迁自称。

⑧周生:汉时的儒生,姓周,事迹不详。

⑨舜:虞舜,我国上古时代的帝王。盖:原来。重瞳(tóng)子:一个眼珠里有两个瞳孔,古人认为这是神异的人物。

⑩苗裔(yì):后代子孙。暴:急骤;突然。"岂……邪?何……也?"句:相当于现代汉语的"难道……吗?为什么……呢?""岂"同"何"前后呼应,表示猜测的疑问句。

⑪夫:用在句首,表示阐发议论的语气。

⑫陈涉:名胜,字涉,阳城(今河南省登封市东南)人,他同吴广首先起兵反秦,是我国古代著名的农民起义领袖。首难(nàn):首先起来造反。蜂起:比喻如蜂拥而起,极言其多。

⑬非有尺寸:谓没有一尺一寸的土地。陇亩:田野。这里指民间。将:率领。五诸侯:指齐、赵、韩、魏、燕(yān)。项羽属楚,合为六国起义军队。近古:当时是指春秋战国以来的时代。也:用在句末,表示坚决的语气。

⑭背关怀楚:谓放弃关中形胜之地,怀念楚国,东归建都彭城(今江苏徐州市)。义帝:楚怀王孙,名心。公元前208年,项梁立心为楚怀王。公元前206年,项羽尊他为义帝,后来又把他放逐到长沙,并暗地派人把他杀了。难矣:意思是说,在这种种错误措施之下,想成功是很困难的。矣:用在句末,表示感叹的语气。

⑮矜(jīn):夸耀。功伐:功勋。

⑯奋:逞弄。

⑰谓：以为。
⑱东城：在今安徽省定远县东南。
⑲寤：通"悟"。
⑳乃：却，反。引：援引。这里有借口、推托的意思。天亡我：天要灭亡我。这两句是项羽自杀前说的话。"岂不……哉"：相当于现代汉语的"难道不……吗！"反诘句，用否定来表示肯定的语气。

提示

《项羽本纪》为《史记》的名篇，收录于《史记》中第七卷，是关于楚霸王项羽的本纪。项羽是司马迁重点刻画的历史人物之一。通过叙述秦末农民大起义和楚汉之争的宏阔历史场面，生动而又深刻地描述了项羽光辉壮烈的一生。

《项羽本纪》给人最深刻最强烈的第一印象，就是项羽这个历史英雄所具有的超乎常人的巨大力量，作者显然把他当成力的化身来描写。这一点在文章一开始便一览无余："籍长八尺余，力能扛鼎，才气过人，虽吴中子弟，皆已惮籍矣。"他的军事才能也在年少时便凸显出来，他学书剑皆不成，独好兵法，然而他略知其意又不肯竟学，暴露出他志大才疏、好高骛远的性格弱点，为他最终失天下的悲剧命运埋下了伏笔。但年少时的这些弱点还不足以使项羽这位英雄的光芒黯然。司马迁高度评价了他在亡秦过程中所建立的历史功绩。项羽"年二十四"即参加了反秦斗争，在长达8年的时间里，"身七十余战，所当者破，所击者服"，在击败秦军、推翻秦王朝的过程中建立了巨大功绩。当秦始皇游会稽、渡浙江时，项羽几乎是脱口而出："彼可取而代之也。"唬得其叔忙掩起口："毋妄言，族矣！"这是何等的胆识与魄力！项羽非有尺寸，乘势起陇亩之中，3年遂将五诸侯灭秦，分裂天下，而封王侯，政由羽出，号为霸王。其中杀宋义和巨鹿之战的胜利使项羽的军事才能大放光彩。杀宋义使其"威震楚国，名闻诸侯"，救巨鹿使其"为诸侯上将军，诸侯皆属焉"。楚汉之争中，他又数度威逼汉军，困沛公于鸿门，败汉王于彭城，几射杀刘邦于广武。一个勇冠三军、被坚执锐、所向披靡、威武刚猛、叱咤风云的英雄形象跃然纸上。

结尾的赞语用极为简洁的文字，对项羽的一生做了历史的总结。项羽是一位传奇性的人物，这篇赞语也从传奇处入手：虞舜和项羽本来没有血缘关系，然而两个人都是双瞳孔，司马迁以两个人在相貌上的这种共同特征，将项羽和虞舜联系起来，从而提出自己的疑问：难道项羽是虞舜的后代吗？这就更突出了项羽这个人物的神秘色彩。

在论述项羽的光辉业绩时，司马迁强调了他创业的艰难，同时又突出了他发迹的迅速，以及他在历史上的显要地位。秦末群雄蜂起，逐鹿天下；而项羽本无尺寸之地，却在短短的3年时间里，成为天下霸主，政由己出，是数百年未曾出现过的英雄人物。尽管项羽未能履践天子之位，可司马迁还是将他列入专为帝王设计的"本纪"之中。在司马迁看来：项羽顺应了历史潮流，抓住了机遇，同时又具备了杰出的才能。项羽仅用3年时间，就完成了灭秦称霸的大业；然而仅仅过了5年，他便败在刘邦的手下。司马迁从两个方面指出项羽失败的原因：一为他杀义帝而自立，结果众叛亲离；二为奋其私智而不效法古代。司马迁把项羽的性格弱点和英雄气概都一一写出，塑造出一个真实的、丰富的、有血有肉的形象。

思维与训练

1. 用现代汉语写出下面句子的意思。

五年卒亡其国，身死东城。

2. "垓下之围"是项羽最终失败的英雄悲歌，项羽死前叹道："天亡我也，非战之罪也。"你认为他的说法对吗？请说说你的理由。

第三节 诗词曲赋选

卫风·淇奥

《诗经》是我国最早的一部诗歌总集，收录了周初（约公元前11世纪）至春秋中叶（约公元前6世纪）的诗歌305篇。收集、编订者可能是周王朝的乐师，编成时间大约在春秋后期。全书分为"风""雅""颂"三个部分。"风"有15国风，是采自15个地区的诗，共160篇，其中大多是民歌；"雅"有《大雅》《小雅》，是产生于王都附近的诗，共105篇，少量为民歌，多数为贵族、士大夫所作；"颂"有《周颂》《鲁颂》《商颂》，共40篇，是用于宗庙祭祀的诗。

《诗经》从各个方面广泛地反映了当时的社会现实，如周代的经济和生产发展、政治状况、一些重大的历史事件、社会的各种矛盾，以及人们的某些思想观念、风俗习尚等，都得到相当真实的再现。其中为数不少的民间创作，真切地反映了下层人民的生活和情感，有力地揭露了剥削者、统治者的罪恶。在表现形式上，《诗经》以四言为主，讲求节奏和用韵；民歌则常有重章叠句，多用比兴手法。其中不少优秀篇章，形象鲜明，描写生动，语言朴素优美，富有艺术感染力，对后代文学有深远的影响。

瞻彼淇奥，绿竹猗猗①。有匪君子②，如切如磋，如琢如磨③。瑟兮僩兮，赫兮咺兮④。有匪君子，终不可谖⑤兮。

瞻彼淇奥，绿竹青青。有匪君子，充耳琇莹，会弁如星⑥。瑟兮僩兮，赫兮咺兮。有匪君子，终不可谖兮。

瞻彼淇奥，绿竹如箦⑦。有匪君子，如金如锡，如圭如璧⑧。宽兮绰⑨兮，猗重较兮。善戏谑兮，不为虐⑩兮。

（选自：许嘉璐主编. 文白对照十三经［M］. 广州：广东教育出版社，2005.）

【注释】

①淇：淇水，源出河南林县，东经淇县流入卫河。奥（yù）：河岸弯曲的地方。绿竹：一说绿为王刍，竹为扁蓄。猗（yī）猗：长而美貌。《集传》："绿，色也，淇上多竹，汉世犹然，所谓淇园之竹是也。猗猗，始生柔弱而美盛也。"《传疏》："淇奥，谓淇水曲处也。……诗以绿竹之美盛，喻武公之质美德盛。"

②《集传》："君子，指武公也。"按徐干《中论·虚道》："昔卫武公年过九十，犹夙夜不怠，思闻训道。命其群臣曰'无谓我老耄而舍我，必朝夕交戒'。又作《抑》诗以自儆

也。卫人诵其德，为赋《淇奥》。"

③切、磋、琢、磨：治骨曰切，象曰磋，玉曰琢，石曰磨。均指文采好，有修养。切磋，本义是加工玉石骨器，引申为讨论研究学问；琢磨，本义是玉石骨器的精细加工，引申为学问道德上钻研深究。《毛传》："治骨曰切，象曰磋，玉曰琢，石曰磨。"《传疏》："切磋琢磨，皆治器之名。"

④赫：显赫。咺（xuān）：有威仪貌。《毛传》："瑟，矜庄貌。僴（xiàn），宽大也。"《集传》："咺，宣著貌。"

⑤谖（xuān）：忘记。《毛传》："谖，忘也。"

⑥充耳：挂在冠冕两旁的饰物，下垂至耳，一般用玉石制成。琇（xiù）莹：似玉的美石，宝石。会（kuài）弁（biàn）：鹿皮帽。会，鹿皮会合处，缀宝石如星。《毛传》："充耳谓之瑱。琇莹，美石也。"《传疏》："莹即琇之光明。"《集传》："会，缝也。弁，皮弁也。以玉饰皮弁之缝中，如星之明也。"

⑦箦（jī）：通"积"，形容茂盛。《毛传》："箦，积也。"

⑧圭：玉制礼器，上尖下方，在举行隆重仪式时使用；璧：玉制礼器，正圆形，中有小孔，也是贵族朝会或祭祀时使用。圭与璧制作精细，显示佩戴者身份高贵、品德高尚。《正义》："武公器德已百炼成精如金锡；道业既就，琢磨如圭璧。"

⑨绰：旷达。一说柔和貌。《集疏》："《韩》绰亦作婥，云：柔貌也。"《集传》："重较，卿士之车也。较，两轴上出轼者，谓车两傍也。"

⑩虐：粗暴。一说过分。《通释》："虐之言剧，谓甚也。"

提示

《国风·卫风·淇奥》是中国古代现实主义诗集《诗经》中的一首赞美男子形象的诗歌。《淇奥》反复吟颂了这位君子几个方面的优秀之处：首先是外貌。他相貌堂堂，仪表庄重，身材高大，衣服也整齐华美。"充耳琇莹""会弁如星"，连冠服上的装饰品也是精美的。其次是才能。"如切如磋，如琢如磨"，文章学问很好。实际上，这是赞美这位君子的行政处事的能力。因为卿大夫从政，公文的起草制定，是主要工作内容。至于"猗重较兮""善戏谑兮"，突出君子的外事交际能力。最后，也是最重要的方面，是歌颂了这位君子的品德高尚。"如圭如璧，宽兮绰兮"，意志坚定，忠贞纯厚，心胸宽广，平易近人，的确是一位贤人。所以，第一、第二两章结束两句，都是直接的歌颂："有匪君子，终不可谖兮！"从内心世界到外貌装饰，从内政公文到外事交涉，这位君子都是当时典型的贤人，获得人们的称颂，是必然的了。此诗就是这样从三个方面，从外到内，突出了君子的形象。诗中一些句子，如"如切如磋，如琢如磨""善戏谑兮，不为虐兮"成为日后人们称许某种品德或性格的词语，可见《淇奥》一诗影响之深远了。

孔颖达《毛诗注疏》："作《淇奥》诗者，美武公之德也。既有文章，又能听臣友之规谏，以礼法自防，故能入相于周为卿士。由此故美之而作是诗也。"这个武公，是卫国的武和，生于西周末年，曾经担任过周平王（前770—前720在位）的卿士。史传记载，武和晚年九十多岁了，还是谨慎廉洁从政，宽容别人的批评，接受别人的劝谏，因此很受人们的尊敬，人们作了《卫风·淇奥》这首诗来赞美他。

全诗三章,每章九句。诗采用借物起兴的手法,每章均以"绿竹"起兴,借绿竹的挺拔、青翠、浓密来赞颂君子的高风亮节,开创了以竹喻人的先河。此诗运用大量的比喻,首章的"如切如磋,如琢如磨"到第三章"如金如锡,如圭如璧"表现了一种变化,一种过程,寓示君子之美在于后天的积学修养,磨砺道德。本诗采用重章叠句的形式,回环往复,一唱三叹,体现了《诗经》艺术结构的主要特点之一。

思维与训练

1. 本诗的结构有何特点,为读者营造出何种意境?
2. 本诗是如何赞美卫武公的?按这种写作方法,任选题材创作一篇传统模式的诗歌。

湘夫人

屈 原

屈原(约前340—约前278),名平,字原,战国时楚国人。出身于楚国一个贵族家庭,与楚王同姓。屈原在楚怀王时曾担任左徒的官职。《史记·屈原列传》中记载:"博闻强志,勇于治乱,娴于辞令。入则与王图议国事,以出号令;出则接遇宾客,应对诸侯。王甚任之。"他对外主张联齐抗秦,对内倡导举贤授能,改革政治、变法图强。但屡遭保守势力打击,被楚怀王疏远,又遭楚顷襄王放逐,最终投汨罗江而死,表现出以身殉国的爱国主义精神。

伟大的爱国主义诗人屈原,留存下来的作品有《离骚》、《九歌》(十一篇)、《天问》和《九章》(九篇)等。屈原在学习楚民歌的基础上,创造发展了"书楚语、作楚声、纪楚地、名楚物"的"楚辞"这种诗歌形式。他的诗歌采用大量神话传说,构思奇特,想象丰富,充满积极的浪漫主义精神,对我国文学有深远影响。

帝子降兮北渚①,目眇眇兮愁予②。嫋嫋兮秋风③,洞庭波兮木叶下④。
白薠兮骋望⑤,与佳期兮夕张⑥。鸟何萃兮蘋中,罾何为兮木上⑦?
沅有茝兮澧有兰⑧,思公子兮未敢言⑨。荒忽兮远望⑩,观流水兮潺湲。
麋何食兮庭中?蛟何为兮水裔⑪?朝驰余马兮江皋,夕济兮西澨⑫。闻佳人兮召予,将腾驾兮偕逝⑬。
筑室兮水中,葺之兮荷盖⑭。荪壁兮紫坛⑮,播芳椒兮成堂⑯。桂栋兮兰橑⑰,辛夷楣兮药房⑱。罔薜荔兮为帷⑲,擗蕙櫋兮既张⑳。白玉兮为镇㉑,疏石兰兮为芳㉒。芷葺兮荷屋,缭之兮杜衡㉓。合百草兮实庭㉔,建芳馨兮庑门㉕。九嶷缤兮并迎㉖,灵之来兮如云㉗。
捐余袂兮江中㉘,遗余褋兮澧浦㉙。搴汀洲兮杜若㉚,将以遗兮远者㉛。时不可兮骤得㉛,聊逍遥兮容与!

【注释】

① 帝子,舜妃焉帝尧之女,故称帝子。
② 眇眇:望而不见的样子。愁予:使我忧愁。
③ 嫋(niǎo)嫋:吹拂貌。

④ 波：生波。下：落。

⑤ 明夫容馆本《楚辞》此句上有"登"字。蘋（fán）：草名，生湖泽间。骋望：纵目而望。

⑥ 佳：即佳人，指湘夫人。期：期约。张：陈设，张设帷帐。

⑦ "鸟何萃"两句：上句中"何"字原无，据明夫容馆本《楚辞》补。萃，集。罾（zēng），渔网。鸟本当集在木上，反说在水草中；罾原当在水中，反说在木上，喻所愿不得，失其应处所。

⑧ 茞（chǎi）：白芷，香草名。

⑨ 公子：犹帝子。

⑩ 荒忽：不分明貌。

⑪ "麋何食"两句：麋，兽名，似鹿。水裔，水边。鹿本当在山林而在庭中，蛟本当在深渊而在水边，也是比喻所处失常。

⑫ 澨（shì）：水边。

⑬ 腾驾：驾着马车奔腾飞驰。偕逝：同往。

⑭ 葺：覆盖。盖：指屋顶。

⑮ 荪壁：以荪草饰壁。紫：紫贝。坛：中庭。

⑯ 匊：古"播"字，作"布"解。

⑰ 栋：屋栋，屋脊柱。橑（liǎo）：屋椽。

⑱ 辛夷：木名，初春开花。楣（méi）：门上横梁。药：白芷。

⑲ 罔：同"网"，作结解。帷：帷帐。

⑳ 擗（pī）：析开。櫋（mián）：檐际木。本句谓析蕙芎在檐际，如今之结彩。

㉑ 镇：镇压坐席之物。

㉒ 疏：分布、分阵之意。石兰：香草名。

㉓ 缭：束缚。杜衡：香草名。

㉔ 合：会聚。百草：指众芳草。实：充实。

㉕ 馨：香之远闻者。庑：廊。

㉖ 九嶷：山名，传说中的舜所葬地，在湘水南。这里指九嶷山神。缤：盛貌。

㉗ 灵：神。如云：形容众多。

㉘ 袂（mèi）：衣袖。

㉙ 褋（dié）：外衣。

㉚ 汀：水中或水边的平地。

㉛ 远者：指湘夫人。

㉜ 骤得：数得，屡得。

（选自：朱东润．中国历代文学作品（上编第一册）[M]．上海：上海古籍出版社，2005．）

提示

本篇选自《楚辞·九歌》。"九歌"本是古乐章名，在《楚辞》中则是一组诗歌的总称，包括《国殇》《湘君》《湘夫人》等11首诗歌。《九歌》实为祭歌，是屈原在当时楚国祭歌基础上加工而成的一套歌舞辞。

《湘夫人》通篇笼罩在凄美的氛围中。开头几句是秋水的绝唱，被誉为"千古言秋之祖"。湘君和湘夫人是湘水的配偶神，他们彼此深深地眷恋，却不知什么原因，总是爱而无因，见而不得，只能互相幻想着对方，无望地追寻、失望。在他们之间，永恒地隔着迷惘的水域。这首诗就细腻地表现了湘君对湘夫人由企盼到幻觉，到失望的凄楚情感历程。而境界是非常唯美的，那些来自水中的香花香草满溢纸卷，杜若、辛夷、荷、芷……让读者环绕在香氛和灵异构成的神秘奇异的世界里。

《湘夫人》就是这样浸透在满怀的香气里。湘君和湘夫人的形象，也因此显示出高洁优美来。这就是楚辞常用的香草美人以譬君子的笔法。

思维与训练

1. 诗中湘君对湘夫人的思念之情大致分为几个层次？
2. 分析本文唯美的境界。
3. 理解本文对感情的细腻表现手法。

古诗十九首·青青河畔草

南朝梁代昭明太子萧统所编《文选》中，收录诗歌19首，题为《古诗》，后世统称为"古诗十九首"。这些古诗写成于东汉末年，作者多属名不见经传的中下层文士，其作品风格韵味相同，所以后人往往把它们看成是一个整体。《古诗十九首》都是抒情短篇，内容多写夫妇朋友之间的离情别绪以及下层文士的彷徨失意，表现出较为浓郁的感伤情调，从一个侧面反映了当时动荡不安的社会生活。艺术形式全是五言诗，长于比兴寄托，语言含蓄蕴藉，以言近旨远、语短意长著称。《古诗十九首》是中国文学史上文人五言诗达到成熟阶段的标志，在文学史上具有划时代的艺术价值，历来受到高度评价。

青青河畔草，郁郁园中柳①。
盈盈楼上女②，皎皎当窗牖③。
娥娥红粉妆④，纤纤出素手⑤。
昔为倡家女⑥，今为荡子妇⑦。
荡子行不归，空床难独守。

（选自：北京大学中国文学史教研室. 两汉文学史参考资料 [M]. 北京：中华书局，1962.）

【注释】

① 郁郁：茂盛状。
② 盈盈：指仪态之美，有仪态万方的意思。
③ 皎皎：光明貌，这里指女子皮肤白皙。当：面临。窗牖：即窗户。
④ 娥娥：娇美貌。红粉妆：指艳丽的妆饰。
⑤ 纤纤：形容女子手指细嫩柔长。素：白。
⑥ 倡家女：指"女乐"，是当时的歌舞乐伎，并非今日的娼妓。

⑦ 荡子：指游子。

提示

　　这首诗是《古诗十九首》中的第二首，它是一首以第三人称写成的思妇诗。在《古诗十九首》中这种写法仅见于此篇。在古代诗歌中表达两性之间的相思之情通常比较含蓄，格调也大多忧郁深沉。然而《青青河畔草》一诗却很少顾忌与克制，表达情感坦率、单纯。在诗的前半部分，连用了六个叠词句勾勒出一幅精美的丽春少妇图。青青与郁郁，同是形容植物的生机畅茂，但青青重在色调，郁郁兼重意态，二者不可互易。盈盈、皎皎，都是写美人的风姿，而盈盈重在体态，皎皎重在风采，由盈盈而皎皎，才有如同明月从云层中步出那般由隐绰到鲜亮的感觉。娥娥与纤纤同是写其容色，而娥娥是大体的赞美，纤纤是细部的刻画，六个叠词由外围而中心，由总体而局部，由朦胧而清晰，烘托刻画了楼上女尽善尽美的形象，六个叠字的音调也富于自然美、变化美。青青是平声，郁郁是仄声；盈盈又是平声、浊音，皎皎则又为仄声、清音；娥娥、纤纤同为平声，而一浊一清，平仄与清浊之映衬错综，谐和动听。六个叠词声、形两方面的结合，在叠词的单调中赋予了一种丰富的错落变化。这单调中的变化，正传神地刻画出了女主人公孤独而耀目的形象，寂寞而烦扰的心声。

　　那么这位少妇在期待盼望什么呢？诗的后半部分做出了回答。"昔为倡家女，今为荡子妇。荡子行不归，空床难独守"，原来她在盼望远行未归的丈夫。撩人的春光，如花的容颜与寂寂的空房；明艳的色彩与内心世界的寂寥形成了一种强烈的反差，让人油然而生一种悲凉感。至此，深闺少妇的形象塑造全部完成。笔墨简净，又让人回味无穷。

　　诗歌中少妇对美好生活的向往与实际的不能实现，这一矛盾也反映了东汉末年畸形的社会形态对人情感的摧残。统治者的卖官政策诱使大批中下层知识分子离乡背井，追名逐利，以致游宦风靡一时，而女人不得不成为这一社会的最终受害者。

思维与训练

1. 诗中表达了女主人公怎样的感情？
2. 分析这首诗中六个叠词的作用。
3. 比较这首诗与《古诗十九首》的其他诗歌在表现风格上有何不同。

蒿里行

曹　操

　　曹操（155—220），字孟德，沛国谯郡（今安徽亳州）人。20岁被举为孝廉，27岁任议郎。30岁起，在参加镇压黄巾起义军和击灭各路军阀的过程中，逐渐建立起自己的政治和军事力量。42岁（建安元年，196年），迎汉献帝迁都于许都（今河南许昌），"挟天子以令诸侯"，击灭袁术、袁绍，成为北方的实际统治者。他推行屯田，并实行抑制豪强及唯才是举等政策，对国家统一和发展生产有一定的积极作用。位至大将军、丞相，受封魏王。曹丕建魏称帝后，追尊为武帝。曹操的诗歌受乐府民歌的影响很深，但富有创造性。今存诗20多首，大都用乐府旧题表现新的内容，或反映动乱的社会现实，或抒发自己的政治抱负和理想不能实现的苦闷，气魄雄伟，情感沉郁，风格苍凉悲壮。有《魏武帝集》。

关东有义士，兴兵讨群凶①。初期会盟津，乃心在咸阳②。军合力不齐，踌躇而雁行③。势利使人争，嗣还自相戕④。淮南弟称号⑤，刻玺于北方⑥。铠甲生虮虱，万姓以死亡。白骨露于野，千里无鸡鸣。生民百遗一，念之断人肠⑦。

（选自：朱东润. 中国历代文学作品选（上编第二册）[M]. 上海：上海古籍出版社，2002.）

【注释】

① 关东：指函谷关以东。初平元年（190）春，关东州郡起兵讨董卓，推渤海太守袁绍为盟主。

② 盟津：即孟津，地名，在今河南省孟州南，相传周武王伐纣时和诸侯在此地会盟。咸阳：秦朝都城。这两句是用典而非实录，意为本来期望如周武王会合诸侯，吊民伐罪，直捣洛阳，就如同刘邦、项羽之攻入咸阳。

③ 雁行（háng）：飞雁的行列；这里用来形容诸军列阵以待、观望不前的样子。《三国志·魏书·武帝纪》载："卓兵强，绍等莫敢先进……太祖到酸枣，诸军兵十余万，日置酒高会，不图进取。"

④ 势利：权势利益。嗣还（xuán）：后来不久。戕（qiāng）：杀害。据史书记载，袁绍、韩馥、公孙瓒之间内讧不息，互相争战。

⑤ 淮南：今安徽寿县。弟：指袁绍从弟袁术。建安二年（197），袁术在寿春称帝号。

⑥ 玺：皇帝的印。初平二年（191）袁绍谋废汉献帝，立冀州牧刘虞，刻作金玺。北方：当时袁绍屯兵河内（今河南沁阳），相对于淮南在北方。

⑦ 遗：留下。

提示

初平元年（190）春，关东各州郡起兵讨伐董卓，推渤海太守袁绍为盟主。然而各路军阀各有打算，观望不前，甚至互相火并，以保存自己的实力。本诗真实地反映了当时的情形，并对人民苦难表示了同情。

《蒿里行》本来是古代送葬时用的挽歌，曹操此作是以古题写时事，此篇和曹操的另一篇作品《薤露行》都是咏丧亡之哀，性质和挽歌相近。《薤露行》以哀君王为主，《蒿里行》则哀臣民，叙写汉末关东州郡将领讨伐董卓时的互争权力，以及人民在战乱中遭到的严重灾难，似乎也有次第。

思维与训练

1. 试对"白骨露于野，千里无鸡鸣"两句所表达的思想感情进行阐述。
2. 联系历史故事、传记中的曹操这个人物，仔细体会诗中曹操的情怀。

侠客行①

李白

李白（701—762），字太白，号青莲居士，又号"谪仙人"，是唐代伟大的浪漫主义诗人，被后人誉为"诗仙"。汉族，祖籍陇西郡成纪县（今甘肃省平凉市静宁县南），出生于蜀郡绵州昌隆县（今四川省江油市青莲乡），一说出生于西域碎叶（今吉尔吉斯斯坦托克马克）。逝世于安徽当涂县。与杜甫并称为"李杜"，为了与另两位诗人李商隐与杜牧即"小李杜"区别，杜甫与李白又合称"大李杜"。据《新唐书》记载，李白为兴圣皇帝（凉武昭王李暠）九世孙，与李唐诸王同宗。

李白深受黄老列庄思想影响，其人爽朗大方，爱饮酒作诗，喜交友。有《李太白集》传世，诗作中多为醉时所写，代表作有《望庐山瀑布》《行路难》《蜀道难》《将进酒》《越女词》《早发白帝城》等多首。李白诗歌散失不少，今尚存900多首，内容丰富多彩。他的诗想象奇特，感情饱满，风格豪放飘逸，千百年来深受人们喜爱。

李白所作词赋，宋人已有传记（如文莹《湘山野录》卷上），就其开创意义及艺术成就而言，"李白词"享有极为崇高的地位。

> 赵客缦胡缨②，吴钩霜雪明③。银鞍照白马，飒沓④如流星。
> 十步杀一人，千里不留行⑤。事了拂衣去，深藏身与名。
> 闲过信陵⑥饮，脱剑膝前横。将炙啖朱亥，持觞劝侯嬴⑦。
> 三杯吐然诺，五岳倒为轻⑧。眼花耳热后，意气素霓⑨生。
> 救赵挥金槌，邯郸先震惊⑩。千秋二壮士，煊赫大梁城。
> 纵死侠骨香，不惭世上英。谁能书阁下，白首太玄经⑪。

（选自：萧涤非，等. 唐诗鉴赏辞典［M］. 上海：上海辞书出版社，1983.）

【注释】

① 这是一首描写和歌颂侠客的古体五言诗，是李白古风五十九首中的一首。行，这里不是行走的行，而是歌行体的行，等于说"侠客的歌"。

② 赵客：燕赵之地的侠客。自古燕赵多慷慨悲歌之士。《庄子·说剑》："昔赵文王好剑，剑士夹门而客三千余人。"缦：没有花纹。胡缨：古时将北方少数民族通称为胡。缨，系冠帽的带子。缦胡缨，即少数民族做工粗糙的、没有花纹的带子。这句写侠客的冠带。

③ 吴钩：宝刀名。霜雪明：谓宝刀的锋刃像霜雪一样明亮。

④ 飒沓：群飞的样子，形容马跑得快。

⑤ 这两句原自《庄子·说剑》："臣之剑十步一人，千里不留行。"这里是说侠客剑术高强，而且勇敢。

⑥ 信陵：信陵君，战国四公子之一，为人礼贤下士，门下食客三千余人。

⑦ 朱亥、侯嬴都是信陵君的门客。朱本是一屠夫，侯原是魏国都城大梁东门的门官，两人都受到信陵君的礼遇，都为信陵君所用。炙：烤肉。啖：吃。啖朱亥：让朱亥来吃。

⑧ 这两句话，几杯酒下肚（古诗文中，三、九常是虚指）就做出了承诺，并且把承诺看得比五岳还重。

⑨ 素霓：白虹。古人认为，凡要出现不寻常的大事，就会有不寻常的天象出现，如"白虹贯日"。这句意思是，侠客重然诺、轻死生的精神感动了上天。也可以理解为，侠客这一承诺，天下就要发生大事了。

⑩ 这两句说的是朱亥锤击晋鄙的故事。信陵君是魏国大臣，魏、赵结成联盟共同对付秦国，这就是连横以抗秦。信陵君是积极主张连横的。邯郸，赵国国都。秦军围邯郸，赵向魏求救。魏王派晋鄙率军救赵，后因秦王恐吓，又令晋鄙按兵不动。这样，魏赵联盟势必瓦解。信陵君准备亲率家丁与秦军一拼，去向侯嬴辞行（实际是试探侯嬴），侯不语。信陵君行至半路又回来见侯嬴。侯笑着说："我知道你会回来的。"于是为信陵君设计，串通魏王宠姬，盗得虎符，去到晋鄙军中，假托魏王令代晋鄙领军。晋鄙生疑，朱亥掏出40斤重的铁锤，击毙晋鄙。信陵君遂率魏军进击秦军，解了邯郸的围。

⑪ 扬雄曾在皇帝藏书的天禄阁任校刊工作。《太玄经》是扬雄写的一部哲学著作。结合全文，这两句的意思应该是：谁能像扬雄一样，在书阁里研究《太玄经》到老而一辈子无所作为呢？

提示

《侠客行》是唐代伟大诗人李白创作的一首描写和歌颂侠客的古体五言诗，是李白"乐府三十首"之一，收录于《李太白集》中。

李白这一首《侠客行》古风，抒发了他对侠客的倾慕，对拯危济难、用世立功生活的向往。前四句从侠客的装束、兵刃、坐骑描写侠客的外貌。第二个四句写侠客高超的武术和淡泊名利的行藏。第三个四句引入信陵君和侯嬴、朱亥的故事来进一步歌颂侠客，同时也委婉地表达了自己的抱负。侠客得以结识明主，明主借助侠客的勇武谋略去成就一番事业，侠客也就功成名就了。最后四句表示，即使侠客的行动没有达到目的，但侠客的骨气依然流芳后世，并不逊色于那些功成名就的英雄，做人就应当像侠客一样，而不是如扬雄之辈在书阁中研究出世的学问到老。

《侠客行》中诗人李白以夸张的笔墨，从游侠的服饰开始："赵客缦胡缨，吴钩霜雪明。银鞍照白马，飒沓如流星。"仅二十个字，仿佛全是写物而不写人。但当时游侠儿的气势、风貌，就栩栩如生地展现在目前了。因为诗人并不是为写物而夸张地写物，而是处处着眼于人的精神气势而写物。"缦胡"的"缨"，"霜雪明"的"吴钩"，"飒沓如流星"的"白马"这些当时流行的任侠服饰，不仅具有典型性，而且流露出主人豪纵、慷慨之气，把物都写活了。

诗人进而写游侠的行为："十步杀一人，千里不留行。事了拂衣去，深藏身与名。"也仅是二十字，就高度概括了侠客为人排忧解难、不图名利、尚义气、重承诺等的高尚人格。诗人是以"纵死侠骨香，不惭世上英"的思想，加以歌赞的。事实上，诗人之所以少好任侠，乃是以此为理想人格而向往的，故能把一般的任侠社会意识，写得如此深刻而生动。

最后，诗人以战国时"窃符救赵夺晋鄙军"中的侯嬴、朱亥"二壮士"为例，阐明"纵死侠骨香，不惭世上英"之旨。"闲过信陵饮，脱剑膝前横。将炙啖朱亥，持觞劝侯嬴。三杯吐然诺，五岳倒为轻。眼花耳热后，意气素霓生。救赵挥金槌，邯郸先震惊。千秋二壮士，煊赫大梁城。纵死侠骨香，不惭世上英"重然诺、尚意气的任侠，真是"慷慨成素霓，啸咤起清风"（张华《壮士篇》）的。"千秋二壮士"，是当之而无愧，"不惭世上英"！诗人对"二壮士"叹服不已，情见于词了。

思维与训练

1. 诗歌体现了诗人怎样的情感内容？
2. 作者使用了哪些艺术手法书写情怀？
3. 说说诗中的典故对于作者情感表达的意义。

赠韦左丞丈二十二韵

杜甫

杜甫（712—770），字子美，自号少陵野老。汉族，祖籍襄阳，河南巩县（今河南省巩义）人。唐代伟大的现实主义诗人，与李白合称"李杜"。为了与另两位诗人李商隐与杜牧即"小李杜"区别，杜甫与李白又合称"大李杜"，杜甫也常被称为"老杜"。

杜甫在中国古典诗歌中的影响非常深远，被后人称为"诗圣"，他的诗被称为"诗史"。后世称其杜拾遗、杜工部，也称他杜少陵、杜草堂。杜甫创作了《春望》、《北征》、"三吏三别"等名作。759年杜甫弃官入川，虽然躲避了战乱，生活相对安定，但仍然心系苍生，胸怀国事。虽然杜甫是个现实主义诗人，但他也有狂放不羁的一面，从其名作《饮中八仙歌》不难看出杜甫的豪气干云。杜甫的思想核心是儒家的仁政思想，他有"致君尧舜上，再使风俗淳"的宏伟抱负。杜甫虽然在世时名声并不显赫，但后来声名远播，对中国文学和日本文学都产生了深远的影响。杜甫共有约1 500首诗歌被保留了下来，大多收于《杜工部集》。

纨绔不饿死，儒冠多误身①。
丈人试静听，贱子请具陈②。
甫昔少年日，早充观国宾③。
读书破万卷，下笔如有神④。
赋料扬雄敌，诗看子建亲⑤。
李邕求识面，王翰愿卜邻⑥。
自谓颇挺出，立登要路津⑦。
致君尧舜上，再使风俗淳⑧。
此意竟萧条，行歌非隐沦⑨。
骑驴十三载，旅食京华春⑩。
朝扣富儿门，暮随肥马尘。
残杯与冷炙，到处潜悲辛。
主上顷见征，欻然欲求伸⑪。
青冥却垂翅，蹭蹬无纵鳞⑫。
甚愧丈人厚，甚知丈人真。

每于百僚上，猥颂佳句新⑬。
窃效贡公喜，难甘原宪贫⑭。
焉能心怏怏，只是走踆踆⑮。
今欲东入海，即将西去秦⑯。
尚怜终南山，回首清渭滨。
常拟报一饭，况怀辞大臣⑰。
白鸥没浩荡，万里谁能驯⑱？

（选自：彭定求，等．全唐诗（上）[M]．上海：上海古籍出版社，1986．）

【注释】

① 纨绔：指富贵子弟。不饿死：不学无术却无饥饿之忧。儒冠多误身：满腹经纶的儒生却穷困潦倒。这句是全诗的纲要。《潜溪诗眼》云："此一篇立意也。"

② 丈人：对长辈的尊称。这里指韦济。贱子：年少位卑者自谓。这里是杜甫自称。请：意谓请允许我。具陈：细说。

③ "甫昔"两句，是指公元735年（开元二十三年）杜甫以乡贡（由州县选出）的资格在洛阳参加进士考试的事。杜甫当时才24岁，就已是"观国之光"（参观王都）的国宾了，故曰"早充"。"观国宾"语出《周易·观卦·象辞》："观国之光尚宾也"。

④ 破万卷：形容书读得多。如有神：形容才思敏捷，写作如有神助。

⑤ 扬雄：字子云，西汉辞赋家。料：差不多。敌：匹敌。子建：曹植的字，曹操之子，建安时期著名文学家。看：比拟。亲：接近。

⑥ 李邕：唐代文豪、书法家，曾任北海郡太守。杜甫少年在洛阳时，李邕奇其才，曾主动去结识他。王翰：当时著名诗人，《凉州词》的作者。

⑦ 挺出：杰出。立登要路津：很快就要得到重要的职位。

⑧ 尧舜：传说中上古的圣君。这两句说，如果自己得到重用的话，可以辅佐皇帝实现超过尧舜的业绩，使已经败坏的社会风俗再恢复到上古那样的淳朴敦厚。这是当时一般儒者的最高政治理想。

⑨ "此意"两句是说，想不到我的政治抱负竟然落空。我虽然也写些诗歌，但却不是逃避现实的隐士。

⑩ 骑驴：与乘马的达官贵人对比。十三载：从公元735年（开元二十三年）杜甫参加进士考试，到公元747年（天宝六载），恰好十三载。旅食：寄食。京华：京师，指长安。

⑪ 主上：指唐玄宗。顷：不久前。见征：被征召。欻然：忽然。欲求伸：希望表现自己的才能，实现致君尧舜的志愿。

⑫ 青冥却垂翅：飞鸟折翅从天空坠落。蹭蹬：行进困难的样子。无纵鳞：本指鱼不能纵身远游。这里是说理想不得实现，以上四句所指的事实是：公元747年（天宝六载），唐玄宗下诏征求有一技之长的人赴京应试，杜甫也参加了。宰相李林甫嫉贤妒能，把全部应试的人都落选，还上表称贺："野无遗贤。"这对当时急欲施展抱负的杜甫是一个沉重的打击。

⑬ "每于"两句是说，承蒙您经常在百官面前吟诵我新诗中的佳句，极力加以奖掖推荐。

⑭ 贡公：西汉人贡禹。他与王吉为友，闻吉显贵，高兴得弹冠相庆，因为知道自己也

将出头。杜甫说自己也曾自比贡禹，并期待韦济能荐拔自己。难甘：难以甘心忍受。原宪：孔子的学生，以贫穷出名。

⑮ 怏怏：气愤不平。踆踆：且进且退的样子。

⑯ 东入海：指避世隐居。孔子曾言："道不行，乘桴浮于海。"（《论语》）去秦：离开长安。

⑰ 报一饭：报答一饭之恩。春秋时灵辄报答赵宣子（见《左传·宣公二年》），汉代韩信报答漂母（见《史记·淮阴侯列传》），都是历史上有名的报恩故事。辞大臣：指辞别韦济。这两句说明赠诗之故。

⑱ 白鸥：诗人自比。没浩荡：投身于浩荡的烟波之间。谁能驯：谁还能拘束我呢？

提示

此诗作于公元 748 年（唐玄宗天宝七载），时杜甫 37 岁，居长安。韦左丞指韦济，时任尚书省左丞。他很赏识杜甫的诗，并曾对杜甫表示过关怀。公元 747 年（天宝六载），唐玄宗下诏天下有一技之长的人入京赴试，李林甫命尚书省试，对所有应试之人统统不予录取，并上贺朝廷演出一场野无遗贤的闹剧。杜甫这时应试落第，困守长安，心情落寞，想离京出游，于是就写了这首诗向韦济告别。诗中陈述了自己的才能和抱负，倾吐了仕途失意、生活潦倒的苦况，于现实之黑暗亦有所抨击。

此诗叙写了作者自己的才学以及生平志向和抱负，倾吐了仕途失意、生活困顿的窘状，并且抨击了当时黑暗的社会和政治现实。全诗慷慨陈词，抒写胸臆，是杜甫自叙生平的一首重要诗作。

今存最早的杜集（如宋王洙本、九家注本、黄鹤补注本等）版本都把此诗置于第一首。虽然现在文学史家都认为这并非杜甫最早的作品，但却公认这是杜甫最早、最明确地自叙生平和理想的重要作品。

在杜甫困守长安十年时期所写下的求人援引的诗篇中，要数这一首是最好的了。这类社交性的诗，带有明显的急功近利的企图。常人写来，不是曲意讨好对方，就是有意贬低自己，容易露出阿谀奉承、俯首乞怜的寒酸相。杜甫在这首诗中却能做到不卑不亢，直抒胸臆，吐出长期郁积下来的对封建统治者压制人才的悲愤不平。这是他超出常人之处。

诗人主要运用了对比和顿挫曲折的表现手法，将胸中郁结的情思，抒写得如泣如诉，真切动人。这首诗应该说是体现杜诗"沉郁顿挫"风格的最早的一篇。

诗中对比有两种情况，一是以他人和自己对比；一是以自己的今昔对比。先说以他人和自己对比。开端的"纨绔不饿死，儒冠多误身"，把诗人强烈的不平之鸣，像江河决口那样突然喷发出来，真有劈空而起，锐不可当之势。在诗人所处的时代，那些纨绔子弟，不学无术，一个个脑满肠肥、趾高气扬；他们精神空虚，本是世上多余的人，偏又不会饿死。而像杜甫那样正直的读书人，却大多空怀壮志，一直挣扎在饿死的边缘，眼看误尽了事业和前程。这两句诗，开门见山，鲜明揭示了全篇的主旨，有力地概括了封建社会贤愚倒置的黑暗现实。

此诗通篇直抒胸臆，语句颇多排比，语意纵横转折，感愤悲壮之气溢于字里行间。全诗不仅成功地运用了对比和顿挫曲折的笔法，而且语言质朴中见锤炼，含蕴深广。如"残杯与冷炙，到处潜悲辛"，道尽了世态炎凉和诗人精神上的创伤。一个"潜"字，表现悲辛的无所不在，可谓悲沁骨髓，比用一个寻常的"是"或"有"字，就精细生动许多。句式上的特点是骈散结合，以散为主，因此既有整齐对称之美，又有纵横飞动之妙。所有这一切，都足以证明诗人功力的深厚，也预示着诗人更趋成熟的鸿篇巨制，随着时代的剧变和生活的充实，必将辉耀于中国的诗坛。

思维与训练

1. 结合杜甫同期的诗歌，了解诗人的人格与抱负。
2. 谈一谈对"读书破万卷，下笔如有神"的理解。

登 快 阁①
黄庭坚

黄庭坚（1045—1105），字鲁直，自号山谷道人，又号涪翁，洪州分宁（今江西修水）人。宋英宗治平四年（1067）进士。历任北京（今河北大名）国子监教授、知泰和县（今属江西），召为校书郎、秘书丞兼国史编修官。哲宗、徽宗朝曾先后因事贬涪州（今四川涪陵）别驾、除名羁管宜州（今广西宜山），卒于贬所。他是"苏门四学士"之一，"江西派"诗歌领袖人物。其诗富有思致，并讲究烹炼句法，与苏轼齐名，世称"苏黄"。但是较多仿效古人，讲求技巧，有些生硬。词与秦观齐名，书法亦列入宋四大家，颇有成就。有《山谷全集》。

痴儿了却公家事②，快阁东西倚晚晴③。落木千山天远大，澄江一道月分明④。朱弦已为佳人绝⑤，青眼聊因美酒横⑥。万里归船弄长笛⑦，此心吾与白鸥盟⑧。

（选自：朱东润．中国历代文学作品选（中编第二册）．上海：上海古籍出版社，2002．）

【注释】

① 此诗是宋神宗元丰五年（1082）作者任吉州泰和知县时所作。快阁：在泰和县治东面赣江上，以江山广远、景物清华著称。

② 痴儿句：意谓自己并非大器，只会敷衍官事。有自嘲意味。《晋书·傅咸传》载杨济语："天下大器，非可稍了，而相观每事欲了。生子痴，了官事，官事未易了也。了事正作痴，复为快耳。"痴儿，作者自指。了却，完成。

③ 东西：东边和西边。指在阁中四处周览。倚：倚靠。

④ 澄江：指赣江。澄，澄澈，清澈。

⑤ 朱弦句：意谓世无知音。春秋时俞伯牙善鼓琴，钟子期是其知音。钟死后，以知音难得，伯牙断弦破琴，事见《吕氏春秋·本味》。朱弦，指琴。佳人，指知音好友。

⑥ 青眼句：意谓只有见到美酒，眼中方见喜色。《晋书·阮籍传》："籍又能为青白眼，嵇喜来吊，籍作白眼，喜不怿而退。喜弟康闻之，乃赍酒挟琴造焉，籍大悦，乃见青眼。"青眼，黑眼珠，即正眼看人。聊，暂且。

⑦ 弄：演奏。

⑧ 鸥盟：与白鸥订立盟约，共居水云之乡，借指归隐。

提示

作者在泰和县任上，官卑事杂，心境落寞。一日趁闲登上快阁，排遣失意无聊之情，看到山水清明，顿生陶然忘机、摒去尘俗的情怀。全诗紧紧围绕"快阁"的"快"字生发。一、二句入题，为求解闷而登快阁；三、四句绘景，写登阁所见，山水广大明朗，顿有感悟；五、六句抒情，虽然世无知音，尽可自得其乐；七、八句述志，期待还乡过一种自由自在的生活。仍归结到一个"快"字。

诗中"落木千山天远大，澄江一道月分明"是写景句，写登快阁所见山水秋色实景，从杜甫"无边落木萧萧下"（《登高》）和谢朓"澄江静如练"（《晚登三山还望京邑》）脱化而来。山天远大，江月分明，生机勃勃，不但顿然开阔了自己的心胸，也摒去了自己的许多尘俗之见。

这首七言律诗用典、炼字颇见功力，如"朱弦""青眼"，用事贴切，且善敷色彩；"快阁东西""倚晚晴"中动词写意态宛然如见。五、六两句属对严整，意思流贯，将七言歌行的单行之气寓于排偶之中，显出了情致的跌宕起伏。

思维与训练

1. 本诗表现了作者怎样的思想情感？
2. "落木千山天远大，澄江一道月分明"二句描写了何种景色？

正气歌（并序）

文天祥

文天祥（1236—1283），字履善，号文山，南宋庐陵（今江西吉安）人。宋宝祐进士第一，出知瑞州、赣州。受贾似道排挤，曾一度隐居。德祐元年（1276）元兵攻临安，他以家产充作军资，起兵保卫京城，受命于危难之间，为右丞相兼枢密使。次年，出使元军被拘，后逃归。屡次出生入死，坚定不移，终因寡不敌众而战败，再次被俘，坚贞不屈，慷慨就义。其拳拳爱国之心，寄于文章、诗词，格调绝高，悲壮沉雄，感人肺腑。

予囚北庭①，坐②一土室，室广八尺，深可四寻③，单扉④低小，白间⑤短窄，污下而幽暗。当此夏日，诸气萃然：雨潦⑥四集，浮动床几，时则为水气；涂泥半朝⑦，蒸沤⑧历澜，时则为土气；乍晴暴热，风道四塞，时则为日气；檐阴薪爨⑨，助长炎虐，时则为火气；仓腐⑩寄顿⑪，陈陈逼人，时则为米气；骈肩⑫杂遝，腥臊汗垢，时则为人气；或圊溷⑬，或毁尸，或腐鼠，恶气杂出，时则为秽气。叠是数气，当之者鲜不为厉⑭。而予以孱弱，俯仰其间，于兹二年矣，幸而无恙，是殆有养致然尔⑮。然亦安知所养何哉？孟子曰：我善养吾浩然之气。彼气有七，吾气有一，以一敌七，吾何患焉！况浩然者，乃天地之正气也。作《正气歌》一首。

天地有正气，杂然赋流形⑯。下则为河岳，上则为日星。于人曰浩然，沛乎塞苍冥。皇路⑰当清夷，含和吐明庭。时穷节乃见，一一垂丹青。

在齐太史简⑱，在晋董狐笔⑲。在秦张良椎⑳，在汉苏武节㉑。为严将军头㉒，为嵇侍中血㉓。为张睢阳齿㉔，为颜常山舌㉕。或为辽东帽㉖，清操厉冰雪。或为《出师表》㉗，鬼神泣壮烈。或为渡江楫㉘，慷慨吞胡羯。或为击贼笏㉙，逆竖头破裂。是气所磅礴，凛冽万古存。当其贯日月，生死安足论。地维赖以立，天柱赖以尊。三纲实系命，道义为之根。

嗟予遘阳九㉚，隶也实不力㉛。楚囚㉜缨㉝其冠，传车送穷北㉞。鼎镬㉟甘如饴，求之不可得。阴房阗㊱鬼火，春院閟㊲天黑。牛骥同一皂㊳，鸡栖凤凰食。一朝蒙雾露，分作沟中瘠㊴。如此再寒暑，百沴㊵自辟易㊶。嗟哉沮洳场㊷，为我安乐国。岂有他缪巧㊸，阴阳不能贼。顾此耿耿在，仰视浮云白。悠悠我心悲，苍天曷有极。哲人日已远，典刑㊹在夙昔。风檐展书读，古道照颜色。

（选自：朱东润．中国历代文学作品选（中编第二册）[M]．上海：上海古籍出版社，2002.）

【注释】

① 北庭：指元都燕京。
② 坐：寄居。
③ 寻：八尺为一寻。
④ 单扉：单扇的门。
⑤ 白间：指窗。
⑥ 雨潦：雨水。
⑦ 半朝：半间屋子。
⑧ 蒸沤：散发出臭气。
⑨ 薪爨：烧水做饭。
⑩ 仓腐：仓中腐烂的粮食。
⑪ 寄顿：寄放，寄存。
⑫ 骈肩：指人肩靠肩。
⑬ 圊溷：厕所。
⑭ 鲜不为厉：很少有不得病的。
⑮ 是殆有养致然：这大约是深有修养的原因所造成的。
⑯ 杂然赋流形：不同禀赋给予各种身体。
⑰ 皇路：国运，指国家的政治局面。
⑱ 在齐太史简：《左传·襄公二十五年》载齐大夫崔杼弑齐庄公。齐国太史书"崔杼弑其君"于国史，为崔杼所杀。他的弟弟接着写，也被杀。还有一个弟弟仍旧写，崔杼终于放弃了杀戮。此时齐国的南史氏听说太史之事，也准备来写，听说事情已了，这才回家。
⑲ 在晋董狐笔：《左传·宣公二年》载晋国大臣赵穿弑晋灵公。这时执政大臣赵盾逃亡在外，未出国境，闻讯返回。尽管晋灵公昏庸残暴，但晋国太史董狐仍按史法在国史上书写"赵盾弑其君"，并公示于朝。赵盾表示反对。董狐说："子为正卿，亡不越境，返不讨贼，非子而谁？"孔子称赞说："董狐，古之良史也。书法不隐。"
⑳ 在秦张良椎：秦统一中国后，韩国贵族的后裔张良因家破而报仇，觅得力士，在博浪沙用一百多斤的铁锤伏击秦始皇，误中副车。秦始皇大索国中，终未捕获张良。

㉑ 在汉苏武节：汉武帝时，苏武奉使匈奴，被扣十九年，其间坚贞不屈，饱受磨难。被匈奴流放至北海牧羊，始终持汉节。宣帝时才归汉朝。事见《汉书·苏武传》。

㉒ 为严将军头：汉末益州牧刘璋的部将严颜为巴郡太守，刘备入川时，严颜被张飞俘获。张飞问他为何不降，他回答道："我州但有断头将军，无有降将军也。"事见《三国志·蜀书·张飞传》。

㉓ 为嵇侍中血：晋惠帝永兴元年（304），皇帝内部发生兵变。侍中嵇绍为保护惠帝，以身体遮蔽乱箭而亡，血溅帝衣。事后惠帝阻止左右洗去血迹，说："此嵇侍中血，勿去！"事见《晋书·嵇绍传》。

㉔ 张睢阳：即张巡。唐玄宗天宝十四年（755）安禄山叛乱，第二年张巡以真源县令起兵讨伐，后至睢阳（今河南商丘），与太守许远合力抗敌。然终因粮尽无援，城破被俘而被杀害。事见李翰《张巡传》和韩愈《书张中丞传后叙》。

㉕ 颜常山：唐代常山太守颜杲卿，安史之乱时，守城被俘。送至洛阳，大骂安禄山，被残害。事见《新唐书·颜卿传》。

㉖ 辽东帽：管宁的代称。东汉高士管宁，避乱辽东，终身不仕。在家常戴皂帽。

㉗ 《出师表》：刘备死后，诸葛亮鞠躬尽瘁，先后两次上《出师表》以求伐魏。

㉘ 渡江楫：东晋元帝时，祖逖积极组织北伐，收复中原。率军渡江时，中流击楫发誓说："祖逖不能清中原而复济者，有如大江。"陈词慷慨，感动军士。事见《晋书·祖逖传》。

㉙ 击贼笏：唐德宗时，朱泚欲谋反，欲引段秀实为同谋。秀实闻后勃然而起，用象笏击朱泚。唾其面而骂，遂被害。事见《旧唐书·段秀实传》。

㉚ 遘阳九：遭遇大变乱。

㉛ 不力：不够尽力。

㉜ 楚囚：春秋时期被晋国俘获的楚国人，后泛指囚犯。

㉝ 缨：扎帽带。

㉞ 穷北：荒远的北方。

㉟ 鼎镬：锅类的器皿，这里指用鼎、镬将人煮死的古代酷刑。

㊱ 阒：寂静，幽暗。

㊲ 闭：关门，关闭。

㊳ 皂：马槽。

㊴ 瘠：未完全腐烂的尸体。

㊵ 沴：恶气。

㊶ 辟易：退避。

㊷ 沮洳场：低下潮湿的地方。

㊸ 缪巧：阴谋诡计。

㊹ 典刑：模范，典则。

提示

文天祥在阴湿的囚室之中读书、沉思，并用他的生命履践了儒家成仁取义的道德理念。在他等待就义的日子里，他感悟到了孟子所说的浩然之气就是天地之间的正气。《正气歌》

先描绘了正气在天、地、人之间的表现,接着历数中国英烈的浩然正气,讴歌了历史上的忠臣烈士,激情满篇,洋溢着爱国精神,正是这些人的气节维系着人类的道德和宇宙的意义。最后感慨身世,追迹前贤,慷慨就义,表现出一位烈士精神升华的伟大境界。在铿锵的节奏之中,《正气歌》表达了博大崇高的情感和至性真诚,悲怆凄恻,回肠荡气。本篇既让今人领略忠贞不渝的民族气节,也鼓舞着诗人战斗不息,颂扬的是人类社会赖以传承、发展的不屈不挠精神。序中述说作者被俘后在牢狱里二年受到狱中水气、土气、日气、火气、米气、人气、秽气的侵袭,自己依然无恙,不为所害,"以一敌七",终于战胜了它。其力量的源泉在于"天地之正气",所以写下此篇。

思维与训练

1. 体会本诗阐明和颂扬的"正气"。结合诗人的主题思想,说说你对人间"正气"的理解。
2. 阅读文天祥《指南录》,并结合这首诗体会文天祥对孟子的"浩然之气"的观念有何理解与发展?

子虚赋（节选）①

司马相如

司马相如（前179—前117）,字长卿,小名犬子,后慕蔺相如为人,遂改名为相如,是西汉辞赋家。他的赋重铺排,重夸饰,极富于文采美和音乐美,为汉代散体大赋确立了比较成熟的形式,从而使汉赋成了一代鸿文。《汉书·艺文志》著录"司马相如赋二十九篇"。今仅存《子虚赋》《上林赋》《大人赋》《长门赋》《美人赋》《哀秦二世赋》6篇。这篇《子虚赋》是司马相如在景帝时任武骑常侍时所作。汉武帝即位后见到《子虚赋》大为赞赏,经人推荐,司马相如被汉武帝召见,又为武帝作《上林赋》。

楚使子虚于齐②,王悉发车骑与使者出畋。畋罢,子虚过姹乌有先生③,亡是公存焉④。坐定,乌有先生问曰:"今日畋,乐乎?"子虚曰:"乐。""获多乎?"曰:"少。""然则何乐?"对曰:"仆乐齐王之欲夸仆以车骑之众,而仆对以云梦之事也⑤。"曰:"可得闻乎?"子虚曰:"可。王车驾千乘,选徒万骑⑥,畋于海滨。列卒满泽,罘网弥山⑦。掩兔辚鹿⑧,射麋脚麟⑨,鹜于盐浦⑩,割鲜染轮⑪,射中获多,矜而自功⑫,顾谓仆曰:'楚亦有平原广泽游猎之地饶乐若此者乎⑬?楚王之猎,孰与寡人乎⑭?'仆下车对曰:'臣楚国之鄙人也,幸得宿卫十有余年⑮,时从出游,游于后园,览于有无⑯,然犹未能遍睹也,又焉足以言其外泽乎⑰?'齐王曰:'虽然,略以子之所闻见而言之。'仆对曰:'唯唯'。

"臣闻楚有七泽,尝见其一,未睹其余也。臣之所见,盖特其小小者耳,名曰云梦。云梦者,方九百里,其中有山焉。其山则盘纡岪郁⑱,隆崇嵂崒⑲,岑崟参差⑳,日月蔽亏㉑。交错纠纷,上干青云㉒,罢池陂陀㉓,下属江河㉔。其土则丹青赭垩㉕,雌黄白坿㉖,锡碧金银,众色炫耀,照烂龙鳞㉗。其石则赤玉玫瑰㉘,琳珉昆吾㉙,瑊玏玄厉㉚,硬石碔砆㉛。其东则有蕙圃㉜:蘅兰芷若㉝,芎藭菖蒲㉞,茳蓠蘼芜㉟,诸柘巴苴㊱。其南则有平原广泽,登降陁靡㊲,案衍坛曼㊳,缘以大江,限以巫山㊴;其高燥则生葴菥苞荔㊵,薛莎青薠㊶;其埤湿则生藏莨蒹葭⁴²,东蔷雕胡⁴³,莲藕觚卢⁴⁴,菴闾轩于⁴⁵,众物居之,不可胜图;其西则有涌泉清池,激水推移,外发芙蓉菱华⁴⁶,内隐钜石白沙⁴⁷;其中则有神龟蛟鼍⁴⁸,玳瑁鳖鼋⁴⁹;其北则有阴林,其树楩柟豫章⁵⁰,桂椒木兰⁵¹,檗离朱杨⁵²,樝梨梬栗⁵³,橘柚芬芬;其上则有鹓𪃹孔鸾⁵⁴,腾远射干⁵⁵;其下则有白虎玄豹,蟃蜒貙犴⁵⁶。

……

"于是楚王乃登云阳之台⁵⁷,怕乎无为⁵⁸,澹乎自持⁵⁹,勺药之和具⁶⁰,而后御之⁶¹。不若大王终日驰骋,曾不下舆,脟割轮焠⁶²,自以为娱。臣窃观之,齐殆不如。'于是齐王无以应仆也。"

乌有先生曰:"是何言之过也!足下不远千里,来贶齐国⁶³,王悉发境内之士,备车骑之众,与使者出畋,乃欲戮力致获⁶⁴,以娱左右,何名为夸哉?问楚地之有无者,愿闻大国之风烈⁶⁵,先生之余论也。今足下不称楚王之德厚,而盛推云梦以为高,奢言淫乐,而显侈靡,窃为足下不取也。必若所言,固非楚国之美也;无而言之,是害足下之信也。彰君恶,伤私义⁶⁶,二者无一可,而先生行之,必且轻于齐而累于楚矣⁶⁷!且齐东陼钜海⁶⁸,南有琅邪⁶⁹;观乎成山⁷⁰,射乎之罘⁷¹;浮渤澥⁷²,游孟诸⁷³。邪与肃慎为邻⁷⁴,右以汤谷为界⁷⁵。秋田乎青丘⁷⁶,傍偟乎海外⁷⁷,吞若云梦者八九于其胸中,曾不蒂芥⁷⁸。若乃俶傥瑰玮⁷⁹,异方殊类,珍怪鸟兽,万端鳞崒⁸⁰,充牣其中⁸¹,不可胜记,禹不能名⁸²,卨不能计⁸³。然在诸侯之位,不敢言游戏之乐,苑囿之大⁸⁴;先生又见客⁸⁵,是以王辞不复⁸⁶,何为无以应哉?"

(选自:徐季子,姜光斗.中国古代文学(上)[M].上海:华东师范大学出版社,2000.)

【注释】

① 本篇略去原赋中楚王驾车打猎和率郑女游乐的两个段落。
② 子虚:与下文的"乌有""亡(同'无')是公"都是虚构的人物。使:派遣。
③ 过:探访。姹(chà):同"奼",夸耀的意思。
④ 存:在。焉:于此。
⑤ 云梦:即云梦泽,楚国著名的大沼泽地,在今湖北安陆市南,本为二泽,跨长江两岸,北为云,南为梦,方八九百里,后世淤塞。
⑥ 徒:指士兵。
⑦ 罘(fú)网:捕兔的网。
⑧ 掩:用网捕捉。轔:用车追逐碾压。
⑨ 麋(mí):兽名,即麋鹿。脚麟:抓住麟的腿。脚,小腿,此处用作动词。麟,雄鹿。
⑩ 骛(wù):纵横驰骋。
⑪ 鲜:指动物的生肉。染轮:血染车轮。
⑫ 矜(jīn):夸耀。自功:自以为有成绩。功,用作动词。
⑬ 饶乐:富有乐趣。饶,富有。
⑭ 与:如,及。
⑮ 宿卫:在帝王宫禁中值宿卫戍。
⑯ 览:看见。有无:偏义复词,指有一些东西。

⑰ 焉足：哪能。外泽：宫禁外的大泽。
⑱ 盘纡（yū）弗（fú）郁：均形容山势曲折。
⑲ 隆崇：高耸的样子。崒崪（lǜ zú）：高而险的样子。
⑳ 岑崟（yín）：形容山势高峻。
㉑ 蔽：全隐。亏：半缺。
㉒ 干：触犯。
㉓ 罢池（pí chí）：山坡倾斜的样子。"陂陀"亦同此意。
㉔ 属：连接。
㉕ 丹：朱砂。青：青雘（huò），赤石脂之类，古代以为是好的颜料。赭（zhě）：赤土。垩（è）：白土。
㉖ 雌黄：一种矿物，可做颜料。白坿（fù）：白石英。
㉗ 照烂龙鳞：色泽闪烁如同龙鳞一般。
㉘ 玫瑰：一种紫色宝石。
㉙ 琳：美玉。珉（mín）：美石。昆吾：同"琨珸"，本是山名，出美石，此处用来指美石。
㉚ 瑊玏（jiān lè）：美石。玄厉：黑石，可用以磨刀。
㉛ 碝（ruǎn）石：白中带赤的美石。碔砆（wǔ fū）：赤地白纹的美石。
㉜ 蕙圃：长着香草的园圃。
㉝ 蘅兰芷若：四种都是香草名，即杜蘅、兰草、白芷、杜若。
㉞ 芎䓖（xiōng qióng）：一种香草，今通常叫"川芎"根可入药。菖蒲：一种草本植物，其根茎可作香料。
㉟ 茳蓠（lí）：生于水中的香草。
㊱ 诸柘：即甘蔗。柘：同"蔗"。巴苴（jū）：即芭蕉。
㊲ 登降：指地势高低。陁（yí）靡：山坡倾斜绵延的样子。
㊳ 案衍：低下的样子。坛曼：平坦的样子。
㊴ 巫山：指云梦泽中的巫山，也叫阳台山。
㊵ 葴（zhēn）蓒（xī）苞荔：都是草名，即马兰、蓒莫（míng）、席草、荔挺。
㊶ 薛莎（suō）青薠（fán）：都是草名，即蘱（lài）蒿、莎草、薠草。
㊷ 埤：同"卑"，指地势低下。䒞菇（zāng láng）：俗名狗尾巴草。蒹葭（jiān jiā）：泛指芦苇。
㊸ 东蔷（qiáng）：草名，似蓬草，实如葵子，可食。雕胡：即菰米，俗名茭白。
㊹ 瓠（gū）卢：即葫芦。
㊺ 菴闾（ān lǘ）：状如蒿艾。轩于：即莸（yóu）草，味臭。
㊻ 华：同"花"。
㊼ 钜：同"巨"。
㊽ 蛟：鳄鱼一类的动物。鼍（tuó）：今称扬子鳄，又叫猪婆龙。
㊾ 玳瑁（dài mào）：鱼类动物，其甲壳光滑而有文采，可作装饰物。鼋（yuán）：形似龟而大。

㊿ 楩（pián）柟（nán）豫章：都是大木，即黄楩木、楠木、樟木。
� 椒（jiāo）：即花椒。木兰：俗称紫玉兰。
㊾ 檗（bò）：即黄檗，一种落叶乔木。离：通"樆"，山梨。朱杨：赤茎柳。
53 樝（zhā）："楂"的本字，即山楂。梬（yǐng）栗：也称梬枣，形似柿而小。
54 鹓鶵（yuān chú）：鸟名，形似凤。孔鸾：孔雀鸾鸟。
55 腾远：猿类动物，善攀登。射（yè）干：似狐而小，能爬树。
56 蟃蜒（wàn yán）：野兽名，形似狸而长。䝯犴（chū àn）：野兽名，形似狸而大。
57 云阳之台：即阳台，在巫山下。
58 怕：同"泊"，恬静的样子。无为：安然无事。
59 澹（dàn）：安静的样子。自持：保持安闲的心情。
60 勺药：古人认为勺药有"和五脏，辟毒气"的功能，用作调料。和：调和。具：具备。
61 御：指皇帝食用。
62 胹（luán）割：把肉切成块。胹，同"脔"。轮焠，在车轮间烤肉。焠，烤。
63 贶（kuàng）：惠赐，赐教。
64 戮力：合力。致获：使打猎得到收获。
65 风：指美好的风俗。烈：指辉煌的业绩。
66 私义：指子虚的信义。
67 轻于齐：为齐人所轻视。累于楚：影响楚国的威信。
68 渚（zhǔ）：水边，此处作动词用，临的意思。
69 琅邪（yá）：山名，在今山东诸城市东南海滨。
70 成山：在今山东荣成县东。
71 之罘（fú）：山名，在今山东福山县东北。
72 渤：渤海。澥（xiè）：海边港湾。
73 孟渚：古代薮（sǒu）名，在今河南商丘东北、虞城西北，今已淤塞。
74 邪：同"斜"，侧翼。肃慎：古国名，在今辽宁、吉林、黑龙江一带。
75 汤（yáng）谷：地名，即旸谷，古人认为是日出的地方，地处极东。古人以东为左，句首的"右"应是"左"之误。
76 田：同"畋"，打猎。青丘：国名，据说在大海以东300里处。
77 徬徨：游乐。
78 蒂（dì）芥：同"芥蒂"，细小的梗塞物。
79 若乃：意谓假如谈到。俶傥（tì tǎng）：同"倜傥"，卓越。瑰玮（guī wěi）：奇伟。
80 鳞崒（cuì）：像鱼鳞似的聚集在一起。崒，同"萃"，聚集。
81 充牣（rèn）：充满。
82 禹：人名，尧时为司空。
83 卨（xiè）：即"契"，人名，尧时为司徒。
84 苑囿（yòu）：种植林木、畜养禽兽的园子，古代帝王游玩、打猎的场所。
85 见客：受到宾客的礼遇。

㊆ 是以：即"以是"，因此。王辞不复：齐王不以言词反答你。

提示

此赋描述楚国的子虚先生讲述随齐王出猎，齐王问及楚国，子虚先生极力铺排楚国之广大丰饶，以至云梦不过是其后花园之小小一角，列数奇花名草、珍禽异兽。乌有先生不服，便以齐之大海名山、异方殊类，傲视子虚。总的来看都是张扬本国风采、帝王气象，虽不乏雄伟壮丽的场面，然终觉是虚张声势的描述，尽管作为汉大赋代表作具有特殊价值，但终因年代久远、词语生疏，今人读后恐难再产生汉武帝阅读时的赞美，而大约只会留下虚构的子虚乌有印象而已。

思维与训练

1. 体会此赋在内容上以体物为主的特点。
2. 本文是如何通过对贵族奢侈生活的暴露性描写来达到讽喻意图的？

蝶恋花

晏 殊

晏殊（991—1055），字同叔，抚州临川（今江西临川）人，7岁能属文，14岁以神童召试，赐同进士出身，出仕真宗、仁宗两朝。历官右谏议大夫兼侍读学士、同中书门下平章事兼枢密使、礼部尚书等，也曾两度贬谪外放。谥元献，人称"晏元献"。当时名臣范仲淹、富弼、韩琦、欧阳修和词人张先等皆出其门。诗属"西昆体"，词风则承袭五代，受冯延巳的影响较深。词作内容多为歌酒风月、闲情别绪，笔调闲婉，理致深蕴，语言雅丽，音调和谐，为宋词四大开祖之一。传世有《珠玉集》。

槛菊愁烟兰泣露①。罗幕轻寒②，燕子双飞去。明月不谙离恨苦③，斜光到晓穿朱户④。昨夜西风凋碧树⑤。独上高楼，望断天涯路。欲寄彩笺兼尺素⑥，山长水阔知何处？

（选自：［清］朱彝尊，等．词综［M］．上海：上海古籍出版社，2005：70．）

【注释】

① 槛（jiàn）：花园的围栏。"槛菊"句，谓苑中菊花笼罩着一层烟气，似乎含愁；兰草沾上露水，如在饮泣。

② 罗幕：丝罗做的帷幕，借指屋内，富贵人家所用。

③ 谙（ān）：熟悉，了解。

④ 朱户：朱红色的门户，指富贵人家。

⑤ 凋碧树：西风使树木绿叶枯落。

⑥ 彩笺：古人用来题咏和写信用的一种精美的纸，这里代指题咏之作。尺素：古人书写所用的尺许长的白色生绢，后来作为书信的代称。语出古乐府《饮马长城窟行》："呼儿烹鲤鱼，中有尺素书。"句中兼提彩笺尺素，以重言表示情意的殷切。

提示

这是一首深秋念远怀人之作,细致刻画了主人公为离愁所苦的复杂心情。

词上片写长夜相思之苦,通过秋夜的景物表现离愁别恨,却并不着眼于景物外在形貌,而把人的情思附着于原本无情无思的自然物之上,借外物写出人的感受、人的内心世界。其中对明月的看似无理的埋怨,既表其一夜无眠,更显现相思之苦的难以排遣。下片写登楼望远的愁思。由"凋碧树"到"独上",到"望尽",再到"知何处",步步深入地把思念之殷切、孤独之无奈渲染得委婉而又淋漓尽致。昨夜三句总写登高望远,难遣离愁,境界极为高远阔大。

晏殊是北宋时期的太平宰相,其词大多写冶游宴饮、伤离念远、男女恋情。所谓"诗庄词媚",正是北宋文人士大夫借词书写人生惆怅、富贵"闲愁"的一种理论总结。惆怅、"闲愁"是一种富有诗意的情感,它不是那种强烈的喜怒哀乐的体验,而是失落伤感之情思,常见于气质敏感、情感细腻、学养天分较高者。晏殊正是如此。

词中"昨夜西风凋碧树,独上高楼,望尽天涯路"一句,被王国维拈来,比喻成做大学问、大事业者所必须经过的三种境界之一。原因在于晏殊词本具情中有思的特质,即把某种人生的体悟自然融入抒情的语句中,从而使情词的深处若有若无地蕴含了更深更广的哲理意味。

思维与训练

1. 古人多有登楼远眺之作,你能举出几篇同类的诗词作品吗?
2. 本篇遣词用字十分考究,请举出几例并加以分析。
3. 了解王国维所说的"三种境界",并试析其引用效果。

踏莎行①

欧阳修

欧阳修(1007—1072),字永叔,号醉翁,晚号六一居士,吉水(今属江西)人。宋仁宗天圣八年(1030)进士。任谏官时,敢犯颜直谏,与韩琦、范仲淹等人主张政治改革,为此屡遭贬谪。后累官至翰林学士、枢密副使、参知政事。对王安石的变法主张表示异议。晚年辞官居颍州,卒谥文忠。他是北宋诗文革新运动的领导人,以先道后文、事信言文等理论和富有现实内容的创作实践,反对浮靡的文风,同时奖引后进,为北宋的文学发展做出了巨大贡献。他在散文、诗歌、词作方面都负有盛名,对当世文坛有极大的影响。其文众体兼备,其诗平易疏朗,条达晓畅,一洗"西昆派"绮靡、晦涩之弊。词则多写恋情离思,婉曲清新,为宋词开祖之一。他曾与宋祁合修《新唐书》,并独力完成《新五代史》。有《欧阳文忠公集》《六一词》。

候馆梅残②,溪桥柳细,草薰风暖摇征辔③。离愁渐远渐无穷,迢迢不断如春水④。寸寸柔肠,盈盈粉泪⑤,楼高莫近危栏倚⑥。平芜尽处是春山⑦,行人更在春山外。

(选自:[清]朱彝尊,等. 词综[M]. 上海:上海古籍出版社,2005:80.)

【注释】

① 踏莎行：词牌名。
② 候馆：迎候、接待宾客的馆舍。《周礼·地官·遗人》："五十里有市，市有候馆。"
③ 草薰句：意谓在大好春光中却骑马作别而去。此句为变化南朝梁江淹《别赋》"闺中风暖，陌上草薰"而成。薰，香气侵袭。辔（pèi），马缰绳。
④ 迢（tiáo）迢：形容遥远。
⑤ 盈盈：泪水充溢眼眶之状。
⑥ 危栏：高楼上的栏杆。
⑦ 平芜：平坦地向前伸展的草地。

提示

本篇属闺怨别情一类传统题材，作者通过写旅人在征途中的感受，抒发了浓重的离愁别恨。

上下片分言行者与居者。行者为游子，在早春时离家远去，因春色无限而生离愁，为实写。居者为思妇，在闺中凭栏远望，思念行者，这是推想出来的情境，为虚拟。从抒情而言，这是透过一层、从对面写来的手法，把游子与思妇的闺怨别情相沟通，使抒情更为深挚。

本篇采用了以乐景写哀情，先扬后抑的手法。先写春色之美，然后通过"摇征辔"一转，由春色之美转出离愁无穷，先扬后抑，情景反衬。以乐景写哀情，以情景之间的失去平衡来震慑读者的心灵。本篇暗用典故，翻新旧意，既增加了形象的感情容量，又巧妙得了无痕迹。如首两句写梅残柳细，其中暗用典故：写梅，使人联想起陆凯自江南寄梅给长安范晔，含有怀念家人之意；写柳，又易与古人折柳赠别之举相联系，暗寓离别之意。结句"平芜尽处是春山，行人更在春山外"，因运用了递进层深之笔而著名。与之相类似的有范仲淹《苏幕遮》"山映斜阳天接水，芳草无情，更在斜阳外"，其共同特征是，将情景融成一体，在想象中更进一层。

思维与训练

1. 本篇抒发了作者怎样的思想感情？
2. 分析本篇暗用典故、翻新旧意的艺术手法。

醉花阴①

李清照

李清照（1084—约1151），号易安居士，济南（今属山东）人。宋代杰出女词人。父亲李格非是著名学者。早年生活在一个学术、文艺气息浓厚的家庭里，过着悠闲平静的生活。嫁金石家赵明诚，婚后与丈夫共同致力于金石书画的收藏、整理和研究。"靖康"南渡，避乱江南，不久丈夫去世，只身漂泊，晚年境遇凄苦，含恨离世。

李清照诗、词、散文、书画都有成就。词作尤为宋代一大家，是婉约派的代表词人。以靖康之变为界，前期词作多抒发对爱情的向往和对自然的热爱，曲折含蓄，韵味深长；南渡后以个人遭遇反映社会动乱，蕴含着沉痛的家国兴衰之感，风格苍凉沉郁。有《漱玉词》《李清照集》。

薄雾浓云愁永昼②，瑞脑消金兽③。佳节又重阳④，玉枕纱厨⑤，半夜凉初透。
东篱把酒黄昏后⑥，有暗香盈袖⑦。莫道不消魂⑧，帘卷西风⑨，人比黄花瘦。

（选自：[清]朱彝尊，等．词综[M]．上海：上海古籍出版社，2005：574．）

【注释】

① 醉花阴：词牌名。双调五十二字，上下阕各五句，三仄韵。曲牌中亦有《醉花阴》名，北曲黄钟宫，共八句。

② 愁永昼：整天处于忧愁之中。

③ 瑞脑消金兽：兽形香炉中的香料已经烧完。瑞脑，香料名，一般称龙脑。金兽，兽形香炉。

④ 重阳：又称"重九"，节令名，农历九月九日。

⑤ 玉枕：瓷枕。纱厨：即碧纱厨，用木条做框架，蒙上绿色轻纱，里面放床，人在其中，可避蚊蝇。

⑥ 东篱：即菊圃。陶渊明《饮酒》诗（其五）："采菊东篱下，悠然见南山。"

⑦ 暗香：菊花的幽香。

⑧ 消魂：此指幽愁。

⑨ 帘卷西风：秋风把帘子卷起来。

提示

"每逢佳节倍思亲"，重阳佳节，夫妻暂时分离，本词表现的是李清照思念丈夫的离别之苦、相思之情。

词的上片写作者独居，愁闷无聊。室外晨雾未散，转又密布浓云；室内兽形香炉腾起袅袅的瑞脑香烟，备感百无聊赖。重阳节到，天气骤凉，纱帐凄清，词人失眠，使人更觉神伤。词的下片写独自把酒赏菊的内心愁苦。前两句似乎洒脱，把酒赏菊，应节应景，却难以排遣思念丈夫之情，用"莫道"引出更加凄凉的意境，从而推出"人比黄花瘦"的警句来。

瘦字一般用来形容人，在此处用来形容花自有新意。因为作者怜花，所以西风吹动帘子的同时就想到西风也在吹动菊花，感到菊花随气候变冷而逐渐变瘦。又因为作者自怜，故联想到自己比黄花还要瘦。

这首词，以"愁"开篇，以"愁"定全词基调；以"瘦"结束，瘦是全词的词眼，是主旨的所在。"愁"是"瘦"的原因，"瘦"是"愁"的结果，情意绵绵，形象鲜明而感人。

思维与训练

1. 柳永《凤栖梧》也是表达相思之情之作，试与李清照的《醉花阴》相比较，谈读后体会。

2. 《醉花阴》在写作艺术上有何特点？

3. 阅读李清照晚年生活的有关词作,试析她前后期词的不同情感内容与风格特点。

桂枝香·金陵怀古
王安石

王安石(1021—1086),字介甫,晚号半山,临川(今江西抚州)人,北宋著名的政治家、思想家和文学家。

王安石于仁宗庆历二年(1042)进士及第,做过多年地方官。嘉祐三年(1058)写《上仁宗皇帝言事书》,提出系统的变法主张。神宗即位,以知制诰知江宁府,召为翰林学士兼侍讲。熙宁二年(1069)擢参知政事,次年拜相,大力推行新法,以图富国强兵。由于司马光为代表的保守派强烈反对,成效不大。熙宁七年(1074)罢相。次年又拜相,旋再次辞去相位。晚年退居金陵,潜心著述。封荆国公,世称王荆公。

王安石在文学上亦为宋朝的一大家,他在诗、词、散文等方面均有成就。散文以识见高超、议论犀利、逻辑严谨、笔力雄厚著称。其诗长于说理,精于修辞,亦有情韵深婉之作,风格遒劲有力。词作不多,而能一洗五代旧习,清新刚健。有《临川先生文集》。

登临送目①,正故国晚秋②,天气初肃③。千里澄江似练④,翠峰如簇⑤。征帆去棹残阳里⑥,背西风、酒旗斜矗⑦。彩舟云淡,星河鹭起⑧,画图难足⑨。

念往昔、繁华竞逐⑩,叹门外楼头⑪,悲恨相续⑫。千古凭高,对此谩嗟荣辱⑬。六朝旧事随流水,但寒烟衰草凝绿⑭。至今商女,时时犹唱,《后庭》遗曲⑮。

(选自:[清]朱彝尊,等.词综[M].上海:上海古籍出版社,2005:86.)

【注释】
① 送目:远目,望远,即放眼远望。
② 故国:指金陵,南朝的旧都,今江苏省南京市。
③ 肃:指秋气清肃,萧索。
④ 千里澄江似练:语出谢朓《晚登三山还望京邑》中"余霞散成绮,澄江静如练"。澄江,指长江。似练,像一条白绸子。
⑤ 簇:同"镞",即"箭镞",形容山势峭拔,一说攒聚。
⑥ 征帆去棹:往来的船只。帆、棹,这里都代指船。
⑦ 酒旗斜矗:酒旗随风飘扬。酒旗,酒楼上悬挂的布帘招牌。斜矗,斜斜地插着。
⑧ "彩舟"二句:远在天际的船只笼罩在淡雾中,水洲上的白鹭纷纷起舞。彩舟,船的美称。星河,天河,此指远望中的长江。南京西南长江中有白鹭洲,作者将地名活用,写成"星河鹭起"的动景。
⑨ 画图难足:用图画难以完美地描绘出来。
⑩ 繁华竞逐:竞逐繁华的倒文,争着过繁华荒淫的生活。竞逐,竞争,追逐。
⑪ 叹门外楼头:典出杜牧《台城曲》中"门外韩擒虎,楼头张丽华"。意思是隋兵已临城下,陈后主和张丽华还在寻欢作乐。韩擒虎为隋朝大将,于隋文帝开皇九年(589)率军伐陈。次年正月,隋军从朱雀门攻入建康(即金陵),俘获陈后主和张丽华等,陈亡。门

外，指朱雀门外。楼头，指结绮阁，陈后主宠妃张丽华的居所。

⑫ 悲恨相续：指六朝亡国的悲恨相续不断。

⑬ 谩嗟荣辱：空叹兴（荣）亡（辱）。

⑭ "六朝"二句：意谓历史旧事已随流水一样一起消逝，现在所见到的只是衰飒的景色。唐代诗人窦巩《南游感兴》云："伤心欲问前朝事，惟见江流去不回。日暮东风春草绿，鹧鸪飞上越王台。"此化用其意。六朝，吴、东晋、宋、齐、梁、陈均建都于建康，故称六朝。

⑮ "至今"三句：语出杜牧《泊秦淮》"商女不知亡国恨，隔江犹唱后庭花"。商女，歌女。《后庭》，即《玉树后庭花》歌曲的简称，陈后主所作。《隋书·五行志上》："祯明初，后主作新歌，词甚哀怨，令后宫美人习而歌之。其辞曰：'玉树后庭花，花开不复久。'时人以歌谶。此其不久兆也。"故后人把它看作亡国之音。

提示

此词为王安石于治平四年（1067）出知江宁府时所作。上片描写金陵的壮丽景色，下片通过怀古，揭露六朝统治阶级"繁华竞逐"的腐朽生活，并以杜牧诗意，寄寓了对现实的深切忧虑。

"金陵怀古"是骚人墨客经常吟咏的题目，此词虽用上片写景、下片抒情的传统词作结构方式，但立意高远，议论超伦。作者以开阔的眼界、博大的胸襟来俯仰古今，通过怀古谴责六朝君主"繁华竞逐"导致国破家残，败亡相继，显示出对历史、对现实的清醒认识和对国家前途的深度关切，实有借历史警戒当朝之意。这不是一般文人的见解，而是政治家的见解。

这首词意境壮大高远，含义广阔深沉，与作者豪放深沉之心绪相合。作者抓住金陵山水风物的特征，以清丽优美形象性极强的语言，描绘出金陵的壮丽景色。全词使事用典，紧扣题旨，贴切达意，使词显得含蓄而浑厚。

思维与训练

1. 指出此词的用典之处，并说明其特色。
2. 试析本词是如何把怀古与讽今结合起来的。
3. 结合此词内容，分析作为政治家的王安石词作的特色。

水龙吟·次韵章质夫杨花词①

苏轼

苏轼（1037—1101），字子瞻、和仲，号铁冠道人、东坡居士，世称苏东坡、苏仙，汉族，眉州眉山（今四川省眉山市）人，祖籍河北栾城，北宋著名文学家、书法家、美食家、画家，历史治水名人。北京大学教授、引碑入草开创者李志敏评价："苏轼是全才式的艺术巨匠。"

嘉祐二年（1057），苏轼进士及第。宋神宗时在凤翔、杭州、密州、徐州、湖州等地任职。元丰三年（1080），因"乌台诗案"被贬为黄州团练副使。宋哲宗即位后任翰林学士、侍读学士、礼部尚书等职，并出知杭州、颍州、扬州、定州等地，晚年因新党执政被贬惠州、儋州。宋徽宗时获大赦北还，途中于常州病逝。宋高宗时追赠太师；宋孝宗时追谥"文忠"。

苏轼是北宋中期文坛领袖，在诗、词、散文、书、画等方面取得很高成就。文纵横恣肆；诗题材广阔，清新豪健，善用夸张比喻，独具风格，与黄庭坚并称"苏黄"；词开豪放一派，与辛弃疾同是豪放派代表，并称"苏辛"；散文著述宏富，豪放自如，与欧阳修并称"欧苏"，为"唐宋八大家"之一。苏轼善书，为"宋四家"之一；擅长文人画，尤擅墨竹、怪石、枯木等。作品有《东坡七集》《东坡易传》《东坡乐府》《潇湘竹石图卷》《枯木怪石图卷》等。

似花还似非花，也无人惜从教②坠。抛家傍路，思量却是，无情有思③。萦损柔肠④，困酣娇眼⑤，欲开还闭。梦随风万里，寻郎去处，又还被莺呼起⑥。不恨此花飞尽，恨西园，落红难缀⑦。晓来雨过，遗踪何在？一池萍碎⑧。春色⑨三分，二分尘土，一分流水。细看来，不是杨花，点点是离人泪。

（选自：［清］朱彝尊，等．词综［M］．上海：上海古籍出版社，2005：78.）

【注释】

①水龙吟：词牌名。又名"龙吟曲""庄椿岁""小楼连苑"。《清真集》入"越调"。一百二字，前后片各四仄韵。次韵：用原作之韵，并按照原作用韵次序进行创作，称为次韵。章质夫：即章楶（jié），建州浦城（今属福建）人。时任荆湖北路提点刑狱，常与苏轼诗词酬唱。

②从教：任凭。

③无情有思：言杨花看似无情，却自有它的愁思。用唐韩愈《晚春》诗："杨花榆荚无才思，唯解漫天作雪飞。"这里反用其意。思，心绪，情思。

④萦：萦绕、牵念。柔肠：柳枝细长柔软，故以柔肠为喻。

⑤困酣：困倦之极。娇眼：美人娇媚的眼睛，比喻柳叶。古人诗赋中常称初生的柳叶为柳眼。

⑥"梦随"三句：用唐金昌绪《春怨》诗："打起黄莺儿，莫教枝上啼。啼时惊妾梦，不得到辽西。"

⑦落红：落花。缀：连结。

⑧一池萍碎：苏轼自注："杨花落水为浮萍，验之信然。"

⑨春色：代指杨花。

提示

这首咏物词约作于宋神宗元丰四年（1081），时为苏轼因"乌台诗案"被贬谪居黄州的第二年。章楶，是苏轼的同僚和好友。他作有咏杨花的《水龙吟（燕忙莺懒芳残）》，原词曰："燕忙莺懒芳残，正堤上杨花飘坠。轻飞乱舞，点画青林，全无才思。闲趁游丝，静临深院，日长门闭。傍珠帘散漫，垂垂欲下，依前被风扶起。兰帐玉人睡觉，怪青衣，雪沾琼缀。绣床渐满，香球无数，才圆却碎。时见蜂儿，仰黏轻粉，鱼吞池水。望章台路杳，金鞍游荡，有盈盈泪。"

苏轼的这一首是次韵之作。依照别人词的原韵，作词答和，连次序也相同的叫"次韵"或"步韵"。苏轼在一封给章质夫的信中说："《柳花》词妙绝，使来者何以措词。本不敢继作，又思公正柳花飞时出巡按，坐想四子，闭门愁断，故写其意，次韵一首寄云，亦告以不示人也。"

苏词向以豪放著称，但也有婉约之作，这首《水龙吟》即为其中之一。它借暮春之际"抛家傍路"的杨花，化"无情"之花为"有思"之人，"直是言情，非复赋物"，幽怨缠绵而又空灵飞动地抒写了带有普遍性的离愁。篇末"细看来，不是杨花，点点是离人泪，"实为显志之笔，千百年来为人们反复吟诵、玩味，堪称神来之笔。

上片主要写杨花（柳絮）飘忽不定的际遇和不即不离的神态；下片与上片相呼应，主要是写柳絮的归宿，感情色彩更加浓厚。全词不仅写出了杨花的形神，而且采用拟人的艺术手法，把咏物与写人巧妙地结合起来，将物性与人情毫无痕迹地融在一起，真正做到了"借物以寓性情"，写得声韵谐婉，情调幽怨缠绵，反映了苏词婉约的一面。

思维与训练

1. 苏轼是宋代豪放派词人的代表，本词却被认为是苏轼的婉约之作，请谈一谈你的理解。

2. 王国维在《人间词话》中说："东坡杨花词，和韵而似原唱；章质夫词原唱而似和韵。"意思就是苏轼写得更像原作，可以说评价非常之高。你赞同这种说法吗？请谈一谈你的理解。

水龙吟·登建康赏心亭①

辛弃疾

辛弃疾（1140—1207），字幼安，号稼轩，历城（今山东济南）人。南宋伟大的爱国词人。

青少年时期生活在金兵占领的北方地区，22岁时，他组织2 000多人参加耿京领导的抗金义军，奉表归宋。他有识有才，力图抗金，坚持北伐，一直受到南宋投降派的排挤，闲居于江西上饶、铅山达20年之久，遭遇艰难，失志孤危。晚年被起用，不久又被弹劾落职，后抑郁而死。

辛弃疾词深刻地反映了理想与现实的矛盾，表现出一种雄奇豪壮而又苍凉沉郁的风格，题材广阔，手法多样，爱国思想一线贯穿。他学识渊博，善于用典，对词的发展有重大贡献，为苏轼之后的豪放词代表作家。与苏轼并称"苏辛"。有《稼轩长短句》。

楚天千里清秋②，水随天去秋无际③。遥岑远目，献愁供恨，玉簪螺髻④。落日楼头，断鸿声里⑤，江南游子⑥。把吴钩看了⑦，阑干拍遍，无人会，登临意。

休说鲈鱼堪脍，尽西风，季鹰归未⑧？求田问舍，怕应羞见，刘郎才气⑨。可惜流年，忧愁风雨，树犹如此⑩！倩何人、唤取红巾翠袖，揾英雄泪⑪！

（选自：[清]朱彝尊，等.词综[M].上海：上海古籍出版社，2005：284.）

【注释】

① 这首词是辛弃疾于宋孝宗乾道五年（1169）任建康通判时所作。水龙吟：词牌名。建康：今江苏南京。赏心亭：当时在建康小西门城楼上。

② 楚天：南方的天空。

③ 秋无际：秋色无边。

④ 遥岑三句：眺望远山，犹如妇女头上的碧玉簪和螺形发髻，它们似乎在向人们表示无限的愁恨。遥岑远目，即远目遥岑。目，望。岑，山峰。

⑤ 断鸿：失群的孤雁。

⑥ 江南游子：作者远离故乡，流寓南方，所以自称江南游子。

⑦ 吴钩：吴地出产的宝刀。

⑧ "休说"三句：意思是自己不能像张翰那样回故乡。据《世说新语》载，西晋时的张翰，是吴郡（今苏州）人，在洛阳做官，见秋风起，想到家乡的菰菜（茭白）、莼羹和鲈鱼鲙，说道："人生贵得适意耳，何能羁宦数千里以要名爵乎？"于是弃官归去。鲙（kuài）：同"脍"，切得很细的肉。季鹰，张翰字季鹰。

⑨ "求田"三句：意思是国难当头，决不买房置地，追求个人舒适。据《三国志》载，刘备对许汜的求田问舍表示极度鄙视，指责他"有国士之名，今天下大乱，帝王失所，望君忧国忘家，有救世之意，而君求田问舍，言无可采"。刘郎，刘备。

⑩ "可惜"三句：意思是感叹虚度年华。据《世说新语》载，桓温北征，经金城（在今南京北面），看到以前在这里时种的柳树已经十围，"慨然曰：'木犹如此，人何以堪！'攀枝折条，泫然流泪"。

⑪ "倩（qiàn）何人"三句：请谁唤来美女，揩拭英雄流下的伤心泪。倩，请。红巾翠袖，女子装束，这里借指侍女、歌妓。揾（wèn），揩拭。

提示

这首词写作者登上城西的赏心亭，眺望江北，百感交集，抒写自己报国无路、年华虚度的悲愤，表现出关心国事、渴望收复中原的爱国精神。

上片主要通过写景和写举动抒情。诗人登上赏心亭，遥望南天，秋色无边。然而，山河虽好，仅存半壁。面向北方，层层叠叠秀丽的山岭，可惜沦陷于金人之手，满腔愁恨。"玉簪螺髻"是比喻，"献愁供恨"是拟人化手法。接着写落日、断鸿，有象征意味：黄昏落日，令人联想到南宋国势衰颓；"断鸿声里"，离群的孤雁，让作者联想到自己的身世，哀鸿遍野，又令人想到北方离散的百姓。江南游子，正是漂泊的词人身影。"把吴钩看了，栏杆拍遍"的动作，表示英雄无用武之地的苦闷以及无人理解的悲哀。

下片连用三个典故，表达词人复杂的思想感情。一是用张翰在洛阳做官，秋风起，想到家乡的风物，便弃官归去的故事。表示自己有报国的壮志，决不辞官归隐。二是用刘备鄙视许汜的故事，表示自己决不求田问舍，追求个人私利；要像刘备那样，意气风发，以国家为重。三是用桓温感伤岁月流逝的故事，表示时光流逝，壮志难酬，虚度年华，悲哀之至。最后以无人"唤取红巾翠袖，揾英雄泪"的形象说法，表达知音难觅，得不到同情与慰藉的伤感。

本词潜气内转情感跌宕起伏。又运用比喻、比拟、象征和典故等多种抒情手法，委婉含蓄，意蕴丰厚。

思维与训练

1. 诗人为什么说"遥岑远目，献愁供恨，玉簪螺髻?"其中用了哪两种修辞手法？
2. 分别说明词中所用三个典故所表达的思想感情。

少年游①
柳永

柳永（约987—约1053），原名三变，字耆卿，崇安（今福建崇安）人。北宋著名词人，在词的发展上有重大的贡献。为举子时，流连坊曲，为乐工伎女撰作歌词。屡试不第，50岁时才中进士，官至屯田员外郎，世称柳屯田。

柳永一生仕途抑郁不得志，独以词著称于世，他是北宋第一个专力填词的作家，词多写都市繁华及倚红偎翠的生活，尤以写羁旅行役、离情别绪最为出色，他精通音律，大量制作慢词，善于铺叙和使用俚俗语言，将写景、叙事、抒情融为一体，推动了词体的发展。作品影响广泛，连西夏人士亦称"凡有井水饮处，皆能歌柳词"。有《乐章集》。

参差烟树灞陵桥②。风物③尽前朝。衰杨古柳，几经攀折，憔悴楚宫腰④。
夕阳闲淡秋光老，离思满蘅皋⑤。一曲阳关⑥，断肠声尽，独自凭兰桡⑦。
（选自：[清] 朱彝尊，等. 词综 [M]. 上海：上海古籍出版社，2005：73.）

【注释】
①少年游：词牌名。《乐章集》《张子野词》入"林钟商"，《清真集》分入"黄钟""商调"。各家句读亦多出入，兹以柳词为定格。五十字，前片三平韵，后片两平韵。苏轼、周邦彦、姜夔三家同为别格，五十一字，前后片各两平韵。
②灞陵桥：在长安东（今陕西西安）。古人送客至此，折杨柳枝赠别。
③风物：风光和景物。
④楚宫腰：以楚腰喻柳。楚灵王好细腰，后人故谓细腰为楚腰。
⑤蘅皋（héng gāo）：长满杜蘅的水边陆地。蘅即杜蘅。
⑥阳关：王维之诗《渭城曲》翻入乐内《阳关三曲》，为古人送别之曲。
⑦兰桡（ráo）：桡即船桨，兰桡指代船。

提示

这是柳永漫游长安时所作的一首怀古伤今之词。柳永作为"西征客"来到汉唐旧都长安，又在灞桥这一个传统的离别之地与友人分袂。他徘徊在桥上，自然神思徜徉，离忧顿生，有感而发写下此词。词作抒发了作者在长安东灞桥这一传统离别场所与友人别时的离愁别恨和怀古伤今之情。

上片写词人乘舟离别长安时之所见。"参差"二句，点明所咏对象，以引起伤别之情。

回首遥望长安、灞桥一带，参差的柳树笼罩在迷离的烟雾里。风光和景物还和汉、唐时代一样。词人触景生情，思接百代。"衰杨"三句，进一步写灞桥风物的沧桑之变，既"古"且"衰"的杨柳，几经攀折，那婀娜多姿的细腰早已憔悴不堪了。时值霜秋，没有暖意融融的春风，杨柳已经不堪忍受，况复"几经攀折"，唯有憔悴而已矣！拟人化修辞手法的运用，不仅形象生动，而且也增强了表达效果。下片写离长安时置身舟中的感触。"夕阳"句，点明离别之时正值暮秋的傍晚，一抹淡淡的夕阳，映照着古城烟柳。连用三个形容词"闲""淡""老"，集中描写"夕阳"的凋残，"秋光"更是"老"而不振，清冷孤寂的环境，令人颓丧、怅恼的景物与词人自己愁怨的心情交织在一起，使他愈增离恨。"离思"句，极写离思之多、之密，如长满杜蘅的郊野。然后以"阳关曲"和"断肠声"相呼应，烘托出清越苍凉的气氛。结句"独自凭兰桡"，以词人独自倚在画船船舷上的画面为全篇画上句号，透露出一种孤寂难耐的情怀。

全词通过描写富有寓意和韵味的景物来表达悲愁与离愁、羁旅与感昔的双重惆怅，使人触景生情，见微知著。这首词运用了回环断续的艺术手法，借助灞桥、古柳、夕阳、阳关等寓意深远的意象，不加丝毫议论，只通过凭吊前朝风物，就抒发无限的感慨。

柳永对北宋词的发展有重要的贡献与影响。第一，他制作了大量的慢词长调，使词从小令为主过渡到慢词占优势地位，从而为词容纳更多的内容提供了相应的表现方式；第二，他发展了词的表现手法，善于铺叙，善于运用白描，写景抒情密切结合，语言通俗易懂，音律和谐优美。柳永词对秦观等人都有影响，对后来的说唱文学和戏曲作家在曲辞创作上也有影响。柳词在宋元时期流传最广，相传当时"凡有井水饮处，即能歌柳词"。

思维与训练

1. 柳永词对北宋词的主要贡献是什么？
2. 本词主要表达了作者怎样的思想感情？

〔中吕〕普天乐·大明湖①泛舟

张养浩

张养浩（1270—1329），汉族，字希孟，号云庄，又称齐东野人，济南（今山东省济南市）人，元代著名政治家，文学家。生于元世祖至元七年（1270），卒于元文宗天历二年（1329）。一生经历了世祖、成宗、武宗、英宗、泰定帝和文宗数朝。

少有才学，被荐为东平学正。历仕礼部、御史台掾属、太子文学、监察御史、翰林侍读、右司都事、礼部侍郎、礼部尚书、中书省参知政事等。后辞官归隐，朝廷七聘不出。天历二年（1329），关中大旱，出任陕西行台中丞。是年，积劳成疾，逝世于任上。元文宗至顺二年（1331），追赠张养浩摅诚宣惠功臣、荣禄大夫、陕西等处行中书省平章政事、柱国，追封滨国公、礼部侍郎、礼部尚书、中书省参知政事，谥文忠。尊称为张文忠公。

张养浩是元代重要的政治、文化人物，其个人品行、政事文章皆为当代及后世称扬，是元代名臣之一。与清河元明善、汶上曹元用并称为"三俊"。代表作品有《三事忠告》，散曲《山坡羊·潼关怀古》等。

画船开,红尘外,人从天上,载得春来。烟水间,乾坤大,四面云山无遮碍。影摇动城郭楼台,杯斝的金波②滟滟③,诗吟的青霄④惨惨⑤,人惊的白鸟皑皑。

(选自:隋树森. 金元散曲集[M]. 北京:中华书局,2000.)

【注释】

① 大明湖:《读史方舆纪要》:"大明湖在(济南)府城内西北隅,源出历下诸泉,汇而为湖,周十余里,由北水门流出,注小清河。"
② 金波:月光。此指酒。
③ 滟滟:波动貌。
④ 青霄:青天。
⑤ 惨惨:暗淡无光。

提示

张养浩的隐士之曲,充满了象征意味,情怀尽现。此曲写泛舟大明湖的所见所感,再现了美丽的大明湖景和超脱的诗人形象。想象奇特,夸张大胆,充满浓郁的浪漫主义气息。

水阔天空,云山无碍,倒影玲珑;的确是泛舟湖上的景象。同时通过抒发由景物所引起的感情,特别是通过喝酒和吟诗的夸张描写,一个潇洒出尘的诗人形象,跃然纸上。

张养浩为官方正,敢于直言犯谏。武宗时,曾因议立尚书省事,大违当政者意,被构罪罢官,他恐遭祸,变姓名逃去。英宗时又曾为内廷张灯为鳌山事上谏而险遭不测。他的散曲多是在辞官归里后所写,由于对宦海风波、世态炎凉有切身体察,因此能作比较真切的描写。如"才上马齐声儿喝道,只这的便是送了人的根苗。直引到深坑里恰心焦。祸来也何处躲?天怒也怎生饶?把旧来时威风不见了"(〔朱履曲·警世〕),作者感触至深,因此能写出这样沉痛的句子。而当他写到归田之后,则轻松自如的心情跃然纸上,"中年才过便休官,合共神仙一样看"(〔双调·水仙子〕),"挂冠,弃官,偷走下连云栈,湖山佳处屋两间,掩映垂杨岸。"(〔中吕·朝天曲〕)他的一些散曲中常写与鸥鹭为伍,与云山为友,使他心旷神怡。他的咏吟山水的优秀篇章也不少。但是,他的"警世""退隐"题材的作品,调子仍然是比较低沉的。他的理想只是远离嚣尘去过田园生活,以远祸全身。

思维与训练

1. 作者笔下的大明湖是什么样子的?
2. 作品是如何逐层深入地表现主题的?

第五章

中国现代文学作品选

学习目的和意义

通过阅读中国现代文学作家作品，培养对文本的艺术感悟能力与理论分析能力；通过对鲁迅、毛泽东、方志敏、闻一多、李大钊等老一辈无产阶级革命家作品的学习，领悟作品中反映的英雄气概、优良作风和高尚品德，树立为国家富强而奋斗的志向。

学习重点与难点

把握中国现代文学脉络和概貌，了解中国现当代文学经典作品的内涵，了解老一辈无产阶级革命家作品所反映的思想主题。

第一节 中国现代文学概述

一、现代文学的概念

中国新文学通常被分为现代文学和当代文学两个阶段。现代文学是1917年文学革命起始至中华人民共和国成立之前三十余年间的文学，即用现代的文学语言与文学形式，表达现代中国人的思想、感情的文学。它以鸦片战争后的近代文学为先导，与20世纪中国所发生的政治、经济、思想、文化的全面现代化的历史进程相适应，是文学在特定历史阶段的激变。习惯上称之为新民主主义阶段的文学。

二、现代文学的"三个十年"

中国现代文学虽然只有30年左右的文学历史，但它是整个中国文学历史发展进程中的一个巨大转折点，显示出新文化与传统旧文化的深刻"断裂"，体现出中外文化的猛烈"碰撞"。它以全新的内涵和全新的表现形式掀开了中国文学史崭新的一页，开创了新文学的新天地。中国现代文学大致经历了三个大的发展时期,即"三个十年"。

（1）第一个十年（1917—1927），通常又叫"五四"时期的文学，是现代文学开拓与奠基的阶段。小说方面，有鲁迅划时代的《狂人日记》和后来结集在《呐喊》《彷徨》中的诸篇小说，还有叶圣陶、冰心、郁达夫等一大批新文学作家创作的内容、形式全新的小说。诗歌方面，出现了胡适、刘半农、沈尹默、刘大白等众多的白话新诗人，他们以白话新诗动摇了千百年来旧体格律诗的正宗地位，尤其是郭沫若的诗集《女神》，以其内容和艺术的特有气势开创了自由体白话新诗的一代诗风。散文方面，有鲁迅、李大钊等人创作的大量文艺短论（即随感录和杂文）和周作人、俞平伯、朱自清、许地山等人创作的抒情叙事散文（即"美文"）。此外，瞿秋白创作的《饿乡纪程》（后人改为《俄乡纪程》）和《赤都心史》等通讯报道，是中国现代报告文学的最初萌芽。话剧方面则有胡适、洪深、田汉、欧阳予倩等人创作的白话剧本，在中国首先尝试了话剧这一新文学样式。所有这些创作都以新的题材、新的主题、新的人物形象和新的语言形式，呈现出开创一代文风的崭新气象，充满了破旧立新的"五四"时代精神。这一时期文学创作最突出的主题是"反封建"。

（2）第二个十年（1928—1937），也就是第二次国内革命战争时期的文学，通常也称"左联"时期的文学。这一阶段除了出现一批左翼作家作品之外，还涌现出巴金、老舍、沈从文、曹禺等一大批风格独特的作家及其代表作，并出现了众多的社团流派，形成了现代文学的繁荣局面。茅盾这一时期的代表作有《子夜》《林家铺子》《农村三部曲》等，还有蒋光慈、洪深、田汉、臧克家、丁玲、张天翼、叶紫、洪灵菲以及"左联"五烈士、"东北作家群"、中国诗歌会等作家的创作，都显示了左翼无产阶级革命文学创作的辉煌成就。这一时期，一些重要的现实主义、革命民主主义作家也创作出现代文学史上里程碑式的杰作和一些探索性、尝试性的作品，特别是巴金的《激流三部曲》、老舍的《骆驼祥子》和曹禺的《雷雨》《日出》，以及沈从文的《边城》、李劼人的《死水微澜》、周立波的《暴风骤雨》等"大河小说"，以戴望舒为代表的现代派诗歌和施蛰存等为代表的"新感觉派"小说等，他们以不同的艺术方法从不同角度揭示现实社会的矛盾，达到了很高的思想境界，显示了很高的艺术成就。因此，它是现代文学发展、成熟的阶段。

（3）第三个十年（1938—1949），通常叫抗日战争与解放战争时期的文学。这一阶段的重要特点是民族斗争与阶级斗争对文学发展产生了重大作用和影响。这一时期又以 1942 年延安文艺座谈会的召开为界，明显分为两个阶段。前一阶段以郭沫若的《屈原》《虎符》等历史剧最为成功，影响最大。后一阶段的文学创作，出现了新文学以来前所未有的新主题、新题材、新形式，涌现出赵树理、孙犁、丁玲、周立波以及《白毛女》《王贵与李香香》等一大批具有比较典型的民族风格、民族气派的作家和作品。在国统区，主要围绕反压迫、争民主的民主革命运动，出现了大量讽刺性、揭露性的作品，如茅盾的《腐蚀》、巴金的《寒夜》、袁水拍的《马凡陀的山歌》、陈白尘的《岁寒图》和《升官图》以及钱锺书的《围城》等，从不同角度运用不同体裁全面而深刻地暴露和批判了国统区的黑暗现实。

第二节 诗歌选

一句话①

闻一多

闻一多（1899—1946），原名闻家骅，湖北浠水人，中国现代诗人、思想家。1912年考入清华学校。1922年赴美留学，先后入芝加哥美术学院、科罗拉多大学美术系学习，同时创作了大量爱国思乡的诗歌。

1924年，诗人的诗集《红烛》出版，奠定了诗人在中国现代诗歌史上的地位。1925年诗人回国，任北京艺术专科学校教务长，曾参与创办《大江》杂志，同时与徐志摩等在北京《晨报》上开设副刊《诗镌》。1927年去武汉国民革命军政治部工作，同年任南京国立中山大学外文系主任。1928年参与创建"新月社"，和徐志摩等创办《新月》杂志，同年出版诗集《死水》。此后诗人放弃诗歌创作，埋头钻研学术，先后任武汉大学、青岛大学文学院院长，清华大学中文系教授。

抗战期间，诗人带领最后从北京离开的学生徒步前往云南，任西南联合大学中文系教授。1944年加入民盟。1946年7月15日，诗人抗议国民党暗杀民盟党员李公朴，在李的追悼会上演说著名的《最后一次演讲》，回家途中遭国民党特务枪杀。

有一句话说出就是祸，
有一句话能点得着火。
别看五千年没有说破，
你猜得透火山的缄默②？
说不定是突然着了魔，
突然青天里一个霹雳
爆一声：
"咱们的中国！"

这话教我今天怎么说？
你不信铁树开花也可，
那么有一句话你听着：
等火山忍不住了缄默，
不要发抖，伸舌头，顿脚，
等到青天里一个霹雳
爆一声：
"咱们的中国！"

【注释】

①此诗大约写成于1925年或1926年，正当闻一多自美国留学归来，返抵军阀统治下的中

国后不久。它和《发现》《祈祷》等可以组成一个诗组,是他回国后爱国主义诗情的结晶。

②缄默:亦作"缄嘿",指闭口不言。

提示

闻先生曾说:"诗人主要的天赋是爱,爱他的祖国,爱他的人民。"1925年他留美回国,看到的是封建军阀统治下的黑暗现实和民不聊生的景象,于是,赤诚爱心转化为对现状的强烈不满和渴望改变旧中国的激情。这种情绪在这首诗中得到充分体现。

全诗以"一句话"——"咱们的中国"为构思中心,运用写实和隐喻相结合的手法,反复咏叹,极力渲染烘托。第一节先用排比,通过"祸"与"火"的写实和比喻,揭露黑暗现实对民意的压制,也寓示着民众积蓄着的巨大的力量。接着进一步用火山作比,它虽然沉默了千百年,一旦突发就会产生翻天覆地的力量。这一喻象表明诗人对人民反抗的力量充满信心。第二节针对一些对中国前途悲观、不相信民众者发出警告,用"铁树开花"比喻建设"咱们的中国"来之不易但终会成事实。通过"我"坚信与"你"不相信的对比,引发出不信者可能会产生的惊慌、反感等种种诧异的表现,从而进一步衬托出民众反抗的必然性和突发性,表明诗人对民众解放自己、改造旧中国的潜在力量坚信不疑,并衷心拥护。他将民众的反抗与呐喊比喻成"青天里一个霹雳",既呼应"火"的意象,显示出无穷的威力,又以一种盛赞的口吻"爆一声:／'咱们的中国!'"的两次反复,强烈地表达出对理想中国的期望与追求。

思维与训练

1. 诗中说有一句话既是"祸",又是"火",你是如何理解的?
2. 结合新时代大学生实际,谈一谈我们要学习闻一多先生的哪种精神。

赞　美①
穆　旦

穆旦(1918—1977),原名查良铮,笔名梁真。浙江海宁人,出生于天津。中国现代"九叶诗派"著名诗人、翻译家。1940年毕业于西南联大外文系并留校任教。1948年留学美国芝加哥大学,获文学硕士学位。1953年回国,执教于南开大学。他早期的诗歌创作始于天津南开中学读高中时。20世纪40年代前,受英国浪漫派现代诗风影响较大。后来在浪漫主义中融合了现实主义和现代主义的因素,成为现代"九叶诗派"的一面旗帜。诗集《探险队》(1945)、《穆旦诗集(1939—1945)》(1947)、《旗》(1948)、《穆旦诗选》(1986)等享誉诗坛,同时译有《欧根·奥涅金》(1957)、《唐璜》(1980)、《英国现代诗选》(1985)等大量译诗,在译坛享有盛名。

走不尽的山峦和起伏,河流和草原,
数不尽的密密的村庄,鸡鸣和狗吠,
接连在原是荒凉的亚洲的土地上,

在野草的茫茫中呼啸着干燥的风，
在低压的暗云下唱着单调的东流的水，
在忧郁的森林里有无数埋藏的年代。
它们静静地和我拥抱：
说不尽的故事是说不尽的灾难，沉默的
是爱情，是在天空飞翔的鹰群，
是干枯的眼睛期待着泉涌的热泪，
当不移的灰色的行列在遥远的天际爬行；
我有太多的话语，太悠久的感情，
我要以荒凉的沙漠，坎坷的小路，骡子车，
我要以槽子船，漫山的野花，阴雨的天气，
我要以一切拥抱你，你，
我到处看见的人民呵，
在耻辱里生活的人民，佝偻的人民，
我要以带血的手和你们一一拥抱。
因为一个民族已经起来。

一个农夫，他粗糙的身躯移动在田野中，
他是一个女人的孩子，许多孩子的父亲，
多少朝代在他的身边升起又降落了
而把希望和失望压在他身上，
而他永远无言地跟在犁后旋转，
翻起同样的泥土溶解过他祖先的，
是同样的受难的形象凝固在路旁。
在大路上多少次愉快的歌声流过去了，
多少次跟来的是临到他的忧患；
在大路上人们演说，叫嚣，欢快，
然而他没有，他只放下了古代的锄头，
再一次相信名辞，溶进了大众的爱，
坚定地，他看着自己溶进死亡里，
而这样的路是无限的悠长的
而他是不能够流泪的，
他没有流泪，因为一个民族已经起来。

在群山的包围里，在蔚蓝的天空下，
在春天和秋天经过他家园的时候，
在幽深的谷里隐着最含蓄的悲哀：
一个老妇期待着孩子，许多孩子期待着

饥饿,而又在饥饿里忍耐,
在路旁仍是那聚集着黑暗的茅屋,
一样的是不可知的恐惧,
一样的是大自然中那侵蚀着生活的泥土,
而他走去了从不回头诅咒。
为了他我要拥抱每一个人,
为了他我失去了拥抱的安慰,
因为他,我们是不能给以幸福的,
痛哭吧,让我们在他的身上痛哭吧,
因为一个民族已经起来。

一样的是这悠久的年代的风,
一样的是从这倾圮的屋檐下散开的无尽的呻吟和寒冷,
它歌唱在一片枯槁的树顶上,
它吹过了荒芜的沼泽,芦苇和虫鸣,
一样的是这飞过的乌鸦的声音。
当我走过,站在路上踟蹰,
我踟蹰着为了多年耻辱的历史
仍在这广大的山河中等待,
等待着,我们无言的痛苦是太多了,
然而一个民族已经起来,
然而一个民族已经起来。

一九四一年十二月

【注释】

① 本诗写于1941年12月,收入诗集《旗》。

提示

《赞美》写于抗战最艰苦的敌我"相持阶段",当时的中华民族既背负着历史积淀的贫穷和苦难,又已在抗日烽火中走向觉醒;人民虽然衣衫褴褛,血污浸身,但已在血与火中为摆脱屈辱而战。年轻的诗人穆旦敏锐地感受到了时代的脉搏和民族精神的律动,以深沉饱满的热情唱响了一曲悲怆激昂的民族颂歌。

《赞美》有着一种不同寻常的冷峭和沉雄之美。作者的情感抒发回避了浪漫主义的无限扩张,拒绝了充满感伤情调的自哀和自恋,而是把磅礴的激情幻化为冷峭沉雄的生活意象,而且这些意象不再是对传统诗词意象的借用与点化,而是大胆的反叛,穆旦始终坚持"使诗的形象现代生活化",所以《赞美》中诸多的意象如"干燥的风""东流单调的水""忧郁的森林""带血的手""农夫""古代的锄头""名词"等都具有强烈的现实生活色彩。穆旦利用诗歌意象不经意间的组合呈现抒情主人公"我"复杂的情感流程,其中有对民族创伤的痛苦记忆,有对民族性格的深沉反思,有对民族生命强力的真情赞美。各种情感相互纠结、渗透、冲突，充分显示了穆旦诗歌"思维的复杂化，情感的线团化"（郑敏语）的审美特征。

在诗歌语言上，《赞美》充分发挥了汉语的弹性，善于利用多义的词语（如"带血的手"等）、繁复的句式（如叠加的定语）、反复的咏叹（如"一个民族已经起来"）来传达复杂的诗情。同时不时运用现代汉语的关联词（如"然而""因为"等）以揭示抽象的词语、跳跃的句子之间的逻辑关系，创造出一种"介乎口语与书面语之间的文体"（郑敏语）。

思维与训练

1. 分析本诗的情感内涵。
2. 认真朗诵本诗，分析本诗的语言特色。
3. 本诗在结构上有什么特点？这些特点与诗的情感表现有什么关系？
4. 将本诗与艾青的诗作《雪落在中国的土地上》做比较分析，指出在主旨、情感表现方式等方面的异同。

忆秦娥[①]·娄山关[②]

毛泽东

毛泽东（1893年12月26日—1976年9月9日），字润之，笔名子任。湖南湘潭人。毛泽东同志是伟大的马克思主义者，伟大的无产阶级革命家、战略家、理论家，是马克思主义中国化的伟大开拓者，是近代以来中国伟大的爱国者和民族英雄，是党的第一代中央领导集体的核心，是领导中国人民彻底改变自己命运和国家面貌的一代伟人。他对马克思列宁主义的发展、军事理论的贡献以及对共产党的理论贡献被称为毛泽东思想，被人们尊称为"毛主席"。毛泽东被视为现代世界历史中最重要的人物之一，《时代》杂志也将他评为20世纪最具影响100人之一。

毛泽东博古通今，学识丰富，思想精深，集政治家、军事家、哲学家、诗人和书法家于一身。主要著作有《毛泽东选集》（毛泽东的主要著作集）、《毛泽东文集》（中共中央文献研究室编，人民出版社1993年起陆续出版，编入《毛泽东选集》以外的毛泽东重要文稿）、《毛泽东诗词》。毛泽东诗词是毛泽东著作的重要组成部分。1996年中央文献研究室编辑《毛泽东诗词集》，收入67首，生前发表39首，未发表28首，根据内容、题材、写作意图可以进行一些归类和划分，相对的分成9个类型：咏物诗、友情诗、悼亡诗、山水诗、恋情诗、爱国诗、叙事诗、咏史诗、军旅诗。2017年人民文学出版社出版的《毛泽东诗词全编鉴赏（增订本）》收入毛泽东诗词总量多达78首。

西风烈[③]，长空[④]雁叫霜晨月。霜晨月，马蹄声碎[⑤]，喇叭声咽[⑥]。雄关漫道[⑦]真如铁，而今迈步从头越[⑧]。从头越，苍山如海，残阳[⑨]如血。

（选自：吴正裕，李捷，陈晋．毛泽东诗词全编鉴赏（增订本）[M]．北京：人民文学出版社出版，2017．）

【注释】

①忆秦娥：词牌名，本于李白诗"秦娥梦断秦楼月"。双调仄韵格46字。该词牌名的最早出李白《忆秦娥》词。此调别名甚多，计有《秦楼月》《玉交枝》《碧云深》《双荷叶》。

②娄山关：又名太平关，遵义市北大娄山脉中段遵义、桐梓交界处，从四川入贵州的要道上的关口。海拔1440米，古称天险，自古为兵家必争之地。

③烈：猛烈，强劲。

④长空：辽阔的天空。

⑤碎：细碎。

⑥咽（yè）：在这里读入声。本义是声音因梗塞而低沉，这里用来描写在清晨寒中可听来时断时续的军号声。

⑦漫道：莫道。

⑧从头越：重新跨越。

⑨残阳：夕阳。

提示

毛泽东诗词以革命现实主义的风格，深情书写了中国革命与建设波澜壮阔的历史进程与内在精神。《忆秦娥·娄山关》是毛泽东写于1935年的一首慷慨悲烈、雄沉壮阔的词。此作通过在战争中积累了多年的景物观察，以景入情，情中有景，从内到外描写了红军铁血长征中征战娄山关的紧张激烈场景，表现了作者面对失利和困难从容不迫的气度和博大胸怀。

本词以娄山关之战为题材，写于娄山关激战之后。写的是翻越娄山关的行军情景及胜利后的所见所闻所感。但运用的是高度综合法、侧面描写法，把两天的战斗历程浓缩为一天。通过严肃、紧张的行军气氛透露出激战的先兆；通过猛烈的西风声、凄厉的雁叫声、细碎急促的马蹄声和时断时续、悲咽带涩的喇叭声暗示战斗紧张激烈；通过描写海涛般起伏的苍山、如鲜血般殷殷红的残阳借以表现浴血奋战、英勇牺牲的激战情景。

这首词是毛泽东所有词作中较为出色的作品。综观全词，上片写景，下片抒情，景中含情，情中又有景，情景一体水乳交融体现了毛泽东作为诗人的才情和技巧。其结构的独特之处还在于上片沉郁，下片激昂；上片取冷色调，下片取暖色调，色彩对比强烈，感情对比亦同样强烈。上下片的强烈对比，恰恰反映了作者的乐观主义精神和作为一代伟人指挥若定的气魄。此词慷慨悲烈，写景状物、抒发胸臆堪当精品。全词只写了中央红军的一次战斗，却是对红军长征这一重大历史事件的真实折射。上下两片通篇只有46个字，篇幅虽短但雄奇悲壮、气势如虹，寥寥数笔"分量"很重，像一幅出自大师手笔的简笔画，笔简而意无穷，勾勒出一幅雄浑壮阔的冬夜行军图，表现了作者面对失利和困难从容不迫的气度和胸怀。

思维与训练

1. "雄关漫道真如铁，而今迈步从头越"表达了什么样的感情？
2. 比较阅读《七律·长征》和《忆秦娥·娄山关》在思想内容和艺术手法上的异同。

七律·长征

毛泽东

红军不怕远征难，万水千山只等闲。
五岭逶迤腾细浪，乌蒙磅礴走泥丸。
金沙水拍云崖暖，大渡桥横铁索寒。
更喜岷山千里雪，三军过后尽开颜。

第三节 散文与戏剧选

学术独立与新清华①

罗家伦

罗家伦（1897—1969），字志希，浙江绍兴人。中国现代著名学者、教育家。1917年考入北京大学文科。1919年在蔡元培、陈独秀、胡适等人的支持下，与傅斯年等北大同学创办新潮社，出版《新潮》月刊，参与新文化运动。同年5月，起草《北京学界全体宣言》，成为五四运动中引人注目的学生领袖。1920年出国留学，辗转美国、欧洲。1926年归国后参加国民革命军北伐，曾先后担任清华大学、中央大学校长等职，在教育事业上颇有贡献。1950年到台湾后，任"考试院"副院长、"中央"评议委员。全部著述汇集为《罗家伦先生文集》。

在中国近代史上，革命的源流常是发源于珠江流域，再澎湃到长江流域。但是辛亥革命的时候，革命的力量到长江流域就停顿了，黄河以北不曾经他涤荡过，以致北平仍为旧日帝制官僚军阀的力量所盘踞，阻碍了统一的局面十几年。这回国民革命军收复北平，是国民革命力量彻底达到黄河流域的第一次，这是中国历史上一个新的纪元。国民政府于收复旧京以后，首先把清华学校改为国立清华大学，正是要在北方为国家添树一个新的文化力量！

国民革命的目的是要为中国在国际间求独立自由平等。要国家在国际间有独立自由平等的地位，必须中国的学术在国际间也有独立自由平等的地位。把美国庚款兴办的清华学校正式改为国立清华大学，正有这个深意。

我今天在这庄严的礼堂上，正式代表政府宣布国立清华大学在这明丽的清华园中成立。从今天起，清华以往留美预备学校的生命，转变而为国家完整大学的生命。

我们停止旧制全部毕业生派遣留美的办法，而且要以纯粹学术的标准，重行选聘外籍教授，这不是我们对于友邦的好意不重视，反过来说，我们倒是特别重视。我们既是国立大学，自然要研究发扬我国优美的文化，但是我们同时也以充分的热忱，接受西洋的科学文化。不过，我们接受的办法不同。不是站在美国的方面，教中国的学生"来学"，虽然我还要以公开考试的办法，选拔少数成绩优良的学生到美国去深造；乃是站在中国的方面，请西方著名的，第一流不是第四五流的学者"来教"。请一班真正有造就的学者，尤其是科学家,来扶助我们科学教育的独立,把科学的根苗,移植在清华里,不,在整个的中国土壤上,使他开花结果,枝干扶疏。

我动身来以前,便和大学院院长蔡先生商量好如何调整和组织清华的院系。我们决定先成立文、理、法三个学院。文学院分中国文学、外国文学、哲学、历史、社会人类五系。理学院分数学、物理、化学、生物、心理五系。我到了北平以后,又深深的觉得以中国土地之广,地理知识之缺乏,拟添设地理一系,为科学的地理学树一基础。我们不要从文史上谈论地理,我们要在科学上把握地理。至于工程方面,则以现在的人才设备论,先成立土木工程系,而注重在水利。因为华北的水利问题太忽视了:在我们附近的永定河,还依然是无定河。等到将来人才设备够了,再行扩充成院。法学院则仅设政治经济两系,法律系不拟添设,因为北平的法律学校太多了,我们不必叠床架屋。我们的发展,应先以文理为中心,再把文理的成就,滋长其他的部门。文理两学院,本应当是大学的中心。文哲是人类心灵能发挥得最机动最弥漫的部分。社会科学都受他们的影响。纯粹科学是一切应用科学的基础,也是源泉。断没有一个大学里,理学院办不好而工学院能单独办得好的道理。况且清华优美的环境,对于文哲的修养,纯粹科学的研究,也最为相宜。

要大学好,必先要师资好。为青年择师,必须破除一切情面,一切顾虑,以至公至正之心,凭着学术的标准去执行。经改组以后,留下的十八位教授,都是学问与教学经验很丰富而很有成绩的。新聘的各位教授,也都是积学之士。科学是西洋的,科学是进步的,所以我希望能吸收大量青年而最有前途的学者,加入我们的教学集团来工作。只要各位能从尽心教学,努力研究八个字上做,一切设备,我当尽力添置。我想只要大家很尽心努力,又有设备,则在这比较生活安定的环境之中,经过相当年限,一定能为中国学术界放一光彩。若是本国人才不够,我们还当不分国籍的借材异地。一面请他们教学,一方面帮助我们研究。我认为罗致良好教师,是大学校长第一个责任!

至于学生,我们今年应当添招。我希望此后要做到没有一个不经过严格考试而进清华的学生;也没有一个不经过充分训练,不经过严格考试,而在清华毕业的学生。各位现在做了大学生,便应当有大学生的风度。体魄康健,精神活泼,举止端庄,人格健全,便是大学生的风度。不倦的寻求真理,热烈的爱护国家,积极的造福人类,才是大学生的职志。有学问的人,要有"振衣千仞冈,濯足万里流"的心胸,要有"珠藏川自媚,玉蕴山含辉"的仪容,处人接物,才能受人尊敬。

关于学生,我今天还有一句话要说。就是从今年起,我决定招收女生。男女教育是要平等的。我想不出理由,清华的师资设备,不能嘉惠于女生。我更不愿意看见清华的大门,劈面对女生关了!

研究是大学的灵魂。专教书而不研究,那所教的必定毫无进步。不但没进步,而且有退步。清华以前的国学研究院,经过几位大师的启迪,已经很有成绩。但是我以为单是国学还不够,应该把它扩大起来,先后成立各科研究院,让各系毕业生都有在国内深造的机会。尤其在科学研究方面,应当积极的提倡。这种研究院,是外国大学里毕业院的性质。我说先后成立,因为我不敢好高骛远,大事铺张。这必须先视师资和设备而后定。二者不全,那研究院便是空话。我上面指出来要借才异地,主要的还是指着研究院方面。

老实说，像我们在国外多读过几年书的人，回国以后，不见得都有单独研究的能力。交一个研究室给他，不见得主持得好；不见得他的学问，都能追踪本科在世界学术上最近的进步；不见得他的经验和眼光，能把握得住本科的核心问题。所以借才异地是必要的。不过借才异地的方法，不能和前几年请几位外国最享盛名的学者，来讲学一年或几个月一样。龚定庵说"但开风气不为师"。这种方法，只是请人家来"开风气"，而不是来"为师"。现在风气已开，这个时间已过。我心目中的办法，不是请外国最享盛名的人来一短期，而是请几位造诣已深，还在继续工作，日进未已，而又有热忱的学者，多来"为师"几年。在这期间，我们应予以充分提供设备上和生活上的便利，使他安心留着，不但训练我们的学生，而且辅导我们的教员。三五年后，再让他们回国；他们经营的研究室和实验室，我们便可顺利地接过来。我认为这是把科学移植到中国来的最好的办法。但是这需要不断的接洽，适当的机会，不是一下可以成功的。假以时日，我一定在这方面努力进行。

一切近代的研究工作，需要设备。清华现在的弱点是房子太华丽，设备太稀少。设备最重要的是两方面，一方面是仪器，另一方面是图书。我以后的政策是极力减少行政的费用，每年在大学总预算里规定一个比例数，我想至少20%，为购置图书仪器之用。呈准大学院，垂为定法，做清华设备上永久的基础。我想有若干年下去，清华的设备，一定颇有可观。积集设备，是我的职责；但是我希望各院系动用设备费的时候，要格外小心。我们不能学美国大学阔绰的模样。我们的设备当然不是买来摆架子的；我们也不能把什么设备弄得"得心应手"以后，才来动手做研究。我们要看英国剑桥大学克文的煦物理实验室的典型。这个实验室在1896年方得到一次4 000镑的英金，扩充他狭小的房屋及设备；1908年才另得一项较大的数目，7 135镑英金，来做设备的用途。当1919年大物理家卢斯佛德教授主持该实验室的时候，每个部门的研究费每年不过50镑，而好几位教授争这一点小小的款子，来做研究。但是这个实验室对于世界科学的贡献太大了！

我站在这华丽的礼堂里，觉得有点不安；但是我到美丽的图书馆里，并不觉得不安。我只嫌他如此讲究的地方，何以阅书的位置如此之少，所以非积极扩充不可。西文专门的书籍太少，中文书籍尤其少得可怜。这更非积极增加不可。我以为图书馆不厌舒适，不厌便利，不厌书籍丰富，才可以维系读者。我希望图书馆和实验室成为教员学生的家庭。我希望学生不在运动场就在实验室和图书馆。我只希望学生除晚上睡觉外不在宿舍。

至于行政方面人员的紧缩，费用的裁减，我已定有办法。行政效率不一定是和人员之多寡成正比例的。我们要做到廉洁化的地步。我们要把奢侈浪费的习惯，赶出清华园去！

还有一件事我不能不稍提一下，就是清华基金问题。几个月前我担任战地政务委员主管教育处来到北平的时候，知道一点内幕。我现在不便详说。其中四百多万元的存款，已化为二百多万元。有第一天把基金存进银行去，第二天银行就倒闭的事实。这不是爱护清华的人所忍见的。我当沉着进行，务必使他达到安全的地步。这才使清华经济基础得到稳定。各位暂且不问，这是我的责任所在。我更希望清华改为国立大学以后，将来行政隶属上，更能纳入大学的正轨系统，使清华能有蒸蒸日上的机会。

总之，我既然来担任清华大学的校长，我自当以充分的勇气和热忱，要来把清华办好。

我职权所在的地方，决不推诿。我们既然从事国民革命，就不应该顾忌。我们要共同努力，为国家民族，树立一个学术独立的基础，在这优美的"水木清华"环境里面。我们要造成一个新学风以建设新清华。

【注释】

① 选自《清华大学史料选编》第二卷，清华大学出版社1991年版。

提示

1928年8月，南京国民政府正式接管清华学校，改称国立清华大学，直辖于教育部。9月，31岁的罗家伦受命任国立清华大学校长，他对学校体制做了很大改革，为清华大学的发展做出了重大贡献，也促进了中国学术走向独立。这是一篇就职演说稿。文章从大的政治形势下展开，明确提出"学术独立"的总目标，为整个讲演奠定了思想基础。然后，文章具体介绍了自己拟行的改革计划，内容涉及院系设置、师资延聘、学生招收、图书和实验设备添置、行政改革等多个方面，充分体现了作者尊重教育、强调学术独立性的指导思想，传达出一种以人才和科学为本的现代教育理念。最后，文章简要地表达了改革的决心。本文最大的特点是务实。全文无一虚言，字字落在实处，表现了作者强烈的实干精神。文章气势逼人，富有感染力。

思维与训练

1. 本文是罗家伦的就职演说。请思考罗家伦提出的具体改革措施背后蕴含着其怎样的教育理念？

2. 结合你对现代教育制度的认识，谈谈你对本文思想的感受。

日　出（节选）

曹　禺

曹禺（1910—1996），祖籍湖北潜江，生于天津，是卓越的中国现代戏剧家。原名万家宝，字小石，"曹禺"是他在1926年发表小说时第一次使用的笔名。曹禺是"文明戏的观众，爱美剧的业余演员，左翼剧动影响下的剧作家"（孙庆升《曹禺论》）这句话，大致概括了曹禺的戏剧人生。《雷雨》《日出》《原野》《北京人》《家》等经典剧作，使中国现代话剧得以确立，并在中国观众中扎根。中国的现代话剧由此走向成熟。

日出（第二幕节选）①

人　物　　王福升——旅馆的茶房。

　　　　　潘月亭②——××银行经理，五十四岁。

　　　　　李石清③——××银行的秘书，四十二岁。

　　　　　黄省三④——××银行的小书记。

时　间　　早春

第二幕 景在××旅馆的一间华丽的休息室内。

——某日晚五点。

[黄省三由中门进]。

黄省三　（胆小地）李……李先生。

李石清　怎么？（吃了一惊）是你！

黄省三　是，是，李先生。

李石清　又是你，谁叫你到这儿来找我的？

黄省三　（无力地）饿，家里的孩子大人没有饭吃。

李石清　（冷冷地）你到这儿就有饭吃么？这是旅馆，不是粥厂。

黄省三　李，李先生，可当的都当干净了。我实在没有法子，不然，我决不敢再找到这儿来麻烦您。

李石清　（烦恶地）哧，我跟你是亲戚？是老朋友？或者我欠你的，我从前占过你的便宜？你这一趟一趟地，我走哪儿你跟哪儿，你这算怎么回事？

黄省三　（苦笑，很凄凉地）您说哪儿的话，我都配不上。李先生，我在银行里一个月才用您十三块来钱，我这儿实在是无亲无故，您辞了我之后，我在哪儿找事去？银行现在不要我，等于不叫我活着。

李石清　（烦厌地）照你这么说，银行就不能辞人啦。银行用了你，就算跟你保了险，你一辈子就可以吃上银行啦，嗯？

黄省三　（又卷弄他的围巾）不，不，不是，李先生，我……我，我知道银行待我不错。我不是不领情。可是……您是没有瞅见我家里那一堆孩子，活蹦乱跳的孩子，我得每天找东西给他们吃。银行辞了我，没有进款，没有米，他们都饿得直叫。并且房钱有一个半月没有付，眼看着就没有房子住。（嗫嚅地）李先生，您没有瞅见我那一堆孩子，我实在没有路走，我只好对他们——哭。

李石清　可是谁叫你们一大堆一大堆养呢？

黄省三　李先生，我在银行没做过一件错事。我总天亮就去上班，夜晚才回来，我一天干到晚，李先生——

李石清　（不耐烦）得了，得了，我知道你是个好人，你是安分守己的。可是难道不知道现在市面萧条，经济恐慌？我跟你说过多少遍，银行要裁员减薪，我并不是没有预先警告你！

黄省三　（踌躇地）李先生，银行现在不是还盖着大楼，银行里面还添人，添了新人。

李石清　那你管不着！那是银行的政策，要繁荣市面。至于裁了你，又添了新人，我想你做了这些年的事，你难道这点世故还不明白？

黄省三　我……我明白，李先生。（很凄楚地）我知道我身后面没有人挺住腰。

李石清　那就得了。

黄省三　不过我当初想，上天不负苦心人，苦干也许能补救我这个缺点。

李石清　所以银行才留你四五年，不然你会等到现在？

黄省三　（乞求）可是，李先生，我求求您，您行行好。我求您跟潘经理说说，只要他老人家再让我回去。就是再累一点，再加点工作，就是累死我，我也心甘情愿的。

李石清　你这个人真麻烦。经理会管你这样的事？你们这样的人，就是这点毛病。总把自己看得太重，换句话，就是太自私。你想潘经理这样忙，会管你这样小的事，不过，奇怪，你干了三四年，就一点存蓄也没有？

黄省三　（苦笑）存蓄？一个月十三块来钱，养一大家子人？存蓄？

李石清　我不是说你的薪水。从薪水里，自然是挤不出油水来。可是——在别的地方，你难道没有得到一点的好处？

黄省三　没有，我做事凭心，李先生。

李石清　我说——你没有从笔墨纸张里找出点好处？

黄省三　天地良心，我没有，您可以问庶务⑤去。

李石清　哼，你这个傻子，这时候你还讲良心！怪不得你现在这么可怜了。好吧，你走吧。

黄省三　（着慌）可是，李先生——

李石清　有机会，再说吧。（挥挥手）现在是毫无办法。你走吧。

黄省三　李先生，您不能——

李石清　并且，我告诉你，你以后再要狗似的老跟着我，我到哪儿，你到哪儿，我就不跟你这么客气了。

黄省三　李先生，那么，事还是一点办法也没有？

李石清　快走吧！回头，一大堆太太小姐们进来，看到你跑到这儿找我，这算是怎么回事？

黄省三　好啦！（泪汪汪的，低下头）李先生，真对不起您老人家。（苦笑）一趟一趟地来麻烦您，我走啦。

李石清　你看你这个麻烦劲儿，走就走得啦。

黄省三　（长长地叹一口气，走了两步，忽然跑回来，沉痛地）可是，您叫我到哪儿去？您叫我到哪儿去？我没有家，我拉下脸跟你说吧，我的女人都跟我散了，没有饭吃，她一个人受不了这样的苦，他跟人跑了。家里有三个孩子，等着我要饭吃。我现在口袋里只有两毛钱，我身上又有病，（咳嗽）我整天地咳嗽！李先生，您叫我回到哪儿去？您叫我回到哪儿去？

李石清　（可怜他，但又厌恶他的软弱）你愿意上哪儿去，就上哪儿去吧。我跟你讲，我不是不想周济你，但是这个善门不能开，我不能为你先开了例。

黄省三　我没有求您周济我，我只求您赏给我点事情做。我为着我这群孩子，我得活着！

李石清　（想了想，翻着白眼）其实，事情很多，就看你愿意不愿意做。

黄省三　（燃着了一线希望）真的？

李石清　第一，你可以出去拉洋车去。

黄省三　（失望）我……我拉不动（咳嗽）您知道我有病。医生说我这边的肺已经（咳）——靠不住了。

李石清　哦，那你还可以到街上要——

黄省三　（脸红，不安）李先生我也是个念过书的人，我实在有——

李石清　你还有点叫不出口，是么？那么你还有一条路走，这条路最容易，最痛快，——你可以到人家家里去（看见黄的嘴喃喃着）——对，你猜得对。

黄省三　哦，您说，（嘴唇颤动）您说，要我去——（只见唇动，听不见声音）

李石清　你大声说出来，这怕什么，"偷！""偷！"这有什么做不得，有钱的人的钱可以从人家手里大把地抢，你没有胆子，你怎么不能偷？

黄省三　李先生，真的我急的时候也这么想过。

李石清　哦，你也想过去偷？

黄省三　（惧怕地）可是，我怕，我怕，我下不了手。

李石清　（愤慨地）怎么你连偷的胆量都没有，那你叫我怎么办？你既没有好亲戚，又没有好朋友，又没有了不得的本领。好啦，叫你要饭，你要顾脸，你不肯做；叫你拉洋车，你没有力气，你不能做；叫你偷，你又胆小，你不敢做。你满肚子的天地良心，仁义道德，你只想凭着老实安分，养活你的妻儿老小，可是你连自己一个老婆都养不住，你简直就是个大废物，你还配养一大堆孩子！我告诉你，这个世界不是替你这样的人预备的。（指窗外）你看见窗户外面那所高楼么？那是新华百货公司，十三层高楼，我看你走这一条路是最稳当的。

黄省三　（不明白）怎么走，李先生？

李石清　（走到黄面前）怎么走？（魔鬼般地狞笑着）我告诉你，你一层一层地爬上去。到了顶高的一层，你可以迈过栏杆，站在边上。你只再向空，向外多走一步，那时候你也许有点心跳，但是你只要过一秒钟，就一秒钟，你就再也不可怜了，你再也不愁吃，不愁穿了。——

黄省三　（呆若木鸡，低得几乎听不见的声音）李先生，您说顶好我"自——"（忽然爆发地悲声）不，不，我不能死，李先生，我要活着！我为着我的孩子们，为我那没了妈的孩子们我得活着！我的望望，我的小云，我的——哦，这些事，我想过。可是，李先生，您得叫我活着！（拉着李的手）您得帮帮我，帮我一下！我不能死，活着再苦我也死不得，拼命我也得活下去啊！（咳嗽）

（左门大开。……潘月亭露出半身，面向里面，说："你们先打着。我就来。"）

李石清　（甩开黄的手）你放开我。有人进来，不要这样没规矩。

（黄只得立起，倚着墙，潘月亭进。）

潘月亭　啊？

黄省三　经理！

潘月亭　石清，这是谁？他是干什么的？

黄省三　经理，我姓黄，我是大丰的书记。

李石清　他是这次被裁的书记。

潘月亭　你怎么跑到这里来，（对李）谁叫他进来的？

李石清　不知道他怎么找进来的。

黄省三　（走到潘面前，哀痛地）经理，您行行好，您要裁人也不能裁我，我有三个小孩子，我不能没有事。经理，我跟您跪下，您得叫我活下去。

潘月亭　岂有此理！这个家伙，怎么能跑到这儿来找我求事。（厉声）滚开！

黄省三 可是，经理，——

李石清 起来！起来！走！走！走！（把他一推倒在地上）你要再这样麻烦，我就叫人把你打出去。

（黄望望李，又望望潘。）

潘月亭 滚，滚，快滚！真岂有此理！

黄省三 好，我起来，我起来，你们不用打我！（慢慢立起来）那么，你们不让我再活下去了！你！（指潘）你！（指李）你们两个说什么也不叫我再活下去了。（疯狂似的又哭又笑地抽咽起来）哦，我太冤了。你们好狠的心哪！你们给我一个月不过十三块来钱，可是你们左扣右扣的，一个月我实在领下的才十块二毛五。我为着这辛辛苦苦的十块二毛五，我整天地写，整天给你们伏在书桌上写；我抬不起头，喘不出一口气地写；我从早到晚地写；我背上出着冷汗，眼睛发着花，还在写；刮风下雨，我跑到银行也来写！（做势）五年哪！我的潘经理！五年的工夫，你看看，这是我！（两手捶着胸）几根骨头，一个快死的人！我告诉你们，我的左肺已经坏了，哦，医生说都烂了！（尖锐的声音，不顾一切地）我跟你说，我是快死的人，我为着我的可怜的孩子，跪着来求你们。叫我还能够跟你们写，写，写，——再给我一碗饭吃。把我这个不值钱的命再换几个十块二毛五。可是你们不答应我！你们不答应我！你们自己要弄钱，你们要裁员，你们一定要裁我！（更沉痛地）可是你们要这十块二毛五干什么呀！我不是白拿你们的钱，我是拿命跟你们换哪！（苦笑）并且我也拿不了你们几个十块二毛五，我就会死的。（愤恨地）你们真是没有良心哪，你们这样对待我，——是贼，是强盗，是鬼呀！你们的心简直比禽兽还不如——

潘月亭 你这个混蛋，还不跟我滚出去！

黄省三 （哭着）我现在不怕你们啦！我不怕你们啦！（抓着潘经理的衣服）我太冤了，我非要杀了——

潘月亭 （很敏捷地对着黄的胸口一拳）什么！（黄立刻倒在地下）

（半晌。）

李石清 经理，他是说他要杀他自己——他这样的人是不会动手害人的。

潘月亭 （擦擦手）没有关系，他这是晕过去了。福升！福升！

〔福升上。〕

潘月亭 把他拉下去。放在别的屋子里面，叫金八爷的人跟他拍拍捏捏，等他缓过来，拿三块钱给他，叫他滚蛋！

王福升 是！

〔福升把黄省三拖下去。〕

（选自：曹禺．曹禺代表作［M］．郑州：黄河文艺出版社，1986.）

【注释】

① 节选部分主要表现了小职员黄省三的走投无路。

② 潘月亭：大丰银行的经理，老奸巨猾、深谙世故、心狠手辣、藏而不露。但在上流社会的尔虞我诈和腐朽糜烂中，难逃破产的命运。

③ 李石清：上层与下层人物之间的枢纽。他精明、能干、咄咄逼人，然而他的自恃聪明却导致了悲剧。潘月亭在他踌躇满志勾勒银行的美好前景时给了他以致命的打击——解雇

了他。

④ 黄省三：走投无路毒死自己的孩子后自尽被救发了疯。

⑤ 庶务：旧时指机关团体内的杂项事务，也指办理杂项事务的人。

提示

《日出》四幕话剧，是继《雷雨》之后的又一部现实主义杰作，创作于1935年，一问世即引起轰动。剧本以20世纪30年代初期半殖民地半封建社会中国大都市生活为背景，它暴露了半殖民地大都市的黑暗糜烂面，控诉了"损不足以奉有余"的社会，一方面是剥削者、"有余者"贪得无厌，醉生梦死；另一方面是被损害者、"不足者"备受侮辱。"有余者"和"不足者"形成强烈对比。

思维与训练

1. 结合《日出》第二幕的情节冲突，分析李石清这个角色的心理性格特征。
2. 以《日出》为例，简析曹禺戏剧的台词艺术。
3. 如何理解《日出》的社会批判性主题？

可爱的中国（节选）①

方志敏

方志敏（1899—1935），伟大的无产阶级革命家、军事家、杰出的农民运动领袖，中国共产党早期领导人之一，土地革命战争时期赣东北和闽浙赣革命根据地的创建人。1899年8月21日生于江西弋阳县漆工镇湖塘村。1934年，率部北上抗日，被国军拘捕入狱。1935年8月6日在江西南昌下沙窝英勇就义，当时才36周岁。1977年9月由江西省人民政府批准，在弋阳县城北面峨眉嘴山顶建立方志敏纪念馆。遗骨现安葬于南昌市郊梅岭。在狱中，敌人用高官厚禄利诱他，用酷刑和死亡威逼他，方志敏威武不屈，利用敌人叫他写狱状的纸和笔，写下了16篇约13万字的文稿和信件，其中就有《可爱的中国》。该文曾由鲁迅先生代为保存，解放后公开发表。

朋友！中国是生育我们的母亲。你们觉得这位母亲可爱吗？我想你们是和我一样的见解，都觉得这位母亲是蛮可爱蛮可爱的。

以言气候，中国处于温带，不十分热，也不十分冷，好像我们母亲的体温，不高不低，最适宜于孩儿们的偎依。

以言国土，中国土地广大，纵横万数千里，好像我们的母亲是一个身体魁大、胸宽背阔的妇人。

中国土地的生产力是无限的，地底蕴藏着未开发的宝藏也是无限的，又岂不象征着我们的母亲，保有着无穷的乳汁，无穷的力量，以养育她四万万的孩儿？我想世界上再没有比她养得更多的孩子的母亲吧。

中国是无地不美，到处皆景，这好像我们的母亲，她是一个天姿玉质的美人，她的身体的每一部分，都有令人爱慕之美。中国海岸线之长而且弯曲，照现代艺术家说来，这象征我们母亲富有曲线美吧。

中国民族在很早以前，就造起了一座万里长城和开凿了几千里的运河，这就证明中国民族伟大无比的创造力！中国在战斗之中一旦得到了自由与解放，这种创造力，将会无限地发挥出来。

到那时，中国的面貌将会被我们改造一新。到那时，到处都是活跃的创造，到处都是日新月异的进步，欢歌将代替了悲叹，笑脸将代替了哭脸，富裕将代替了贫穷，康健将代替了疾苦，智慧将代替了愚昧，友爱将代替了仇杀，生之快乐将代替了死之悲哀，明媚的花园将代替了凄凉的荒地！

这时，我们民族就可以无愧色的立在人类的面前，而生育我们的母亲，也会最美丽地装饰起来，与世界上各位母亲平等地携手了。

这么光荣的一天，决不在辽远的将来，而在很近的将来，我们可以这样相信的，朋友！

（选自方志敏．红色经典丛书 可爱的中国［M］．南京：江苏文艺出版社，2017.03：3）

【注释】

①此文写作时间是1935年5月2日。当时日本的全面侵华战争还没爆发，但"九一八"的炮声却震撼了每一个有民族情感的中国人的心。作为红十军的创始人，方志敏在红军开始长征的时候，担任中国工农红军北上抗日先遣队总司令，但在进军的路上，不幸因叛徒出卖而落到国民党反动派的手中，最后英勇就义。

提示

《可爱的中国》是方志敏1935年写于狱中的著名散文。作者以亲身经历概括了中国从五四运动到第二次国内革命战争以来的悲惨历史，愤怒地控诉了帝国主义肆意欺侮中国人民的种种罪行。他满怀爱国主义激情，象征性地把祖国比喻为"生育我们的母亲"，"她是一个天姿玉质的美人，她的身体的每一部分都有令人爱慕之美。"可是，美丽健壮而可爱的母亲，却正受着"无谓屈辱和残暴的蹂躏"，强盗、恶魔残害她，掠夺她，肢解她的身体，吮吸她的血液，汉奸军阀帮助恶魔杀害自己的母亲。作者高声疾呼，"母亲快要死去了"，"救救母亲呀！"他指出挽救祖国的"唯一出路"就是进行武装斗争，论证"中国是有自救的力量的"，坚信中华民族必能从战斗中获救。并在篇末展示了中国革命的光明前景，描绘出革命后祖国未来的美好幸福的景象，表现了强烈的民族自信。

思维与训练

1. 作者为什么把祖国母亲的美丽和可怜对照起来写？

2. 1935年身在狱中的方志敏说，自己已经是一个"待决之囚"，"没有机会为中国民族尽力了"，但他仍相信，"在很近的将来"，祖国母亲将迎来"光荣的一天"。请以当代青年学生的身份，给方志敏写一封信，进行一场"跨越时空的对话"。

"今"①

李大钊

李大钊（1889—1927），字守常，河北乐亭人。1907年考入天津北洋法政专门学校，1913年毕业后东渡日本，入东京早稻田大学政治本科学习，是中国共产主义运动的先驱，伟大的马克思主义者，杰出的无产阶级革命家，中国共产党的主要创始人之一。李大钊同志一生的奋斗历程，同马克思主义在中国传播的历史紧密相连，同中国共产党创建的历史紧密相连，同中国共产党领导的为中国人民谋幸福的历史紧密相连。

李大钊先生牺牲的时候只有39岁，但他一生中除了领导革命斗争和教书以外，也创作了不少诗文，其中有政论、文艺译作、杂感、诗歌等。这里选录的是他的随笔、散文。这些文章的共同特点是"针切时弊"，多半是火辣辣的，有丰富的思想内容，具有强烈的战斗性。它们或者引起人冷静、深刻的思考，或者鼓舞着人们的战斗热情。有《守常文集》《李大钊文集》行世。

我以为世间最可宝贵的就是"今"，最易丧失的也是"今"。因为他最容易丧失，所以更觉得他最可宝贵。

为什么"今"最可宝贵呢？最好借哲人耶曼孙所说的话答这个疑问："尔若爱千古，尔当爱现在。昨日不能唤回来，明天还不确实，尔能确有把握的就是今日。今日一天，当明日两天。"

为什么"今"最易丧失呢？因为宇宙大化，刻刻流转，绝不停留。时间这个东西，也不因为吾人贵他爱他稍稍在人间留恋。试问吾人说"今"，说"现在"，茫茫百千万劫，究竟哪一刹那是吾人的"今"，是吾人的"现在"呢？刚刚说他是"今"是"现在"，他早已风驰电掣的一般，已成"过去"了。吾人若要糊糊涂涂把他丢掉，岂不可惜？

有的哲学家说，时间但有"过去"与"未来"，并无"现在"。有的又说，"过去"、"未来"皆是"现在"。我以为"过去未来皆是现在"的话倒有些道理。因为"现在"就是所有"过去"流入的世界，换句话说，所有"过去"都埋没于"现在"的里边。故一时代的思潮，不是单纯在这个时代所能凭空成立的。不晓得有几多"过去"时代的思潮，差不多可以说是由所有"过去"时代的思潮——凑合而成的。吾人投一石子于时代潮流里面，所激起的波澜声响，都向永远流动传播，不能消灭。屈原的《离骚》，永远使人人感泣。打击林肯头颅的枪声，呼应于永远的时间与空间。一时代的变动，绝不消失，仍遗留于次一时代，这样传演，至于无穷，在世界中有一贯相连的永远性。昨日的事件与今日的事件，合构成数个复杂事件。势力结合势力，问题牵起问题。无限的"过去"都以"现在"为归宿，无限的"未来"都以"现在"为渊源。"过去""未来"的中间全仗有"现在"以成其连续，以成其永远，以成其无始无终的大实在。一掣现在的铃，无限的过去未来皆遥相呼应。这就是过去未来皆是现在的道理。这就是"今"最可宝贵的道理。

现实有两种不知爱"今"的人：一种是厌"今"的人，一种是乐"今"的人。厌"今"的人也有两派：一派是对于"现在"一切现象都不满足，因起一种回顾"过去"

的感想。他们觉得"今"的总是不好，古的都是好。政治、法律、道德、风俗，全是"今"不如古。此派人惟一的希望在复古。他们的心力全施于复古的运动。一派是对于"现在"一切现象都不满足，与复古的厌"今"派全同，但是他们不想"过去"，但盼"将来"。盼"将来"的结果，往往流于梦想，把许多"现在"可以努力的事业都放弃不做，单是耽溺于虚无缥缈的空玄境界。这两派人都是不能助益进化，并且很是阻滞进化的。

乐"今"的人大概是些无志趣无意识的人，是些对于"现在"一切满足的人。他们觉得所处境遇可以安乐优游，不必再商进取，再为创造。这种人丧失"今"的好处，阻滞进化的潮流，同厌"今"派毫无区别。

原来厌"今"为人类的通性。大凡一境尚未实现以前，觉得此境有无限的佳趣，有无疆的福利；一旦身陷其境，却觉不过尔尔，随即起一种失望的念，厌"今"的心。又如吾人方处一境，觉得无甚可乐；而一旦其境变易，却又觉得其境可恋，其情可思。前者为企望"将来"的动机；后者为反顾"过去"的动机。但是回想"过去"，毫无效用，且空耗努力的时间。若以企望"将来"的动机，而尽"现在"的努力，则厌"今"思想却大足为进化的原动。乐"今"是一种惰性（Inertia），须再进一步，了解"今"所以可爱的道理。全在凭他可以为创造"将来"的努力，绝不在得他可以安乐无为。

热心复古的人，开口闭口都是说"现在"的境象若何黑暗，若何卑污，罪恶若何深重，祸患若何剧烈。要晓得"现在"的境象倘若真是这样黑暗，这样卑污，罪恶这样深重，祸患这样剧烈，也都是"过去"所遗留的宿孽，断断不是"现在"造的；全归咎于"现在"，是断断不能受的。要想改变他，但当努力以创造未来，不当努力以回复"过去"。

照这个道理讲起来，大实在的瀑流，永远由无始的实在向无终的实在奔流。吾人的"我"，吾人的生命，也永远合所有生活上的潮流，随着大实在的奔流，以为扩大，以为继续，以为进转，以为发展。故实在即动力，生命即流转。

忆独秀先生曾于《一九一六年》文中说过，青年欲达民族更新的希望，"必自杀其一九一五年之青年，而自重其一九一六年之青年"。我尝推广其意，也说过人生惟一的蕲向②，青年惟一的责任，在"从现在青春之我，扑杀过去青春之我；促今日青春之我，禅让明日青春之我""不仅以今日青春之我，追杀今日白首之我，并宜以今日青春之我，豫杀来日白首之我"。实则历史的现象，时时流转，时时变易，同时还遗留永远不灭的现象和生命于宇宙之间，如何能杀得？所谓杀者，不过使今日的"我"不仍旧沉滞于昨天的"我"。而在今日之"我"中，固明明有昨天的"我"存在。不止有昨天的"我"，昨天以前的"我"，乃至十年二十年百千万亿年的"我"，都俨然存在于"今我"的身上。然则"今"之"我"，"我"之"今"，岂可不珍重自将，为世间造些功德？稍一失脚，必致遗留层层罪恶种子于"未来"无量的人，即未来无量的"我"，永不能消除，永不能忏悔。

我请以最简明的一句话写出这篇的意思来：

吾人在世，不可厌"今"而徒回思"过去"，梦想"将来"，以耗误"现在"的努力；又不可以"今"境自足，毫不拿出"现在"的努力，谋"将来"的发展。宜善用"今"，以努力为"将来"之创造。由"今"所造的功德罪孽，永久不灭。故人生本务，在随实在之进行，为后人造大功德，供永远的"我"享受，扩张，传袭，至无穷极，以达"宇宙即我，我即宇宙"之究竟。

（选自：徐景林. 你应该阅读的中国名家杂文[M]. 南昌：百花洲文艺出版社，2018：71－74）

【注释】

①本文写于1918年4月15日，原载《新青年》第4卷第4号。

②蕲向（qí xiàng）：理想，志向。李大钊《青春》："贤者仁智俱穷，不肖者流连忘返，而人生之蕲向荒矣，是又岂青年之所宜出哉？"

提示

《"今"》发表于1918年，正当五四运动前夜。中国虽已推翻清王朝建立共和，但封建主义思想仍弥漫全国，守旧势力异常顽固，新旧思想斗争异常复杂激烈。李大钊作为启蒙运动的先觉者，在这一个时期写了不少杂文，积极宣传新思想，抨击封建主义思想，成为"五四"精神的先驱。他于1916年发表《青春》，以激情洋溢的语言宣传破旧立新的思想，主张"冲决过去历史之网罗，破坏陈旧学说之囹圄"，热情赞美青春的力量。《今》可以看作是《青春》的姊妹篇。

《"今"》所表达的主要思想是："宜善用'今'，以努力为'将来'之创造"，"人生本务，在随实在之进行，为后人造大功德"；同时批评几种对"今"的不正确的态度和社会上复古的倾向。

本文不仅充满肯定现在、瞩望未来的乐观战斗精神，而且透露着朴素的辩证观点。文章以"宇宙大化，刻刻流转，绝不停留"为基点，广泛征引哲人警辟论断，推出"'今'最可宝贵的道理"。然后，再根据客观事物不断发展的观点，以绵密的分析、充分的论证，指出厌"今"的人眷恋过去和乐"今"的人苟安现在都是错误的人生态度，"这两派人都是不能助益进化，并且很足阻滞进化的"。他寄希望于这两派人的觉悟：厌"今"的人"若以企望'将来'的动机，而尽'现在'的努力，则厌'今'思想，却大足为进化的原动"。乐"今"的人须了解"'今'所以可爱的道理，全在凭他可以为创造'将来'的努力，决不在得他可以安乐无为"。这样才能随时代大潮一起前进，"随着大实在的奔流，以为扩大，以为继续，以为进转，以为发展"。其情殷殷，其言剀切，其理殊深。

肯定实践，肯定创造，弘扬革新，这里表现的是一种进取的人生态度，一种昂扬的战斗精神。

思维与训练

1. 本文透辟地论述过去、现在、未来三者的辩证关系，意在告诉我们什么道理？

2. 作者在文中说"我以为世间最可宝贵的就是'今'，最易丧失的也是'今'"。请结合你们正值青春的人生特点并引用恰当的名言警句简要回答。

第四节　小说选

一件小事[①]

鲁迅

鲁迅（1881—1936），原名周树人，字豫才。中国现代伟大的无产阶级文学家、思想家、革命家和教育家。原名周樟寿、周树人。字豫山、豫亭、豫才、秉臣。从1918年5月发表第一篇白话小说《狂人日记》时，始以"鲁迅"为笔名。除鲁迅外，还有邓江、唐俟、邓当世、晓角等笔名。其著作收入《鲁迅全集》及《鲁迅书信集》，并编校古籍多种。他的著作主要以小说、杂文为主，代表作有：小说集《呐喊》《彷徨》《故事新编》等，散文集《朝花夕拾》（原名《旧事重提》），散文诗集《野草》，杂文集《坟》《热风》《华盖集》《华盖集续编》《南腔北调集》《三闲集》《二心集》《而已集》《且介亭杂文》等。

我从乡下跑进城里，一转眼已经六年了。其间耳闻目睹的所谓国家大事，算起来也很不少；但在我心里，都不留什么痕迹，倘要我寻出这些事的影响来说，便只是增长了我的坏脾气——老实说，便是教我一天比一天的看不起人。

但有一件小事，却于我有意义，将我从坏脾气里拖开，使我至今忘记不得。

这是民国六年的冬天，北风刮得正猛，我因为生计关系，不得不一早在路上走。一路几乎遇不见人，好不容易才雇定了一辆人力车，叫他拉到S门去。不一会，北风小了，路上浮尘早已刮净，剩下一条洁白的大道来，车夫也跑得更快。刚近S门，忽而车把上带着一个人，慢慢地倒了。

跌倒的是一个老女人，花白头发，衣服都很破烂。伊从马路边上突然向车前横截过来；车夫已经让开道，但伊的破棉背心没有上扣，微风吹着，向外展开，所以终于兜着车把。幸而车夫早有点停步，否则伊定要栽一个大斤斗，跌到头破血出了。

伊伏在地上；车夫便也立住脚。我料定这老女人并没有伤，又没有别人看见，便很怪他多事，要是自己惹出是非，也误了我的路。

我便对他说，"没有什么的。走你的罢！"

车夫毫不理会，——或者并没有听到，——却放下车子，扶那老女人慢慢起来，搀着臂膊立定，问伊说：

"您怎么啦？"

"我摔坏了。"

我想，我眼见你慢慢倒地，怎么会摔坏呢，装腔作势罢了，这真可憎恶。车夫多事，也正是自讨苦吃，现在你自己想法去。

车夫听了这老女人的话，却毫不踌躇，搀着伊的臂膊，便一步一步的向前走。我有些诧异，忙看前面，是一所巡警分驻所，大风之后，外面也不见人。这车夫扶着那老女人，便正是向那大门走去。

我这时突然感到一种异样的感觉，觉得他满身灰尘的后影，刹时高大了，而且愈走愈大,须仰视才见。而且他对于我,渐渐的又几乎变成一种威压,甚而至于要榨出皮袍下面藏着的"小"来。

我的活力这时大约有些凝滞了,坐着没有动,也没有想,直到看见分驻所里走出一个巡警,才下了车。

巡警走近我说:"你自己雇车罢,他不能拉你了。"

我没有思索的从外套袋里抓出一大把铜元,交给巡警,说,"请你给他……"

风全住了,路上还很静。我一路走着,几乎怕敢想到我自己。以前的事姑且搁起,这一大把铜元又是什么意思,奖他么?我还能裁判车夫么?我不能回答自己。

这事到了现在,还是时时记起。我因此也时时煞了苦痛,努力的要想到我自己。几年来的文治武力,在我早如幼小时候所读过的"子曰诗云"②一般,背不上半句了。独有这一件小事,却总是浮在我眼前,有时反更分明,教我惭愧,催我自新,并增长我的勇气和希望。

一九二〇年七月③。

(选自:鲁迅. 呐喊[M]. 丰子恺,绘. 北京:中国青年出版社,2018:52-54)

【注释】

①本篇最初发表于一九一九年十二月一日北京《晨报·周年纪念增刊》。

②"子曰诗云":"子曰"即"夫子说";"诗云"即"《诗经》上说"。泛指儒家古籍。这里指旧时学塾的初级读物。

③据报刊发表的年月及《鲁迅日记》,本篇写作时间当在一九一九年十二月。

提示

鲁迅《一件小事》叙写的是知识分子"我"从一个人力车夫身上看到生活的希望和获得改造自己力量的故事。作品以恳切真挚的笔致,描绘了人力车夫高大的正面形象,以充满热情的歌唱,抒发了作者对城市苦力工人的敬意和赞美。

文章情节并没有什么波澜起伏,看起来甚至有点平淡无奇:拉车的车夫在路上为了搀扶一位被他无意中带倒、并且自称"摔坏了"但在雇主眼中却是在"装腔作势"的老女人而不听雇主的催促,然后又放弃了生意去帮助这位与自己不相识的老女人,最后雇主"我"深受感动,托警察将车费交与那名车夫。但是就在平淡的情节中透露着作者对车夫这类人的赞扬。小说中的环境描写不多,但是都十分成功,如"大北风刮得正猛""北风小了,路上浮尘早已刮净""风全住了,路上还很静"等都是关于对"风"的刻画,说明当时天很冷,路上几乎没有人,就算是撞了人不管不顾逃走也没有关系,但是车夫并没有逃避责任,反而放弃生意,搀扶老女人,担当起责任。这些使得车夫的形象刹那间就伟大起来。环境的描写塑造了一位灵魂形象高大的车夫,同时也抒发了作者对于车夫的赞美。

在写作特色上,这篇文章是以小见大写作手法成功运用的典型。同时,这篇小说运用对比手法,将车夫和作为雇主的"我"对于同一件事的不同态度进行对照,并且以"我"的前后思想为变化做对比,显露出"我"自私自利的渺小,映射出车夫的勤劳善良、正直无私、光明磊落、敢做敢当、关心别人的高大形象,表达了作者对于车夫这类劳动人民的赞美之情。这种对比的妙处在于以间接而含蓄的笔墨突出劳动者的朴实无私。在表现形式上,文章好似一篇速写画,又近于当代的"小小说",短小精悍,清新可人而意味深长;情节真实可信，成为现代小说中传颂最广的名篇之一。小说语言并不华丽，语言风格也不似鲁迅平时那般冷峻嘲讽，反而是属于那种朴素无华的风格，叙述也是以淡淡的语气，甚至有点儿轻描淡写的感觉，但是这并不影响作者感情的抒发。如："我这时突然感到一种异样的感觉，觉得他满身灰尘的后影，刹时高大了，而且愈走愈大，须仰视才见。而且他对于我，渐渐的又几乎变成一种威压，甚而至于要榨出皮袍下面藏着的'小'来。"看似平凡的几笔，却是直接抒发出了"我"同时也是鲁迅先生自己对于车夫的敬佩。

《一件小事》篇幅短小精悍，内容警策深邃，是一篇影响深远却又十分独特的文章。全文仅一千字左右，描写的是日常生活中的一件小事，虽只是平凡小事，但也足以反映出鲁迅对下层民众朴素而深沉的爱。作品在歌颂下层劳动人民崇高品质的同时，还反映了知识分子的自我反省，表现出真诚向劳动人民学习的新思想。在五四运动时期能有如此认识是很不寻常的，具有深远的社会意义。小说的深刻内涵并未寄寓在情节的跌宕起伏及人物关系的幽微变化之中，而是以颇具自传性的"我"记忆中的一个单独事件为导引，显现出围绕事件、自我、怀疑等主题建构的知识分子心路，并与鲁迅的心灵史和生活史形成应答。

思维与训练

1. 中国现代文学研究会名誉理事孙中田等编写的《中国现代文学史》认为："《一件小事》是中国现代文学史上第一次把人力车工人作为正面主人公加以歌颂的作品。"请分析文中"车夫"的形象。

2. 作者在这篇文章中主要表达了怎样的思想感情？

第六章

中国当代文学作品选

学习目的和意义

通过学习一些中国当代文学作品,明确中国当代文学的发展历程,认识到汉语在当代创造的非凡的艺术成就,深入领会汉语言文学作品话语方式的独有魅力,从而提高对当代文学作品的阅读鉴赏、分析评论能力,全面提高文学素养。学好中国当代文学,对于弘扬民族文化,提高民族自信心和自豪感,对于加强爱国主义教育和社会主义精神文化建设,都有重要意义。

学习重点与难点

把握中国当代文学脉络和概貌,了解中国当代文学经典作品的时代内涵。

第一节 中国当代文学概述

一、当代文学的概念

中国当代文学一般是指从1949年7月召开的中华全国文学艺术工作者代表大会(简称"文代会")至今的文学,其研究对象主要是中华人民共和国成立以来的文学。

二、当代文学的四个时期

中国当代文学伴随着中国当代社会的变化而变化,根据我国社会主义各个时期的历史、文化状况和文学特征,可以把当代文学的发展划分为四个时期:

(1)十七年文学:包括中国当代文学的开拓期与曲折发展时期,具体时间从1949年第一次文代会召开到1966年"文化大革命"发生。中华人民共和国成立后17年,文学以极其鲜明的豪迈、明快的特征,迎来了中国当代文学创作的首次高潮,涌现了一批思想和艺术上较成熟的文学作品,如长篇小说《红旗谱》《青春之歌》《保卫延安》《红日》《创业史》

《三里湾》《山乡巨变》，戏剧《茶馆》《关汉卿》《霓虹灯下的哨兵》和众多的诗歌散文。自1956年"双百"方针提出后，文艺界出现了中华人民共和国成立以来从未有过的思想活跃和解放，从1956年5月到1957年6月的一年时间里，文学创作与文学理论和批评，冲破了"左"倾思想的拘囿，呈现出生气勃勃、创作兴旺的景象。《组织部新来的青年人》（王蒙）、《在桥梁工地上》（刘宾雁）、《改选》（李国文）、《爬在旗杆上的人》（耿简）等作品，大胆干预生活，揭露了生活中的矛盾和社会的阴暗面，揭露了各种官僚主义；《红豆》（宗璞）、《在悬崖上》（邓友梅）、《小巷深处》（陆文夫）则打破了中华人民共和国成立后爱情题材的禁区。

（2）从1966年开始至1976年结束的十年"文化大革命"，是中国人民的一场空前大灾难。这场"严重灾难的内乱"，是从文艺领域首先发动和打破缺口的。文艺界在"文化大革命"中就成了江青反革命集团的"革命"重点，成了重灾区。全国文艺界的各种组织被迫停止活动，各种文艺刊物全部停刊，一时间文坛万马齐喑，文苑百花凋零。但"地下火"在运行，文艺工作者和人民对江青反革命集团的文化专制主义，依然进行着各种形式的抵制和斗争。到1976年"四五"天安门诗歌运动，人民便用诗的形式和运动，敲响了"四人帮"覆灭的丧钟，预告着文艺新春天的降临。

（3）1976年10月，"四人帮"被粉碎，中国当代文学进入了历史变革的新时期。新时期文学参与了中国20世纪最后20年的全部文化排演，成为中华民族这一历史变革进程中一个极为活跃的因素，它充满了思考、探索和追求，无论是数量、质量以及所产生的社会效果，在中国当代文学史上都是空前的。新时期文学的滥觞是"伤痕"文学，它以1977年刘心武发表的短篇小说《班主任》和1978年卢新华的短篇小说《伤痕》为开端，以正视生活中的矛盾和人们共同关心的社会问题以及展示极左路线给人们留下的伤痕而轰动整个社会，描写的是"文化大革命"所造成的无数人间惨剧。从1979年开始，一批亲身经历了历史磨难的作家，不再满足于对"文化大革命"中的悲惨故事做孤立的宣泄似的叙述，他们透过人物的命运遭际探索极左思潮形成的过程，反顾中国当代历史的曲折道路，再一次掀起新时期文学又一个阶段性的文学思潮，即历史反思文学思潮。历史反思文学思潮一直波及整个20世纪80年代初期，代表作有《李顺大造屋》《芙蓉镇》《许茂和他的女儿们》《啊》《天云山传奇》《蝴蝶》《剪辑错了的故事》等。20世纪80年代中后期掀起的"寻根"文学热潮，则是一批作家在多种文化纠葛中，力图寻找民族文学发展之路的一种努力。它的代表作品有追寻民族整体生存和价值形态的《小鲍庄》《老井》，有追寻民族强劲生命力的《红高粱》等家族小说，有寻求民族文化精神结晶的《棋王》《孩子王》《树王》，还有将"寻根"的触须伸向人类共同关注的生存境遇的《爸爸爸》《女女女》，各个作家所寻到的"根"千差万别，艺术风格也各具形态。进入20世纪90年代，文化界曾有一度的沉默，直到中期，文坛才较集中地产生了一批反映当代改革生活和社会现实的小说，代表作有余华的《活着》《许三观卖血记》和王安忆的《长恨歌》等。历史题材也是20世纪90年代文学创作的热点，如《白鹿原》《最后一个匈奴》《尘埃落定》《故乡相处流传》《我的帝王生活》等一批小说。总之，20世纪90年代的文学没有主流，没有中心，却有着多重多极的文化表现。

（4）21世纪以来至今的文学被称为"新世纪文学"。世纪之交以来的文学较之此前的当代文学更为纷乱繁杂，而且由于它是"正在进行时"，要想清晰地勾勒出它的轮廓几乎是不可能的。尽管如此，我们仍然可以从一些侧面，发现"新世纪文学"之"新"除了具有编年史意义上的内涵外，同时也获得了较之20世纪90年代文学某些显著的新变，包括文化语境的转型、文学结构变迁以及出现了哪些新的问题等。新世纪文学主要包括以下3个方面：

①传统的延伸：一是传统型写作。包括严肃文学、主流文学、传统通俗文学等，作为继承性比较大的一部分，此类文学也在新世纪呈现出回归现实的叙事精神、专注于日常生活与世俗感情的审美关照、商品性进一步加强的3个鲜明特点。主要代表作有贾平凹的《秦腔》，莫言的《檀香刑》，阎连科的《受活》，毕飞宇的《青衣》《玉米》《平原》《推拿》，李洱的《花腔》、阎真的《沧浪之水》等。二是打工文学。包括两类：由具有亲历者身份的打工者的创作，以及由非打工人员，包括中等阶层或知识分子写作的描绘打工生活、体现底层意识的作品。打工文学关注底层、同情底层，为底层遭遇的不平、不公而发言，同时也将笔触也深入社会转型期阶层的分化与身份的转移、社会改革带来的生存困惑和道德困扰等现实难题。重要作品有郭建勋的《天堂凹》、王十月的《无碑》等。三是底层写作。指以城市平民、农民工，以及其他一些社会底层人物为写作对象的文学，书写他们陷入困境的生存状态和人生体验。如陈桂棣、春桃的《中国农民调查》，曹征路的《那儿》，陈应松的《马嘶岭血案》，刘庆邦的《神木》等。四是官场小说、职场小说等通俗文学。官场小说之在新世纪的风行，既是现实折射反映的结果，同时也由于它满足了读者的偷窥欲望，并迎合了当前社会的功利心态。此类作品较有影响的是王跃文的《国画》《苍黄》，以及王晓方的《驻京办主任》系列。新世纪另有张平、陆天明、周梅森等侧重官场书写但其创作主旋律色彩鲜明，与人们一般所谓"官场小说"相比，具有不同的面貌。2007年李可的《杜拉拉升职记》是职场小说的代表。

②"80后"与青春写作："80后"文学是对出生于20世纪80年代的青年人群体写作的称谓。他们在新世纪第一个十年集中出现，引起人们的关注。"80后"作家以韩寒（《三重门》）、郭敬明（《悲伤逆流成河》、《小时代》"三部曲"）、张悦然（《葵花走失在1890》《是你来检阅我的忧伤了吗？》）、春树（《北京娃娃》）、李傻傻（《红×》）为代表。"80后"文学的特征主要有：A. 娱乐化出场；B. 商业化写作；C. 青春写作色彩：时尚色彩强烈，主题多定位于当下青少年的"青春遭遇"和"青春心态"，紧紧扣住"青春本位"的题材和心理。表达上注重文字优美，描写青年人的奇幻感觉，风格倾向于浪漫，不求正确但求惊人的青春话语等。

③新媒介与文学新形态：一是网络小说。中国网络小说起步于20世纪90年代末。在开始形成的阶段，网络写作主要靠从传统文学队伍中转移过来的作者。如蔡智恒（《第一次的亲密接触》）、安妮宝贝（《告别薇安》《彼岸花》等）、李寻欢（《红门子弟》）、慕容雪村（《成都，今夜请将我遗忘》）等。二是类型小说。类型小说指的是在题材内容和表现形式上具有某些共性或模式的小说。目前流行的类型小说诸如玄幻小说（萧鼎《诛仙》、天下霸唱《鬼吹灯》）、穿越小说（金子《梦回大清》，"四大穿越奇书"《木槿花西月锦绣》《鸾：我的前半生，我的后半生》《迷途》和《末世朱颜》）、架空小说（酒徒的《秦》《明》《指南录》和《家园》）、后宫小说（流潋紫《后宫：甄嬛传》等）、同人小说（今何在的《悟空传》《九州·羽传说》等）、悬疑小说（蔡骏《天机》系列、南派三叔《盗墓笔记》系列）等。

思维与训练

1. 简述20世纪90年代文学的主要特点。
2. 新世纪文学的"新"主要体现在哪些方面？

第二节　诗歌选

当我死时①

余光中

余光中（1928—2017），1928年出生于南京，祖籍福建永春。因母亲原籍为江苏武进，故也自称"江南人"。1952年毕业于台湾大学外文系。1959年获美国爱荷华大学（LOWA）艺术硕士学位。先后任教于台湾东吴大学、台湾师范大学、台湾大学、台湾政治大学。其间两度应美国国务院邀请，赴美国多家大学任客座教授。1972年任台湾政治大学西语系教授兼主任。1974年至1985年任香港中文大学中文系教授。1985年后，任台湾中山大学教授及讲座教授，其中有6年时间兼任文学院院长及外文研究所所长。

余光中一生从事诗歌、散文、评论、翻译，自称为自己写作的"四度空间"。一生驰骋文坛逾半个世纪，涉猎广泛，被誉为"艺术上的多妻主义者"。其文学生涯悠远、辽阔、深沉，为当代诗坛健将、散文重镇、著名批评家、优秀翻译家。现已出版诗集21种、散文集11种、评论集5种、翻译集13种，共40余种。代表作有《白玉苦瓜》（诗集）、《记忆像铁轨一样长》（散文集）及《分水岭上：余光中评论文集》（评论集）等。

当我死时，葬我
在长江与黄河之间
枕我的头颅，白发盖着黑土
在中国，最美最母亲的国度
我便坦然睡去，睡整张大陆
听两侧，安魂曲起自长江，黄河
两管永生的音乐，滔滔，朝东
这是最纵容最宽阔的床
让一颗心满足地睡去，满足地想
从前，一个中国的青年曾经
在冰冻的密西根向西瞭望
想望透黑夜看中国的黎明
用十七年未餍中国的眼睛
饕餮地图②，从西湖到太湖

到多鹧鸪的重庆，代替回乡

1966年2月24日

（选自：余光中．诗歌精读［M］．杭州：浙江人民出版社，2018：91）

【注释】

①这首诗是1966年作者在美国密歇根州写的。

②饕餮（tāo tiè）地图：饕餮，是古代中国神话传说中的一种神秘怪物，名叫狍鸮，古书《山海经·北次二经》介绍其特点是：其状如羊身人面，眼在腋下，虎齿人手。比喻贪婪之徒。在这里是指祖国的地域辽阔，版图广袤。

提示

羁旅漂泊的生涯使得余光中的怀乡病日益深重，该诗表现的便是诗人对祖国母亲的无限思念。诗人把祖国比作一张"最纵容最宽阔的床"，希望自己死时能"坦然睡去"，这实际上是把祖国当作是人生最终的也是最圆满的归宿。

该诗在艺术上的突出特点是超现实的想象。诗人想象自己的身躯异常庞大，死时能够"睡整张大陆"。所寄寓的意思便是全身心地融入祖国，彻底地拥有祖国。诗人还故意地颠倒现实情境和想象情境的关系，"一个中国的青年"在"密西根向西瞭望"本是现实的情形，而诗中却把它处理成"睡整张大陆"而"满足地想"的内容。这种情境的颠倒使得整个诗的形象非常奇特。

诗人非常注重语言的变化。如，"最美最母亲的国度"，"母亲"一词是名词活用为形容词，凝练、贴切而又新颖。再如，"最纵容最宽阔的床"，"纵容"一词是动词活用为形容词，写出了极度自由舒坦的理想境界。"饕餮地图"中，"饕餮"一词本是贬义，是贪婪之徒的意思，用在此却恰如其分地写出了诗人对祖国的至爱。

诗有14行。前8行以"安眠"为主要意向，把死亡视为一种憧憬、一种满足，节奏舒缓，速度均匀。但是，在这安魂曲般温婉祥和、悠然恬静的情调下，掩藏着怎样一种泣血的哀恸啊！一个年仅38岁的人，对生还已绝望，要用死后归葬的幻想来安慰自己，还不足以说明他心中的愁苦是多么深重吗？这种退而求其次的表达，强化了诗的张力，丰富了诗的内涵。诗的后半部分以快节奏传达心情的急切，把那热爱祖国山河、渴望落叶归根的情绪表现得淋漓尽致。

思维与训练

1. 全诗抒发了作者怎样的思想感情？
2. 本诗塑造了一个什么样的人物形象？

回答[①]

北岛

北岛（1949—　），原名赵振开，"北岛"是诗人芒克给他取的笔名，也是他影响最为广泛的笔名。浙江湖州人，出生于北京。中国当代诗人、作家，为朦胧诗代表人物之一，是民间诗歌刊物《今天》的创办者之一。曾多次获诺贝尔文学奖提名。现任香港中文大学讲座教授，定居香港。

北岛的诗歌具有独特的"冷抒情"的方式——出奇的冷静和深刻的思辨性。作品被译成20余种文字，先后获瑞典笔会文学奖、美国西部笔会中心自由写作奖、古根海姆奖学金等，并被选为美国艺术文学院终身荣誉院士。著有诗集《陌生的海滩》《北岛诗选》《在天涯》《午夜歌手》，散文集《蓝房子》《午夜之门》《时间的玫瑰》《青灯》和小说《波动》，代表诗作有《回答》《一切》等。

卑鄙是卑鄙者的通行证，
高尚是高尚者的墓志铭，
看吧，在那镀金的天空中，
飘满了死者弯曲的倒影。

冰川纪过去了，
为什么到处都是冰凌？
好望角②发现了，
为什么死海里千帆相竞？

我来到这个世界上，
只带着纸、绳索和身影，
为了在审判之前，
宣读那些被判决的声音。

告诉你吧，世界
我——不——相——信！
纵使你脚下有一千名挑战者，
那就把我算作第一千零一名。

我不相信天是蓝的，
我不相信雷的回声，
我不相信梦是假的，
我不相信死无报应。

如果海洋注定要决堤，
就让所有的苦水都注入我心中，
如果陆地注定要上升，
就让人类重新选择生存的峰顶。

新的转机和闪闪星斗，
正在缀满没有遮拦的天空。
那是五千年的象形文字，
那是未来人们凝视的眼睛。

【注释】

①《回答》创作于1976年清明前后，初刊于《今天》。后作为第一首公开发表的朦胧诗，刊载于《诗刊》1979年第3期。

②"好望角"的意思是"美好希望的海角"，但最初却称"风暴角"。它是位于非洲西南端的非常著名的岬角。好望角是世界航线上著名的风浪区，经常有船只在此遇上风暴沉没。1486年葡萄牙著名探险家巴陀罗姆·迪亚士奉葡萄牙王若奥二世之命，率探险队沿非洲西岸南航，寻找通往东方的航路，首次到达非洲南端，在那里遇到特大风暴。他乘坐的三桅帆船在惊涛骇浪中几乎沉没，最后漂到无名岬岛靠岸，并被迫返航。迪亚士就将其称作"风暴角"。回国后，迪亚士向国王汇报了到达"风暴角"的情况，国王认为这样的命名会挫伤航海家探险的积极性，不利于进一步探险通往印度的航路，所以他于1487年将"风暴角"改为"好望角"（Cape of Good Hope）。现在，好望角的名字以其特殊的地理位置和历史典故流传世界。

提示

《回答》是诗人北岛1976年创作的一首朦胧诗，它标志着朦胧诗时代的开始。诗中展现了悲愤之极的冷峻，以坚定的口吻表达了对暴力世界的怀疑。全诗共7节，诗人企图在一个封闭的逻辑空间内构建一个完整、自足的"自我"形象，并依靠与外部世界的对立关系来强化这一形象的独立性。

作品开篇以悖论式警句斥责了是非颠倒的荒谬时代，"镀金"揭示虚假，"弯曲的倒影"暗指冤魂，二者形成鲜明的对照。第二节中"冰凌"暗指人们心灵的阴影，情绪上顺承第一节。第三节渲染了普罗米修斯式的拯救者形象，诗人以此自居，表现了新时代诗人个体的觉悟和对自身肩负的责任毫不犹豫的担当。第四节"我——不——相——信！"的破折号加重了语气，表现了无畏的挑战者形象，末两句中诗人从历史的维度来表明自己不屈的决心。第五节的排比句表现了否定和怀疑精神。第六节前两句对苦难的态度，抒发承担未来重托的英雄情怀，末两句，传达出对未来的企望。"五千年的象形文字"从历史与未来中捕捉到希望和转机，显示了具有五千年历史的民族强大的再生力。

《回答》反映了整整一代青年觉醒的心声，是与已逝的一个历史时代彻底告别的"宣言书"。诗歌从总体特征上可以概括为象征诗。该诗善于运用鲜明、独特和坚实的意象，通过意象之间的拼接、跳跃和组合，营造复杂而有张力的意象结构，表达诗人丰富的思想情感。在抒情结构上，体现出"审视—怀疑—否定—挑战"的变化，语言冷峻、充满理性。诗歌的主题是对民族文化传统、时代的哲学氛围、理想生活的渴求。

思维与训练

1. 作者连用四个"我不相信"组成的排比，表达了作者怎样的思想感情？
2. 你认为"我"有可能代表着怎样一种人？请你联系实际生活加以简单的评价。
3. 北岛《回答》被称为是中国第一首朦胧诗，请你再抄一首北岛的诗歌，体会北岛朦胧诗的艺术特色。

走向远方

汪国真

汪国真（1956—2015），生于北京，祖籍福建厦门，当代诗人、书画家。1982年毕业于暨南大学中文系。1984年发表第一首比较有影响的诗《我微笑着走向生活》。1985年起将业余时间集中于诗歌创作，其间一首打油诗《学校一天》刊登在《中国青年报》上。1990年开始，汪国真担任《辽宁青年》《中国青年》《女友》的专栏撰稿人，掀起一股"汪国真热"。2005年始，他的书法作品被作为中央领导出访的礼品，赠送外国领导人。2005年担任中国艺术研究院文学艺术创作中心主任。

汪国真的诗歌，在主题上积极向上、昂扬而又超脱。作品的一个特征经常是提出问题，而这问题是每一个人生活中常常会遇到的，其着眼点是生活的导向实践，并从中略加升华，凝练出一些人所共知的哲理。出过多部诗集如《年轻的潮》《年轻的思绪》《热爱生命》《雨的随想》《我微笑着走向生活》《旅程》等。目前中国出版的研究和赏析汪国真作品的专著已有《年轻的风采——专访汪国真》、华侨出版社的《汪国真风潮》、国际文化出版公司出版的《年轻的潇洒——与汪国真对白》、青海人民出版社出版的《论汪国真的诗》等。

是男儿总要走向远方，
走向远方是为了让生命更辉煌。
走在崎岖不平的路上，
年轻的眼眸里装着梦更装着思想。
不论是孤独地走着还是结伴同行，
让每一个脚印都坚实而有力量。

我们学着承受痛苦。
学着把眼泪像珍珠一样收藏，
把眼泪都贮存在成功的那一天流，
那一天，哪怕流它个大海汪洋。

我们学着对待误解。
学着把生活的苦酒当成饮料一样慢慢品尝，
不论生命经过多少委屈和艰辛，
我们总是以一个朝气蓬勃的面孔，
醒来在每一个早上。

我们学着对待流言。
学着从容而冷静地面对世事沧桑，
"猝然临之而不惊，无故加之而不怒"①，
这便是我们的大勇，我们的修养。

我们学着只争朝夕。
人生苦短，
道路漫长，
我们走向并珍爱每一处风光，
我们不停地走着，
不停地走着的我们也成了一处风光。

走向远方，
从少年到青年，
从青年到老年，
我们从星星走成了夕阳。

（选自：汪国真．汪国真经典代表作［M］．北京．作家出版社，2017．）

【注释】

① "猝然临之而不惊，无故加之而不怒"，出自苏轼的《留侯论》。意思是：遇到突发的情形毫不惊慌，当没有原因的情况下受到别人侮辱时，也不愤怒。

提示

这首诗言语质朴且有力量，文字简练且有感染力，充满感情的鼓励。

走向远方是指每一个人的成长去向，在去往远方的路上，我们会经历很多挫折和磨难，而所发生的每一个故事，每一份经历都是值得我们珍藏和学习的，如诗中所言"把眼泪像珍珠一样收藏"。

雨果曾说："谁虚度了年华，青春就将褪色。"是的，青春是用来奋斗的，在追寻的过程中，就要把狂风暴雨抛于身后！

《走向远方》是首寓意深刻，哲理深透的诗歌，该诗排比句也体现了汪国真的一贯写作手法。

思维与训练

1．"是男儿总要走向远方，走向远方是为了让生命更辉煌"一句在文中的含义及作用分别是什么？

2．"把眼泪像珍珠一样收藏""把生活的苦酒当成饮料一样慢慢品尝"这两个比喻在诗中的作用是什么？

第三节　散文选

文学的作用①

巴金

巴金（1904—2005），原名李尧棠，字芾甘，另有笔名佩竿、极乐、黑浪、春风等。汉族，四川成都人，祖籍浙江嘉兴。中国作家、翻译家、社会活动家、无党派爱国民主人士。同时也被誉为是五四新文化运动以来最有影响的作家之一，是20世纪中国杰出的文学大师、中国当代文坛的巨匠，妻子萧珊。

巴金从小生活在一个官僚地主家庭，目睹了种种丑恶的社会现象。五四运动使他打开眼界，树立起反对封建制度，追求新的社会理想的信念。1923年巴金离家赴上海、南京等地求学，从此开始了他长达半个世纪的文学创作生涯。1927年赴法国学习，第二年写成第一部长篇小说《灭亡》。巴金所写的题材包括长篇和短篇小说，长篇小说大多以描写家庭生活为主，内容朴实，感情真挚，且带有强烈的自传性。代表作有：《激流三部曲》(《家》《春》《秋》)、《爱情三部曲》(《雾》《雨》《电》)、《抗战三部曲》(《火》)以及小说《寒夜》《憩园》，散文《随想录》等。译作有长篇小说《父与子》《处女地》。其中《寒夜》是巴金的最后一部长篇小说。巴金在"文革"后撰写的《随想录》，内容朴实、感情真挚，充满着作者的忏悔和自省，巴金因此被誉为"二十世纪中国文学的良心"。

巴金1982年获"但丁国际奖"。1983年获法国荣誉勋章；1985年被美国文学艺术研究院授予国外名誉院士称号。2005年10月逝世。主要著作收入《巴金文集》。

现在我直截了当地谈点有关文学的事情。我讲的只是我个人的看法。

我常常这样想：文学有宣传的作用，但宣传不能代替文学；文学有教育的作用，但教育不能代替文学。文学作品能产生潜移默化、塑造灵魂的效果，当然也会做出腐蚀心灵的坏事，但这二者都离不开读者的生活经历和他们所受的教育。经历、环境、教育等都是读者身上、心上的积累，它们能抵抗作品的影响，也能充当开门揖"盗"的内应。读者对每一本书都是"各取所需"。塑造灵魂也好，腐蚀心灵也好，都不是一本书就办得到的。只有日积月累、不断接触，才能在不知不觉间受到影响，发生变化。

我从小就爱读小说，第一部是《说岳全传》，接下去读的是《施公案》，后来是《彭公案》。《彭公案》我只读了半部，像《杨香武三盗九龙杯》之类的故事当时十分吸引我，可是我只借到半部，后面的找不到了。我记得两三年中间几次梦见我借到全本《彭公案》，高兴得不得了，正要翻看，就醒了。照有些人说，我一定会大中其毒，做了封建社会地主阶级的孝子贤孙了。十多年前人们批斗我的时候的确这样说过，但那是"童言无忌"。倘使我一生就只读这一部书，而且反复地读，可能大中其毒。"不幸"我有见书就读的毛病，而且习惯了为消遣而读各种各样的书，各种人物、各种思想在我的脑子里打架，大家放毒、彼此消毒。我既然活到七十五岁，不曾中毒死去，那么今天也不妨吹一吹牛说：我身上有了防毒性、抗毒性，用不着躲在温室里度余年了。

我正是读多了小说才开始写小说的。我的小说不像《说岳全传》或者《彭公案》，只是因为我读得最多的还是外国小说。一九二七年四月的夜晚我在巴黎拉丁区一家公寓的五层楼上开始写《灭亡》的一些章节。我说过："我有感情必须发泄，有爱憎必须倾吐，否则我这颗年轻的心就会枯死。所以我拿起笔，在一个练习本上写下一些东西来发泄我的感情、倾吐我的爱憎。每天晚上我感到寂寞时，就摊开练习本，一面听巴黎圣母院的钟声，一面挥笔，一直写到我觉得脑筋迟钝，才上床睡去。"

那么"我的感情"和"我的爱憎"又是从哪里来的呢？不用说，它们都是从我的生活里来的，从我的见闻里来的。生活的确是艺术创作的源泉，而且是唯一的源泉。古今中外任何一个严肃的作家都是从这唯一的源泉里吸取养料，找寻材料的。文学作品是作者对生活理解的反映。尽管作者对生活的理解和分析有对有错，但是离开了生活总不会有好作品。作家经常把自己的亲身见闻写进作品里面，不一定每个人物都是他自己，但也不能说作品里就没有作者自己。法国作家福楼拜说爱玛·包瓦利（今通译包法利，编者注）是他自己；郭老说蔡文姬是他。这种说法是值得深思的。《激流》里也有我自己，有时在觉慧身上，有时在觉民身上，有时在剑云身上，或者其他的人身上。去年或前年有一位朋友要我谈谈对《红楼梦》的看法。他是红学家，我却什么也不是，谈不出来，我只给他写了两三句话寄去。我没有留底稿，不过大意我可能不曾忘记。我说："《红楼梦》虽然不是作者的自传，但总有自传的成分。倘使曹雪芹不是生活在这样的家庭里，接触过小说中的那些人物，他怎么写得出这样的小说？他到哪里去体验生活，怎样深入生活？"

说到深入生活，我又想起了一些事情。我缺乏写自己所不熟悉的生活的本领。解放后我想歌颂新的时代，写新人新事，我想熟悉新的生活，自己也作了一些努力。但是努力不够，经常浮在面上，也谈不到熟悉，就像蜻蜓点水一样，不能深入，因此也写不出多少作品，更谈不上好作品了。前年暑假前复旦大学中文系，有一些外国留学生找我去参加座谈会，有人就问我："为什么不写你自己熟悉的生活？"我回答："问题就在于我想写新的人。"结果由于自己不能充分做到"深入"与"熟悉"，虽然有真挚的感情，也只能写些短短的散文。我现在准备写的长篇就是关于十多年来像我这样的知识分子的遭遇。我熟悉这种生活，用不着再去"深入"。我只从侧面写，用不着出去调查研究。

去年五月下旬我在一个会上的发言中说过："创作要上去，作家要下去。"这句话并不是我的"创作"，这是好些人的意见。作家下去生活，是极其寻常的事。不过去什么地方，就不简单了。我建议让作家自己去选择生活基地。一个地方不适当，可以换一个。据我看倘使基地不适合本人，再"待"多少年，也写不出什么来。替作家指定和安排去什么地方，这种做法不一定妥当。至于根据题材的需要而要求创作人员去这里那里，这也值得慎重考虑。

话说回来，文学著作并不等于宣传品。文学著作也并不是像"四人帮"炮制的那种朝生暮死的东西。几百年、千把年以前的作品我们有的是。我们这一代也得有雄心壮志，让我们自己的作品一代一代地流传下去。

一月二十七日

（选自：巴金. 随想录［M］. 北京：人民文学出版社，2008.）

【注释】

① 本篇最初发表于1979年3月1日香港《大公报·大公园》，后收入巴金散文集《随想录》。

提示

该文选自巴金散文集《随想录》。晚年的巴金在《随想录》一书中，以罕见的勇气"说真话"，为中国知识分子树立了一座丰碑。他对过去的反思，他追求真理的精神也赢得了文化界的尊敬。

巴金散文的突出特点是：用自己的感情去打动读者的心。巴金常常把自己燃烧在作品中，文章中始终激荡着作者真挚、强烈的感情。

巴金散文的另一个突出特点是：把心掏给读者，讲自己心里的话，讲自己相信的话，讲自己思考过的话。他常说："我有感情必须发泄，有爱憎必须倾吐，否则我这颗年轻的心就会枯死。"

朴实自然的风格、行云流水般的文采，是巴金散文的第三个特点，巴金的散文，尤其是晚年的《随想录》，有着朴实自然的风格，作者不是为写文章而写文章，而长年积蓄的爱憎悲欢、深切感受，不得不发！而一旦喷发，则随情而走，随物赋形，常行于当所行，止于不得不止，自然亲切，无迹可寻，犹如真正是百炼钢化为绕指柔。

《随想录》堪称一本伟大的书。这是巴金用全部人生经验来倾心创作的。没有对美好理想的追求，没有对完美人格的追求，没有高度严肃的历史态度，老年巴金就不会动笔。他在《随想录》中痛苦回忆，他在《随想录》中深刻反思，他在《随想录》中重新开始青年时代的追求，他在《随想录》中完成了一个真实人格的塑造。

思维与训练

1. 如何理解作家所说的"创作要上去，作家要下去"？
2. 巴金散文的特点是什么？

沧桑阅尽话爱国①

季羡林

季羡林（1911—2009），中国山东省聊城市临清人，字希逋，又字齐奘。国际著名东方学大师、语言学家、文学家、国学家、佛学家、史学家、教育家和社会活动家。历任中国科学院哲学社会科学部委员、聊城大学名誉校长、北京大学副校长、中国社会科学院南亚研究所所长，是北京大学的终身教授，与饶宗颐并称为"南饶北季"。

早年留学国外，通英文、德文、梵文、巴利文，能阅俄文、法文，尤精于吐火罗文（当代世界上分布区域最广的语系印欧语系中的一种独立语言），是世界上仅有的精于此语言的几位学者之一。季羡林可谓"梵学、佛学、吐火罗文研究并举，中国文学、比较文学、文艺理论研究齐飞"，其著作汇编成《季羡林文集》，共24卷。生前曾撰文三辞桂冠：国学大师、学界泰斗、国宝。他曾长期致力于梵文文学的研究和翻译，翻译了印度著名大史诗《罗摩衍那》。此外他还创作许多散文作品，已结集的有《天竺心影》《朗润集》以及《季羡林散文集》等。

我1946年回到北大任教，至今有53年是在北大度过的。在北大53年间，我走过的并不是一条阳光大道。有光风霁月，也有阴霾漫天；有"山重水复疑无路"，也有"柳暗花明又一村"。一个人只有一次生命，我不相信什么轮回转生。在我这仅有的可贵的一生中，从"春风得意马蹄疾"的少不更事的青年，一直到"高堂明镜悲白发"的耄耋之年，我从未离开过北大。追忆我的一生，"虽九死其犹未悔"，怡悦之感，油然而生。

前几年，北大曾召开过几次座谈会，探讨的问题是：北大的传统到底是什么？参加者很踊跃，发言也颇热烈。大家的意见不尽一致。我个人始终认为，北大的优良传统是根深蒂固的爱国主义。

倘若仔细分析起来，世上有两类截然不同的爱国主义。被压迫、被迫害、被屠杀的国家和人民的爱国主义是正义的爱国主义，而压迫人、迫害人、屠杀人的国家和人民的"爱国主义"则是邪恶的"爱国主义"，其实质是"害国主义"。远的例子就不用举了，只举现代的德国的法西斯和日本的军国主义侵略者，就足够了。当年他们把"爱国主义"喊得震天价响，这不是"害国主义"又是什么呢？

而中国从历史一直到现在的爱国主义则无疑是正义的爱国主义。我们虽是泱泱大国，实际上从先秦时代起，中国的"边患"就连绵未断。一直到今天，我们也不能说，我们毫无"边患"了，可以高枕无忧了。

历史事实是，绝大多数时间，我们是处在被侵略的状态中。在这样的情况下，我们中国在历史上涌现的伟大的爱国者之多，为世界上任何国家所不及。汉代的苏武，宋代的岳飞和文天祥，明代的戚继光，清代的林则徐等等，至今仍为全国人民所崇拜，至于戴有"爱国诗人"桂冠的则不计其数。唯物主义者主张存在决定意识，我们祖国几千年的历史这个存在决定了我们的爱国主义。

在古代，几乎在所有国家中，传承文化的责任都落在知识分子的肩上。在欧洲中世纪，传承者多半是身着黑色长袍的神父，传承的地方是在教堂中。在印度古代，文化传承者是婆罗门，他们高居四姓之首。东方一些佛教国家，古代文化的传承者是穿披黄色袈裟的佛教僧侣，传承地点是在僧庙里。

中国古代文化的传承者是"士"。传承的地方是太学、国子监和官办以及私人创办的书院。在世界各国文化传承者中，中国的士有其鲜明的特点。早在先秦，《论语》中就说过："士不可以不弘毅，任重而道远。"士们俨然以天下为己任，天下安危系于一身。在几千年的历史上，中国知识分子的这个传统一直没变，后来发展成为"天下兴亡，匹夫有责"。后来又继续发展，一直到了现在，始终未变。

不管历代注疏家怎样解释"弘毅"，怎样解释"任重道远"，我个人认为，中国知识分子所传承的文化中，其精髓有两个鲜明的特点：一个是爱国主义，一个就是讲骨气、讲气节。换句话说，也就是在帝王将相的非正义的面前不低头；另一方面，在外敌的斧钺面前不低头，"威武不能屈"。苏武和文天祥等等一大批优秀人物就是例证。这样一来，这两个特点实又有非常密切的联系了，其关键还是爱国主义。

中国的知识分子有源远流长的爱国主义传统，是世界上哪一个国家也不能望其项背的。

尽管眼下似乎有一点背离这个传统的倾向，例证就是苦心孤诣千方百计地想出国，有的甚至归化为"老外"不归。我自己对这个问题的看法是：这只能是暂时的现象，久则必变。就连留在外国的人，甚至归化了的人，他们依然是"身在曹营心在汉"，依然要寻根，依然爱自己的祖国。何况出去又回来的人渐渐多了起来呢？我们对这种人千万不要"另眼相看"，也不要"刮目相看"。只要我们国家的事情办好了，情况会大大地改变的。至于没有出国也不想出国的知识分子占绝对的多数。如果说他们对眼前的一切都很满意，那不是真话。但是爱国主义在他们心灵深处已经生了根，什么力量也拔不掉的。甚至泰山崩于前，迅雷震于顶，他们会依然热爱我们这伟大的祖国。这一点我完全可以保证。

对广大的中国老、中、青知识分子来说，我想借用一句曾一度流行的，我似非懂又似懂的话：爱国没商量。

我生平优点不多，但自谓爱国不敢后人。即使把我烧成了灰，我的每一粒灰也还会是爱国的，这是我的肺腑之言。

1999 年

（选自：季羡林．沧桑阅尽话爱国［M］．厦门：鹭江出版社，2016.）

【注释】

①此文写于1999 年，此时季老已经88 岁高龄。节选自季羡林同名小说集《沧桑阅尽话爱国》，这是一部全面展示国学大师季羡林先生家国情怀的散文精选。

提示

《沧桑阅尽话爱国》是季羡林直抒胸臆的心灵之作，该文以一个知识分子的视角畅叙家国情、阐释国学、探求中西方文化，平白朴实的文字洋溢着拳拳的爱国之心，饱含着大师对中国传统文化浓浓的关切之情。而这正是当今浮躁的社会和缺少信仰的人们所急需的，值得一代代读者去体悟领会。

季羡林先生的散文有着深厚的底蕴。"真"与"朴"是季先生散文的两大特点，也是其散文的独特风格。正如其所追求的那样："淳朴恬澹，本色天然，外表平易，秀色内涵，形式似散，经营惨淡，有节奏性"，形成了其散文的独特风格。

思维与训练

1. 季羡林先生在文中说："中国知识分子所传承的文化中，其精髓有两个鲜明的特点：一个是爱国主义，一个就是讲骨气、讲气节"，在中国古代传统文化中，你能列举具有此"精髓"的知识分子吗？

2. 季羡林先生是誉满国内外的学术大师，他的身上值得我们学习的东西很多，请结合自己的感受，谈谈我们应该向季羡林学些什么。

我们仨

杨绛

杨绛（1911—2016），本名杨季康，江苏无锡人。中国社会科学院外国文学研究员，作家、评论家、翻译家、剧作家、学者。1932 年毕业于苏州东吴大学，成为清华大学研究院外国语文研究生。1935 年至1938 年与丈夫钱锺书一同留学于英、法等国，回国后历任上海震旦女子文理学院外语系教授、清华大学西语系教授。1953 年，任北京大学文学研究所、中国科学院文学研究所、中国社会科学院外国文学研究所的研究员。

剧本有《称心如意》《弄真成假》《风絮》；小说有《倒影集》《洗澡》；论集有《春泥集》《关于小说》；散文《将饮茶》《干校六记》；译作有《1939 年以来的英国散文选》《小

癫子》《吉尔·布拉斯》《堂吉诃德》。2003年,93岁的杨绛出版散文随笔《我们仨》,风靡海内外,再版达100多万册;96岁时出版哲理散文集《走到人生边上》,102岁时出版250万字的《杨绛文集》8卷。

沉定简洁是杨绛作品语言特色。看起来平平淡淡,无阴无晴。然而平淡不是贫乏,阴晴隐于其中,在经过漂洗的苦心经营的朴素中,有着本色的绚烂华丽。干净明晰的语言在杨绛笔下变得有巨大的表现力。

自从迁居三里河寓所,我们好像跋涉长途之后,终于有了一个家,我们可以安顿下来了。

我们两人每天在起居室静静地各据一书桌,静静地读书工作。我们工作之余,就在附近各处"探险",或在院子里来回散步。阿瑗回家,我们大家掏出一把又一把的"石子"把玩欣赏。阿瑗的石子最多。周奶奶也身安心闲,逐渐发福。

我们仨,却不止三人。每个人摇身一变,可变成好几个人。例如阿瑗小时才五六岁的时候,我三姐就说:"你们一家呀,圆圆头最大,锺书最小。"我的姐姐妹妹都认为三姐说得对。阿瑗长大了,会照顾我,像姐姐;会陪我,像妹妹;会管我,像妈妈。阿瑗常说:"我和爸爸最'哥们',我们是两个顽童,爸爸还不配做我的哥哥,只配做弟弟。"我又变为最大的。锺书是我们的老师。我和阿瑗都是好学生,虽然近在咫尺,我们如有问题,问一声就能解决,可是我们决不打扰他,我们都勤查字典,到无法自己解决才发问。他可高大了。但是他穿衣吃饭,都需我们母女把他当孩子般照顾,他又很弱小。

他们两个会联成一帮向我造反,例如我出国期间,他们连床都不铺,预知我将回来,赶忙整理。我回家后,阿瑗轻声嘀咕:"狗窠真舒服。"有时他们引经据典的淘气话,我一时拐不过弯,他们得意说:"妈妈有点笨哦!"我的确是最笨的一个。我和女儿也会联成一帮,笑爸爸是色盲,只识得红、绿、黑、白四种颜色。其实锺书的审美感远比我强,但他不会正确地说出什么颜色。我们会取笑锺书的种种笨拙。也有时我们夫妇联成一帮,说女儿是学究,是笨蛋,是傻瓜。

我们对女儿,实在很佩服。我说:"她像谁呀?"锺书说:"爱教书,像爷爷;刚正,像外公。"她在大会上发言,敢说自己的话,她刚做助教,因参与编《英汉小词典》,当了代表,到外地开一个极左的全国性语言学大会。有人提出凡"女"字旁的字都不能用,大群左派都响应赞成。钱瑗是最小的小鬼,她说:"那么,毛主席词'寂寞嫦娥舒广袖'怎么说呢?"这个会上被贬得一文不值的大学者如丁声树、郑易里等老先生都喜欢钱瑗。

钱瑗曾是教材评审委员会的审稿者。一次某校要找个认真的审稿者,校方把任务交给钱瑗。她像猎狗般嗅出这篇论文是抄袭。她两个指头,和锺书一模一样地摘着书页,稀里哗啦地翻书,也和锺书翻得一样快,一下子找出了抄袭的原文。

一九八七年师大外语系与英国文化委员会合作建立中英英语教学项目,钱瑗是建立这个项目的人,也是负责人。在一般学校里,外国专家往往是权威。一次师大英语系新聘的英国专家对钱瑗说,某门课他打算如此这般教。钱瑗说不行,她指示该怎么教。那位专家不服。据阿瑗形容:"他一双碧蓝的眼睛骨碌碌地看着我,像猫。"钱瑗带他到图书室去,把他该参考的书一一拿给他看。这位专家想不到师大图书馆竟有这些高深的专著。学期终了，他到我们家来，对钱瑗说："Yuan, you worked me hard"，但是他承认"得益不浅"。师大外国专家的成绩是钱瑗评定的。

阿瑗是我生平杰作，锺书认为"可造之材"，我公公心目中的"读书种子"。她上高中学背粪桶，大学下乡下厂，毕业后又下放四清，九蒸九焙，却始终只是一粒种子，只发了一点芽芽。做父母的，心上不能舒坦。

锺书的小说改为电视剧，他一下子变成了名人。许多人慕名从远地来，要求一睹钱锺书的风采。他不愿做动物园里的希奇怪兽，我只好守住门为他挡客。

他每天要收到许多不相识者的信。我曾请教一位大作家对读者来信是否回复。据说他每天收到大量的信，怎能一一回复呢。但锺书每天第一件事是写回信，他称"还债"，他下笔快，一会儿就把"债"还"清"。这是他对来信者一个礼貌性的答谢。但是债总还不清。今天还了，明天又欠，这些信也引起意外的麻烦。

他并不求名，却躲不了名人的烦扰和烦恼。假如他没有名，我们该多么清静！

人世间不会有小说或童话故事那样的结局："从此，他们永远快快活活地一起过日子。"

人间没有单纯的快乐。快乐总夹带着烦恼和忧虑。

人间也没有永远。我们一生坎坷，暮年才有了一个可以安顿的居处。但老病相催，我们在人生道路上已走到尽头了。

周奶奶早已因病回家。锺书于一九九四年夏住进医院。我每天去看他，为他送饭，送菜，送汤汤水水。阿瑗于一九九五年冬住进医院，在西山脚下。我每晚和她通电话，每星期去看她。但医院相见，只能匆匆一面。三人分居三处，我还能做一个联络员，经常传递消息。

一九九七年早春，阿瑗去世。一九九八年岁末，锺书去世。我们三人就此失散了。就这么轻易地失散了。"世间好物不坚牢，彩云易散琉璃脆"。现在，只剩下了我一人。

我清醒地看到以前当作"我们家"的寓所，只是旅途上的客栈而已。家在哪里，我不知道，我还在寻觅归途。

（选自：杨绛. 我们仨 [M]. 北京：生活·读书·新知三联书店，2003.）

提示

作品讲述了一个单纯温馨的家庭几十年平淡无奇、相守相助、相聚相失的经历。作者杨绛以简洁而沉重的语言，回忆了先后离她而去的女儿钱瑗、丈夫钱锺书，以及一家三口那些快乐而艰难、爱与痛的日子。

已逾百岁的杨绛，是中国知识分子的典型代表，她的作品以及人格魅力无一不具有其大家风范，杨绛前期着重关照社会，她通过冷静的笔调刻画属于那个年代特有的痕迹，而后尤其是近年来，其作品开始转向作者内心，表达自己个人内在的思想感情，然而无论是哪一时期，杨绛散文都具有其独特的魅力，随着时间的推移，杨绛的写作技巧不断丰富，这部《我们仨》表现得尤为突出，这部作品不仅灵活地运用虚实相生、巧设悬念、象征手法以及典型性细节描写等手法，还有将其他众多艺术表现形式与散文内容融会贯通，更加增添了作品的内涵，突出了这个学者家庭的独特之态与其他家庭成员的人格魅力。

《我们仨》艺术虚实相生、巧设悬念、典型性细致描写，合理背景描写以及写意手法等散文艺术表现手法的运用无处不在，具有独特的魅力，产生了强烈的艺术感染力。

思维与训练

1. 根据选文，请分别概括"我们仨"的人格魅力。
2. 作者说，"人世间不会有小说或童话故事那样的结局"，又说"人间没有单纯的快乐"。你同意作者的观点吗？为什么？
3. 杨绛先生的作品在选材和语言方面都有其独特之处，请结合文本做简要分析。

第四节 小说选

活着（节选）[①]

余华

余华，1960年4月3日生于浙江杭州，浙江海盐县人，祖籍山东高唐县。当代作家。1977年中学毕业后，进入北京鲁迅文学院进修深造。1983年开始创作，同年进入浙江省海盐县文化馆。1984年开始发表小说，《活着》和《许三观卖血记》同时入选百位批评家和文学编辑评选的"九十年代最具有影响的十部作品"1998年获意大利格林扎纳·卡佛文学奖。2005年获得中华图书特殊贡献奖。2004年3月余华因《活着》荣获法兰西文学和艺术骑士勋章。著有中短篇小说《十八岁出门远行》《鲜血梅花》《一九八六年》《四月三日事件》《世事如烟》《难逃劫数》《河边的错误》《古典爱情》《战栗》等，长篇小说《在细雨中呼喊》《活着》《许三观卖血记》《兄弟》等，也写了不少散文、随笔、文论及音乐评论。

我遇到那位名叫福贵的老人时，是夏天刚刚来到的季节。

那天午后，我走到了一棵有着茂盛树叶的树下，田里的棉花已被收起，几个包着头巾的女人正将棉秆拔出来，她们不时抖动着屁股摔去根须上的泥巴。我摘下草帽，从身后取过毛巾擦起脸上的汗水，身旁是一口在阳光下泛黄的池塘，我就靠着树干面对池塘坐了下来，紧接着我感到自己要睡觉了，就在青草上躺下来，把草帽盖住脸，枕着背包在树荫里闭上了眼睛。

……

这位老人后来和我一起坐在了那棵茂盛的树下，在那个充满阳光的下午，他向我讲述了自己。

……

这辈子想起来也是很快就过来了，过得平平常常，我爹指望我光耀祖宗，他算是看错人了，我啊，就是这样的命。年轻时靠着祖上留下的钱风光了一阵子，往后就越过越落魄了。这样反倒好，看看我身边的人，龙二和春生[②]，他们也只是风光了一阵子，到头来命都丢了。做人还是平常点好，争这个争那个，争来争去赔了自己的命。像我这样，说起来是越混越没出息,可寿命长,我认识的人一个挨着一个死去,我还活着。

苦根③死后第二年,我买牛的钱凑够了,看看自己还得活几年,我觉得牛还是要买的。牛是半个人,它能替我干活,闲下来时我也有伴,心里闷了就和它说说话。牵着它去水边吃草,就跟拉着个孩子似的。

买牛那天,我把钱揣在怀里走着去新丰,那里是个很大的牛市场。路过邻近一个村庄时,看到晒场上转着一群人,走过去看看,就看到了这头牛,它趴在地上,歪着脑袋吧哒吧哒掉眼泪,旁边一个赤膊男人蹲在地上霍霍地磨着牛刀,围着的人在说牛刀从什么地方刺进去最好。我看到这头老牛哭得那么伤心,心里怪难受的。想想做牛真是可怜,累死累活替人干了一辈子,老了,力气小了,就要被人宰了吃掉。

我不忍心看它被宰掉,便离开晒场继续往新丰去。走着走着心里总放不下这头牛,它知道自己要死了,脑袋底下都有一滩眼泪了。

我越走心里越是定不下来,后来一想,干脆把它买下来。

我赶紧往回走,走到晒场那里,他们已经绑住了牛脚,我挤上去对那个磨刀的男人说:

"行行好,把这头牛卖给我吧。"

赤膊男人手指试着刀锋,看了我好一会才问:

"你说什么?"

我说:

"我要买这牛。"

他咧开嘴嘻嘻笑了,旁边的人也哄地笑起来,我知道他们都在笑我,我从怀里抽出钱放到他手里,说:

"你数一数。"赤膊男人马上傻了,他把我看了又看,还搔搔脖子,问我:

"你当真要买。"

我什么话也不去说,蹲下身子把牛脚上的绳子解了,站起来后拍拍牛的脑袋,这牛还真聪明,知道自己不死了,一下子站起来,也不掉眼泪了。我拉住缰绳对那个男人说:

"你数数钱。"

那人把钱举到眼前像是看看有多厚,看完他说:

"不数了,你拉走吧。"

我便拉着牛走去,他们在后面乱哄哄地笑,我听到那个男人说:

"今天合算,今天合算。"

牛是通人性的,我拉着它往回走时,它知道是我救了它的命,身体老往我身上靠,亲热得很,我对它说:

"你呀,先别这么高兴,我拉你回去是要你干活,不是把你当爹来养着的。"

我拉着牛回到村里,村里人全围上来看热闹,他们都说我老糊涂了,买了这么一头老牛回来,有个人说:

"福贵,我看它年纪比你爹还大。"

会看牛的告诉我,说它最多只能活两年三年的,我想两三年足够了,我自己恐怕还活不到这么久。谁知道我们都活到了今天,村里人又惊又奇,就是前两天,还有人说我们是——

"两个老不死。"

牛到了家，也是我家里的成员了，该给它取个名字，想来想去还是觉得叫它福贵好。定下来叫它福贵，我左看右看都觉得它像我，心里美滋滋的，后来村里人也开始说像，我嘿嘿笑，心想我早就知道它像我了。

福贵是好样的，有时候嘛，也要偷偷懒，可人也常常偷懒，就不要说是牛了。我知道什么时候该让它干活，什么时候该让它歇一歇，只要我累了，我知道它也累了，就让它歇一会，我歇得来精神了，那它也该干活了。

老人说着站了起来，拍拍屁股上的尘土，向池塘旁的老牛喊了一声，那牛就走过来，走到老人身旁低下了头，老人把犁扛到肩上，拉着牛的缰绳慢慢走去。

两个福贵的脚上都沾满了泥，走去时都微微晃动着身体。

我听到老人对牛说：

"今天有庆、二喜耕了一亩，家珍、凤霞耕了也有七、八分田，苦根还小都耕了半亩。你嘛，耕了多少我就不说了，说出来你会觉得我是要羞你。话还得说回来，你年纪大了，能耕这么些田也是尽心尽力了。"

老人和牛渐渐远去，我听到老人粗哑的令人感动的嗓音在远处传来，他的歌声在空旷的傍晚像风一样飘扬，老人唱道：

"少年去游荡，中年想掘藏，老年做和尚。"

炊烟在农舍的屋顶袅袅升起，在霞光四射的空中分散后消隐了。

女人吆喝孩子的声音此起彼伏，一个男人挑着粪桶从我跟前走过，扁担吱呀吱呀一路响了过去。慢慢地，田野趋向了宁静，四周出现了模糊，霞光逐渐退去。

我知道黄昏正在转瞬即逝，黑夜从天而降了。我看到广阔的土地袒露着结实的胸膛，那是召唤的姿态，就像女人召唤着她们的儿女，土地召唤着黑夜来临。

（选自：余华. 活着［M］. 北京：作家出版社，2015.）

【注释】

①该篇小说写于1992年，当时作者听到了一首美国民歌《老黑奴》，歌中那位老黑奴经历了一生的苦难，家人都先他而去，而他依然友好地对待这个世界，没有一句抱怨的话。这首歌深深地打动了作者，作者决定写下一篇这样的小说。余华因这部小说于2004年3月荣获法兰西文学和艺术骑士勋章。

②龙二和春生：小说中的人物。龙二是个赌场老板，设局赢了福贵的财产，后来因不配合土改，最终被解放军枪毙；春生，曾经和福贵一起拉大炮的战友，后来当了县长，福贵的儿子有庆为了给春生的夫人献血死了。"文化大革命"时春生受到迫害，最后上吊自杀。

③苦根：小说中的人物。苦根是福贵女儿凤霞和女婿二喜的儿子，生下来母亲就死了，开始一直是二喜带着，二喜死后，福贵带着他。因为穷困，没有吃多少好的东西，有一天生病，福贵给他做了很多的豆子。可没想到，因为穷，他连豆子都是很少吃的，这一下直接撑死在了家中。

提示

《活着》讲述一个人一生的故事，这是一个历尽世间沧桑和磨难的老人的人生感言，是一幕演绎人生苦难经历的戏剧。小说的叙述者"我"在年轻时获得了一个游手好闲的职业——

去乡间收集民间歌谣。在夏天刚刚来到的季节，遇到那位名叫福贵的老人，听他讲述了自己坎坷的人生经历：地主少爷福贵嗜赌成性，终于赌光了家业一贫如洗，穷困之中福贵因母亲生病前去求医，没想到半路上被国民党部队抓了壮丁，后被解放军所俘虏，回到家乡他才知道母亲已经过世，妻子家珍含辛茹苦带大了一双儿女，但女儿凤霞不幸变成了聋哑人。

真正的悲剧从此才开始渐次上演。家珍因患有软骨病而干不了重活；儿子友庆因与县长夫人血型相同，为救县长夫人抽血过多而亡；女儿凤霞与队长介绍的城里的偏头二喜喜结良缘，产下一男婴后，因大出血死在手术台上；而凤霞死后三个月家珍也相继去世；二喜是搬运工，因吊车出了差错，被两排水泥板夹死；外孙苦根便随福贵回到乡下，生活十分艰难，就连豆子都很难吃上，福贵心疼便给苦根煮豆吃，不料苦根却因吃豆子撑死……生命里难得的温情被一次次死亡撕扯得粉碎，只剩得老了的福贵伴随着一头老牛在阳光下回忆。

小说《活着》是余华创作中的分水岭。《活着》展现了一个又一个人的死亡过程，掀起一波又一波无边无际的苦难波浪，表现了一种面对死亡过程的可能的态度。活着本身很艰难，延续生命就得艰难地活着，正因为异常艰难，活着才具有深刻的含义。没有比活着更美好的事，也没有比活着更艰难的事。

从艺术心理学的角度看，《活着》的材料与形式之间存在着内在的不一致，但是作者以精心布置的形式克服了题材，达到了材料和形式的和谐统一，从而实现了情感的升华，使读者的灵魂在苦难中得到了净化，获得了艺术的审美。

余华用类似新写实主义小说的叙事风格——零度介入的方式来展现《活着》的悲剧美。作者可以排除主体对苦难人生做明确的价值判断和情感渗透，好像站在"非人间的立场"，客观冷静地叙述人间的苦难。客观中立的叙事立场、温情深沉的情感基调在文本中的运用，使得《活着》成为余华风格的转型标志。

小说运用象征的手法，就是用死亡象征着活着。可能很少有人会遭遇白发人送黑发人的痛苦，而白发人将黑发人一一送走的事情可能只能在小说中可以看到。艺术的真实会让人相信世间不但有过活生生的福贵，而且将来还会有很多。

死亡的重复发生，既给人物心灵巨大打击，也给读者出乎意料的震撼。余华家把重复发生的死亡事件镶嵌在日常琐碎的生活里，放大了"苦难"的广度和深度，使渺小而软弱的人物面对巨大的"苦难"形成的力量悬殊，从而产生一种强烈的命运感；同时，也放大了人物身上所具有的闪光的精神力量，从而使整部作品充满了艺术张力。作品中死亡的重复发生，除了福贵的父亲、母亲、妻子家珍的死存在合理的因素，其他人物的死亡无不处于偶然：儿子友庆死于抽血过多，女儿凤霞死于生孩子，女婿二喜死于建筑事故，外孙苦根吃豆子撑死，最后福贵所有的亲人都一个个死去，只剩下他一个孤零零的老头和一头同样年迈的老黄牛相伴，并且是那样乐观豁达地活着，完全出乎人的意料。小说通过这些出乎意料的死亡重复，更加彰显了活着的意义和难能可贵。

思维与训练

1. 小说中老人与牛的形象有哪些相似之处？请结合文本做简要概括。
2. 请简要分析小说最后一段景物描写的作用。
3. 结合文本，谈谈本文以"活着"为题目有什么好处。

红高粱（节选）
莫言

莫言，原名管谟业，1955年2月17日出生于山东高密，中国当代著名作家。2012年诺贝尔文学奖获得者，亦是第一个获得诺贝尔文学奖的中国籍作家。代表作品有《红高粱家族》《檀香刑》《丰乳肥臀》《酒国》《生死疲劳》《蛙》等。

1981年开始发表作品《春夜雨霏霏》，1984年因《透明的红萝卜》而一举成名。1986年，在《人民文学》杂志发表中篇小说《红高粱家族》引起文坛极大轰动。1987年担任电影《红高粱》编剧，该片获得了第38届柏林国际电影节金熊奖。2011年凭借小说《蛙》获得茅盾文学奖。2012年获得诺贝尔文学奖。获奖理由是：将现实和幻想、历史和社会角度结合在一起。2013年担任网络文学大学名誉校长。2014年12月，获颁香港中文大学荣誉文学博士学位。2016年12月，当选中国作家协会第九届全国委员会副主席。

莫言因一系列乡土作品充满"怀乡""怨乡"的复杂情感，被称为"寻根文学"作家。作品深受魔幻现实主义影响。莫言在小说中构造独特的主观感觉世界，天马行空的叙述，陌生化的处理，塑造神秘超验的对象世界，带有明显的"先锋"色彩。据不完全统计，莫言的作品至少已经被翻译成40种语言。

一九三九年古历八月初九，我父亲这个土匪种十四岁多一点。他跟着后来名满天下的传奇英雄余占鳌司令的队伍去胶平公路伏击日本人的汽车队。奶奶披着夹袄，送他们到村头。余司令说："立住吧。"奶奶就立住了。奶奶对我父亲说："豆官，听你干爹的话。"父亲没吱声，他看着奶奶高大的身躯，嗅着奶奶的夹袄里散出的热烘烘的香味，突然感到凉气逼人，他打了一个战，肚子咕噜噜响一阵。余司令拍了一下父亲的头，说："走，干儿。"

天地混沌，景物影影绰绰，队伍的杂沓脚步声已响出很远。父亲眼前挂着蓝白色的雾幔，挡住他的视线，只闻队伍脚步声，不见队伍形和影。父亲紧紧扯住余司令的衣角，双腿快速挪动。奶奶像岸愈离愈远，雾像海水愈近愈汹涌，父亲抓住余司令，就像抓住一条船舷。

父亲就这样奔向了耸立在故乡通红的高粱地里属于他的那块无字的青石墓碑。他的坟头上已经枯草瑟瑟，曾经有一个光屁股的男孩牵着一只雪白的山羊来到这里，山羊不紧不忙地啃着坟头上的草，男孩子站在墓碑上，怒气冲冲地撒了一泡尿，然后放声高唱：高粱红了——日本来了——同胞们准备好——开枪开炮——

有人说这个放羊的男孩就是我，我不知道是不是我。我曾经对高密东北乡极端热爱，曾经对高密东北乡极端仇恨，长大后努力学习马克思主义，我终于悟到：高密东北乡无疑是地球上最美丽最丑陋、最超脱最世俗、最圣洁最龌龊、最英雄好汉最王八蛋、最能喝酒最能爱的地方。生存在这块土地上的我的父老乡亲们，喜食高粱，每年都大量种植。八月深秋，无边无际的高粱红成汪洋的血海。高粱高密辉煌，高粱凄婉可人，高粱爱情激荡。秋风苍凉，阳光很旺，瓦蓝的天上游荡着一朵朵丰满的白云，高粱上滑动着一朵朵丰满白云的紫红色影子。一队队暗红色的人在高粱棵子里穿梭拉网，几十年如一日。他们杀人越货，精忠报国，他们演出过一幕幕英勇悲壮的舞剧，使我们这些活着的不肖子孙相形见绌，在进步的同时，我真切感到种的退化。

出村之后，队伍在一条狭窄的土路上行进，人的脚步声中夹杂着路边碎草的窸窣声响。雾奇浓，活泼多变。我父亲的脸上，无数密集的小水点凝成大颗粒的水珠，他的一撮头发，粘在头皮上。从路两边高粱地里飘来的幽淡的薄荷气息和成熟高粱苦涩微甘的气味，我父亲早已闻惯，不新不奇。在这次雾中行军里，父亲闻到了那种新奇的、黄红相间的腥甜气息。那味道从薄荷和高粱的味道中隐隐约约地透过来，唤起父亲心灵深处一种非常遥远的回忆。

七天之后，八月十五日，中秋节。一轮明月冉冉升起，遍地高粱肃然默立，高粱穗子浸在月光里，像蘸过水银，汩汩生辉。我父亲在剪破的月影下，闻到了比现在强烈无数倍的腥甜气息。那时候，余司令牵着他的手在高粱地里行走，三百多个乡亲叠股枕臂、陈尸狼藉，流出的鲜血灌溉了一大片高粱，把高粱下的黑土浸泡成稀泥，使他们拔脚迟缓。腥甜的气味令人窒息，一群前来吃人肉的狗，坐在高粱地里，目光炯炯地盯着父亲和余司令。余司令掏出自来得手枪，甩手一响，两只狗眼灭了；又一甩手，灭了两只狗眼。群狗一哄而散，坐得远远的，呜呜地咆哮着，贪婪地望着死尸。腥甜味愈加强烈，余司令大喊一声："日本狗！狗娘养的日本！"他对着那群狗打完了所有的子弹，狗跑得无影无踪。余司令对我父亲说："走吧，儿子！"一老一小，便迎着月光，向高粱深处走去。那股弥漫田野的腥甜味浸透了我父亲的灵魂，在以后更加激烈更加残忍的岁月里，这股腥甜味一直伴随着他。

（选自：莫言. 红高粱家族［M］. 杭州：浙江文艺出版社，2020.）

【注释】

①《红高粱》最初于1986年在《人民文学》杂志问世，1987年，包括中篇小说《红高粱》在内的五部中篇串成《红高粱家族》，由解放军文艺出版社推出。电影改编自《红高粱》，而电视剧《红高粱》则改编自《红高粱家族》。1988年该片获得第38届柏林国际电影节金熊奖，成为首部获得此奖的中国电影。

提示

《红高粱》是一部表现高密人民在抗日战争中的顽强生命力和充满血性与民族精神的经典之作。《红高粱》通过"我"的叙述，描写了抗日战争期间，"我"的祖先在高密东北乡轰轰烈烈、英勇悲壮的人生故事。故事的主线是"我"的爷爷和奶奶，故事发生的主要地点是高密东北乡。通过"我奶奶"戴凤莲和"我爷爷"余占鳌的故事，以时空错乱的顺序，借用意识流的表现方法，叙述了昔日发生在山东某乡村的一曲生命的颂歌。主人公余占鳌是一个热血汉子，身体里面充满了正义与野蛮。

《红高粱》以民间的角度，审视抗日战争。在小说中，重点描写的不是带有革命理想的英雄人物，而是生活在民间的普通大众：农民、工匠、土匪、地方武装，也有共产党人。他们生活在自己的土地上，或痛快淋漓快意恩仇，或苟且猥琐蝼蚁偷生，突然来了日本鬼子，于是不由自主地卷入抗战的时代洪流中，英勇着、战斗着、献身着，呈现一种原生态的悲壮和豪迈。与以往的"抗日文学"不同，《红高粱》摒弃了种种思想框框的制约，抹去了单纯乐观的色调，把家乡的抗日生活重新放置在民族的自然发展和充满血腥的历史过程中去。后来有人惊叹地评价，《红高粱》把抗日题材"拖出了困海"。不仅如此，《红高粱》还为我国当代的"战争文学"拓出了一条新路。

小说《红高粱》不仅张扬了个性解放，而且还颂扬了抗日爱国的顽强意志与牺牲精神。在小说中，莫言塑造了一个在伦理道德边缘的红高粱世界，一种土匪式英雄，他们做尽坏事但也报效国家，他们缱绻相爱、英勇搏杀，充满着既离经叛道又拥有无限生机的时代气息。其意图是借助高密东北乡民间原始野性文化的活力来改造孱弱的民族性格，呼唤强有力的生命形态，呼吁中华民族要自尊自强，要有反奴性和反抗性，具有健康的人格和民族品质。

《红高粱》的整个符号系统就是一个多侧面多层次的审美范畴，其中的人物语言是粗话、脏话、野话、荤话、骂人话、调情话等粗俗污秽的乡村用语，是典型的高密农民在说话，这种在旁人看来近乎疯癫的语言在小说的环境中却有一种独特的美感，这种语言风格表现了作者独特的审美趣味。

《红高粱》中作者打破了叙事视角的常规用法将多种叙事视角交替使用达到了意想不到的艺术效果。小说主要讲述的是"我爷爷"和"我奶奶"的爱情故事。从故事层面上看，"我"并没有在现场直接参与到故事中，并不知道"我爷爷"和"我奶奶"的心理活动。按照一般的叙事手法作者完全可以采用第三人称外视角进行叙述然而在《红高粱》中，"我"不仅作为一个公开露面的叙述者，而且还成了故事的组成部分，"我爷爷"和"我奶奶"的故事以"我"的叙事声音为基点，在历史与现实之间来回穿梭。这样的叙事视角直接把"我"带入了故事的语境，带入了历史的现场。所以作为叙事者的"我"不仅不是局外人而且还能够知道"我爷爷""我奶奶"的言行和心理活动甚至知道一些他们自己都不知道的事情。如"我"可以嗅到"奶奶夹袄里散出的热烘烘的香味"，可以听到"我奶奶"坐在花轿里"心跳如鼓"的具体细节。

思维与训练

1. 有评论家认为，这部中篇小说的开头，深受获得1982年诺贝尔文学奖的哥伦比亚作家加西亚·马尔克斯长篇小说《百年孤独》的那个著名的开头的影响："许多年之后，面对行刑队，奥雷良诺·布恩地亚上校将会回想起，他父亲带他去见识冰块的那个遥远的下午。"请从这个角度，来分析《红高粱》的开头两句的特点和作用。

2. "高密东北乡无疑是地球上最美丽最丑陋、最超脱最世俗、最圣洁最龌龊、最英雄好汉最王八蛋、最能喝酒最能爱的地方。"请分析这句话的含义。

3. 概括本文中莫言小说语言上的特色，至少两点，并举例说明。

本编阅读参考书目

[1] 莫言. 红高粱家族［M］. 杭州：浙江文艺出版社，2020.

[2] 艾青. 艾青诗精选［M］. 太原：北岳文艺出版社，2019.

[3] 徐景林. 你应该阅读的中国名家杂文［M］. 南昌：百花洲文艺出版社，2018.

[4] 高玉. 中国现当代文学史教程［M］. 上海：上海人民出版社，2018.

[5] 陈思和. 中国当代文学史教程［M］. 上海：复旦大学出版社，2018.

[6] 余光中. 余光中诗歌精读［M］. 杭州：浙江人民出版社，2018.

[7] 鲁迅. 呐喊［M］. 丰子恺，绘. 北京：中国青年出版社，2018.

[8] 吴正裕，李捷，陈晋. 毛泽东诗词全编鉴赏（增订本）［M］. 北京：人民文学出版社出版，2017.

[9] 方志敏. 红色经典丛书可爱的中国［M］. 南京：江苏文艺出版社，2017.

[10] 许祖华. 大学语文及应用文写作教程［M］. 武汉：华中师范大学出版社，2017.

[11] 许嘉璐. 文白对照十三经［M］. 广州：广东教育出版社，2007.

[12] 游国恩，等. 中国文学史［M］. 北京：人民文学出版社，2002.

[13] 郭兴良，等. 中国古代文学［M］. 北京：高等教育出版社，2005.

[14] ［清］朱彝尊. 词综［M］. 上海：上海古籍出版社，2005.

[15] 刘勇. 中国现当代文学史［M］. 北京：中国广播电视出版社，2004.

[16] 党秀臣. 中国现当代文学［M］. 北京：高等教育出版社，2003.

[17] 王卫平. 中国现当代文学及其各家论［M］. 北京：中国社会科学出版社，2004.

[18] 谢廷秋. 中国现当代文学赏析［M］. 贵阳：贵州师范大学出版社，2006.

[19] 刘川鄂. 新编中国现当代文学作品选（4卷）［M］. 武汉：武汉出版社，2002.

第三编

写作学部分

第七章

写作基础知识

学习目的和意义

了解文章的选题与立意、信息资料与书面语言表述、文体与结构、文章的起草与修改等内容，从掌握写作的基本规律入手，提高写作能力；培养语言文字运用能力、创新思维能力，从而适应当今信息社会发展对人才综合素质的需要。

学习重点与难点

重点掌握选题的原则，信息资料的分析与选择，文体知识，文章的修改。难点在于对文章的立意与构思的理解，对于不同文体的写作基本要求的把握。

第一节 选题与立意

一、选题

（一）选题的含义

所谓选题是指选择、确定具体写作任务的过程。它对整个写作活动起着主导作用。

在科技领域，首先是选择调查或科研的范围，人们常称之为课题。只有选择恰当的课题进行研究，形成了科研成果后，才能写成文章，这里所说的选题是选择写作的课题。

在社会生活中，选题是指选择要提出的或要解决的写作目标和任务。

在文艺创作中，选题是选择写作的题材，也是深入生活，进行调查研究的写作范围。

选题是否恰当，关系到研究的成败，关系到文章价值的高低。因此，我们认为选题十分重要，它是解决"写什么"的问题，是写作的基础。

(二) 选题与主题的区别

选题和主题不是一回事，初学写作者，往往混淆。其实，这两者既有区别，也有联系。选题是确定写作任务，只有在确定了选题后，才能着手搜集信息资料，分析研究材料，谋篇布局，进行写作。而主题是通过文章内容表现的思想或观点。还有人认为写文章，首先需要有个题目，这个题目或者是自己想出来的，或者是别人提出的。其实不然，客观存在是写作的基础，当我们根据一定的主、客观条件，选择调查研究的范围，那么，所写的内容不是自己头脑中想出来的，也不是别人确定的，而是客观存在使然。这种写作方式，是我们从写作的必然王国向自由王国飞跃的起点。

(三) 选题的总原则

在21世纪，全国人民在中国共产党的领导下，为把我国建设成为一个具有高度物质文明和高度精神文明的有中国特色的社会主义国家而奋斗。这也是我们选题的基本大前提，我们的选题不能离开建设四化这个宏伟的总目标。

在各科学领域，无论是自然科学还是社会科学都必须按照总目标来规划自己的蓝图，发展自身的事业。凡在这个大前提下选择的课题就具有科学价值；凡是与总目标相违背的选题，就没有价值，由此产生的文章也没有生命力。

(四) 选题的基本原则

在以上阐述的这个总原则指导下，选题应把握好以下几个基本原则：

(1) 创新性原则。记叙文中的新事件、新人物；议论文中的新理论、新见解、新观点；说明文中的新产品、新工艺、新方法；科技文中的新创造、新成果……这些都具有创新性。那么，选择哪些范围进行调查研究，有利于创新呢？

首先，选择前人尚未涉足的领域。各学科都有前沿阵地，在那些前人未涉及的范围内探索，相对而言，比较容易产生新的发现、新的见解和新的创造。

其次，边缘性学科。它往往具有二重性，有互相渗透的属性，其中隐藏着许多未知的难题。如，目前新兴的各类管理学科，就属于文、理交叉型边缘学科，它要求既有专业方面的内容，同时还要具有管理学方面的知识。

再次，还可以从事物的不同角度选题。"横看成岭侧成峰"不同的角度研究问题，可能获得不同的结论。如，"废物利用""化水害为水利""变堵塞为疏导"……另外，对空白的填补、对前人观点的补充等，都可以作为选题的范围。

当然，创新不是一件轻而易举的事情。但从选题开始，就立足于追求新意，可谓是写作的"成功之母"。

(2) 应用性原则。选择课题要具有实用价值。对于社会来说，或给人们的思想有所启发，或能指导生产，或对社会有重大经济效益，或有较大的应用范围。

首先，选择关系国计民生的重大问题。如，南水北调工程的研究，长江流域水土流失与治理，关于改良红壤的调查，中、小型水电站的发展趋势的调查……选题时，应集中精力选择类似社会迫切需要解决的问题，当课题研究成果转化为文章时，对社会具有较高的指导意义或具有较大的经济效益,它的科学价值和地位就不言而喻了。

其次,从实际生活出发,选择人们普遍关心的问题。如,面对当今"改革"这个热点选题,可以是产品质量、物价高低、市场信息、科技开发,等等。无论是社会科学还是自然科学,只要树立了市场观念、群众观念,从不同的角度进行调查分析、研究,可选择的课题可谓应接不暇。

(3)可行性原则。选题具有科学价值,符合应用性原则,这仅仅是从客观需要的角度考虑。作为课题的研究者、文章的著作者,还必须从自身条件这个主观方面进行权衡。主观条件包括:作者的知识基础和结构、智力和身体素质、专业爱好、研究能力、学识水平、文字修养、写作时间等。这些主观条件,限制了选题的难度。初学者往往贪大求高,急于求成。他们容易形成两种片面的看法,一种认为只有难度高的选题才能显示水平、才有价值、才有大的收获;另一种恰恰相反,尽管自身条件较好,对某些问题又有一定见解,但瞻前顾后,信心和胆识不足,对某些难度较高的课题不敢问津。这两种态度都不可取。要善于选择适合自己的课题,用一句形象的话比喻就是:"矮子摘瓜"。也就是说寻找一些比自己能力、水平略高些,但用了一定研究力量又能达到的课题。同时,还要注意对选题的兴趣、与专业的关系等因素。要扬长避短,犹如一个举重运动员万万不可参加跳高比赛一样。在非己所长的项目中,是不容易发挥出优势的。

综上所述,选择适合自己条件的课题,要考虑各方面因素,要量力而行,也要具有一种科学上的敢闯精神,这样才能为文章的成功奠定基础。

二、立意

"立"有确定的意思,"立意"是指确立作品的主题。还可以说,立意也就是确定文章的全部内容所表达的中心思想。人们往往把主题比喻成一篇文章的灵魂和统帅,这就说明立意在文章中不仅起着重要的作用,而且对社会思想与社会舆论具有导向性价值。

要写好文章,就要掌握好立意的要求。通常读者乐意阅读那些立意高远的文章,即主题具有正确性、鲜明性、深刻性和新颖性特征的文章。

(一)立意的正确性

文章的主题要反映客观事物的本来面目,或者说要反映事物的本质和规律。

例 7-1

杜甫的《自京赴奉先县咏怀五百字》是一篇叙事长诗,其中有绝句:"朱门酒肉臭,路有冻死骨。"(选自:谢孟. 中国古代作品选(二)[M]. 北京:北京大学出版社,1984:162.)

诗句运用形象生动的语言进行强烈对比,揭示出封建社会贫富不均的社会现象,不仅立意正确,深刻地反映了封建社会的本质特征,更成为人们对封建统治的愤怒与控诉的代言。

例 7-2

培根在《论求知》中写道:"当你孤独寂寞时,阅读可以消遣。当你高谈阔论时,知识可以供装潢。当你处世行事时,正确运用知识意味着力量。懂得事物因果的人是幸福的。有实际经验的人虽能够办理个别性的事物,但若要综观整体,运筹全局,却唯有掌握知识方能办到。"(选自:[英]弗兰西斯·培根. 培根论人生——培根论说随笔选[M]. 何新,译. 上海:上海人民出版社,1983:12.)

此篇的中心论点"知识就是力量"后来风靡世界影响至今。

（二）立意的鲜明性

一篇文章应突出一个主题，特别是应用类文体，更应该注意这一点。当今被称为信息时代、"读图时代"，各类媒体传播出巨大的信息量。"眼球经济"形象地告诉我们，要吸引读者，立意鲜明是必不可少的。如，"简介"就是简单地介绍别人需要知道的主要方面，或有特点的方面；"论文"突出自己研究的主要观点或有价值的新观点、新成果。多个观点和成果，可以采用多篇文章论述，也可以采用著书的形式，分章节论述。但是，分章节论述，每个章节也只能论述一个主题，而不是多个主题堆砌在一个章节之中阐述。

显然，要使文章的主题鲜明，就必须使主题单一、突出，便于吸引读者，也便于读者准确地理解文章。

（三）立意的深刻性

文章在反映客观事物的本质和规律时能达到一定的深度，反映出事物最深层次的本质意义。

例 7-3

胡适在《容忍与自由》中写道：

十七八年前，我最后一次会见了母校康耐尔大学的史学大师布尔先生（George Lincoln Burr）。我们谈到英国史学大师阿克顿（Lord Acton）一生准备要著作一部"自由之史"，没有完成他就死了。布尔先生那天话很多，有一句话我至今没有忘记。他说："我年纪越大，越感觉到容忍（tolerance）比自由更重要。"

布尔先生死了十多年了，他这句话我越想越觉得是一句不可磨灭的格言。我自己也有"年纪越大，越觉得容忍比自由还更重要"的感想。有时我竟觉得容忍是一切自由的根本：没有容忍，就没有自由。（选自：刘绍唐．胡适选集·杂文［M］．台北：传记文学社，1970：227．）

胡适先生的这篇文章从个人经验说到宗教史，再说到政治思想，论证了容忍是一种普适的理念。21世纪的今天，我们要建立和谐社会的观点与胡适先生的容忍比自由更重要的观点有相通之处。这证明胡适先生这篇文章立意深刻，其主题反映了人类社会发展的趋势。

（四）立意的新颖性

文章的主题有自己独特的观点和见解。

例 7-4

苏轼在《题庐山西林壁》中吟道："横看成岭侧成峰，远近高低各不同。不识庐山真面目，只缘身在此山中。"（选自：谢孟，鄢凌．中国古代作品选（三）［M］．北京：北京大学出版社，1984：48．）

这首诗给我们的启示是，人们若从不同的角度去挖掘事物的特征，由此形成文章的主题，比较容易出新意。文章主题新颖，增加了文章对读者的吸引力。

第二节 信息资料与书面语言表述

一、信息资料

写文章要选材。选材是指选择适用的材料或素材（参见罗竹风．汉语大词典［M］．上海：汉语大词典出版社，1994（10）：1239．）。我们撰写文章要达到立意高远的境界，必须精选材料。然而，要做到精选材料，尚需从注重搜集信息资料开始。没有信息资料，文章便无内容可写，"巧妇难为无米之炊"说的就是这个道理。搜集众多的信息资料是选材的基础。

（一）资料、材料与信息

资料是指为工作、生产、学习和科学研究等参考需要而收集或编写的一切公开或内部材料。通常指书报、期刊、小册子、简讯、汇编、图表、图纸等。

材料是指为着某一写作目的，作者从生活中搜集、摄取以及写入文章之中的一系列事实和论据。它与素材、题材、资料有一定区别，它是形成文章主题的基础，是表现文章主题的支柱。

素材和题材属于文学艺术创作术语范畴。"素材"即作者在创作前，从现实生活中搜集、积累的，未经综合整理、分析、研究的，不系统的全部生活现象，也就是写作的"原料"。"材料"即经过作者集中、提炼和补充，写入文章之内的那部分事实和论据。"题材"则是构成文艺作品内容的一组完整的生活现象，具有不可分割性。如：小说《小二黑结婚》《李有才板话》《创业史》《陈奂生上城》等属于农村题材；电影《南征北战》《铁道游击队》《高山下的花环》《开国大典》等属于军事题材；电视连续剧《三国演义》《大明宫词》《宰相刘罗锅》等属于历史题材。

信息是一个极富现代意义的具有双重属性的词语。信息把它作为内容来说，包含有资料、材料的意义，如：动态信息、收集信息、信息交流等。信息作为一种传播手段，它是一种资料、材料的载体，如：信息技术、信息产业等。对于信息这种现代社会特有的现象，从写作学的角度进行研究，信息内容可以是写作的资料，信息技术可以是搜集资料、分析研究资料的重要手段和途径。

（二）搜集信息资料的途径

文章的信息资料来源，按获取方式可分为两大类：直接获取的资料和间接获取的资料。

1. 直接获取信息资料的途径

直接获取信息资料，是指作者亲身参加社会实践，在长期的考察研究、观察体验、实验分析中取得资料。许多科学论文，重大问题的分析报告、调查总结，都需要下番这样的功夫。竺可桢用了50年的时间，写成《中国近五千年来气候变迁的初步研究》，对气候变迁、中国气候的规律，提出了精辟见解，引起学术界的强烈反响，把世界性的气候研究推向新高峰。50年近乎人生奋斗的全部时间，竺可桢用来潜心搜集观察、分析研究资料，给我们的启示是十分深刻的。

（1）观察。它是收集、积累直接资料最基本的方法之一。观察是人们通过感官对外界自然信息的感知，对自然现象的各种因素，在不加干涉的情况下，有目的、有计划地收集、记载和描述研究对象的感性材料的一种活动。21世纪的今天，观察的手段、技术和方法有了巨大变化，我们要善于利用先进的设备，获取更多、更客观的信息资料。

观察的方法运用范围较广泛，生产和科研的许多部门都依靠它来获取第一手资料。观察的方式很多，如直接观察（肉眼观察）、间接观察（仪器观察）、质的观察（定性观察）、数的观察（定量观察）等。

我们在进行观察时，要坚持观察的客观性，如实反映客观对象，不夹带任何一丝一毫主观因素。同时，还要坚持全面地观察、认真详细地做好观察记录。这样，才能获得真实、可靠的信息资料，为做出正确结论或创新奠定基础。

（2）调查采访。它是有计划地对客观事物或现象进行调查采访，是听取当事人和知情者对客观事物的反映。没有调查就没有发言权。一切结论产生于调查的末尾，而不是在它的先头。由于调查采访的问题、目的、要求等因素不同，调查采访的形式也是多种多样的（调查的方式和方法参见本教材第八章中调查报告的内容）。

（3）实验。它是为了科学研究获取感性资料的重要手段之一。实验是人们为了收集新的事实和了解自然现象的本质与规律性，而在已知条件下，对事物的变化进行观察研究的一种方法。做好实验需要有一定的条件，它包括先进的仪器设备、正确的实验设计和娴熟的操作技巧。

常见的实验种类有：定性、定量、模拟、模型、析因等实验类型。

实验的好处在于，人们可以通过巧妙的设计，模拟、复制人类不能亲身经历或难以为人们利用的自然过程，然后对某些过程与现象进行必要的考察。

2. 间接获取信息资料的途径

间接获取信息资料是指人们通过阅读，获得理论性、政策性、法规性、常识性的观念材料。这些资料来源于文件、书籍、报刊、电视、广播、网络等多种渠道。值得注意的是，别人的文章也可以成为你的信息资料。

（1）充分利用图书馆。间接资料的主体从文字记载中获取，而图书馆馆藏有最齐全的文字资料，我们要充分利用图书馆获取资料。要学会检索，熟悉图书分类，还要熟练地使用其他工具书，如：年鉴、手册、百科全书、辞典、字典等。熟练地掌握这些查找方法，就犹如在知识的海洋中，有了导航的坐标，无论要查找哪类资料，都能顺利地找到。

尽管图书馆资料储存丰富，但是，自己动手进行积累，仍然是必要的，俗话说"好记性不如烂笔头"。自己动手搜集资料，可以不断更新自己的知识，扩大视野，拓宽思路。个人积累资料的方式主要有：笔记式和文摘卡片式。

（2）注重利用现代传媒手段。电视、广播、网络等现代传媒手段，使信息资料得以最快捷、最大范围的流动、传播。现代传媒手段成为我们动笔写作之前搜集资料的主要渠道之一。

（三）信息资料的分析与选择

当我们手上有了一定数量真实、可靠的资料，那么，哪些资料能入选于文章，成为表现主题的材料呢？

1. 综合分析

综合分析是指在众多资料中，通过分析、归纳和研究某事物和与它有联系的各方面的因素，最后提炼出主题。如，华罗庚的《数学的用场与发展》分析了数学使用范围的七大方面，论证其主题：数学是一切科学的得力助手和工具。值得注意的是，由于资料的众多，数量与质量之间的关系具有辩证性。任何种类的文章，都受篇幅制约。写作的通病之一是难以"割爱"。作者往往认为资料来之不易，弃之太可惜。此时，作者要紧紧把握住围绕主题选材。

2. 典型分析

典型分析是指通过对典型事例的剖析，寻找其带有普遍性的规律，通过个性显示共性。所谓典型材料是指选入文章的材料既有个性，又具有普遍的指导意义，最能概括和揭示事物的本质和规律。一般来说，应用性、科技性文章，常常需要有代表性的事例和有说服力的数据。

例 7-5

李四光的《一个弯曲的砾石》，原文以英文发表于 1946 年 5 月 4 日英国《自然》杂志第 157 卷上。本文是李四光地质力学理论发展过程中的重要论文之一。通过分析这个弯曲的砾石形成的原因，论证了他提出的"地质力学中极为重要"的一个概念：固体的非常规柔性变性。即，固体在受到远小于软化点的应力作用时，只要长时间持续作用，也会产生永久性变形。可谓砾石虽小重量千钧，它为地质力学的诞生发挥了作用。

以下为论文的节选：

这个砾石是从桂林西南约二十哩①、与山脉东侧终碛有紧密联系的砾石中找到的。已消失的小型冰川，估计其最大厚度为 240~300 英尺②，其源头和上游在前泥盆纪层理的页岩、板岩和砂岩系中，包含有组成本砾石的岩石类型，而其下游达到泥盆纪和后泥盆纪灰岩地区。我们曾横穿这些岩系走向，尤其是沿着泥盆纪和前泥盆纪地层的交线，反复找过，看有没有含有这个变形砾石那类岩石的砾岩层，有没有石英砂岩条带受扭歪的局部强烈变动带，它们的地理位置在哪里。结果，什么也没有找到；就这个地区的情况看来，也是不会有的。

这些情况与砾石本身给出的证据一起，似毋庸置疑，砾石是由于在冰川的载荷下，以某种方式变形的。图 1 可看到砾石向左弯曲的那部分的外面被弄平磨光了。这个磨光区带有一些轻微条痕，这些条痕直交于右边由于弯曲而产生（的）棱。过分强调这些细节的重要看来虽然根据不足，但它们却表现出砾石的变形是由于砾石的一半被固紧，比方说塞在一个基岩裂缝中或者塞在一个满载岩石碎块的冰川中，而另一半受到冰流的推进作用形成的。（选自：李四光．地质力学方法［M］．北京：科学出版社，1976：195-196．）

3. 纵横分析

纵横分析从时间与空间维度对搜集的信息资料进行分析研究。如，从时间方面看，可以选择历史性材料与现实性材料；从性质方面看，有正面材料与反面材料之分；从详略上分，有整体概括性材料和局部具体性材料；从地位上分，有主体材料与辅助材料等。从不同的角度选材，为的是使文章能追根寻源，从事物发展过程中的多层面中，找出其规律性、本质性

---

① 哩，旧表英制长度单位，即英里，1 英里≈1.61 千米。
② 1 英尺≈0.3048 米。

特征。我们要运用历史唯物主义的眼光，通过对比分析等方法，研究事物把握其本质性，掌握其内在规律，撰写文章。选材分析对照见表7-1。

表7-1 选材分析对照

选材的维度	选材的范围	选材的分析
时间方面	历史性材料 现实性材料	对比分析 定性或定量分析 相关专业分析
性质方面	正面材料 反面材料	
地位方面	主体材料 辅助材料	
地域方面	本土材料 外地材料	

总之，收集信息资料时应"多多益善"，以十当一；应用于文章之中的材料则应经过选择，以一当十，紧紧围绕主题选择材料。选择确凿的、典型的、新颖的材料，才能写出好的文章来。

二、书面语言表述

语言是人类特有的一种现象，是人类的本质特征之一。语言不仅仅是单独的个人行为，也是一种社会现象，是人类传递信息、表达思想、进行交际的基本手段，是人类进行思维的工具。

从语言的物质形态来分，可分为书面语与口头语言；从表述性质来分，可分为叙述、描写、议论、说明、抒情；从文体用语的特点来分，可分为文学作品语言和实用类文章语言；从作家或艺术家创作特色来分，可分为不同的个性化语言，见表7-2。

表7-2 语言类别、范围及主要特色

类 别	范 围	主要特色
物质形态	口头语言 书面语言	声音为媒介 文字为媒介
表述方式	叙述、描写、议论、说明、抒情	根据不同文体、不同内容的需要选取不同的表述方式
文体用语	文学作品语言	具有审美特性：形象、生动、准确、含蓄、明快、清新、古朴、幽默、豪放、婉约等
	实用类文章语言	具有实用性：客观叙述、简洁、严谨、准确等
作家或艺术家	个性化语言	不同作家的作品有不同的语言风格：生活化、性格化、哲理化等

本节阐述常用各类文体语言的表述特点，其目的是提高大学生实用文体书面语表达能力。文学作品及作家的语言表述及用语风格在学习本教材"文学部分"通过作家的作品已涉及，本章节不再赘述。

常用各类文体的语言特点包括叙述、描写、议论、说明和抒情。我们写作时，根据不同文体、不同内容的需要选取不同的表述方式，为了表述准确、生动，在一篇文章中往往可多种表述方式并用。

（一）记叙类文体

一般以叙述和描写为主，为了使文章形象、生动，其中也包括夹叙夹议和抒情的成分，这类文章要求运用以情感人的语言。

1. 叙述是各类文体语言表述的基础

叙述是指把人物的经历或事物发生、发展变化的过程表述出来。所谓的"过程"表现为一定的顺序性、持续性或时间性。这也就是回答"写什么"的问题。

有些初学写作者，即使让他写亲身经历或刚刚发生的事情，他也会感到无从下笔，不知写什么，或者三言两语便写完结。这就是没有掌握好叙述的本领而产生的写作通病之一。若把人物的经历、事件的前因后果整个过程表述出来，就有东西可写，有文章可做了。

如何把握好叙述中的详略？掌握叙述的两种方式，是详略得当的基础。

2. 叙述可分为概括叙述和具体叙述

（1）概括叙述是指把事物发生、发展过程中带有基本特征的方面叙述出来。

例 7-6

十八大以来的五年，是党和国家发展进程中极不平凡的五年。面对世界经济复苏乏力、局部冲突和动荡频发、全球性问题加剧的外部环境，面对我国经济发展进入新常态等一系列深刻变化，我们坚持稳中求进工作总基调，迎难而上，开拓进取，取得了改革开放和社会主义现代化建设的历史性成就。（选自：习近平在中国共产党第十九次全国代表大会上的报告[N]．人民日报，2017-10-28．）

在建设有中国特色的社会主义事业之中，党中央率领全国人民完成了许多阶段性的重大任务。高举旗帜战胜困难，开创了新局面，这段话高度概括出五年工作成就的最基本特征。

（2）具体叙述是把事物发生、发展过程详细地表述出来。

例 7-7

"虾吃食物时很小心，总是先用箝足去试探一下，然后赶紧后退，接着再试、再退，最后，它认定完全没有危险了，就放胆大嚼。吃东西的时候，用脚爪辅助，桡足快乐地划着。有时，它仅仅用两只脚支地，其他的脚和整个身子都翘起来。"（选自：秦牧．艺海拾贝[M]．上海：上海文艺出版社，1976：36．）

作家秦牧在《艺海拾贝·虾趣》中详细地叙述了虾吃食全部过程，叙述出虾吃食的一系列动作，不仅给人们以知识，而且使读者享受一种大自然赋予的乐趣。

总之，叙述能介绍事物发生、发展过程中的原因及内在联系，使读者对整个事物有全面、完整的印象；也能将概括叙述和具体叙述交替使用，能使文章主次分明、详略得当。所以说，叙述是各类文体写作的基本表达方式。我们写文章，首先要过好叙述这一关。

3. 描写与抒情在记叙文中的运用

（1）描写就是描绘和摹写。它是用形象的语言把人物、事件、环境的形态和特征刻画出来的一种表达方式。叙述和描写经常结合使用，有时不易分辨。但是，这两种表达方式，其目的有明显的不同。叙述着眼于交代、介绍，重在对总体进行概括，对过程进行反映。

如何使我们描写的事件或人物形象生动？

描写按不同的分类要求，可划分为不同的类别（见表7-3）。这些类别的划分可以启发或开拓我们的思路，从而对事件或人物的特点进行描写。

表7-3 描写分类表

描写的方法	描写的角度	描写的对象	
白　描	正面描写	人物描写	肖像描写
	侧面描写		行动描写
彩　绘			语言描写
			心理描写
间接描写	整体描写	环境描写	自然环境描写
直接描写	局部描写		社会环境描写

（2）抒情就是抒发其感情。我们写文章总要表情达意，其中包含着作者的主观爱憎感情的抒发和流露，这就是抒情。抒情方法有直接抒情和间接抒情两种。抒情与描写往往联系在一起，寓情于景、寓情于物，要感动读者，关键是要有真情实感。如，余秋雨的《都江堰》这篇游记阐发都江堰水利工程的文化内涵，写景状物饱含深情，气象宏大，加之深邃的思辨色彩，成为一篇美文。

（二）议论类文体

议论类文体以议论为主，为了使文章更有说服力，往往在议论部分运用较多的概括叙述的成分，力求以理服人，突出说理的语言风格。

所谓议论，是作者对客观事物进行分析和评论，以表明自己见解和主张的一种表述方式。它主要是运用概念、判断、推理、证明等逻辑思维手段来论证客观事理及其规律。

议论和逻辑有密切关系。我们常说以理服人，合乎逻辑才能称得上有道理。常用的推理方式有归纳推理、演绎推理、类比推理等。这些带普遍性的逻辑规律，能指导我们的议论。我们写议论文要严格遵守逻辑推理，要接受那种种规律的限制和制约。

议论文不仅要确立好论点，搜集众多的论据，还要注意论证的方法，见表7-4。

表7-4 主要论证方法表

论证方法	立论	归纳法	完全归纳法
			不完全归纳法：简单枚举法
			因果分析法
		演绎法	直言推理论证法：引证法
			选言推理论证法：排他法
		比较法	类比法　对比法　喻证法

续表

论证方法	驳论	反驳论点	直接反驳 间接反驳：反证法、归谬法（引申法）
		反驳论据	驳事实论据　驳理论论据
		反驳论证	驳循环论证　驳偷换概念　驳违反其他推理规则

（三）说明类文体

说明类文体以说明的方式为主，其中也加入叙述、描写等成分，呈现出力求明白告之的用语特点。

说明就是把研究对象的性质、形态、特征、成因、关系、功用等方面的情况进行解释，目的在于使人们对事物有清晰、完整的了解和认识。说明的对象十分广泛，可以是实体事物也可以是抽象事理；从微观到宏观、从自然到社会，现实世界的一切现象、变化、发展均可作为说明的对象。说明的主要特性是具有知识性、客观性和语言的平易性。

随着时代的发展、科技的进步，说明这种表达方式使用范围日益广泛。我们应掌握它的特点和规律，以期使它更好地发挥作用。

1. 运用介绍、举例、分类、定义等类别的用语进行说明

例 7-8

中国科学技术协会简介

一、历史沿革

中华人民共和国成立前夕，党中央为团结科技工作者，为新中国建设事业贡献力量，邀请科技界派代表参加中国人民政治协商会议，批准由中国科学社、中华自然科学社、中国科学工作者协会和东北自然科学研究会等 4 个科学团体共同发起，筹备召开中华全国自然科学工作者代表会议（简称"科代会"）。1949 年 7 月，科代会筹备会议在北平召开，选出正式代表 15 人和候补代表 2 人参加中国人民政治协商会议。1950 年 8 月，科代会在北京举行，决定成立"中华全国自然科学专门学会联合会"（简称"全国科联"）和"中华全国科学技术普及协会"（简称"全国科普"），推举地质学家李四光为全国科联主席、林学家梁希为全国科普主席。

1958 年 9 月，经党中央批准，全国科联和全国科普合并，正式成立全国科技工作者的统一组织——中国科学技术协会。至今，中国科协先后召开九次全国代表大会，李四光、周培源、钱学森、朱光亚曾分别担任第一、二、三、四届全国委员会主席，周光召为第五、六届全国委员会主席，韩启德为第七、八届全国委员会主席，2016 年 6 月，万钢当选为第九届全国委员会主席。1991 年 1 月，全国政协七届十二次常委会议决定，恢复中国科协为全国政协组成单位。

二、宗旨任务

1. 宗旨

高举中国特色社会主义伟大旗帜，坚持以马克思列宁主义、毛泽东思想、邓小平理论、

"三个代表"重要思想、科学发展观、习近平新时代中国特色社会主义思想为指导，按照"五位一体"总体布局和"四个全面"战略布局，坚持科学技术是第一生产力，坚持把创新作为引领发展的第一动力，把人才作为支撑发展的第一资源，把创新摆在发展全局的核心位置，深入实施科教兴国战略、人才强国战略、创新驱动发展战略，认真履行为科学技术工作者服务、为创新驱动发展服务、为提高全民科学素质服务、为党和政府科学决策服务的职责定位，促进科学技术的繁荣和发展，促进科学技术的普及和推广，促进科学技术人才的成长和提高，反映科学技术工作者的意见建议，维护科学技术工作者的合法权益，营造良好科学文化氛围，坚定不移走中国特色社会主义群团发展道路，不断增强政治性、先进性和群众性，建设开放型、枢纽型、平台型科协组织，真正成为党领导下团结联系广大科技工作者的人民团体、提供科技类公共服务产品的社会组织、国家创新体系的重要组成部分，把广大科学技术工作者更加紧密地团结凝聚在党的周围，为实现中华民族伟大复兴的中国梦而努力奋斗。

2. 任务

一是密切联系科学技术工作者，宣传党的路线方针政策，反映科学技术工作者的建议、意见和诉求，维护科学技术工作者的合法权益，建设科技工作者之家；二是开展学术交流，活跃学术思想，倡导学术民主，优化学术环境，促进学科发展，推进国家创新体系建设；三是组织科学技术工作者创新争先，加快科学技术成果转化应用，推动产学研深度融合；四是弘扬科学精神，普及科学知识，推广先进技术，传播科学思想和科学方法，捍卫科学尊严，提高全民科学素质；五是弘扬科学家精神，健全科学共同体的自律功能，推动建立和完善科学研究诚信监督机制，促进科学道德建设和学风建设，宣传优秀科学技术工作者，培育科学文化，践行社会主义核心价值观；六是组织科学技术工作者参与国家科技战略、规划、布局、政策、法律法规的咨询制定和国家事务的政治协商、科学决策、民主监督工作，建设中国特色高水平科技创新智库；七是组织所属学会有序承接科技评估、工程技术领域职业资格认定、技术标准研制、国家科技奖励推荐等政府委托工作；八是注重激发青少年科技兴趣，发现培养杰出青年科学家和创新团队，表彰奖励优秀科学技术工作者，举荐科学技术人才；九是开展民间国际科学技术交流活动，促进国际科学技术合作，发展同国（境）外科学技术团体和科学技术工作者的友好交往，为海外科技人才来华创新创业提供服务；十是兴办符合中国科学技术协会宗旨的社会公益性事业。

三、职责定位

坚持为科技工作者服务、为创新驱动发展服务、为提高全民科学素质服务、为党和政府科学决策服务的职责定位，推动开放型、枢纽型、平台型科协组织建设，接长手臂，扎根基层，团结引领广大科技工作者积极进军科技创新，组织开展创新争先行动，促进科技繁荣发展，促进科学普及和推广，真正成为党领导下团结联系广大科技工作者的人民团体，成为科技创新的重要力量。

四、组织状况

中国科学技术协会由全国学会、协会、研究会和地方科学技术协会组成。地方科学技术协会由同级学会、协会、研究会和下一级科学技术协会及基层组织组成。全国学会、协会、研究会是中国科学技术协会的团体会员。各级地方学会、协会、研究会是同级地方科学技术协会的团体会员。县级以上科学技术协会发展团体会员。基层组织发展个人会员。

中国科学技术协会全国代表大会和它选举产生的全国委员会是中国科学技术协会全国领导机构。全国委员会闭会期间，常务委员会领导中国科学技术协会的工作。常务委员会下设书记处，设置若干专门委员会。书记处在常务委员会的领导下主持中国科学技术协会的日常工作。

例7-9

人物简介（詹天佑）

詹天佑（1861—1919），铁路工程专家。安徽婺源（今属江西）人，1905—1909年主持修建我国自建的第一条铁路——京张铁路（今京包线北京至张家口段）。在修建中因地制宜运用"人"字形线路，减少工程数量，并利用"竖井施工法"开挖隧道，缩短了工期。通过京张铁路的修建，培养了我国第一批铁路工程师，为以后修筑铁路做出了贡献。（选自：夏征农.辞海（缩印本）[M].上海：上海辞书出版社，1984：462.）

2. 要注重运用数据和图表进行说明

（1）在文章中常用统计数字进行说明。如，绝对数、相对数、平均数和动态数列等。

绝对数。绝对数又叫总量指标，是反映客观事物（包括社会现象）在一定条件（包括时间、地点）下总的规模和水平在数量上的表现。一个国家、一个地区或单位的生产总值、人口总数、投资总额等都属于绝对数。人们常用国民生产总值达到×亿，钢产量达到×万吨，原煤产量达到×亿吨等绝对数值来表示。

相对数。相对数又叫相对指标，因为它是把两个绝对数对比后得出来的数量指标。运用对比，了解事物发展变化的程度。相对数通常用倍数、百分数、千分数来表示。应用类文章中常用百分数。

平均数。平均数是一种综合指标，是反映同质事物一般水平的数量指标。

动态数列。绝对数、相对数、平均数提供的基本上是一种静态的分析。把这几种数字结合在一起，即按时间顺序把一系列统计指标排列在一起，形成动态数列，分析事物发展变化，了解其发展规律、发展趋势。

运用数据说明，可以使一些抽象的事理变为具体、清楚、全面、生动。精确的数据可以准确地反映事物数量和质量的变化和发展。

例7-10

……据统计，中国传媒业已成为继电子信息、制造业、烟草业之后的第四大利税产业。2005年全国广播电视总收入888.76亿元，比2004年增长7.77%。其中，全国广播电视广告收入458.63亿元，比2004年增长10.65%。全国有线电视收费收入151.28亿元，比2004年增长10.15%……另据CNNIC发布的数据，截至2006年6月30日，我国网民数量已达到12 300万人，与2005年同期相比增长了19.4%。在对创新空间的争夺方面，手机电视、IPTV、数字电视、高清电视、楼宇电视、列车车载电视（CTTV），一扇扇新的产业空间之门次第打开。这些相关行业的发展，必将引发城市居民文化消费从形式到内容的变革。（选自:张晓明,等.2007:中国文化产业发展报告[C].北京:社会科学文献出版社,2007:55-56.)

我国传媒业以广播电视为主,其经济收入数据采用了对比说明,证明其发展速度与规模,具有很强的说服力。

(2)图表说明。它是把全部内容表格化。根据使用要求,将要表达的内容分成若干科目,进行填写。这不仅是节省了文字,而且直观,使读者一目了然,不容易产生歧义。经济类的应用文,如,合同、报表等常采用这种语言表述方式。一些总结、调查报告有时也会运用图表说明情况。

图表的形式有:圆型、柱型、线型、表格型等多种样式。

①圆型图(图7-1)。

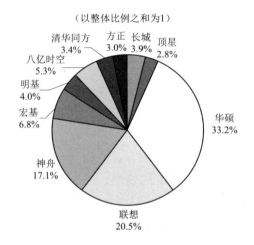

图7-1 2004年9月最受用户喜爱的十大国产笔记本品牌
数据来源:ZDC 2004.10

②柱型对比图(图7-2)。

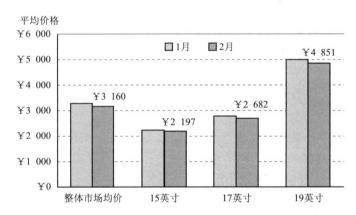

图7-2 2005年2月主流尺寸LCD显示器市场均价对比
数据来源:ZDC 时间:2005.03

③线型比较图(图7-3)。

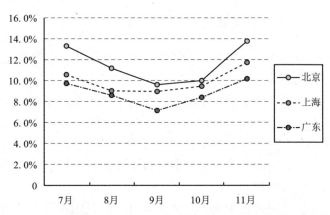

图7-3 尼康数码相机北京、上海、广东地区消费者关注度比较

数据来源：ZDC 2004.12

④经费构成表格(表7-5)。

表7-5 《2002年中国的国防》白皮书配发图表之三
2000—2002年中国年度国防费构成

单位：亿元

年度	人员生活费	活动维持费	装备费	合计
2000	405.50	412.74	389.30	1207.54
2001	461.63	485.81	494.60	1442.04
2002	540.43	581.23	572.78	1694.44

（新华社发）

（四）应用类文体

应用类文体以叙述为主，而且多以客观叙述占主要地位，切忌采用描写、抒情等表述方式，力求严谨、准确，呈现突出使人周知的用语特点。（参见本教材第八章）

（五）科技类文体

科技类文体以客观叙述和议论为主，也使用描写，但只用白描，多运用图表、数据、公式、定理等。它要求准确规范地使用科技术语。在词汇的运用中，不带感情色彩，力求达到客观、公正、准确、规范的用语特点。

在科技类文体中，意义相近的术语不能相互代替使用。有的科学概念有几种不同的术语，在同一篇文章里，对同一个概念只能用同一个术语。不能用日常用语代替科技术语。比喻的运用要慎重，不使用夸张、双关等修辞手法，歇后语和谚语要避免使用。

科技类文体句型一般单一固定，大量使用主谓句和偏正复句，也常常使用长定语、长状语的句式。（参见本教材第九章）

综上所述，运用说明方法时，要注意突出事物的特点，要有条理性，作者必需置身于事外客观地说明事物，文字要准确、详尽、质朴。

（六）常用各类不同文体用语的特点

记叙类文体一般以叙述和描写为主，为了使文章形象、生动，其中也包括夹叙夹议和抒情的成分，力求以情感人。

议论类文体以议论为主，为了使文章更有说服力，其中在议论部分运用较多的概括叙述的成分，力求以理服人。

说明类文体以说明的方式为主，其中也加入叙述、描写等成分，力求明白告之。

应用类文体以叙述为主，而且多以客观叙述占主要地位，切忌采用描写、抒情等表述方式，力求严谨、准确，使人周知。

科技类文体以客观叙述和议论为主，也使用描写，但只用白描，多运用图表、数据、公式、定理等。它要求准确规范地使用科技术语。在词汇的运用中，不带感情色彩，力求客观、公正、准确、规范。

第三节 文体与结构

一、文体

（一）文章的起源

文章是作者将客观事物和现象进行搜集、整理、分析和研究以后，以文字为媒介，按照一定的章法组织起来的能够传递信息、表情达意的书面语言的形式。今通称独立成篇的、有组织的文字为文章。写作是思维物态化的过程，文章是思维物态化的结果，是思维活动的物质体现。

文章从何而来？尽管文章中带有写作者的主观能动反映的因素，但无论何类文章都来源于社会生活，来源于社会实践。这是辩证唯物主义者对文章认识的基本观念。

例 7-11

我们的祖先原始人，原是连话也不会说的，为了共同劳作，必须发表意见，才渐渐的练出复杂的声音来。假如那时大家抬木头，都觉得吃力，却想不到发表，其中有一个叫道"杭育杭育"，那么这就是创作。大家也要佩服，应用的，这就等于出版。倘若用什么记号留存了下来，他这就是文学；他当然就是作家，也是文学家，是"杭育杭育派"。（选自：鲁迅. 鲁迅杂文选 [M]. 上海：上海人民出版社，1973：123.）

例 7-12

上古结绳而治，后世圣人易之书契，百官以治，万民以察，盖取诸《夬》。（选自：黄寿祺，张善文. 周易译注 [M]. 上海：上海古籍出版社，1989：573.）

显然，被人们称为"心灵的感应"的诗歌起源于社会生产劳动。那么，商周时代刻在龟甲兽骨上的文字——甲骨文，那些卜辞和与爻辞中有关的记事文字，便是应用性文章的鼻祖了。

(二) 文体的含义

文章产生于社会需要，为社会服务。同样，文章也随着社会的发展而变化。社会分工是社会发展的标志之一，社会分工越来越细，需要表达、交流的信息就日益增多。作为交流工具之一的文章也随着社会的发展不断分化、演变，有的消失了，有的又产生了，总体趋势是种类越来越多，从而形成各种不同样式、不同风格、不同体裁和类别以及不同使用范围的文章。为了区别不同样式的文章，我们将称之为各类文体。

文体是文章构成的一种规格和模式。文体的构成还包括文章的表现手法、内容、结构、形态，以及时代、民族等多种因素。它反映了文章的整体构造特点，属于文章的形式范畴。

例 7 - 13

电视广告——用于电视播放的广告。它的特点是运用形象、生动的视觉画面，配之简练的语言和音响效果，进行有目的的广泛宣传。但它消逝的速度快，给人缺乏选择性的感觉。它既属于说明类文体的范畴，又由于扩大影响的需要，讲究个性追求精彩，形成了广告文学的势态。

小说——是文学基本样式之一。它以刻画人物形象为中心，通过完整的故事情节和具体的环境描写，来反映广阔的社会生活，多使用叙述和描写的手法。如，长篇古典小说《红楼梦》《水浒传》《三国演义》等。它属于文学作品中的叙述类范畴。

(三) 文体的分类

我国的文章源远流长，对文章的分类也古已有之。大约从东汉开始，文章载体有了重大改进，开始使用纸张，这既避免了简牍的笨重，也免除了缣帛的昂贵。书写的字体，由隶书也逐渐演变为章草和行书，这也是文章数量激增的主要原因之一。因而也就出现了一些专门从事文章写作的文章家。汉代因其社会政治和经济文化发展较快，应用文体的种类已有了增加。东汉就有铭、赋、誓、说、谏、语6种文体，有文体六分之说。后魏时曹丕把文章分为奏议、书论、铭诔、诗赋，共4大类8种文体。梁朝的刘勰在《文心雕龙》中将文章归纳为"论文叙笔"，也就是分为"论"和"笔"两大类35种文体。在《书记》篇中，刘勰又将"书""记"分为24类：谱、籍、簿、录、方、术、占、式、律、令、法、制、符、契、券、疏、关、刺、解、牒、状、列、辞、谚。分类最多的是明代徐师，在《文体明辨》中将文章分为127体。南宋真德秀在《文章正宗》中将文章分为辞命、议论、叙事、诗赋4大类。

五四运动以后的语言文学家批判地继承传统的分类法，并吸取西方分类的思想与方法，做了新的分类探索。如，陈望道、叶圣陶、朱自清、蒋伯潜、蒋祖怡等，都各有自己的分法和贡献。归纳起来，最有代表性的分类：议论文、说明文、记叙文。这种分类方法几乎沿用到现在。目前，还增加了应用类或称之为实用类文体（见表7-6）。

当今，对于文体的分类研究还在深入发展，也有多种分类新观点。本教材从便于掌握各类不同文体的写作特点出发，将现代文体分为两大类：实用类文章和文学作品。这样我们就可以清晰地看到，实用类文章是我们需要了解和掌握的，而文学作品类是提高文学修养和提高文学创作水平的领域。

表 7-6 文体分类表

实用文章		文学作品	
记叙文	消息、通讯、报告文学、游记、回忆录、特写、人物传记等	诗词	古诗、格律诗、自由体诗、词、赋等
议论文	社论、评论、宣言、札记、心得体会、杂文、演讲稿等	散文	叙事散文、抒情散文、议论散文等
说明文	各类图、表、介绍、广告、解说词、产品使用说明书、工程设计说明书、毕业设计说明书、招标书、投标书等	小说	叙事小说、推理小说、意识流小说、长篇小说、中篇小说、微型小说等
应用文	书信、电文、公文、合同、规章制度、计划、总结、调查报告、经济活动分析报告、审计报告、可行性研究报告等	戏剧	歌舞剧、话剧、戏曲等
科技文	学术论文、实验报告、科技文摘、专利申请等	影视	电影文学、电视文学

（四）文体的特点

1. 文体具有历史性和稳定性相统一的性质

值得注意的是，文体划分并不被理论所束缚。它们是为适应社会生产、生活需要而进行自我合并分化、产生或消亡的。尽管文体不断演变、分化、消亡、增加，但文体也具有历史性和稳定性相统一的性质。每种文体都有自己独特的表现内容和结构形式，既同一定的社会历史背景、生产力水平以及人们的表达需要相适应，又有某种在历史发展过程中比较稳定的结构形式。

同时，随着科学技术水平的不断提高，科技论文、实验报告、科技文摘等文体在我们所处的时代得到较为迅速的发展，形成了较为稳定的文体样式。

2. 文体又具有内容和形式相统一的性质

文章内容决定文章的体裁。选择、运用何种文体，取决于文章表现对象的特点和读者的要求，任何文体都是同其表达的文章内容相一致的。

运用诗歌的语言去写请假条，必然闹出笑话。简短的消息报道与全面的调查总结，说明书与评论……各类文章都有自己内容与形式的要求。忽视了这一点，容易有张冠李戴之弊病，或增添无从下笔之烦恼。

3. 新文体的产生取决于新的历史环境

文体一经形成和确定，又会反作用于表达内容，具有一定的制约性。人们称当今为信息时代，其特点之一：人们希望在最短的时间内，获取最大的信息量。于是，标题新闻、一句话新闻、文摘报刊、微型小说、小品文……便应运而生，备受青睐。这类文体，对于作者来说，犹如"螺蛳壳里做道场"，必须受其制约。

总之，具备文体意识，"怎样写"的问题就迎刃而解了。对于初学写作者来说，往往困惑、彷徨于"怎样写"之中。当今社会，生产发展、经济交流、生活内容丰富，已形成了种类繁多、功用各异、蔚为壮观的文体。我们掌握了基本文体的要求后,"对号入座",按表达的要求撰写文章,便可突破写作这道难关。

树立了基本的文体意识,还有利于提高写作能力。文章是形式和内容的统一,能驾驭不同的文体,也就把握了多种不同的表达形式,对于工作、生活无疑会带来许多益处。与此同时,还可以提高阅读和欣赏水平。

二、结构

(一)结构的含义

文章的结构被人称为谋篇布局,它既是一个写作技巧问题,也是与认识水平、思维方式有关的问题。如果一个人不能把自己的意思正确、通顺地表达出来,他的思维就是杂乱无章的,他的思路也同样是不清晰、不顺畅的。

文章的结构是指文章内部的组织与构造。是组"分"为"合",组"局部"为"整体"的技巧,也是作者写作思路的体现。我们可以把谋篇布局分为两大部分:

谋篇——指作者动笔前的思考,称之为内部结构。它包括思维、思路等写作前作者运思过程。

布局——指作者运用文字表述并形成文章的过程,称之为外部结构。它包括开头、结尾、层次、段落、过渡、照应等程式。

(二)思维与思路

1. 大脑思维的生理基础

人们认识事物,分析、判断问题,形成观点,都要依靠大脑。新的问题和观点又是如何从大脑中思考出来的呢?让我们先来看看刘勰在《文心雕龙·神思》中的阐释:

例 7-14

古人云:"形在江海之上,心存魏阙之下。"神思之谓也。文之思也,其神远矣。故寂然凝虑,思接千载;悄焉动容,视通万里;吟咏之间,吐纳珠玉之声;眉睫之前,卷舒风云之色;其思理之致乎!故思理为妙,神与物游。(选自:陆侃如,牟世金. 文心雕龙译注(下册)[M]. 济南:齐鲁书社,1988:85.)

显然,古人运用形象化的比喻解释写作中的思维运动,并称之为"神思"。

而当代,科学技术的迅猛发展使我们可以更加清晰与理性地认识大脑思维的生理机能。让我们先来了解一下大脑"运行"的生理机能吧。有资料记载,人脑是由许许多多神经细胞所组成,细胞种类也很多,有人估计有五千万种。细胞总数约一千亿个。每个细胞又伸出许许多多枝叉,有一个主枝叫轴突,还有不少分枝叫树突,轴突和树突都同相邻细胞或神经细胞形成一对对的接触,叫突触。一个突触就好比一个开关,开关作用是通过特定的有机化学分子来实现的。大脑一共有多少对开关呢?一共有 10^{15} 对。所以,人的大脑好比一台有 10^{15} 开关的电子计算机。

大脑的生理机能给我们的启示是:我们的大脑不仅能贮藏难以计数的信息,而且这些贮藏于不同位置的信息之间相互作用,又可以形成许多新的东西。它给我们的思路提供了一个无限广阔的空间。

2. 思路和思维是两个概念

所谓思维是我们通常所说的思考，是指人脑对客观事物间接的和概括的反映，它包括形象思维和逻辑思维。而思路是指作者在动笔之前，酝酿和思考过程中，思想认识前进的路线和轨迹。

3. 思路和思维方式有着密切的关系

既然我们的大脑具有重新组合信息的巨大功能，那么运用多种思维方式打开思路便是写作前不可缺少的步骤。开拓思维的方式主要有如下几种：

（1）联翩思考。英文 brainstorming，即"头脑风暴"，这是一种运用广泛联系的方法打开思路的思维方式。在联翩思考开始时，头脑中会产生出许多东西，其中，没有什么微不足道、没有价值的东西。为了不使接连不断闪现在头脑中的一刹那的思考稍纵即逝，要立即动笔一条条写下来，以便于第二步进行对比思考。

（2）收束思考。它是在联翩思考后，把联翩思考出来的许多项目，加以集中、对比、收束和提炼。在这许多次的相互作用中，产生出新的思路。

（3）变形思考。运用一些方法改变原来的题型，以便产生出新的思路。变形思考的方法有：

分解——运用分解的方法将一个大问题分为许多小问题进行思考。

增题——在原有的问题上增加一些成分进行思考。

反转——也叫逆向思考，朝着问题发展的不同方向进行思考。

限制——在原有的问题上加上一些限制成分进行思考。

另外，交谈、讨论、提问等方式也有助于启发和打开思路。

国外有一种称为"NM"法的"创意思考法"（日本著名创造学家中山正和提出的一种创造技法。NM 是他姓名的罗马字缩写）。它实际上是运用了广泛性思考和收束性思考的原理。"NM"法的理论基础认为，人的记忆有所谓"点的记忆"和"线的记忆"。点的记忆是指由第一信号系统对具体事物形成的条件反射；线的记忆是指由第二信号系统对事物的抽象化形成的条件反射。人们在思考中运用广泛联系的方式进行思考，搜寻平时积累的点记忆，就会形成新的组合，产生线的记忆，形成创造性的思考。

洗衣机的发明创造，就是运用广泛性和收束性思考的例证。它是从搓、涮、漂、拧等多种洗涤方式中找出其共同规律，运用力学原理，利用水流和力的作用，将衣物与污渍产生离心力效果，也就是我们所说的洗掉衣服上的污渍。同时又寻求多种改变水流产生离心力的办法，终于形成了目前的这种既经济有效，又方便实用的洗衣机。

总之，尽管思想前进的路线有其"单一、直线性"的规律，但思维的方式是多种多样的，掌握多种思维方式就能拓展思路，产生新的观点和新的发明创造。

（三）思路与布局

结构是作者运用文字把对客观事物的观察、认识、理解及其思想脉络表现出来的形式。结构的问题，是一个思维的逻辑性和条理性的问题。动笔之前要"胸有成竹"，那种想一点、写一点，十步九回头的作文法，其收效往往"事倍功半"，不值得效仿，只有"了然于心"，才能"了然于手"。

文章安排布局与思路的有序、连贯、周密有关系。

有序——表达要有顺序。可按时、空顺序，按事物发展变化的顺序，按作者思想认识的顺序，按实验步骤……总之，从开端到结果，大小主次、重轻急缓，应用类文体一般按这样的思路结构文章。

连贯——思想的表达不仅要有序，而且要体现其内在的联系。一个观点（意思）和证明它的论据材料要有必然的联系；文章中的几个材料之间不论是"并列式""递进式"还是"分总式""总分式"，是"转折"还是"衔接"，它们内部一定要有联系。这样的文章才能称得上连贯。

周密——全文脉络分明，考虑全面。无多余累赘之感，无顾此失彼之嫌；肯定了成绩要找出差距，突出了新方面莫忘不足之处。

（四）结构的程式

文章的结构是形成文章的骨架，是文章内在逻辑的视觉化。文章通过分段、分行、分句形成了外部轮廓。绝大多数应用类文体都具有一定的程式，如：书信、公文、设计说明书、科技论文等。尽管如此，各类文体的程式也是相对而言的。

结构的编排以程式为框架，以表达需要为基础，以方便读者为原则，以交流信息为目的。

各类文体对结构有不同的要求，但开头、结尾、层次、段落、过渡、照应，却都是篇篇皆有的共同程式，在写作过程中，有其共同的特点。

1. 开头

文章开头几句话便是读者注意力的焦点。实用类文体的开头，更需精练，开门见山。应用类的文体主要有如下几种开头方法：

第一，对主要观点或目的的陈述。它的特点是直截了当地揭示主题。介绍新发现、新观点的论文，运用这种开头方法，对读者有特殊的魅力。

例 7-15

为了简单起见，我在本书各处都假定金是货币。

金的第一个职能是为商品世界提供表现价值的材料，或者说，是把商品价值表现为同名的量，使它们在质的方面相同，在量的方面可以比较。这样，金执行一般的价值尺度的职能，并且首先只是由于这个职能，金这个独特的等价商品才成为货币。

（选自：马克思. 资本论（第一卷）[M]. 中共中央马克思、恩格斯、列宁、斯大林著作编译局，译. 北京：人民出版社，2004：114.）

例 7-16

中国迅速推出减排目标的举动让世界看到了一个越来越自信的中国。中国不仅能在低碳经济上掌握主动，而且要成为新的游戏规则的制定者。

（选自：赵海建. 从减排承诺看中国自信 [N]，广州日报，2009-11-30.）

第二，对文章范围的描述。运用高度概括的方法，给读者画个轮廓。其涉及范围，可以是文章的适用性、局限性或前提条件的说明。

例 7-17

在距赤道约 22 300 英里的上空，人类肉眼看不见的"安尼 2 号"（ANIK2）通信卫星悬挂在清晨的天空。在首都华盛顿（Washington，D.C），众议院议长、美国民主党党员卡尔·阿伯特（Carl Albert）对着镜头发表了讲话。组成电视信号的电子信息快速通过东海岸的传输设备，被上传到了轨道通信卫星上，卫星接收到信号后又将它发送回地球。仅仅用了半秒钟，这位议长的图像就从华盛顿传到了加利福尼亚（California）。在西海岸加利福尼亚州的阿纳海姆（Anaheim），一个8米宽的卫星接收盘矗立在一家酒店的停车场上，天线指向南方。接收盘挑选出所需信号，并将其输入一个迷宫一样的电子回路里，然后再由电子回路将信号传输到阿纳海姆会议中心所在楼层的电视上。在那些驻足观看电视广播的人群中，有些人知道自己是在见证制作中的历史。然而，极少数人能预见这一事件所预示的巨大变化。

（选自：[美] Parsons P R, Frieden R M. 有线与卫星电视产业. 詹正茂，等，译. 北京：清华大学出版社，2005：1.）

例7－18

我现在要做一项既无先例、将来也不会有人仿效的艰巨工作。我要把一个人的真实面目赤裸裸地揭露在世人面前。这个人就是我。

（选自：卢梭. 忏悔录[M]. 黎星，译. 北京：人民文学出版社，1980：1.）

第三，以提问的方式开头。这种提问式开头使文章显得紧凑，能吸引读者，又仿佛作者在与读者讨论问题，有一种拉近两者空间距离的感觉，从而给读者一种亲切之感。

例7－19

谁是我们的敌人？谁是我们的朋友？这个问题是革命的首要问题。中国过去一切革命斗争成效甚少，其基本原因就是因为不能团结真正的朋友，以攻击真正的敌人……

（选自：毛泽东. 毛泽东选集（第一卷）[M]. 北京：人民出版社，1991：3.）

例7－20

本文尝试讨论这样几个问题：
(1) 谈论"儒教"对于儒家及中华文化可能产生的危害何在。
(2) 如果要讲儒教，那么此"教"的独特之处何在？
(3) 有没有必要"重建儒教"？
(4) 如果确有必要重建儒教，那么应该采取什么方式？
(5) 如果中行路线最好，那么实行它有什么可行性和文化效应？

（选自：张祥龙. 重建儒教的危险、必要及其中行路线[J]. 新华文摘，2007(11)：35.）

第四，交代背景式开头。其目的是烘托主题，有利于揭示事物本质，使读者能更好理解全文内容。这种交代历史情况和环境条件因素的开头方式切忌冗长。

例7－21

19世纪缓慢地准备了物质消费资料、信息、人员乃至新的生产组织模式的交换和循环的新模式。在此期间，特别是从1850年开始，在舆论自由的概念被具体化的社会背景下，一系列新技术的发明使得新的传播网络的发展有了可能。对此进行移植的历史形式是每个新的交换通道自行嵌入多样化的社会，这宣告了随后将延伸到下个世纪的问题。

（选自：［法］阿芒·马特拉. 世界传播与文化霸权［M］. 陈卫星，译. 北京：中央编译出版社，2005：7.）

背景材料大体分为三大类别，见表 7-7。

表 7-7　背景材料分类

对比性材料	过去和现在比较 正面材料和反面材料比较 甲地情况和乙地情况比较
说明性材料	有关情况的政治背景 有关情况的历史变迁 有关情况的地理环境
注释性材料	名词解释 知识介绍

2. 结尾

文章结尾的方式较多，或以结论作为全文总结，或展望未来给人以鼓舞，或提出问题、建议引人思考，或讲完最后的内容便结束全文。

例 7-22

结论：

（1）近 20 年来，低渗透油气资源研发专利数量整体呈现出增长的趋势，表明国际低渗透，油气资源研发活动日益活跃。

（2）大的跨国公司和油气技术公司是低渗透油气资源勘探开发技术的主要研究者和主要使用者；而大学和国立研究机构则是低渗透油气资源相关基础研究的主体。

（3）美国、加拿大、俄罗斯等国在低渗透油气资源研究、勘探、开发方面具有明显的技术优势。

（4）低渗透油气层的识别和改造技术、钻采工艺技术是当前技术研究开发的热点和重点。

（5）在低渗透油气资源研究、勘探和开发方面我国虽然与国际领先国家（美国、加拿大、俄罗斯等）存在很大差别，但目前已在低渗透油气资源研究开发领域占有重要地位，在低渗透油气钻采技术、聚合采油技术等领域形成了特色和一定优势。

（选自：郑军卫，等. 低渗透油气资源研究专利态势分析［J］. 科学观察，2009，4（4）：24.）

例 7-23

3. 结束语

Silvelight 作为基于 RLA（Rich Internet Application）应用的开发工具，既利用了 .Net 框架强大开发达到的 XAML 语言，能够有效地实现表现层设计和程序逻辑设计的分离。利用这些特点开发基于 web 的在线互动游戏，一方面可以大大提高游戏的画面质量，另一方面可以加快游戏的开发进度。

事例说明在 Silvelight 技术环境下，使用 MVC 模式设计游戏软件是有效可行的。在此基础上可进一步开发基于 Silvelight 的 Game Frame Works，达到游戏软件的规范化和流程化，提高游戏软件的开发难度。笔者以后将在这方面做进一步研究和探讨。

（选自：程国雄，胡世清．基于 Silvelight 在线游戏设计模式研究与实现［J］．科学技术与工程，2009，9（21）：6650．）

公文中上行文往往采用"上述意见当否，请批示"这种谦语结尾。某些论述性文章往往采用"综上所述"的总结性结尾。

科技论文中的结果、结论一般放在文章结尾，另外致谢和参考文献也是结尾的重要组成部分，不容忽视。参考文献书写方式应按国家颁发的有关标准的要求进行书写。如：要交代文献的著者、篇名、发表的书刊名称和卷页、文献类型、发表的时间、出版社及其地址等项目。

3. 层次

层次是"意义段"的称谓。它体现文章思想内容的表现顺序，体现事物发展的阶段性客观矛盾的各个侧面，是人们认识和表达问题的思维进程在文章中的反映。

层次着眼于思想内容的划分。毛泽东的《湖南农民运动考察报告》就分为农民问题的严重性，组织起来、打倒土豪劣绅，一切权力归农会，"糟得很"和"好得很"等 8 大部分，这八部分所论述的内容不同，实际上就是 8 个大层次。

认识事物的方式、方法不同，获取材料的途径不同，安排层次的方法也不尽相同。

记叙类文体有：按时间顺序来划分层次，按空间方位来划分层次，按事物性质划分层次，按作者的认识划分层次等方法。

议论类文体一般由引论（前言）、本论、结论 3 部分组成。本论部分内容丰富，安排层次有：递进式、并列式、总分式、分总式等。

其他应用类文体一般按主次重轻急缓分条排列，采用把重要的放在前面的原则。也有按性质、特点、构造、功用，针对读者对象和使用范围择取顺序的。如，介绍产品使用的说明书，重点应放在特点和功用方面，构造部分可以不写。实验报告则按其实验步骤安排层次。

层次的安排除了一些文种有具体格式外，可以采用小标题、序号、空行、分段等形式。

4. 段落

段落是构成文章的最小单位，我们平常称之为"自然段"，具有"换行"的明显标志。它的作用在于表达内容时由于转折、强调等情况所造成的文字停顿。另起一段要换行，开头要空两格。文章分段，展示了作者的思路。若文章不分段，读者不容易准确把握全文，阅读时间长了会在视觉上产生疲倦之感，具有条理不清的弊端。文章分段过细又会产生一种"支离破碎"之感，同样让人不容易把握中心内容。

首先，分段要注意段落的单一性和完整性。一个自然段里只说一个中心意思，不要把几个意思放在一个自然段里。同样，也不要把一个中心意思分割为几个自然段。

其次，各段落之间的内容要有内在的联系，以体现文章的逻辑性。还要注意段落与层次的关系。段落是层次的基础，不能将落段游离于层次之外。毛泽东的《湖南农民运动考察报告》在第八部分中讲的是 14 件大事情，14 件事情全部包括在这部分中，第一件事情讲"将农民组织在农会里"和第十一件事情"废苛捐"以及后面的几件事，每件事情都是一个自然段,表示一个意思,同时也是一个小层次。

再次,段落之间要注意整体的匀称。段落犹如我们说话,要注意长、短节奏,要掌握好分寸,要与层次协调,这样全篇文章构成为一个完整严密的有机体。

5. 过渡

它是指上下文之间的衔接转换。那么,文章在什么情况下需要过渡呢?

首先,内容转换时需要过渡。应用类文体往往运用序号和分段表示。

例 7-24

……(略)

4. 在企业财务和经营决策中,如果一方有能力直接或间接控制、共同控制另一方或对另一方施加重大影响,本准则将其视为关联方,如果两方或多方同受一方控制,本准则也将其视为关联方。

5. 本准则涉及的关联方关系主要指:

(1) 直接或间接地控制其他企业或受其他企业控制,以及同受某一企业控制的两个或多个企业(例如:母公司、子公司、受同一母公司控制的子公司之间);

(2) 合营企业;

(3) 联营企业;

(4) 主要投资者个人、关键管理人员或与其关系密切的家庭成员;

(5) 受主要投资者个人、关键管理人员或与其关系密切的家庭成员直接控制的其他企业。

6. 本准则不将下列各方视为关联方:

……略

(选自:中华人民共和国财政部. 企业会计准则 2000 [S]. 北京:经济科学出版社,2000:15.)

其次,表达方式、表现方法变动时,需要过渡。如:叙述与议论转接处需要过渡。

例 7-25

大胆革新　科学管理

——××市农行科技兴农总结评价报告

1987—1991 年 5 年间,××市农业银行参与科技兴农,累计发放科技贷款 3.67 亿元,先后支持发展科技"星火计划"项目 76 个,发展科技密集区 3 个,以及帮助农户利用科技发展种植业和养鱼业,促进了农业的综合开发、经营模式的转变以及支柱产业的崛起,都取得了良好的效益。新增产值共计 5.92 亿元,利润 7 170 万元,节创汇 1 000 万美元,农民收入年增 540 万元。投入产出比例为 1∶2.5,比一般信贷高一倍以上。"星火计划"项目已有 65 个投产见效,24 个还清投资性贷款,16 个分别荣获国家、省、市级星火科技奖。贷款实现投入产出利税为 1∶4.5∶1。银行取得科技贷款收息率 98%、到期回收率 98.2% 的良好效益。

科技兴农主要有以下三条经验:

一、转变观念,配合各方,整体推动

我行积极组织各级行社学习科理理论深入实际调查研究,破除传统农业的旧观念,树立科技观念、现代综合性大农业观念、系统观念。从 1986 年起,农行会同市科委、财税等部门陆续制定一系列科技贷款配套措施，如企业提留科技基金……目前农村企业及农户科技意识普遍增强，由过去的被动接受转为主动要求科技项目，科技储备项目不断增加。

二、加大政策倾斜力度，增加信贷"科技含量"

……（略）

三、贷款操作科学化，确保资金与科技的高效投入

1. 贷款决策操作科学化。

……（略）

2. 贷款管理科学化。

……（略）

我行大胆革新，科学管理，科技兴农贷款取得了良好的社会效益和经济效益，积累了成功的科技兴农信贷经验。

（选自：刘成金. 财经实用写作百种［M］. 成都：四川辞书出版社，1994：91.）

再次，论说类文体，"由总到分"或"由分到总"的开合关键一般需要过渡。

毛泽东在《中国社会各阶级的分析》一文中，由总入分时，运用了一个很好的过渡：

例 7－26

……我们要分辨真正的朋友，不可不将中国社会各阶级的经济地位及其对革命的态度，作一个大概的分析。

中国社会各阶级的情况是怎样的呢？（过渡）

……（略）

（选自：毛泽东. 毛泽东选集（第一卷）［M］. 北京：人民出版社，1991：3.）

在文章结束语之前，"由分入总"转述时，往往用"综上所述……""由此可见……"等词语过渡。

过渡的方法有如下几种：

第一，运用关联词过渡。常用的词有：因此、总之、然而、但是、尽管如此、由此可见、综上所述等。

第二，运用句式过渡。层次或段落之间实现过渡用简短的一句或几句话过渡。往往运用陈述句和设问句。

第三，运用段落过渡。以一段文字实现段落或层次之间过渡。这种方法要注意的是，过渡段落的文字尽量简略，不宜过长。

第四，运用序号或相当序号的词语过渡。如：段首标"一、二、三"之类序号，或者用"首先、其次、再次"等词语，或采用小标题式过渡。

6. 照应

照应是指上下文相互呼应。它是使文章具有内在联系的方法之一。按提出问题、分析问题、解决问题的顺序安排结构时，在问题与分析、论证，问题与结论之间都要有联系和呼应，按其他方式安排结构时，同样要注意文章的照应。如：开头与结尾照应、开头与内容照应、标题与内容照应等。

第四节　文章的起草与修改

一、文章的起草

（一）拟制提纲的重要性

起草就是文章开始形成的阶段。写作是一个过程，起草是作者将酝酿、思考的结果付诸文字的重要转换环节。每位作者都有自己的写作习惯。我们提倡：不论哪类文体的写作，较短的文章可以打腹稿。但是，较长篇幅的文章，起草的第一步必须是拟制提纲，将文章内容框架的轮廓勾勒出来。因为，拟制提纲对全文起疏通结构、安排材料、总揽全局的重要作用，提纲是由序码和文字所组成的一种将文章内在的逻辑关系视觉化的形式（图7-4）。

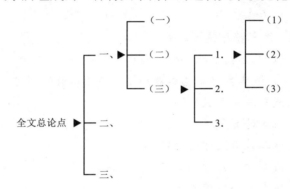

图7-4　议论文提纲序号示样

这个图中的一、二、三表示本文三大论述部分，或论述的问题。其中（一）、（二）、（三）表示从属于第一分论点的，1、2、3又从属于（三）之中，以此类推。从中可以看出下位论点（或段旨）从属上位论点。这个图将大大小小的论点（或段旨）之间的关系十分清晰地展示出来了。尽管图简单，但它把复杂的逻辑关系条理化、视觉化。而且，它符合人们的认识规律：人们认识事物总要经过分析、综合的过程，既要把一个整体事物分解开，又要把它的一个个部分综合起来，以此达到对事物全面地认识和掌握。

（二）提纲写作的内容和方法

1. 提纲写作内容

题　目

主　题：＿＿＿＿＿＿＿＿＿＿＿＿＿＿＿＿＿＿＿
内容提要：
一、大项目（上位论点，大段的段旨）
（一）中项目（下位论点，段旨）
1. 小项目（段中一个个材料）
……

2. 提纲写作的方法

（1）标题式提纲写法，就是以标题的形式，运用简要的语言文字把该部分的内容概括出来。它的长处是：简明扼要，能一目了然。短处是：只能自己了解，别人不易明白。而且时间稍长，一些问题自己也会模糊。这种方法，我们称其为粗线条提纲。

例 7-27

汽车整车性能试验报告（目录）

一、试验概述

（一）试验依据

（二）试验目的

（三）试验车辆

（四）试验参加者

……（略）

二、汽车整车性能试验

（一）汽车技术状况的检查试验

（二）汽车主要结构参数和技术特性参数的测定

1. 汽车重量参数的测定

2. 汽车轮胎气压

3. 汽车外部尺寸的测定

4. 汽车内部尺寸的测定

5. 汽车最小转弯半径

（三）汽车道路试验

6. 汽车滑行试验

7. 最小稳定车速

8. 加速性能试验

（1）起步连续换挡加速性能

（2）直接挡加速性能

……（略）

三、试验结论

汽车整车性能试验结果汇总表

汽车整车性能试验曲线图

（选自：蒋瑞松. 实用科技写作手册. 上海：上海交通大学出版社，2000.）

以上的小标题拟定了，就确定了文章的布局与层次，然后把掌握的材料分门别类写入各小标题中，即成文章。

（2）句式写法，也称中心句写法。运用较多的语言，把该部分内容概括出来。它包括中心内容和细节表述。它的长处是：具体明确，无论放下多久，都不会忘记其内容，别人看了也能明白。其短处是：文字多，写起来要花费较多的时间和精力。我们称其为细线条提纲。

一般的句式表达往往采用陈述式的句子。但是，提问式句子，语感活泼，可以避免重复、呆板的行文弊病，同样可行。

以上拟制提纲的两种方法均可使用。具体采用哪一种方法，或者将两种方法交叉使用，取决于文章的体裁、内容、篇幅和自己的写作习惯。

（三）动手写初稿

写初稿时应注意以下几点：

1. 确定体裁　从容成文

各类文体有其自身的特点，在确定体裁时，由于一种文体还有多种结构形式，所以还应进一步确定该体裁中的具体结构形式，以期做到体裁合宜，规范灵活。

2. 依据提纲　捕捉灵感

在写作时尽可能按照提纲规定的范围去写，不要轻易更改提纲的内容。但是，动笔写时，写作者的思维也是最活跃的时刻，材料和观点、问题和答案……交织过程中会产生新的思维火花，这时切莫忽视，应把它捕捉到。新的东西可以另外形成文章，也可以重新斟酌或变动已有的提纲。

3. 详细表述　顺应自然

在依据提纲写作的基础上，每部分的内容尽量详细表述，凡能想到的尽量写出来，为下一步文章修改提供选择的基础。同时，在写作时遇到某部分暂时写不出来时，我们不主张硬写。间隔一段时间，重新思考，研究材料，就可找出写不出来的症结，对症下药，不可操之过急。

二、文章的修改

（一）文章修改的意义

文章的修改无疑是一项很重要的工作，古今中外的许多大作家历来都很重视这项工作。据说托尔斯泰写的长篇小说《战争与和平》，前后改过 7 遍。保尔·拉法格说，马克思决不出版一本没有经过他仔细加工和认真琢磨的著作。我国古代的诗人，也十分重视在词句的锤炼方面下功夫，杜甫说"语不惊人死不休"；贾岛说"两句三年得，一吟双泪流"。这些都体现出对文章修改的态度和功夫。不仅文学艺术创作需要反复修改、精益求精，应用类文章同样如此。

中国共产党的十九大报告从起草到修改就是一个典型：主题、框架、初稿；调研、讨论、修改……为起草好党的十九大报告，中共中央专门下发通知，征求各地区各部门对党的十九大议题的意见。习近平总书记担任十九大报告起草组组长，亲自主持召开了 6 次座谈会。中共中央组织了 59 家单位就 21 个重点课题进行专题调研，形成 80 份调研报告。报告稿形成后，广泛征求了各方面的意见。截止到提交党的十八届七中全会讨论，文件起草组对党的十九大报告共作出增写、改写、文字精简 986 处，覆盖各方面意见和建议 864 条。最终修改出集中全党全国人民的智慧，符合中国特色社会主义事业发展要求、体现全党全国各族人民意愿的纲领性文件。

毛泽东在《反对党八股》一文中指出："鲁迅说'至少看两遍'，至多呢？他没有说，我看重要的文章不妨看它十多遍，认真地加以删改，然后发表。文章是客观事物的反映，而事物是曲折复杂的，必须反复研究，才能反映恰当；在这里粗心大意，就是不懂得做文章的起码知识。"（毛泽东．毛泽东选集第三卷［M］．北京：人民出版社（江西人民出版重印），1991：844.）

(二) 文章修改的范围

修改文章没有固定的程式，而是因人和文章而异。无论是持增、删、改、调的观点，还是认为以内容和形式两大块划分进行修改，都是围绕文章各要素进行，并且不是一环扣一环，也没有先后次序。修改文章主要从以下方面着手：

1. 材料的核实

文章中的公式、定理、引言、人名、地名、数据等要准确无误。这是一项十分仔细的工作，来不得半点马虎，数据更应精确到小数点。如，80.3%和83%就是完全不同的数据。另外，材料与观点是否统一，材料的多少要恰到好处，材料的说服力如何……这些因素均属于文章修改的范围。

2. 结构的调整

一种需要调整结构的原因是主题变动了，结构也应围绕新的主题而变动。另一种情况是为了更好地突出主题，需要修改结构，一般仅做局部性调整，也有的需要进行全局性变动。

3. 语言的锤炼

修改语言的目的是为了更好地表现主题。它的基本要求是文通字顺、简练明确、符合文体要求。

篇幅压缩。凡与主题无关的语言、段落尽量删去。

文字推敲。用词应准确，凡重复的、词不达意的语句，文理不通的病句，生造的词语等统统要修改。

图表符号的核查。凡有图、表、符号以及由符号组成的公式都应严格按其书写规范和表达要求，仔细地核查几遍，谨防出错。

4. 主题的校正

一般文章的主题是由作者在众多的资料中提炼而出，只要从客观事物出发，实事求是地分析，综合所得结论基本上是正确的。但是，由于人们对客观事物的认识不是一次性完成的，所以，主题也有深化或更改、校正的可能性过程。

主题是文章的灵魂和统帅。主题的修改，属于文章的重大变动，可谓牵一发而动全身。这种更改，甚至要重新起草。当然，这也是主题进一步提炼和深化的过程，我们切不可因麻烦而在此止步。"百炼成钢"，好的文章也需要经过一番锤炼。

(三) 修改的方法

1. 热改法和冷改法

热改法。它是指初稿完成后，趁热打铁，立即修改的方法。因为刚刚起草结束，对于文章的全貌印象较清楚，又处在写作的兴奋状态，此时修改文章，有一气呵成之势和文脉贯通之感。

冷改法。它是指初稿完成后，放上一段时间再改。尽管它缺少热改法的激情，但是它具有一定的思想深度。人在平静的心理状态下思考问题，比较细致和全面，甚至更为深刻。

2. 求助法和读改法

求助法是指初稿完成后请有关行家帮助修改。自己看自己的文章有一定局限性，而别人看作者的文章，由于角度不同、思想认识不同、自身修养不同，对于文章往往能提出有价值、有独到见解的修改意见。

读改法是指在初稿完成后,朗读或默读几遍,发现问题,然后修改。这种方法对于语言表述方面存在的问题,较为容易发现和改正。

3. 文字、数字和符号的修改和书写要求

(1) 文字的书写应按《汉字简化总表》的规定,不能自造简化字。书写要正确、工整、清楚,切忌潦草马虎,不得有滥用简称等不良用语习惯。

(2) 数字的写作要求,应参照国家标准 GB/T15835—2011《出版物上数字用法的规定》(古籍书稿须按旧习使用的例外),见表 7-8。

表 7-8　各种类型数目表达方法

序号	表达内容	表达方法说明		举例
1	日期	使用阿拉伯数字	世纪年代 公元 年、月、日 时刻	20 世纪 90 年代 公元 5 年 2001 年 1 月 1 日 12 时 3 分 4 秒
2	用于计量的数字	使用阿拉伯数字	正整数、负整数、小数、百分比、分数、比例	89,-234,54.5 79%,2/7,1:35
3	数值伴有计量单位,特别是计量单位的字母表达	使用阿拉伯数字	长度 容积 面积 质量 经纬度 音量 温度	523.56km (523.56 千米) 567mm^3 (567 立方毫米) 5.34m^2 (5.34 平方米) 100~150kg (100~150 千克) 北纬 40°(40 度) 120dB (120 分贝) 34~39℃ (34~39 摄氏度)
4	用于编号的数字	使用阿拉伯数字	部队番号 文件编号 仪器型号 样品编号 其他序号	67043 部队 ×××〔2002〕81 号 EPSON MJ-510 31-2551 0684D1004-828
5	固定词组或有修辞色彩的词语中作为语素的数字词	必须使用汉字	固定词、词组 成语 惯用语 缩略语	星期三、三叶虫 八仙过海　独当一面 不管三七二十一 四书五经 "九五"规划 十三届四中全会 路易十六
6	概数	必须使用汉字	相邻的两个数字并列连用表示概数,其之间不得用顿号隔开	二三米 五六万件 一两小时

续表

序号	表达内容	表达方法说明	举例
7	约数	必须使用汉字 带有"几"字的数字表示约数	几千年 十几天 几十万分之一
8	非公历纪年	要求使用汉字	干支纪年、农历月日、历史朝代纪年及其他传统上采用汉字形式的非公历纪年，同时应采用阿拉伯数字括注公历	清康熙五十四年（公元1715年）日本应庆三年（1867年）
9	多位数	阿拉伯数字	为便于阅读，将数字分组，从小数点起，向左和向右每三位分成一组	1 009 78 347.32 23 789 776.456 4

对表述的数字变化应有准确理解。

例 7−28

增加为（到）即包括原数，如某企业年产量由3万盒增加为9万盒，这9万盒中包括原数3万盒。

增加（了）即不包括原数。如某企业今年产量增加了6万盒，这只是说的增加的数量。

超额45%——原来是100，实际为145。

降低到70%——定额为100，现在是70。

降低70%——定额为100，现在是30。

对于"降低"额的表述，只能用"降低百分之几"或"减少百分之几"。不能用"降低×倍"。对于数字前后的约数，如："大约""近""多""左右"，不能随便增删。

（3）符号的运用和书写。它具有表述准确、简洁、信息量大、国际通用的优点。符号书写要按一定规则，正确、规范地书写。

①缩略符号的运用。一般专有名词、专业术语、单位名称等行文时，为了简洁而采用缩写符号。这些词语在文章第一次书写时，一定要写出全称，同时用括号注出缩略符号，如：中央电视台（CCTV）、中国科技大学（USTC），以便在下文中使用缩略符号。

②元素符号和数字符号的运用。它们在文章中，一般不能代替文字用在句中。如："二氧化碳"不能写成"二O化C""工作电压大于360伏"不能写成"工作电压>360伏"。

但元素符号具有单义性时和由元素符号组成的分子式，则可代替文字使用。如："铁元素"可写成"Fe元素"。

数学符号只是在特殊情况下代替文字使用。如：产品说明书中介绍产品技术指标时写成"工作电压>180 V；电流≤10 mA"等。

单位量符号的书写。量纲符号都可以代替文字使用。值得注意的是，在文章中一处用了量纲符号，全篇单位就都应该用量纲符号。而且，复合单位的量纲符号要统一。如：

"30 kg/cm"不能写成"30 公斤/cm"或"30 kg/［厘米］"。

④修改符号的运用

A. 增补号（也叫追加号）

一般用在需要增补的内容的上方，箭头标要插入字与字之间。

例：

对客观和现象的观察了解是写作的基础。（增补"事物"）

B. 删除号

表示删除的字词、句子或段落。

C. 颠倒号（也叫换位号）

用在颠倒的字句之间。

例：向前勇敢地走下去。

D. 移位号

在需要移动的位置的地方用。如：

可持续发展将成为社会普遍关注的焦点问题之一。包括上至政府和下至媒体都

E. 分段号（也叫提行号）

把原来一段文字分成两段，在需要分段的地方标示，箭头画到要分段的位置上。如：

本文的修改包括内容和文字的斟酌。修改完成后

F. 接续号（也叫连接号）

用在需要连接的地方，把原来两段接成一段。如：

南昌市是"八一"起义纪念地，被人们称为：
英雄城南昌！

G. 复原号

在已删除的字、词、句的下端画△△△，表示复原，同时在原删除号上画两条竖线，以示不删除。如：

滕王阁是南昌的名胜之一，坐落在老城区西，抚河与赣江交汇处，面对西山。它与湖北的黄鹤楼、湖南的岳阳楼，并称三大名楼。

H. 离空号

标在需要离空的位置上。空一字距用#，空两字距用##。

如：
开拓创新奋勇当先
通信联络号码：2955678 12359899611 1309899632

(四) 定稿

定稿就是确定文章发表的过程。它包括两个阶段：一是作者自己准备投稿阶段；二是稿件在编辑部的运行之中，校稿阶段。

作者将反复修改的文稿认可，确定去发表。在这段过程中，首先要按文体、文面的规范，誊写清楚，然后还应认真校对几遍，确认准确无误之后，便去投稿。现在的电子稿件，同样要按照一定的文体格式以及收稿部门的要求写好。

投稿应"有的放矢"。作者应对投去的稿件"胸有成竹"，对文章的类别、性质、水平等各项因素做到正确估价。如果估价过高，稿件投入等级较高层次的期刊中，文章的命中率就不高。如果估价过低，投到影响较小的期刊中，又有"屈尊"之嫌。要正确地估价自己的文章，尽量找专业对口、等级与文章水平接近的期刊投稿。

文章成为编辑部的"稿件"之后，从审稿到发表中还要经历校对稿件的过程。在这个过程中，作者要虚心听取专家和编辑的意见，稿件无论是小的变动，还是要做重大的修改或者只是校对文字，都应认真、仔细，与编辑共同消除"小样"中的各种疏漏。

总之，定稿的目的是使文章在发表前，再进行多次修改，以期达到较完善的水平。

本章提示

写作基础知识部分，第一，要求树立辩证唯物论的写作观——写作是客观事物或现象通过作者的认识、分析、研究和提炼后，以文字为媒介给以能动反映的过程。写作是一项创造性的实践活动，包含技能成分；第二，文章的立意要高远，即写文章时确立的主题要具有正确、鲜明、深刻和新颖的特征；第三，掌握搜集信息资料的途径，熟悉选材的方法，即运用综合分析、典型分析和纵横分析等方法；第四，了解我国传统的文章分类观点与分类知识，掌握以学习写作为目的的现代分类观点与分类知识；第五，了解大脑在构思中的作用，区别思维与思路的不同，掌握开拓思维的多种方式，熟悉应用类文体的布局结构；第六，树立起文章是改出来的观念，掌握文章修改的方法，熟悉文章修改符号的运用。

思维与训练

1. 请根据自己的写作实践并联系立意、思维与思路等问题谈谈写作的客观性与创造性。
2. 为什么说具备了文体意识，怎样写的问题就迎刃而解了？
3. 采用多种查找资料的方法，找出4种不同文体的文章进行格式、内容及作用方面的区别。
4. 按语言性质分类，语言可分为几大类？如何理解叙述中所指的"过程"，请举例说明之。
5. 描写分为哪些类别？为什么实用类文体的用语不用彩绘？
6. 说明的方法有几种？分解说明与分类说明有什么区别？
7. 数字说明和图表说明在实用类文体中起什么作用？并请将案例中的圆型、柱型图改写成线型、表格型图表，并将线型和表格型图表转换成圆型、柱型图。
8. 试将一些事物，如，教学楼、课桌椅、黑板、书、笔等运用叙述、描写、议论、说明等语言表述方式进行训练。
9. 谈谈你对文章修改的认识。

第八章

实用类文体写作

学习目的和意义

学习常用的部分实用类文体知识，通过必要的写作训练掌握一般实用类文体的写作格式和基本要求，并掌握常用实用类文体的写作，能独立写出符合基本要求的实用类文章，以适应在校学习和将来工作的需要。

学习重点与难点

重点掌握竞聘演讲稿写作格式和基本要求，党政机关公文的请示和报告、计划、总结、调查报告的写作格式和基本要求；难点是对实用类文体写作的语言表达、内容归纳和思想提炼的把握。

第一节　党政机关公文

一、党政机关公文的含义

党政机关公文是各级党政机关通用的一种文书。按照2012年7月1日实施的《党政机关公文处理工作条例》（中办发〔2012〕14号）规定："党政机关公文是党政机关实施领导、履行职能、处理公务的具有特定效力和规范体式的文书。"它由法定的作者发布并具有法定的权威性，它是传达政令和下情上传的基本手段，也是横向联系的纽带。公文完成执行效用后可转化为档案，作为历史凭证供后人查考。

二、党政机关公文的种类

根据《党政机关公文处理工作条例》第八条，公文种类主要有：
（1）决议。适用于会议讨论通过的重大决策事项。

（2）决定。适用于对重要事项做出决策和部署、奖惩有关单位和人员、变更或者撤销下级机关不适当的决定事项。

（3）命令（令）。适用于公布行政法规和规章、宣布施行重大强制性措施、批准授予和晋升衔级、嘉奖有关单位和人员。

（4）公报。适用于公布重要决定或者重大事项。

（5）公告。适用于向国内外宣布重要事项或者法定事项。

（6）通告。适用于在一定范围内公布应当遵守或者周知的事项。

（7）意见。适用于对重要问题提出见解和处理办法。

（8）通知。适用于发布、传达要求下级机关执行和有关单位周知或者执行的事项，批转、转发公文。

（9）通报。适用于表彰先进、批评错误、传达重要精神和告知重要情况。

（10）报告。适用于向上级机关汇报工作、反映情况、回复上级机关的询问。

（11）请示。适用于向上级机关请求指示、批准。

（12）批复。适用于答复下级机关请示事项。

（13）议案。适用于各级人民政府按照法律程序向同级人民代表大会或者人民代表大会常务委员会提请审议事项。

（14）函。适用于不相隶属机关之间商洽工作、询问和答复问题、请求批准和答复审批事项。

（15）纪要。适用于记载会议主要情况和议定事项。

三、公文写作的基本内容

公文写作与一般文章写作有所区别。公文是国家管理的重要手段和工具，为维护它的严肃性和政令性，拟制公文必须按照《党政机关公文处理工作条例》规定的公文处理规定进行。

（1）版头。版头由发文机关全称或规范化简称加"文件"二字组成。它采取套大红字，居中印在公文首页上部。联合行文，版头可以用主办机关名称。在民族自治地方，发文机关名称可以并用汉字和通用的少数民族文字（按其习惯书写、排版）。

（2）发文字号。发文字号由发文机关代字、年份和发文顺序号组成，标注于版头下方居中或左下方。联合行文，一般只注明主办机关的发文字号。

（3）标题。标题是文件的名称。由发文机关名称、公文主题（事由）和文种组成，位于发文字号下方。拟制公文标题应当准确简要地概括公文的主要内容并标明公文的种类，以便于阅读、处理、归档、检索等使用。有些公文标题还带介词结构拟制，如，《××省××厅关于财产损失问题的批复》。公文标题若仅写文种，如通知、报告、请示等则显得行文简单，而且不符合公文标题写作要求。

（4）正文。正文是公文的主体，用于表述公文的内容、传递本机构的某种信息。

草拟文件，首先要弄清发文的目的和主题，通常应事先请示有关领导人并进行一些调查研究，根据不同文种的性质和要求，选用适合的文种，弄清受文对象和范围，并要了解受文对象的具体要求。这样做到心中有数，从容行文。

文件结构采用段落式、总分式、条款式等多种形式。内容简单的可以是一个自然段落。而像通报、会议纪要这类文种内容复杂就需要采用总分式或小标题等形式表达。

草拟公文要做到内容准确、文字简练、条理性强、切合实际，还要正确使用文种。除了综合性内容的公文外，一般公文要求一事一文，以便于分送和处理。

附件置于主件之后，它起着解释、说明或补充主件的作用。我们要把它与主件视为一个整体。写作时，应当注明附件顺序和名称。

例 8-1

国务院办公厅关于黑龙江双鸭山经济开发区升级为国家级经济技术开发区的复函

国办函〔2014〕28 号

黑龙江省人民政府、商务部：

你们关于黑龙江双鸭山经济开发区升级为国家级经济技术开发区的请示收悉。经国务院批准，现函复如下：

一、国务院同意黑龙江双鸭山经济开发区升级为国家级经济技术开发区，定名为双鸭山经济技术开发区，实行现行国家级经济技术开发区的政策。

二、双鸭山经济技术开发区规划面积为 4.67 平方公里，分为两个区块：区块一规划面积为 0.54 平方公里，四至范围为东至公立村，南至建胜村，西至佳双铁路，北至公立村；区块二规划面积为 4.13 平方公里，四至范围为东至太保镇，南至一二八台后山，西至四方台区太保镇七一村与九三村交界，北至福前线铁路。（具体以界址点坐标控制，详见附件）

三、要深入贯彻落实科学发展观，加快转变经济发展方式，深化改革、扩大开放，按照先进制造业与现代服务业并重、利用外资与境内投资并重、经济发展与社会和谐并重的要求，致力于提高发展质量和水平，致力于增强体制机制活力，促进国家级经济技术开发区向以产业为主导的多功能综合性区域转变，充分发挥窗口、示范、辐射和带动作用。

四、必须严格实施土地利用总体规划和城市总体规划，按规定程序履行具体用地报批手续；必须依法供地，以产业用地为主，严禁房地产开发，合理、集约、高效利用土地资源。

五、商务部要会同有关部门加强指导和服务，促进双鸭山经济技术开发区健康发展。

附件：双鸭山经济技术开发区界址点坐标表

国务院办公厅

2014 年 2 月 18 日

附件

双鸭山经济技术开发区界址点坐标表

区块	界址点号	X 坐标	Y 坐标
区块一	J1	5172503.112	44436060.453
	J2	5172501.424	44436163.424
	J3	5172500.963	44436191.557
	J4	5172497.973	44436373.984
	J5	5172496.354	44436472.706
	J6	5172494.018	44436615.240
	J7	5172492.514	44436706.953
	J8	5172492.141	44436729.699
	J9	5172392.240	44436725.989
	J10	5172360.348	44436724.804
	J11	5172288.015	44436716.600
	J12	5172206.998	44436727.060
	J13	5172131.384	44436736.823
	J14	5172089.105	44436735.044
	J15	5171967.810	44436729.942
	J16	5171899.304	44436727.060
	J17	5171875.826	44436727.060
	J18	5171728.530	44436727.060
	J19	5171728.530	44436719.876
	J20	5171702.953	44436718.800
	J21	5171676.467	44436719.574
	J22	5171665.756	44436561.940
	J23	5171644.368	44436483.887
	J24	5171646.883	44436284.971
	J25	5171656.950	44436252.239
	J26	5171706.106	44436199.655
	J27	5171718.719	44436199.655

续表

区块	界址点号	X 坐标	Y 坐标
区块一	J28	5171718.719	44436186.163
	J29	5171718.719	44436081.513
	J30	5171718.719	44436079.060

（以下省略）

注：1. 本表采用1980西安坐标系。
    2. 规划面积4.67平方公里。

四、几种常用公文的写作特点

（一）通知

通知是适用于批转下级机关的公文，转发上级机关和不相隶属机关的公文，发布规章制度，传达要求下级机关办理和有关单位需要周知并共同执行的事项，包括布置工作、召开会议、任免干部等。通知是一种应用范围最广、使用频率最高的公文文种。它的写作内容主要有以下几种：

1. 指示性通知

指示性通知是领导机关布置工作任务、要求下级机关办理或者需要知道的事项。这类通知一般带有指示性和指导性。

例8－2

××市人民政府
关于政府购买服务有关预算管理问题的通知

财预〔2014〕13号

党中央有关部门，国务院各部委、各直属机构，总后勤部，武警各部队，全国人大常委会办公厅，全国政协办公厅，高法院，高检院，有关人民团体，新疆生产建设兵团财务局，有关中央管理企业，各省、自治区、直辖市、计划单列市财政厅（局）：

为全面贯彻落实党的十八大和十八届二中、三中全会精神，加快政府职能转变，改进政府提供公共服务方式，优化资源配置，提高财政资金使用效益，根据《国务院办公厅关于政府向社会力量购买服务的指导意见》（国办发〔2013〕96号）有关要求，现就推进政府购买服务有关预算管理工作通知如下：

一、妥善安排购买服务所需资金

政府购买服务所需资金列入财政预算，从部门预算经费或经批准的专项资金等既有预算中统筹安排。对预算已安排资金且明确通过购买方式提供的服务项目，按相关规定执行；对预算已安排资金但尚未明确通过购买方式提供的服务，可根据实际情况，调整通过政府购买服务的方式交由社会力量承办。既要禁止一些单位将本应由自身承担的职责，转嫁给社会力量承担，产生"养懒人"现象，也要避免将不属于政府职责范围的服务大包大揽，增加财政支出压力。

二、健全购买服务预算管理体系

要加强调查研究，总结试点经验，立足成本效益分析，加快建立购买服务支出标准体系，推进购买服务项目库建设，逐步在预算编报、资金安排、预算批复等方面建立规范流程，不断健全预算编制体系，提高购买服务预算编制的科学化、规范化。

三、强化购买服务预算执行监控

财政部门和预算单位要对购买服务提供进行全过程跟踪，对合同履行、绩效目标实施等监控，发现偏离目标要及时采取措施予以纠正，确保资金规范管理、安全使用和绩效目标如期实现。承接主体要认真履行合同规定，采取有效措施增强服务能力，提高服务水平，确保提供服务的数量、质量等达到预期目标。

四、推进购买服务预算信息公开

严格执行《中华人民共和国政府信息公开条例》有关规定，建立健全购买服务信息公开机制，拓宽公开渠道，搭建公开平台，及时将购买的服务项目、服务标准、服务要求、服务内容、预算安排、购买程序、绩效评价标准、绩效评价结果等购买服务预算信息向社会公开，提高预算透明度，回应社会关切，接受社会监督。

五、实施购买服务预算绩效评价

购买服务预算绩效评价是全过程预算绩效管理的有机组成部分。要按照建立全过程预算绩效管理机制的要求，强调结果导向，大力推进购买服务预算绩效评价工作，将预算绩效管理理念贯穿于购买服务预算管理全过程，强化部门支出责任，加强成本效益分析，控制降低公共成本，节约社会资源，加强绩效评价和结果应用。评价结果作为以后年度编制预算和选择承接主体的重要参考依据，不断提高对财政资金使用效益和公共服务的质量。

六、严格购买服务资金监督检查

使用购买服务预算资金要严格遵守相关财政财务管理规定，不得截留和挪用财政资金。要加强对政府购买服务预算资金使用的监督检查，适时开展抽查检查，确保预算资金的规范管理和合理使用。对发现的违法行为，依照《财政违法行为处罚处分条例》（国务院令第427号）等有关规定追究法律责任。

财政部

2014年1月24日

2. 批转性通知

批转性通知一般是上级批示转发下级的公文。这类通知的主要内容实际在批转的附件内，也就是说需要周知、办理的事项以附件的形式放在通知的后面一起下发。还有将上级公文转发给下级和转发同级不相隶属机关的公文。这类批转、转发性的通知，一般都写得比较简短、精练，而且经常使用"转发""现将××文件转发给你们。望研究执行"或"请遵照执行"等固定语式。

例 8-3

××省财政厅

转发财政部关于印发修订《企业会计准则第 7 号——非货币性资产交换》的通知

×××〔2019〕20 号

省直各部门，各设区市财政局、××新区财政金融局，有关省属企业：

近日，财政部修订并印发了《企业会计准则第 7 号——非货币性资产交换》，在所有执行企业会计准则的企业范围内施行。现将《财政部关于印发修订〈企业会计准则第 7 号——非货币性资产交换〉的通知》（财会〔2019〕8 号）转发给你们，请遵照执行。

××省财政厅（章）

××年×月××日

财政部

关于印发修订《企业会计准则第 7 号——非货币性资产交换》的通知

财会〔2019〕8 号

国务院有关部委、有关直属机构，各省、自治区、直辖市、计划单列市财政厅（局），新疆生产建设兵团财政局，财政部各地监管局，有关中央管理企业：

为适应社会主义市场经济发展需要，规范非货币性资产交换的会计处理，提高会计信息质量，根据《企业会计准则——基本准则》，我部对《企业会计准则第 7 号——非货币性资产交换》进行了修订，现予印发，在所有执行企业会计准则的企业范围内施行。

执行中有何问题，请及时反馈我部。

附件：《企业会计准则第 7 号——非货币性资产交换》

财政部（章）

××年×月××日

3. 周知性通知

召开会议、任免干部采用的一种通知形式。

按公文写作基本格式拟制通知，还要兼顾到这一文种用语要求，依据的原则、目的和任务，包括时间、地点甚至人名都要撰写清楚，做到准确无误。还要注意附件齐备完整。

（二）通报

通报适用于表彰先进、批评错误、传达重要精神或情况。通报和通知不同。通知是让对方了解上级指示精神，告诉对方办理的事项及如何办理；通报是以具体的典型事例、实际情况来总结经验、教训，沟通情况，教育有关人员，指导或改进工作。通报写作方式有以下两种：

1. 直述式通报

直述式通报是发文机关直接叙述通报事件并加以评议、提出要求的一种写法。这种写法，一般先把通报事件写出来，介绍清楚（不论详略），接着对事件进行分析、评论，揭示问题的实质，说明其意义，指出应该学习或吸取教训的方面，最后提出要求。通报中提出的要求和发出的指示与通知一样，具有法规性，必须照办。

2. 转述式通报

转述式通报是转发其他机关的通报（或报告），加以评议、提出要求的一种写法。转发的通报必须对改进职权管辖范围内的工作有较大意义，否则，不必转发。转发的文件要作为附件写入通报之中。这类通报，开头写出转发的目的，联系辖区内工作情况，指出应该学习或吸取教训等方面内容，最后提出要求，并带上附件。

一般发出的通报，绝大多数是用于批评方面。表扬好人好事和传达重要情况的通报发得很少，原因是这方面内容，往往以其他公文形式发布。但是，不能因此就认为通报只能用于批评，而不能用于表扬和传达重要情况。

例 8-4

国家新闻出版广电总局关于给予××卫视
暂停商业广告播出处理的通报

新广电发〔2014〕4 号

各省、自治区、直辖市广播影视局，新疆生产建设兵团广播电视局，中央三台，电影频道节目中心，中国教育电视台：

总局《关于进一步加强卫视频道播出电视购物短片广告管理工作的通知》（广发〔2013〕70号）2014年1月1日正式实施后，全国各级卫视频道执行情况总体良好，电视购物短片广告播出秩序明显好转。但在总局三令五申和多次责令整改的情况下，××广播电视台综合频道和××广播电视台综合频道仍存在超时播出电视购物短片广告的违规问题。现通报如下：

经查，1月1日××卫视和××卫视存在播出的电视购物短片广告超过3分钟等问题。经总局多次责令整改，两家卫视频道仍置若罔闻，截至1月6日凌晨仍然违规播出电视购物短片广告。其中，××卫视播出的"鬼谷子下山大罐"和"香薰睡眠宝"，××卫视播出的"中华玉兔登月紫砂壶"，时长均超过20分钟，在全系统和社会上造成了极坏影响，必须严肃处理。

为严肃纪律，根据《广播电视广告播出管理办法》《广播电视播出机构违规处理办法（试行）》及《关于进一步加强卫视频道播出电视购物短片广告管理工作的通知》等有关规定，总局决定：

（一）责令××卫视自1月9日零时起至1月24日零时，暂停所有商业广告播出15日，并进行全面清理整顿。

（二）责令××卫视自1月9日零时起至1月16日零时，暂停所有商业广告播出7日，并进行全面清理整顿。

（三）责成××广播电视局和××省广播电影电视局，分别对××卫视和××卫视的整改情况进行核查验收，验收结束后，向总局提出书面报告，经总局同意后方可恢复商业广告播放。

望各级广播影视行政部门和播出机构引以为戒，切实做好电视购物短片广告播出的日常监管和审查把关，杜绝此类问题再次发生。

国家新闻出版广电总局
2014年1月7日

（三）报告

报告适用于下级向上级机关汇报工作、反映情况、提出建议，答复上级机关的询问。它是上行文的一种。作为党政机关公文的报告，和一些专业部门从事业务工作时所使用的、标题中也带有"报告"二字的行业文书，如"审计报告""评估报告""立案报告""调查报告"等，不是相同的概念。这些文书不属于党政机关公文的范畴，注意不要混淆。

1. 专题情况报告

一是指针对上级单位需要了解本单位的某些情况而写出的情况报告；二是本单位出现了正常工作秩序之外的情况，无论好坏都应该及时向上级进行报告；三是对某些工作有自己的想法而写成的工作建议报告；四是答复上级机关询问的报告。总之，专题工作报告是指用于在特殊情况、重大问题或有新动态出现后，向有关主管机构反映情况，或者是答复上级对某项工作的要求和咨询时所采用的公文形式。专题情况报告能及时向上级提供信息，以便上级了解情况、采取措施、指导工作，写作时要做到针对性强。

2. 综合工作报告

综合工作报告是指一般例行公事，按规定时间、定期向上级主管部门或权力机构汇报工作情况。如《政府工作报告》，就属于综合性报告。在全面汇报工作情况时，要做到详略得当，对于那些贯彻有关政策法令并取得成效的方面重点写，常规性的事项采取概括叙述方式写，切忌面面俱到的"流水账"式，或套话、空话多的"文牍"式。

例 8-5

关于加强教育经费管理，切实保证
教师工资按期足额发放的报告

省人民政府：

××××年，由于省委、省政府高度重视，我省部分地方出现的拖欠教师工资问题基本得到解决。为制定有效办法和措施，防止今后出现新的拖欠，省教委、省财政厅联合到部分乡（镇）进行调查，召开了部分地（市）、县财政部门座谈会，省教委专门听取了各地（市）教育局（委）和部分县（市）负责同志的意见。据调查分析，××××年出现拖欠教师工资的原因是多方面的，有资金调度问题，也有管理问题，有总量不够的问题，也有收入季节性影响和人员过快增长的问题，但主要还是认识问题。

为了加强教育经费管理，切实保证教师工资按期足额发放，根据《国务院办公厅关于采取有力措施迅速解决拖欠教师工资问题的通知》（国办发〔××〕78号）精神，结合我省实际，现提出以下意见：

一、要把落实教师工资列入领导干部责任目标进行考核。教师工资的发放由各级人民政府负责，实行行政首长负责制，哪一级拖欠教师工资，由哪一级政府负责，县（市、区）、乡（镇）政府主要领导要亲自抓落实。今后，凡是工作失职造成拖欠教师工资产生严重影响和后果者，要依照《中华人民共和国教师法》追究有关责任人的责任。

二、在安排财政预算时，要保证教育经费的"两个增长"。对公办教师工资和民办教师补助工资要一次安排到位，不得留有缺口。加强教育经费的管理，建立健全各项财务制度，严格财经纪律,加强教育经费的审计工作,对克扣、挪用、贪污教育经费的人员要严肃处理。

三、凡拖欠教师工资严重、措施不力的地方,暂停小汽车购置等开支,集中资金首先保证教师工资按期足额发放。决不允许将教育经费挪作他用,违者要严肃追究当地主要领导的责任。

(略)

九、继续鼓励和支持中小学校开展勤工俭学活动,使学生德、智、体全面发展。对勤工俭学收入和学校组织富余人员兴办产业的收入,要加强财务管理。勤工俭学收益必须留足发展生产资金,其余用于补充教育经费,改善办学条件,增加师生集体福利及个人奖励。用于补充教育经费中:50%用于发展教育事业;25%用于职工奖励;20%作为集体福利基金;5%用于补助困难学生的杂费。

以上报告如无不妥,请批转各地、各部门执行。

×× 省教育厅(章)　　××省财政厅(章)
××××年×月××日

(四)请示

请示适用于下级机关向上级机关请求指示、批准时使用的文种。它是上行文的一种。请示必须是下级机关向上级机关的行文;请示的问题必须是自己无权做出决定和处理的。事前请示,事后报告,已成为我国机关、团体和单位进行工作的一种制度。

请示与报告不同的是,报告呈交后,上级机关是否给予答复并不重要;而请示的目的是等待上级批示后方可进行工作。政策、制度上明文规定必须请示的内容范围;完成某项任务后要报请上级审核的;在工作中遇到问题、困难请求上级帮助解决的;对有关方针、政策和上级机关发布的规定、指示有疑问,需要上级机关给予解释和说明的;请求审批某些项目、指标的;请求批转有关办法、措施等诸多方面情况,都要以请示的方式提出。

请示可分为解决某种问题的请示和请求批准某种事项的请示。

请示写作要做到一文一事,并呈递一个主管机关,便于上级机关批复和进行工作。如果其他机关需要了解情况,只能用抄送形式。应注意,不能同时抄送同级机关和下级机关。请示结束语一般采用"妥否,请批复""以上请示,请予审核批准"这样的谦语。

例 8-6

关于××××年国债发行工作的请示

国务院:

××××年将发行×××亿元国债,其中财政债券××亿元,国库券×××亿元。整个发行工作从3月1日开始。为保证这项工作顺利进行,现提出以下意见:

一、发行国债,是平衡财政预算、加强国家重点建设的重要措施,各级人民政府要加强领导,采取多样化的发行方式,保证完成今年国债的发行任务。

二、继续贯彻国债优先发行的原则。在国库券发行期内,除国家投资债券外,其他各种债券一律不得发行。国债以外的各种债券利率不得高于同期国库券的利率。

三、各级人民政府和国务院有关部门要严格做好国库券以外的各种债券发行的审批工作。凡未按上述规定发行的债券，各类证券中介机构不得代理发行，各证券交易场所也不得批准上市。

以上意见如无不妥，请批转各地区、各部门执行。

×××（章）　××××（章）　××××××（章）

××××年×月××日

例 8-7

关于暂缓调高旅游专项资金在交通建设附加费中分配比例的请示

××字〔××××〕××号

市人民政府：

今年 4 月 7 日，××市委、市政府《关于加快发展旅游业的决定》（×字〔××〕8号），同意建立旅游建设发展专项资金，其部分资金来源于交通建设附加费的分配，并将此分配比例从原来的 5% 调高到 10%。对此，我委认为该措施无疑有利于筹集资金、促进旅游业发展。但当初决定征收旅业交通建设附加费的目的，主要是筹集地铁资金，现要提高旅游专项资金往交通建设附加费中的分配比例，必然减少地铁资金的来源。地铁工程建设年度投资高达 30 亿元，筹资任务十分艰巨，而今年地铁资金缺口更大，须开拓更多的资金来源。因此，任何减少筹集地铁资金的做法都会导致工期拖长和投资增大，不利于工程建设。

鉴此，我委建议在地铁建设期内，暂缓调高旅游专项资金在交通建设附加费中的分配比例，仍执行旅游专项资金在交通建设附加费中占 5% 的分配比例不变。

专此请示，请批复。

××市计委（章）

××××年×月××日

（五）批复

批复适用于答复下级机关的请示时使用的文种。批复不得超越请示范围，仅针对请示事项做出答复。它的写作内容包括引叙请示原件、批复内容、结束语。答复措辞要具体、明确，以便下级机关遵照执行。

例 8-8

×××关于决定加入《专利合作条约》的批复

××函〔××××〕113 号

××专利局、××部：

国务院决定：我国加入《专利合作条约》，具体手续由××部办理。我国加入该条约后，关于《专利合作条约实施细则》的修订问题，由××专利局会同××部决定，报国务院备案，可以不另行报批；××专利局可以制定该条约的具体规定。

×××（章）

××××年×月××日

（六）函

函适用于机关之间商洽工作，询问和答复问题，向无隶属关系的有关主管部门请求批准某项事宜等。机关之间商洽事宜、征求意见、催办事项、答复事宜、报送材料等都可用函件形式。

函件写作可分为公函和便函。公函用于机关单位较为正式的公务活动往来，便函则用于处理日常事务性工作。

例8－9

××××××关于公开发布天气预报有关问题的复函

××办函〔××〕45号

中国气象局：

你局《关于加强发布公众天气预报归口管理的报告》（××发〔××〕13号）收悉。经国务院同意，现将有关问题函复如下：

一、为保证向社会公开发布天气预报和灾害性天气警报的准确性，更好地为国民经济建设和保障人民生命财产安全服务，国家对公开发布天气预报和灾害性天气警报实行统一发布制度，由中国气象局管辖的各级气象台（站）负责发布，其他部门、单位及个人未经省级或省级以上气象部门同意，均不得向社会公开发布各类天气预报和灾害性天气警报。

二、其他部门所属的气象台（站）或机构，只负责向本部门发布专业天气预报。

三、通过广播、电视、报刊、电台等手段向社会公开发布的天气预报和灾害性天气警报，一定要利用气象部门提供的适时气象信息。

××××××（章）
××××年×月××日

（七）会议纪要

会议纪要适用于记载和传达会议主要精神和议定事项。会议纪要是对会议（包括座谈会、会谈）的重要内容、决定事项进行整理、综合、摘要，将主要观点和结论体现出来的一种具有纪实性、指导性文件。

纪要不同于记录，记录是一种客观材料，它可以记录会议的具体时间、地点、参加人数和每个人的具体发言内容；而纪要则只能集中反映会议的主要精神、要阐明的主要问题和基本观点。记录不具备指令性文件的指导功能，而纪要则具有这种功能。

纪要分为一般办公会议纪要和大型工作会议纪要。

1. 一般办公会议纪要

它有两种写作格式：分项排列式和总分式。

（1）分项排列式。它是在会议记录的基础上进行整理、综合而成的一种表现形式，即把会议的全部内容、时间、地点、参加人、主持人、会议讨论内容、决定事项等分项排列拟写清楚，采用条款格式使其内容一目了然。

例 8 – 10

××××× 会议纪要

×× （编号）

时间：××××年6月8日上午

地点：第二会议室

参加人：×××、××、×××等

主持人：×××

会议内容：

　　一、…………。

　　二、…………。

（会议内容这部分可把它归纳成几条，也可以用一段文字叙述。）

决议如下事项：

　　一、…………。

　　二、…………。

　　三、…………。

×××办公室印发　共　份
××××年6月10日

（2）总分式。它是在分项排列式的基础上进一步综合、概括的写作形式。首先是总的叙述，把会议的时间、地点、参加人、主持人、会议议题等内容都写在开头段落里；其次是分述，把决定事项或拟办事项分条目写明。

2. 大型会议纪要

大型会议涉及内容既重要又广泛，在内容的归纳、提炼上比较困难。在写法上，为了体现会议所决定的主要内容、基本结论或今后任务，采用分块式、分条式和分列小标题式等表现方式。由于大型会议所要包括的内容不太固定，有的写开会时间、召集单位或召集人、参加会议的人、讨论议题等，有的不写这些内容，只写发文的有关背景。

分块式又称分部分写作形式，即围绕会议中心议题，把会议内容分成几个部分叙述。每个大部分都有一个独立的意思，每个部分之上都标有序号。序号既是分块标志，又作为连接各部分构成全文的标志。

分条式又称分条标项式，这种写法是依其内容，按序分成若干条项，并以序号标明。

分列小标题式。凡是会议所决定的问题、结论、任务等，需要分别逐个说明的均可采取这种方法，这种写法的好处是能突出会议的主要内容。采用这种写法要注意各个小标题前后排列的逻辑性。

例 8 – 11

××市政府第13次常务会议纪要

11月29日，市委副书记、市长×××在市政府常务会议室主持召开市政府第13次常务会议，学习传达上级有关会议和文件精神，审议相关政策措施，研究干部任免事项，通报省监察厅有关处分决定、研究审议有关违纪案件，书面通报市长公开电话2017年10月份工作情况。

现将会议纪要如下：

一、学习传达省委十一届四次全体会议精神

会议学习传达了省委十一届四次全体会议精神，就学习贯彻大会精神做出部署。会议要求，要把学习贯彻党的十九大精神和落实省委十一届四次全体会议精神作为当前及今后一段时期的首要政治任务。各级政府及其部门要着力在学懂上下功夫，坚持学之有方；着力在弄通上下功夫，坚持学用结合；着力在做实上下功夫，坚持学以致用。要结合完成全年目标任务，一手抓学习贯彻落实，一手抓中心工作，两手都要抓，两手都要硬。要扎实抓好扶贫考核验收工作，对账盘点、查找差距、查漏补缺，确保完成2017年10万贫困人口脱贫和桂东县脱贫摘帽任务；要进一步加大全面从严治党力度，深入贯彻落实《中共中央政治局贯彻落实中央八项规定的实施细则》，认真组织开展好"不忘初心、牢记使命"主题教育活动；要以永远在路上的恒心和韧劲，抓好党风廉政建设；要进一步健全党委（党组）工作规则和制度，提升执政治理水平；要精心组织筹备召开全市"两会"，认真谋划好2018年各项工作，确保开好局、起好步。

二、传达全省主要指标调度视频会议、中央环保督察整改工作推进会暨××省生态保护红线划定方案审议专题会议精神及省政府督查督办反馈意见

会议学习传达了×××书记在全省主要指标调度视频会议上的重要讲话精神、中央环保督察整改工作推进会暨湖南省生态保护红线划定方案审议专题会议精神、省政府督查督办反馈意见，安排部署了具体落实事项。

会议要求，要围绕落实省委、省政府有关决策部署和督查督办意见，按照"三达到一超过一降低"的目标，奋力冲刺。要紧盯有效投资抓项目，积极争取增量，各级各部门务必以强烈的责任感，进一步落实项目建设"一单五制"，强力推进项目建设进度，以项目开工建设、投产达效，形成增长点、增长源；要紧盯企业生产抓帮扶，努力盘活存量，进一步加大帮扶力度，认真落实各项帮扶政策，帮助企业突破环保和安全瓶颈，让企业能够开足马力生产，最大限度地盘活存量、释放潜力；要紧盯市场消费抓热点，着力做大总量，把握岁末年初的消费热潮，鼓励引导商家举办一系列展销促销活动，精心组织好第三届农博会，不断拉动消费，统计、商务等部门要及时跟进，确保相关数据及时入统；要紧盯履约落地抓招商，大力扩充容量，主动协调，加强对接，积极促进已签约项目尽快履约落地，提升招商引资的履约率、开工率和资金到位率；要紧盯财税入库抓征管，深度挖掘财源，严格税收征管，优化财税质量，落实国家减税降非和全省统一压减非税收入规模政策，加大依法治税力度，做到应收尽收、应缴尽缴，提高税收占财政收入的比重；要紧盯重点工作抓落实，结合中央环保督察整改问题，重点抓好湘江流域治理一号工程、"两供两棚两治"、脱贫攻坚、"四冬"、"8510"民生项目等工作，抓好安全生产、疾控防疫以及信访维稳、农民工工资支付等问题，确保社会大局和谐稳定。

会议强调，要切实将中央环保督察组指出的问题整改到位，涉及我市的未办结的相关问题，由市环保局进一步分解任务、压实责任，抓好落实，重点抓好工业集中区污水处理、重金属污染治理等工作，全面完成环境治理各项任务。

三、学习国务院《消防安全责任制实施办法》

会议学习了国务院《消防安全责任制实施办法》（以下简称《办法》）。会议指出，消

防工作涉及各行各业各领域，点多线长面广，各级各部门务必高度重视，狠抓消防安全责任制落实。要深刻汲取北京市大兴区"11·18"等重大火灾事故的教训，加大《办法》的宣传贯彻力度，加强消防安全责任考核，进一步夯实消防安全建设基础，将《办法》各项要求落到实处，在源头上强化预防，做到防患于未然。

四、审议《政府工作报告（讨论稿）》

会议审议并原则同意《政府工作报告（讨论稿）》。会议要求，报告要紧扣党的十九大精神和主题，紧扣省第十一次党代会精神和市第五次党代会精神，紧扣"十三五"发展规划的实际，总结出好的经验和措施，谋划好2018年的工作。市发改、财政、统计等有关部门要对报告中相关数据严格把关，确保真实、准确、可行；市政府法制办要做好合法性审查，把好依法行政关。要集思广益，尽快启动相关程序，广泛征求各县市区、市直各单位、各民主党派、各级党校、相关大专院校、科研单位、重点企业及人大代表、政协委员的意见建议，并适时召开专题会议听取和征求各方面意见，把最能体现××成效的特色亮点工作吸收到报告中，使之成为鼓舞士气、催人奋进的报告。

五、审议《关于市属国有企业深化改革的实施意见》

会议审议并原则同意《关于市属国有企业深化改革的实施意见》，由市国资委根据与会人员意见修改完善，并由市政府法制办进行法制审查后，按程序提交市委深改领导小组审议。

六、关于市城区道路交通信号灯及电子警察建设有关事项

会议认为，交通管理是城市管理的重要组成部分，红绿灯、电子警察是保障道路交通安全、确保交通畅通有序的必需设施。原则同意对市城区新建道路路口建设红绿灯、电子警察，对已严重老化、不能正常使用、无修复价值的电子警察系统予以维修重建。项目建设要严格按规定公开招投标，选择有实力、有智能交通、智慧城市或"互联网+政务服务平台"建设经验的单位来实施，为今后整体纳入智慧城市体系建设打好基础。建设工期2~3年，建设资金由市财政按照工程进度并根据财力状况分年度统筹安排。要以提高城市化水平和品质、疏导城市交通为目标，进一步完善运作模式，加强公安、城管、交警等部门系统的对接和数据共享，提高系统之间的兼容性，尽量整合资源，避免重复建设，提高使用效率。

七、审议《关于进一步推进装配式建筑发展的通知》

会议认为，推进装配式建筑发展，有利于提升住宅整体质量、提高建筑施工效率、降低物耗能耗和成本、减少建筑垃圾、实现绿色环保、促进产业转型升级，是住宅建设发展的趋势，是实现建设领域可持续健康发展的重要策略，对改善生态、环保节能等方面具有重要意义。会议要求，各级各部门要大力支持，从规划源头上加以把关，积极落实好省政府文件有关激励政策，如同学校、幼儿园、基层卫生机构、绿化、地质灾害防治设施建设等方面一样在规划批复中给予明确，做大做强我市装配式建筑产业。会议审议并原则同意《关于进一步推进装配式建筑发展的通知》，由市房产局按照与会人员意见，抓紧修改完善后按程序办文。

八、审议《××市市城区规划区建筑垃圾资源化利用管理办法》

会议认为，建筑垃圾具有资源化的属性，不少发达国家和地区已将建筑垃圾资源化处理作为环境保护和可持续发展的重要举措，建筑垃圾资源化利用正成为前景广阔的新兴产业，中央、省委省政府高度重视，作为生态文明建设重要抓手之一。会议明确，要加强管理，狠抓落实，市城区规划区建筑垃圾资源化再利用企业归市经信委监管，建筑垃圾资源化再利用活动归市城管和行政执法局管理。由×××同志负责，召集市委编办、市政府法制办、市经信委、市城管和行政执法局、市住建局等部门，认真梳理相关法律法规和政策，按照规范性文件制发有关要求，对《××市市城区规划区建筑垃圾资源化利用管理办法》进一步修改完善，争取尽早出台实施。

九、审议《××市森林防火规划（2017—2025）》《关于进一步加强森林防火工作的实施意见》

会议认为，近年来，随着我市生态景观提质、退耕还林、封山育林、林木禁伐限伐等政策的实施，全市森林覆盖率不断提高，森林防火形势日趋严峻。各级各有关部门要高度重视森林防火工作，加大资金投入，加强事前防范，着力抓好"防""护""巡"等重点环节，切实保护好我市森林资源，为我市生态文明建设做出应有贡献。会议审议并原则同意《××市森林防火规划（2017—2025）》《关于进一步加强森林防火工作的实施意见》，由市林业局按照与会人员意见修改完善后按程序尽快下发实施。

十、关于××区政府驻地迁移有关问题

会议原则同意××区人民政府驻地从×××街道的××××号迁移至×××街道××××号××区行政中心，并按程序报市委全会研究。会议要求，××区政府要严格按照上级有关规定，完善相关手续，确保程序到位。市民政局要加强与省民政厅的对接和协调，市政府法制办要对相关申报材料严格审核把关，确保依法依规实施××市2020年安居项目供应计划。

1. 安居工程总体目标

……（略）

2. 用地安排目标

……（略）

3. 建设筹集目标

……（略）

4. 基本建成（含竣工）目标

……（略）

5. 供应目标

……（略）

6. 资金与投资计划

……（略）

第二节　调查报告

一、调查报告的含义、作用和特点

（一）调查报告的含义

采用科学的方法，有目的、有计划地对某些客观事物或现象进行全面或局部的情况进行了解，并将搜集到的信息资料整理、分析和研究，做出恰当的结论，提供采取行动的合理建议，并以书面语言的形式写成的报告，称为调查报告。

（二）调查报告的分类

调查报告来源于社会发展中的需要。社会是一个综合体，它包括人与物的诸多方面，所以调查报告有很多种类。根据不同的分类标准，可以把调查报告分成不同的类别，本教材按调查报告的内容、时间与性质划分（见表8-1）。

表8-1　调查报告分类

分类标准	调查报告种类
按内容划分	社会调查　市场调查　新闻调查　司法调查
按时间划分	历史事件调查　现实情况调查　研究与预测性调查
按性质划分	典型经验调查　揭露问题调查　新事物调查　热点问题调查

（三）调查报告的特点

1. 具有广泛性与客观性

通过调查报告的分类表，我们可以得知调查的范围十分广阔。而调查的准确则是建立在真实可靠的基础之上，而真实资料获取来源于客观存在。强调客观性能有效地防止调查者无意识地将自己的主观性介入调查之中。也就是说，在调查获取信息时，调查者不是"导游"角色，更多的是充当"记录员"角色。

2. 具有组织性与人员的专业性

在我国，无论是哪种类型的调查，都代表一定的社会组织层面。如全国人口普查工作就是由相关的政府组织机构实施完成，还有市场调查的组织机构有隶属于政府及行政机构的、有大型企业或公司自己设置的、有正式注册具有法人资格的机构，如"中国统计信息咨询中心"是我国较有权威的市场调查机构，这类独立的市场调查机构，主要是接受客户委托从事商业性市场调查。这类专业性机构在市场调查中起主导作用。市场调查对从业人员要求比较高，既要具有某行业的专业理论知识和调查技巧，又要熟悉市场、对调查对象十分了解，还要反应灵敏、研究能力强，能发现问题或捕捉到新的信息。

在社会调查中，高校组织大学生进行暑期社会实践调查，并要求学生们在进行相关内容的调查后撰写调查报告，事后，还组织优秀社会实践调查报告评比。这是较有特点的一种调查报告。

3. 具有针对性与时效性

调查报告是针对具体人物或事件进行调查研究，可以是解决关乎国计民生的重大问题，也可以是解决具体单位部门或个人的具体问题，还可以是对党的方针政策的实施进行政策性研究调查等。调查内容的时间跨度视调查要求而确定。但是，调查工作本身还是会有一定时间的制约。无论是何种调查报告，其结果都有助于了解事物发展过程的真相，判断是非曲直，把握社会发展本质规律；更是我们指导工作、制定政策、解决问题等的依据。

二、调查的内容和方法

（一）调查的内容

调查的内容取决于调查的项目及调查的用途。主要有如下几种：

1. 对政策法规调查

社会发展规划、政府颁布或修改的政策法规的实施情况，这些是社会各行业发展的不可或缺的基础层面，有必要进行调查研究。

2. 对社会各消费层面的调查

物质消费方面有对购买力情况调查，对顾客群的调查，对产品或商品的宣传形象及销售地本身的社会环境、经济发展和消费能力状况的调查，国内外同行情况调查等，精神消费方面有媒体收视率调查、报纸杂志读者问卷调查等。

3. 对公共性目的方面的调查

它的影响面是很大的，其结果不仅影响调查范围的群体，甚至还会影响到局部、全局的发展，如：百强、百佳、人均产值等的公布，对历史文化调查、农村情况调查、互联网络影响的调查等。

（二）调查的方式和方法

调查的方式总的归纳为两类：普遍调查、非普遍调查。

1. 普遍调查

它是指对调查项目的全部要素进行调查。如人口普查，限定在某段时间内，对每位公民都要调查到，不能有缺项。

普遍调查的优点是它能了解调查的全部对象，因而是一种确实可靠的调查。它的缺点也在于此，当某项调查的对象十分庞大复杂时，调查者不可能了解到每位必须调查的对象。

2. 非普遍调查

它是指对调查项目的部分要素进行调查。由于事物的复杂性、广泛性，而且调查往往又受到时间、人力、财力等的制约，所以，市场调查往往采用非普遍调查的方式。

非普遍调查方式是只能了解部分调查对象，调查量小于需要调查的总量。其结果可能反映事物的本质规律，也可能没有揭示事物的本来面目。为了使调查更接近于事物的全貌，人们采用了一些科学的调查方法。其主要有如下几种：

（1）重点调查。是指在一定范围内，选择一个点，进行全面、深入、细致的调查。

（2）典型调查。是选择有代表性的对象进行调查。它与重点调查不同之处在于：重点调查的对象不一定具备代表性；典型调查在调查前已具有了特殊性，并产生了一定影响。

（3）抽样调查。是指在一定范围内，抽取样本为对象进行调查。采集"样本"时，务必做到"好、中、差"或"高、中、低"各个层面都采集，各种类型都兼顾。这样，平均价值较接近总体水平。具体的办法有：制作调查表格、意见征询座谈会、个别访谈、随机询问、直接观察市场等。

三、调查报告的写作

调查报告的写作一般包括两个阶段:综合整理、分析研究资料阶段,撰写调查报告文本阶段。

(一)综合整理、分析研究资料

把搜集来的分散、无序的信息资料进行鉴别,剔除无价值的参考资料,把有关重要的资料进行编组、归类、制表等技术处理,然后进行资料分析研究,搞清楚问题的症结,把握市场趋势或发现新的情况。

(二)撰写调查报告文本

调查的种类有很多,但撰写成调查报告有一个大体的基本框架结构,由标题、引言(前言)、主体(正文)、结尾这四大部分组成。

1. 标题

调查报告的标题拟制可以采用文章式或公文式。文章式标题,如《中国水果进出口贸易现状》《青年旅游市场有多大?》;公文式标题,如《××地区纺织机械市场调查报告》《关于××市中小企业电子商务应用调查》《中国 UPS 市场发展状况调查》;还有文章加公文式标题,如《"泥巴换外汇"——陶瓷品出口情况调查》。

2. 引言

引言或称前言。大致包括调查背景、依据、原因、目的或主旨,调查的范围、时间地点及采用的方式方法。这些方面内容应根据报告不同,有侧重点地叙述。有的篇幅较长的市场调查报告利用前言部分,撰写出简单的一个报告摘要;也有报告开头以表格形式表写作(见表8-2)。

表 8-2 表格式调查报告

报告名称:××市市民对名牌认知程度调查报告			
服务/产品种类	消费形态	调查地点	××市
调查方法	入户访问	调查时间	2009 年
样本量	964	被访者	××市市民
调查机构	H 企业咨询公司		
报告来源	H 企业咨询公司名牌认知调查组		
报告内容(略)			

3. 正文

它是报告的主体,主要包括调查情况、采用调查分析的方法、得出的结果以及建议部分。

调查情况部分。主要对调查过程的概括叙述与说明,一般采用文字加表格、图像和数字写作。对于典型事例或重要数据可详细叙述,如我国城镇居民居住的住房成套率达到72.7%。其住房类型分为 7 种,58.7%的城镇居民家庭住房结构为二居室或三居室,一居室和四居室比例较低,分别为9.6%和2.6%;普通楼房和平房居住率达10.1%和17.2%。这就是运用重要数据叙述。

对于主体结构安排,可以按调查顺序或内容的逻辑顺序结构。为了便于层次分明,多采用条款式、序号式、小标题或中心段旨来达到层次分明的要求(见表8-3)。

表8-3 调查报告结构框架表

全文总标题:关于城市建设问题的考察报告		
一级论述标题	二级论述标题	三级论述标题
一、明确的城市定位,使城市建设成为"有为之为"		
二、精心组织,市场运作,使城市建设做到了"事半功倍"	(一)团结高效的组织领导是先导; (二)确保工程质量是关键; (三)文明施工是支撑; (四)坚持依法办事是保障; (五)全心全意依靠人民群众是前提; (六)加强协调、密切配合是重要条件	
三、关于城市建设经验的几点启发	(一)城市建设是一种经济行为; (二)城市建设须树立一种"经营理念"; (三)经营城市必须处理好"三个关系"	1. 经济效益与社会效益的关系; 2. 城建投入与发展经济的关系; 3. 经济效益与环境效益的关系

4. 结尾

一般要求有前言的调查报告就要有结束语,这样文章相对具有一个完整性。当然,写完最后一个问题结束也可以。

四、调查报告写作中应注意的事项

1. 调查问卷的制作

它的制作与调查报告的质量有直接关系。设计问卷之前要有充分准备,要确认调查目的并将其明确化;还要确定分析的方法。对调查项目、提问项目设计要进行反复推敲。

2. 写入报告

鉴别资料要认真细致,重要数据要反复核实以后,才能写入报告。行文时尽量做到内容表达条理化、语言文字简明化,要以事实说明观点。一般写作,提出观点后以事实数据证实,议论成分不宜过多。

例8-12

关于挂钩帮扶的调查报告(节选)

4月13日,我们随市××主任到××乡及××村进行了帮扶的前期工作调查,随后组成专门调研组,深入××村召开村组干部座谈会,听取各组负责人对本组情况的汇报和发展经济的设想与建议;深入4个村民小组中的12个农户,进行家庭状况、收支构成和增收思路的抽样调查;走访了××高新农业科技示范园。综合思考,现将该村的具体情况和帮扶思路汇报如下:

一、基本情况

××村地处××县城1~4千米，是××乡政府所在地，××线、××线及××高速公路××出口引线穿境而过，地理位置优越，交通便利。全村有范家、孟家、半个城、焦家、小兴隆、大兴隆、刘东、刘西8个村民小组，764户3 091人，以湖北、河南、山东人为主，有少量移民，是全乡第二大村，典型的农业产业结构。

（略）

二、当前经济发展中存在的主要困难和问题

调查中干部群众对帮扶主要有"三盼"：一盼送致富技术；二盼搞好道路、水利等基础设施建设；三盼把村小学建设好。其他还提出许多具体问题。据我们考察，限制该村经济发展的还有一些其他因素，总体可归结为以下几点：

1. 村子较大，居住分散，基础差距大，管理比较困难。全村8个村民小组分别为8个自然村，村落不整，特色产业不一，经济基础差距较大，尤其刘东、刘西组水源贫乏，经济滞后，群众发展的积极性不高。村、组也无成型的经济发展规划。

2. 基础设施不够完善，影响农产品销售和经济发展。各村组之间的道路均为土基路，特别是几条重要的生产道路雨天无法通行，影响农产品外运；现有机井水量小，干旱时浇地难，尤其××尚有300多亩地缺乏灌溉条件。

3. 缺少农民经济技术合作组织，农户自我发展能力不足。在农业领域全村目前无任何专业协会组织，使农户在技术、销售、互助等方面缺乏依托，难以适应市场经济的要求。

（略）

三、该村发展的优势和潜力

1. 经济基础较好。该村属井灌区，地势较好，又地处城乡接合部，农业的基本条件比较好。根据调查，全村无赤贫户，吃饭不成问题；班子也比较好，运转正常。

2. 已有比较明晰的主导产业，群众有一定的技术基础，也有较为稳定的销售渠道。如蔬菜是该村的传统产业，并形成了一定规模，其中以蒜薹、大蒜比较有名，市场销路一直较好。

3. 该村地处城乡接合部，邻近县城和××、××等城市，有比较方便的进城务工机会，既可以增加农民短期收入，也具有经商的条件。

4. ××高速公路××出口引线横穿全村，有招商引资的便利条件和潜力。

5. ××高新农业科技示范园落户该村，三年来经营效益较好，有一定的示范辐射带动作用。该园目前正酝酿建立"公司+农户+基地"的经营模式，如果促成，将为××做大做强蔬菜产业提供很好的条件。

四、开展帮扶的目标和措施

实现农民增收、农业增效、农村发展是一个长期的过程。根据××村实际，如何开展帮扶工作？我们认为应立足当前，抓住重点，确定目标，中长结合，分步实施。对该村经济发展的总体思路是：改善农业基本条件，发挥潜在优势，做大做好做强主导产业，加强精神文明建设，经过3~5年努力把××村建设成为小康先进村。今明两年可以从以下几方面开展工作，并为以后奠定基础。

1. 结合中央一号文件精神，帮助村、组制定一个好的经济和社会发展规划，明确目标和措施。要使这个规划家喻户晓，启发群众主动求发展的积极性。

2. 鼓励开展劳务输出,包括短期务工,增加农民近期收入。(略)

3. 联系开展农业技术培训,提高农民作务水平。(略)

4. 引导农民建立各种专业协会组织,提高农民组织化程度,增强自我发展能力。重点建立蔬菜类和养殖类专业协会组织,创建生产、技术、销售及农资服务载体,提高农民组织化程度。

5. 加强与地方党委、政府和有关部门的联系,着手解决群众关注的这样几个重大问题。(略)

6. 进行村组巷道整修,建设文明乡村。(略)

7. 发展塑棚工程和奶畜业。(略)

8. 年内组织农民开展一两次农村政策、经济发展和精神文明诸方面的培训教育,启发内在活力,促进全面协调发展。组织人大机关干部不定期下村帮扶调研,向农民传信息,与农民勤交流,提高帮扶效果。

(选自:www.zfanwen.com)

例 8-13

大学生寒假社会实践调查报告:
对××地区某乡网吧现状进行的调查(节选)

××学院××级×班×××　　学号:×××××××

网吧在城市里早已不是什么新鲜事物,但是在经济相对落后、消息相对闭塞的农村,网吧却是一种新生事物。随着网吧在农村的落地生根,它也日益吸引着越来越多农村人,尤其是农村中小学生的眼球。同其他新生事物一样,农村网吧的出现同样是一把双刃剑,它既有有利的一面:使农村人有机会足不出户就可以了解外面的大千世界,获取跟他们生活或者是生产密切相关的信息等;同样它也存在着有弊的一面。寒假里回到河北农村老家的我对家乡的网吧现状进行了一次走访调查,并在本文中就农村网吧带来的诸多问题、原因及对策展开探讨。

一、网吧现状不容乐观

该乡网吧目前还处于粗放发展的起步阶段,其特点主要体现为:小型、简易、分散、隐蔽。规模很小,电脑数量从十几台到二三十台不等,如乡政府办公楼旁边的某网吧内只有 18 台电脑;有的农村网吧仍然以拨号上网为主,条件十分简陋;一般分布在经济比较发达、生活比较富裕、信息比较灵通、交通比较便利的乡镇中心乃至村庄,如某网吧就选址于农村的集市旁;大多数网吧采取家庭化、作坊式的经营模式,如在某网吧内就只有父女二人经营管理。农村网吧的问题主要表现为:黑网吧多、接纳未成年人上网的多、安全隐患多。

二、网吧经营问题不少

1. 环境卫生较差,安全堪忧。农村网吧大多属于个体经营,业主从节约投资成本的角度出发,普遍是盖几间简陋的房子,或租赁几间偏僻的房屋,有的则是在自建房中,购回电脑,便对外开张营业,硬件设施差,安装不规范。农村网吧基本上只有一个通道,门窗紧关,不通风不采光,加上允许吸烟,空气污浊不堪。少数素质不高的人随地吐痰,脱鞋跷脚,网吧里充溢着各种气味,令人窒息。有的电脑键盘和电脑桌长时间都未清洗,黑污斑斑,灰黑难辨。有的农村网吧无任何灭火、防火设备,一旦出现火灾或其他危急情况,后果不堪设想。还有一些社会闲散人员经常进入,常因一些琐碎之事或言语不合而大打出手,造成极坏的影响。

2. 违规经营普遍，隐蔽性较强。调查发现，目前农村网吧经营存在着许多违规违法行为，其主要表现为：一是无证经营。有些农村网吧只是购回计算机，拉通互联网，便开始对外营业，并未经过主管部门审核批准。二是为有些顾客大开方便之门。互联网上的信息良莠不齐，有的网吧虽设有网络净化器，但大多是形同虚设。一些人肆意浏览黄色、暴力等非法网站，网吧老板为赚取钱财，大多睁一只眼闭一只眼。三是隐蔽性较强。有的农村网吧，为躲避执法部门的检查，一般不设牌匾，不贴任何标志，隐藏在村民家中。有的农村网吧有人来便营业，无人来便关门。有的在深更半夜，紧锁大门开始营业，执法人员很难发现。

3. 未成年人大量涌入。农村网吧的营业收入绝大部分靠青少年支撑。很多中小学生课余就泡在网吧里，且一泡就是几个小时，对学习和身心健康均造成了较大影响和损害。同时还让家长们提心吊胆、忧心忡忡。青少年因进网吧发生的事件让人触目惊心，主要有这样几种：一是迷恋网吧，容易因为网费铤而走险；二是严重影响学生的正常学习；三是严重摧残学生的身心健康。

三、管理漏洞和利益驱使是问题根源

农村网吧目前存在的上述问题，究其原因，主要有以下几个方面：

1. 管理上漏洞较多，造成盲点。（略）

2. 宣传力度不够。虽然国务院《互联网上网服务营业场所管理条例》颁布已久，但在农村很少有人知道该条例的具体内容，再加上多数群众思想认识不足，导致查处网吧的行动得不到农民的支持，给农村网吧的治理工作带来诸多不便。

3. 农村网吧经营户唯利是图，违规操作。（略）

四、多渠道努力共建农村健康网吧

农村网吧的现状已引起了社会各界越来越多的关注，学校、家长已表示强烈不满，为此，治理农村网吧刻不容缓。

1. 要进一步加大对《互联网上网营业场所管理条例》（以下简称《条例》）的宣传力度。要根据农村特点，发动学校、社会等各方面的因素，对青少年进行宣传，将《条例》张贴到各班级。要在农村网吧的入口显著位置张贴举报电话。学校要将举报电话和《条例》印发到家长手中。

2. 加大对农村网吧的管理力度。（略）

3. 要加大疏导力度。（略）

（选自 www.qioh.com）

第三节　计划与总结

一、计划

（一）计划的含义与作用

计划是一种应用十分广泛，并直接与事物发展结果相联系的事务性文体。它是一定时期人们从事各项活动之前拟定的具体实施的内容和步骤；它是对未来一段时间的行为设想和要求。

计划是行动的目标和管理的手段。"深谋远虑，所以不穷"，只有富有远见，进行周密的事前思考，才能在行动中减少盲目性。计划是社会经济建设不可缺少的手段，从20世纪中期至今，我国为了有效地加快经济建设步伐，以5年为一个阶段先后制定了14个五年发展规划。

计划是督促检查的依据。在具体活动进程中，要以计划为依据进行，并要以计划为依据督促检查；在活动结束后，要根据计划完成情况进行总结。

（二）计划的分类

计划性文书包括规划、计划和安排三类。它们之间的区别为：

1. 规划与计划相比

前者的"对未来一段时间的规划"是指时间比较长远，内容要求较为概括，它是以战略发展的目光，制定出具有指导意义的设想和要求，如《中华人民共和国国民经济和社会发展"九五"规划和2010年远景目标纲要》是发展社会主义市场经济的第一个中长期规划。

2. 安排与计划相比

安排更注重于具体行动或细节内容，以达到详细、清楚。安排属于短期行为，如作息时间安排、教学内容安排、工作程序安排等。

3. 计划介乎二者之间，带有综合性

它既要有原则、目标和任务要求，又要有实施的具体步骤、方法等内容。初学写作者容易把计划和安排混淆。在制订计划时，如果注重具体细节，而忽略了原则和目标，就会失去计划的意义。

4. 在经济领域中，有指令性计划和指导性计划之分

指令性计划是指国家下达的具有行政约束力的计划，必须严格执行，保证完成；指导性计划是指国家和主管机构在目标和任务方面提出基本要求，执行部门以此为根据，并在其范围内制定具体任务指标。

（三）制订计划的基本要求

1. 目标要明确

要依照国家有关政策、法令，以及社会经济发展状况，还要深入了解本部门实际情况来预测某工作未来一段时间可能达到的目标，并做出相应的部署，如为达到我国经济发展战略总体目标，实施分三步走的规划，划出三个时间段，完成三个子目标，最终达到完成总目标的任务。尽管是一个宏伟蓝图，但目标分解合理、清晰，有利于推动各项事业的发展。

2. 措施要可行

根据目标制定措施和方案，可提出多套方案进行比较。对在实施过程中可能遇到的困难、障碍和不足条件要有详尽的了解和分析，体现在计划中的是一系列预防和克服困难的措施，以此减少计划的盲动性。

3. 制订计划前要广泛收集信息、了解情况

计划草案形成后，要提交讨论、研究、听取各方面意见后修改、补充形成正式文件。本部门的工作计划要递交上级主管机构备案。有些经济类计划要上报，等待主管机构批准下达后再执行。中、长期计划也要根据社会经济发展的实际情况，做出修订后通过一定形式给予发布。

（四）写作的基本格式

计划文书的写作格式可以根据内容的需要，采用条文式、表格式或条文表格式相结合的方法。

1. 标题

计划文书标题特别要注意标明时间性。它包括单位名称、有效期限、计划内容和文种，如《××县2000—2005年乡镇企业发展规划》《1997—2010年全国土地利用总体规划纲要》《××局环境保护"十四五"规划纲要》。有的计划不成熟，要在标题后面或下边注明"草案""试行""征求意见"等字样，有些计划文件还在标题右下方编上文号，以便备案查找。

2. 正文

开头部分要表明"依据"，提纲挈领、简明扼要地表述制订计划的指导思想，也可提出原则要求。

计划的任务、要求和实施措施是计划文书的核心部分，要详尽具体，才便于落实。特别是多项任务和主要要求不得遗漏，这部分内容要分条逐项表述。

计划要按时间步骤妥善安排，计划是时间性很强的文种，要严格按时间要求分阶段进行，切忌前松后紧或时紧时松，时间限制与任务要科学安排，为了便于掌握，可采用表格形式或条款式体现。

（1）表格式。采用表格式主要突出细节安排，如《购置设备资金使用明细表》实际上是计划性文书中的"安排"，它包含了购置的项目、数量、购置设备的金额和购置设备的时间。采用表格式的写作，其最大特点是一目了然，让需要完成任务的各方面都清楚，见表8-4。

表8-4 购置设备资金使用明细表

序号	名称	单位	数量	金额	订购时间
1	铅印对开自动机	台	3	7万元	××××年、××××年各一台
2	对开照相机	套	1	6万元	××××年
3	立式八开机	台	1	1.8万元	××××年
4	全张裁纸机	台	3	4.8万元	××××年、××××年各一台
5	对开胶印机	台	3	28万元	××××年
6	锁线机	台	1	3.2万元	××××年
7	订书机	台	2	1万元	××××年
8	压平机	台	1	1万元	××××年、××××年各一台
9	扒圆机	台	1	0.5万元	××××年
10	压槽机	台	1	0.2万元	××××年
11	定型机	台	1	0.3万元	××××年
12	烫金机	台	1	0.7万元	××××年
13	晒版机	台	1	1.5万元	××××年
14	汽车	辆	2	8万元	××××年

续表

序 号	名 称	单位	数量	金 额	订购时间
15	铸字机	台	3	2万元	××××年、××××年各一台
16	电子打字机	台	3	3万元	××××年
17	小胶印机	台	3	4万元	××××年
18	复印机	台	2	5.5万元	××××年、××××年各一台
19	工具、用具、家具等	台	1	5万元	××××年
20	402机	台	1	3.5万元	××××年

(选自：陈惠钦. 现代应用文写作大全 [M]. 西安：太白文艺出版社，1994：332.)

（2）条款式。采用条款式写作具有条理分明、重点突出、便于职能部门执行的好处。

例 8-14

××市区2021年度国有建设用地供应计划（节选）

框架结构：

一、计划指标

（一）国有建设用地供应总量。

（二）国有建设用地供应结构。

（三）住宅用地供应计划情况。

（四）国有建设用地供应空间布局。

（五）市区经营性用地预备计划。

二、计划实施的保障措施

三、计划的实施与监督

正文：

一、计划指标

（一）国有建设用地供应总量

××市区2021年度国有建设用地计划供应总量为2 184.38公顷（32 766亩）。

（二）国有建设用地供应结构

××市区2021年度国有建设用地供应总量中，商服用地为219.04公顷（3 286亩），占总量的10%；工矿仓储用地为516.32公顷（7 745亩），占总量的23.7%；住宅用地为581.92公顷（8 729亩），占总量的26.7%（普通商品房用地421.18公顷、6 318亩，公开出让安置房用地102.43公顷、1 536亩，租赁住房用地58.31公顷、875亩）；公共管理与公共服务用地300.34公顷（4 505亩），占总量的13.8%；交通运输用地411.40公顷（6 171亩），占总量的18.9%；水域及水利设施用地129.20公顷（1 938亩），占总量的5.9%；特殊用地26.16公顷（392亩），占总量的1.2%。详见表1。

（以下略）

3. 结尾

计划性文书写作的结尾部分应写明制订计划的单位名称和制订日期。如果标题已有单位名称，结尾则只需写上制订计划日期，若要上报还需加盖公章。

二、总结

(一) 总结的含义和作用

总结是运用较广泛的一种应用文体。它是社会各类组织机构或个人对一定时期内工作、学习进行全面系统的回顾、分析和研究，从中找出经验和教训，引出规律性的认识，并以书面形式表达出来，是一段时期经验和教训的概况，用以指导今后的工作和学习。

总结与计划相互依存、互相促进、不断提高。事前有计划、事后有总结，二者遵循着"计划—实施—总结—再计划—再总结"这样一个周而复始、但又螺旋上升的运行轨迹。因为，在总结的基础上制订新一轮的计划，可吸取已有的经验教训，使新一轮计划少走弯路，针对性更强，更切合实际。

总结能够探讨规律，指导工作。正确的理论来源于实践又指导实践。总结要从客观情况出发，实事求是，把客观事实和感性认识上升到理性认识，得出科学的结论，揭示事物的本质与规律以指导工作。

总结能够沟通信息，积累资料。总结还要呈递主管机构，便于上级了解、掌握执行各项政策及完成任务的情况。还有工作中的经验、问题都必须让上级知道，总结在此起着下情上达的作用。通过总结，还可以将各类分散的数据资料搜集、整理，形成全面系统的工作情况，并以文字形式留存下来，为制订新一轮工作计划或其他需要提供依据。

(二) 总结的分类

总结可按不同的分类要求，分成不同的类别。本教材主要讨论全面总结和专题总结。

1. 全面总结

全面总结是指对部门或个人在一定时期内的各项活动进行回顾、分析和研究，以便得出正确的评价。它涉及的范围广，在总结前要注意全面性，各种情况都要了解，各类数据都要搜集。在总结时，要点面结合并突出重点或主要部分，避免"流水账"式的写作。

2. 专题总结

专题总结是对某项工作、事务的某个方面或某个专门性问题所做的总结。这类总结在实际生活中运用得较为普遍，如《全国统计执法大检查总结》《××工作情况总结》《×××地区环境污染状况分析与治理——××地区第三次×××扩大会议总结》等。这类总结的内容比较集中，完成该项目后就总结。写作时要求内容单一、具体，不要面面俱到。

(三) 在写作中应注意的事项

1. 要有正确的指导思想

因为我们从事任何一项事业，都离不开党的方针政策和国家法令的规定，总结就是看贯彻执行方针政策和法令的实际效果。这些指导思想也是从实践中产生而用来指导实际工作的，它是总结过程中衡量工作得失、分析经验教训的尺度。由此出发，实事求是、科学地总结，发掘出事物的本质和规律，推动今后事业的发展。

2. 要善于用事实说话

这就要求做好调查研究工作，运用开座谈会、个别访问、查阅资料、深入基层了解情况，包括某些重大工作和项目完成的过程。特别是一些自己为解决问题而制定的措施和办法要在总结中得到反映。还要善于用数字说话。但切忌罗列事实、面面俱到，也要防止帽子大、事实小、人为"拔高"的偏向。

（四）写作基本格式

1. 常见的总结写作形式

常见的总结写作有条文式、小标题式、贯通式三种。

（1）条文式。将总结的内容按性质或项目类别分条排列，主次重轻按照先表述重要内容，后表述次要内容的顺序排列。

（2）小标题式。正文部分按逻辑关系分为若干部分，每部分拟制小标题以示区别。

（3）贯通式。为了达到一种整体效果，不列条款、不分章节，按时间或事物发展顺序，全文一气呵成。

2. 总结的组成

总结一般由标题、前言、正文、署名和日期组成。

（1）标题。总结的标题拟制除要注意时间外，它还可采用公文式和文章式两种。公文式标题，如：《××市财政局2007年度税收工作总结》《××集团公司2009年上半年工作总结》。文章式标题，如：《中型企业如何扭亏为盈》《摸准脉搏提高实效——加强和改进企业思想政治工作的一些探索》《加强分类指导，转换经营机制，进一步搞好大中型企业——××市2008年企业改革的回顾和体会》。

（2）前言。前言部分要运用精练、朴实的语言概述所要总结的背景、工作的基本情况、基本问题或主要成绩和经验等。

（3）正文。主体部分写作要对照计划的目标、任务以实际完成情况为基本内容，包括工作进展、具体的步骤和采取的措施，一般要用具体实例、数据及增长的百分比等物质成果表示成绩和经验，这样就有说服力和感染力。主体部分中还要关照到工作中的不足和存在的差距，以及今后的改进措施、努力方向。

（4）结尾。结尾部分要有署名和日期，署名若在标题下已经显示，则不需在结尾处再写，但是日期一定要标明，这也是总结不可缺少的一部分。它是标志某一段工作完成情况的文字记录，也是今后查阅的佐证之一。若上报有关机构则需加盖公章方可生效。

例8-15

××县住房和城乡建设局2019年度工作总结及2020年工作计划

2019年，我局在县委、县政府的正确领导下，以习近平新时代中国特色社会主义思想为指导，以供给侧改革为主线，围绕中心、服务大局，统筹推进稳增长、促改革、调结构、惠民生各项工作，取得了较好的成绩。现将情况总结如下：

一、2019年工作回顾
(一)主要工作及成效

1. 经济指标完成情况。完成立项争资11 269.52万元。其中,农村危房改造项目2153.50万元;城镇污水治理和黑臭污水治理9 116.02万元;招商引资已完成年度任务。核定建安造价27.68亿元,收取建设工程规费2 214.9万元。

2. 重点工程项目完成情况。一是农村危房改造。全年下达危房改造指标499户,下达补助资金1 623.4万元,已验收99户,年底完成全部指标任务。二是污水和黑臭水体治理。①第一污水处理厂提标改造项目,总投资4 300万元,目前,已完成主体设备安装,改造后,该厂出水水质将达到一级A排放标准。②第二污水处理厂项目。总投资约6 000余万元,生产规模1万吨/天,出水水质达到一级A类标准;目前,日处理能力约5 000吨左右。③乡镇污水处理厂,在10个乡镇新建了10座乡镇污水处理厂,新增生活污水处理能力总计7 100吨/天,配套管网130公里,总投资1.64亿元,减少了大通湖南县流域、三仙湖水库的水质污染。④第三、四污水处理厂已完成可行性研究、环境影响评估、设计、招标等工作,2020年底建成后可解决县城黑臭水体污染的问题,对县城黑臭水体治理进行了优化改造,严格执行长效机制保持长治久清;全县剩余40条乡镇村庄黑臭水体治理项目已全面完工,计划11月进行销号验收。三是大型楼盘建设。全年建筑业产值22.7亿元,增幅29.5%。工程项目报建总面积86.1万平方米,核定建安造价20.2亿元,收取建设工程规费1 772.2万元。四是安置区建设。南洲村安置小区(南洲佳苑)项目是五大安置区之一,投入资金1.8亿元,总占地面积20 380平方米,总建筑面积约48 000平方米。2018年7月开始建设,2019年6月封顶。本工程共计7栋房屋,现已进入装修扫尾阶段。五是供水供气。全年完成售水量645万吨,同比增长3.37%,出厂水水质合格率100%;县城区新建中压管道3.5公里,新增用户2 056户,目前,乡镇燃气点供站建设前期工作启动,厂窖镇、青树嘴镇已完成前期选址等工作,华阁镇已完成土建部分。

3. 建筑市场及房地产开发情况。一是加强建筑市场监管。持续开展了"严厉打击三包一挂"影响建筑市场秩序的违法违规行为进行了专项整治。累计检查在建项目38个;下发建筑市场责任主体不良行为告知书23份、"一单四制"交办函5份。确保了我县各项建筑活动有序开展。二是建筑企业服务。我县由市政公司由三级总承包建筑企业晋升为市政二级总承包建筑企业;通过开设农民工学校12所和发放《农民工维权手册》800余份,切实提高了我县建筑业参建农民工的自我保护意识。三是装配式建筑和绿色建筑面积持续增长。2019年全县实施绿色建筑面积达73.6万平方米,绿色建筑占新建建筑比例约46%。四是建筑扬尘治理明显。县城区在建工程项目18个,要求各个项目制定扬尘防治方案,把任务分解到岗、落实到人,按照6个100%的要求,在所有项目塔吊上安装了喷淋装置,同时大型项目均安装了在线监测扬尘的PM监控牌和视频监控设备。五是建筑工地监管。全年受监工程项目36个,总建筑面积148万㎡,总造价21.2亿元,竣工工程质量一次验收合格率100%;成功申报湖南省安全生产标准化考评优良工地3个、质量标准化考评优良工地2个,全年未发生一起安全责任事故。六是房地产开发市场情况。全年完成商品房销售约24亿元,同比增长19.1%;商品房销售面积约56㎡,同比增长36.7%。

4. 人民防空情况。新报建人防工程项目4个，新增人防工程建筑面积50 136.78 ㎡。截至10月底，征收易地建设费337 658.83万元。

5. 基础设施建设情况。一是供水承载能力不断加强。全年完成售水量800万吨，同比增长0.5%；水销售收入2 400万元，同比增长4.34%。二是公园设施日益完善。全年投入182万元，添置和维修了各类基础设施，新增绿化面积约2 000余平方米

6. 各项改革工作情况。一是职能划出。城乡规划划给自然资源局；城市管理职能环卫、路灯、园林、公园、广场（德昌公园除外）划给城市综合执法局。二是职能划入。房产的物业管理、住宅专项维修资金、房屋安全鉴定、白蚁防治、房屋租赁、房地产开发市场监管及人民防空。三是推行政务服务改革。一是完成网络化政务服务和审批制度改革要素采集与各行局对接工作。二是开展业务系统使用培训课程，提高工作人员网络化办公能力。三是优化审批手续，提高运作效率和业务办理水准。四是开通微信公众圈、网页、电话等咨询方式，主动解决办事人员报建方面的问题。

二、2020年工作安排

（一）争取立项争资，推进项目建设。全年力争完成建安产值29.5亿元，同比增长30%；争取立项争资3 000万元；招商引资3 000万元。在去年建设的基础上2020年继续抓好以下几个重点项目建设，一是加快推进第三、四污水处理厂建设。2020年将完成县城第三、四污水处理厂及乡镇集镇集中住居区项目的一期建设，预计总投资为1.2亿元，新建配套截污管网约50千米，新增污水处理能力1.65万吨/天。二是加快推进居民集中点污水处理设施建设。尤其是环大通湖流域河口集镇、八百弓集镇污水处理设施。三是适当增加农村危房改造对象。配合脱贫攻坚对所有的四类重点对象进行全面的梳理排查，同时解决部分四类人员除外的一般贫困户居住危房的问题。四是加快完成安置小区（南洲佳苑）的建设。交房验收后，将依法启动程序选定专业营销团队和物业公司，启动南洲佳苑项目（门面）营销工作。

（二）抓好安全生产，确保安全质量。一是继续抓好建设工程质量监管工作。力争创省级标准化示范工地2个、芙蓉奖项目1个、鲁班奖项目1个。二是进一步加大监管力度，认真开展安全生产检查和各专项整治行动。宣传落实质量标准化考评及安全生产标准化考评工作。加强对安全生产主体责任监管，继续开展质量安全提升行动。确保建筑市场不发生安全事故。三是抓好燃气安全管理，加强安全知识宣传，督促、指导燃气企业加强安全管理，同时开展定期与暗访相结合的方式进行检查，发现问题及时整改到位，确保燃气市场规范、安全。

（三）深化政务服务改革，注重提高办事效益。一是提高办件效率。积极开展工作人员网络化服务培训课程，培养和提高从业能力和工作效率。进一步完善线上审批事项。继续简化、优化政务服务流程，提高办件审批效率。二是实行"互联网+多图联审"。真正实现电子化政府购买，做到线下无审批，施工图审查时间控制在13个工作日内，施工图审查备案时间控制在5个工作日内，实现"零跑路""零接触""零付费"的施工图审查改革目标。

××县住房和城乡建设局
2019年11月30日

例 8-16

2008 年个人年终总结

今年是奥运年，举国上下为奥运会在北京举办而无比自豪。作为一名基层工作人员，立足本职工作，做好分内事，为政府分忧，为群众解难，也算是为奥运做贡献。本人虽然不是一名奥运志愿者，但是全国上下，任何一行都是为奥运会做贡献，只是分工不同。在奥运年，本人主要工作总结如下：

在领导和全体同志的关怀、帮助、支持下，紧紧围绕中心工作，充分发挥岗位职能，不断改进工作方法，提高工作效率，以"服从领导、团结同志、认真学习、扎实工作"为准则，始终坚持高标准、严要求，较好地完成了各项工作任务。始终把学习放在重要位置，努力在提高自身综合素质上下功夫。在政治学习方面，通过学习邓小平理论及"三个代表"、胡锦涛总书记的"科学发展观"的重要思想，尤其是学习党的十七大精神，进一步增强了党性，提高了自己的政治洞察力，牢固树立了全心全意为人民服务的宗旨和正确的世界观、人生观、价值观。

一、一年来的工作表现

1. 强化形象，提高自身素质。为做好督查工作，本人坚持严格要求自己，注重以身作则，以诚待人。一是爱岗敬业讲奉献。综合部门的工作最大的规律就是"无规律"，因此，本人正确认识自身的工作和价值，正确处理苦与乐、得与失、个人利益和集体利益的关系，坚持甘于奉献、诚实敬业。二是锤炼业务讲提高。经过半年的学习和锻炼，自己在文字功夫上取得一定的进步，撰写督查专报12份、调研报告10余篇。利用办公室学习资料传阅或为各部门校稿的同时，细心学习他人长处，改掉自己不足，并虚心向领导、同事请教，在不断学习和探索中使自己在文字水平上有所提高。

2. 严于律己，不断加强作风建设。一年来本人对自身严格要求，始终把耐得平淡、舍得付出、默默无闻作为自己的准则，始终把作风建设的重点放在严谨、细致、扎实、求实脚踏实地埋头苦干上。在工作中，以制度、纪律规范自己的一切言行，严格遵守机关各项规章制度，尊重领导，团结同志，谦虚谨慎，主动接受来自各方面的意见，不断改进工作；坚持做到不利于机关形象的事不做，不利于机关形象的话不说，积极维护机关的良好形象。

3. 强化职能，做好服务工作。工作中，本人注重把握根本，努力提高服务水平。科室人手少、工作量大，这就需要科室人员团结协作。在这一年里，遇到各类活动和会议，本人都积极配合做好会务工作，与同事心往一处想、劲往一处使，不会计较干得多、干得少，只希望把工作圆满完成。

二、工作中的不足与今后的努力方向

一年来的工作虽然取得了一定的成绩，但也存在一些不足，主要是思想解放程度还不够，学习、服务上还不够，和有经验的同事比较还有一定差距，材料上还在基本格式上徘徊，内容上缺少纵深挖掘的延伸，在今后工作中，本人一定认真总结经验，克服不足，努力把工作做得更好。

1. 发扬吃苦耐劳精神。面对督查事务杂、任务重的工作性质，不怕吃苦，主动找事干，做到"眼勤、嘴勤、手勤、腿勤"，积极适应各种艰苦环境，在繁重的工作中磨炼意志，增长才干。

2. 发扬孜孜不倦的进取精神。加强学习，勇于实践，博览群书，在向书本学习的同时注意收集各类信息，广泛吸取各种"营养"；同时，讲究学习方法，端正学习态度，提高学习效率，努力培养自己具有扎实的理论功底、辩证的思维方法、正确的思想观点、踏实的工作作风。力求把工作做得更好，树立办公室的良好形象。

3. 当好助手。对各项决策和出现的问题，及时提出合理化建议和解决办法供领导参考。

三、对科室的想法与建议

1. 建议增强科室工作积极性。建议与各科室实施签订年度目标责任制、各科室竞争激励机制；通过竞争激励机制，奖励先进，鞭策后进，进一步加强机关思想作风，更好地为全市发展服务。

2. 建立增强科室工作主动性。建议完成领导交办事项之余，抽出时间搞几项专项督查，及时提出合理化建议和解决办法供领导参考，占据主动性，进一步更好地为领导搞好服务。

总之，一年来，本人做了一定的工作，也取得了一些成绩，但距领导和同志们的要求还有不少的差距：主要是对政治理论和文字基础的学习抓得还不够紧，学习的系统性和深度还不够；工作创新意识不强，创造性开展不够。在今后的工作中，我将发扬成绩，克服不足，以对工作、对事业高度负责的态度，脚踏实地，尽职尽责地做好各项工作，不辜负领导和同志们对本人的期望。

（签名）

2008 年 9 月 12 日

（选自：www.eduzhal.net）

第四节　书信与演讲稿

一、书信概述

（一）书信的起源

中国是个礼仪之邦，五千年的文明使中华儿女养成了注重伦理、交际和礼仪的良好风尚。书信起源于何时，无法查考。大致可推断为《尚书》中的《君奭》篇，为周公致召公奭的函件。在古代"书"和"信"是有区别的。"书"指函札，"信"与"讯"通，送信的使者，也叫信使。随着时代变迁，两者合而为一，统称书信。

在我国历史上有记载的较早的一封信，要算春秋时期郑国大夫郑子家给晋国正卿赵宣子（即赵盾）的信。公元前 610 年，晋国国君灵公提出不会见郑国国君穆公，因为郑国在晋郑两国的联合上用心不专，而同楚国时有来往。郑国大臣郑子家闻知后，为澄清是非，就派了一个通信官给赵宣子送去了这封信，即"使执讯而与之书"。可见，在我国书信的由来和应用源远流长。

由于生产力发展的局限性，古代的书信最早是用小刀把要写的意思刻在一尺长的竹片或木片上，称作"竹简"或"木简"。到了汉代，篆书发展成隶书，加之丝织品的出现，又开始使用素帛，也就是将书信（文章）写在一尺左右长的绢帛上，故称"帛书"或"尺素"。

自从东汉人蔡伦总结前人经验,采用树皮、麻头、破布等原料造纸后,才有了采用纸写的书信,书信的传递更方便,应用更为普遍。

现代社会,从个人家庭到整个世界,每时每刻都在发生着许多事情,使人们需要传递信息、表达思想、互通情感、进行交流。尽管现代通信十分发达,有电子邮件、电话联系、手机通信等,这只是载体的区别,书信的内涵和功能并没有改变。

(二) 书信的分类

为了更好地掌握书信的写作,我们可以将书信按不同要求进行分类(见表8-5)。

表8-5 书信分类表

范围	性质	种类
社会事务交往	凭证性	介绍信、证明信、求职信、推荐信、辞职书、申请书、建议书、聘书等
社会情感交流	示意性	感谢信、表扬信、喜报、贺信、慰问信等
私人情感交流	表情性	亲情信、友情信、爱情信等

我们将书信进行分类,其目的是更好地掌握其写作特点和要求。书信这种文体,是人们日常生活和工作中必不可少的交流工具,从写作的角度看,似乎较简单,但是要恰到好处地表达意图,还需要掌握其写作要领。

二、证明信和求职信

证明信是人们在职场中使用频率较多的一种凭证性的文书;求职信又称自荐信、应聘信,是青年人,特别是各类毕业生走向社会职场、申请某种工作岗位的一种私人文书。

(一) 证明信

1. 证明信的种类

证明信有两种:一种是组织、单位出具证明个人的某些情况;另一种是个人证明某人某事真实情况的书信。无论是哪种,出具证明方都必须对证明内容完全负责。盖上单位公章的,还具有法律效力。

2. 证明信写作的格式及要求

(1) 标题。证明信的标题只需写"证明信"三个字,也可以只写"证明"两字。

(2) 受文单位。标题之下第一行顶格书写接受证明信单位的名称,单位名称后加冒号。

(3) 正文。正文要写清楚被证明的所有事项。若需要证明的内容较复杂,则可分段或采用条款式写。证明信的内容应根据需要而确定,无关问题不需要写,更不需要面面俱到地表述。

(4) 结尾。正文内容写完后,应另起一行顶格书写"特此证明"四个字。

(5) 署名和日期。在证明信的右下方应写单位名称或证明人的姓名,并在署名下写上出具证明的日期。如果是单位组织出具的证明信还需在署名和日期上加盖公章。

3. 证明信写作的注意事项

（1）证明信因为其凭证性极强，往往成为索信单位对某人某事下结论的依据，有些证明信还具有长期证明作用，往往被收入档案。因此，出具和写作证明信必须严肃认真、实事求是，要言之有理、持之有据。

（2）语言要简洁、准确。对所证明的人和事态度要鲜明，不能含糊其辞。证明信仅就对方所要求的内容出具证明，不能答非所问，不要节外生枝，不能采用"大约""好像""仿佛""可能"等模糊语言。

（3）字迹要工整规范，也可以采用打印形式，但一定要在结尾署名，做到文责自负。证明信不得随意增删涂改。如有涂改则应在涂改处加盖公章。如果是个人证明信，则应在涂改处加摁证明人手印或加盖私章，否则，证明信被视为无效。

例 8-17

证　明

×××公司：

　　兹有×××同学，女，现年23岁，为我校经贸系×××届××专业本科（3）班毕业生。其毕业证书原件已遗失。该同学××××年9月入学，学制四年，现已完成教学计划规定的学习任务，成绩合格，已准予××××年7月毕业。原毕业证书号码为：××××××××。

特此证明。

××大学（公章）
××××年×月××日

例 8-18

证明信

×××县××镇党委：

　　你镇刘成光同志，××××年××月加入中国共产党。我和范晓英同志是他的入党介绍人。××××年×月后，我与其失去联系，对其以后的情况不了解。

特此证明。

司马子林（签名）
××××年×月××日

　　司马子林同志，男，现年82岁，是我部离休老干部。××××年加入中国共产党，参加过解放战争。中华人民共和国成立后在我县县委工作。

　　此证明材料可供参考。

××县委组织部（公章）
××××年×月××日

（二）求职信

1. 求职信的种类

求职信大体可分为两种：一种是自荐信，即主动向社会有关部门介绍自己的情况，申请某种职位;另一种是应聘信,即根据社会有关部门用人招聘信息的要求,应聘其中的职位。

2. 求职信写作的格式及要求

求职信和证明信、感谢信、慰问信、贺信不同,一般不需要写标题。它的结构由称谓、正文、结尾和附件组成。

(1) 称谓。顶格书写接受求职单位的名称,或负责人、联系人的名称,后加冒号。

(2) 正文。另起一行,正文的每自然段开头都要空两格。尽管行文的内容和语言风格可根据个人性格爱好表达不同,但一定要写清楚以下内容:

本人基本情况,包括姓名、性别、年龄、专业特长以及相关的专业成果、联系方式。

申请职位情况,包括对申请的有关部门所了解的情况、对申请职位的认识和自己的有利条件。

(3) 结尾。主要写问候、祝颂语,如"此致敬礼""顺致春(暑、秋、冬)安""即颂近佳""敬祝新禧(元旦)""敬祝春禧(春节)""祝愿贵公司事业蒸蒸日上(更加兴旺发达、如日中天、誉满全球、更上一层楼等祝颂语)"等。

(4) 附件。附件是求职文书中最重要的组成部分,是证明求职人能力以及争取下一步面试机会的依据。在求职信中,应写明附件名称,并简明扼要地叙述其主要内容。附件基本上是由证明自己资历和能力的一些复印件组成,如:个人简历表、身份证、毕业证、任职资格证、专业成果、荣誉证书等。

(5) 署名和日期。在求职信的右下方应签名,并在署名下写上日期。

通过网络发电子邮件的应聘求职信可以简短一些。

例 8-19

求职信

尊敬的××公司领导及王先生(联系人):

您好!我是××大学××××专业××××届毕业生,将于××××年7月取得学历学位证书。愿就职于贵公司×××岗位并打算长期发展。希望您在百忙之中阅读我的简历,我的手机号为×××××××××××。

祝您工作顺利,新年愉快!

×××
××××年×月××日

例 8-20

求职信

尊敬的刘小姐:

您好!我是××大学(211 院校)本科毕业生,专业为××××,主攻方向为××××和××××,将于××××年6月毕业。我的毕业设计导师为××大学终身教授×××先生。在校学习期间不仅获得毕业证书、计算机、英语等级证书,还参加×××××大赛,并获得一等奖的殊荣。获悉贵公司招聘×××方面的专业人员,希望能获得参与竞聘贵公司岗位的机会!我的手机号为×××××××××××。

顺颂冬祺！

　　　　　　　　　　　　　　　　　　　　×××　敬上
　　　　　　　　　　　　　　　　　　××××年×月××日

通过纸质信件写的求职信可以写得长一些。

例 8 - 21

求职信

尊敬的领导：

　　您好！

　　我是××××学院××××届应用电子技术专业的学生，来自云南××，一个很平凡但不甘平庸的热血青年。

　　我乐观、向上，爱好体育、音乐、摄影等。在大学生活中，我一直注重自己的综合素质、能力以及个性的协调发展。我的优势在于：

　　1. 在计算机操作与应用、电子制作、家电维修等方面有一定的专长，并有相当的实践经验。

　　2. 有较强的组织管理能力和动手能力。

　　3. 知识结构合理，知识范围广，专业成绩优异。

　　4. 强烈的工作责任心和勤奋踏实的工作作风。

　　在校期间，本着"专业过硬，知识面广"的宗旨，我不仅修好了应用电子技术专业课程，还辅修了现代物理学、现代秘书学和摄影艺术等学科，并自学了 Photoshop 8.0，Dreamweaver 8.0，WPS 2021，Office 2021等软件。我深知，具备一定的组织管理能力、社会交际能力和较强的动手能力，是当今社会对人才的基本要求，因而我加入了校青年志愿者协会、电子协会等社团，并一直担任校电子协会会长职务。三年来，我组织会员为全校师生义务维修 10 次有余，还常在宿舍里为师生维修。不仅帮助了别人，还提高了我的动手能力。我虽没走入社会，但我在校已有近 4 年的实践经验。我组织会员参加了××省第十届、第十一届学生电子制作、设计大赛，分别获得全省团体第二名、第一名的好成绩。我还定期给会员上课教他们搞电子制作，不但锻炼了自己的组织能力和语言表达能力，而且丰富了自己的理论知识，提高了自己的动手能力。

　　清苦贫寒的家庭练就了我吃苦耐劳的精神和坚强的性格，使我总是能够从容地迎接人生路上的每一个挑战。经过多年来的努力奋斗，今天，我走出校门，寻找机会欲将我十几年所学习的知识奉献于社会，奉献于单位，实现我多年的梦想。

　　众所周知：作为社会客体的每一个人，只有走上工作岗位，投身于社会实践，接受社会的检验、人生洗礼，才能尽显自己的才智和业务水平。沉稳与洒脱相统一是我一贯的处事原则，"勇于创新，不断开拓"是我执着追求的境界。我志愿从最基本的工作做起，积累经验，锻炼自己，为单位的发展贡献一切。

　　尊敬的领导，无论您最终是否选择我，我都真诚地感谢您，谢谢您在百忙之中看完我这封信。学历不能完全代表一个人的能力，热切地希望您能给我这名毕业生一个面试的机会，我将接受挑战！

　　附：个人简历表、毕业证书、计算机、英语等级证书、获奖证书，以及优秀毕业设计书

(主要内容)复印件。

  如蒙赐复,不甚感谢!

  祝您事业发达,鹏程万里!

  此致

敬礼!

自荐人:(签名)
××××年×月××日

通信地址:×××××(略)

联系方式:手机:×××××××××× e-mail:××××@×××.com(略)

邮政编码:××××××(略)

三、感谢信(表扬信)、慰问信与贺信

(一)感谢信(表扬信)

  感谢信是因为某人受到帮助而表达自己的感激之情而写的。感谢信与其他书信不同,它是由3方面构成的。首先是写信人,也就是感谢者;其次是信中提及的做了好事的被感谢者;还有就是社会众所周知者。有些人认为写感谢信很简单,其实不然。为什么要写感谢信?感谢信写给谁看的?感谢信的社会效应是什么?不弄清楚这几个问题,初练习写作时,往往出错。如:将感谢信写给做好事的被感谢方,感激赞誉之辞满篇皆是。这是对感谢信理解不正确而导致的结果。

  感谢信是感谢人对被感谢者的一种精神馈赠。当一个人在遇到某种困难时,受到别人的帮助后,必然会产生一种感激之情,"滴水之恩,当涌泉相报"。然而,做好事者并不是为了表扬,或图报答。对于受帮助者来说,报答也是一种心理平衡。感谢信这种形式便由此产生,通过将事件公布于众,并将事件的过程详细叙述,众所周知,使社会树立一种对做好事者赞赏的新风尚。

  表扬信是表彰某个单位或个人的先进事迹的书信。感谢信是对某个单位或个人做了好事表示感谢的书信。表扬信和感谢信是同类书信,写法也基本一样。这类书信除了送到做好事人的单位外,还可以寄给报社、电台、电视台等媒体,让社会上更多的人都知道。

例 8-22

感谢信

××医院领导:

  我是一位退休职工,去年夏季患半身不遂,偏瘫失语。经多方医治,虽然说话基本恢复,但是仍然不能下床,这给我的生活带来诸多不便,精神也很苦恼。今年3月份,经组织联系,我到贵医院进行治疗。住院期间,住院部全体医护人员待我如亲人。他们不但医术精湛,解除患者痛苦,而且医德高尚,耐心做患者的思想工作,增强我战胜病魔的信心。杨××大夫为了使我早日恢复肢体机能,不但请来专家一道为我会诊,而且突破常规,制定了中西药物、针灸、超声波综合治疗方案。针灸时不怕麻烦,坚持长时间举

针。第一疗程中，他为了不间断治疗和亲自掌握病情，观察进展，牺牲公休日特地来院按时针灸。每天检查病床时，他询问很仔细，检查很认真。护士陈×体贴入微的护理，更使我感激不尽。入院初期，家人不在时，她亲自替我端便盆。注射时，她怕我紧张就慢慢地推针。为了使我能早日下床，她不辞劳累，每天两次搀扶我练习下床走路。一次她在家里听到天气降温预报，怕我年老受寒，特地送来自己的热水袋。半年来，在他们的精心治疗、细心护理下，我的病情日渐好转，现在我已能离开拐杖一次行走一百多米，并于昨天愉快出院了。

　　虽然我已经离开医院，但是杨××、陈×等同志的高尚精神将永远留在我的心中。我再次表示衷心感谢。我一定要向他们学习，在我有生之年，努力为"四化"建设贡献自己微薄的力量。

　　此致
敬礼！

×××（签名）
××××年×月××日

　　（选自：金戈. 新编应用文写作方法［M］. 贵州：贵州人民出版社，1993：31.）
　　感谢信（表扬信）写作基本要求如下：
　　（1）标题。在第一行正中写"表扬信"或"感谢信"几个字，字要比下文大些。
　　（2）称谓。感谢或表扬对象的称呼顶格书写，称谓后加冒号。
　　（3）正文。写表扬或感谢的内容：运用叙述的方式，交代清楚时间、地点、人物、事件、原因和结果。感谢的事件叙述要占全文的70%～80%。在叙述的基础上，运用20%～30%的篇幅写出感谢或表扬的赞誉之词。
　　（4）最后要写上表示祝愿的话，如"此致敬礼""谨表谢意"等。
　　（5）结尾。在感谢信的右下方写上署名、日期。

（二）慰问信

　　慰问信是以单位或个人的名义向对方表示慰问的书信。慰问信的内容根据被慰问对象的具体情况而定。慰问信（慰问电）与感谢信相同的是，它们都是表情示意的书信；不同的是，慰问信只限于写作者与受事者两方面，至于社会其他方面不一定需要知道。它的情感交流只在双方进行。

例 8－23

给灾区群众的慰问信

××地区政府并转灾区群众：
　　惊悉你地区近日暴雨成灾，全区大部分被淹，交通受阻，许多人的生命财产受到威胁和损失，我公司全体员工对你们深表同情并致以亲切的慰问。
　　虽然是你们遭受了洪灾，但全国人民都牵挂着灾情。我们相信，有党和政府的领导，有社会各界的大力支持和帮助，你们一定能尽早从灾害的困境中走出来，恢复生产，重建家园。
　　我们公司的全体员工，为灾区群众献上自己的一片爱心，寄上人民币××××元，衣物

×××件,帮助你们解决一些实际困难,表达我们对灾区人民的一点心意,请你们收下。祝你们早日战胜洪涝灾害,取得抗灾斗争的最后胜利。

此致

敬礼!

×××公司全体员工
××××年×月××日

慰问信写作基本要求如下:

(1) 明确写慰问信的对象。慰问对象可以是做出贡献的个人或集体,也可以是遭受灾害、遇到困难的集体或个人。

(2) 明确慰问的内容。如果是做出贡献的情况,慰问信的内容就着重赞扬、歌颂;如果是遇到困难、灾害,就着重写向对方表示关心与支援;若是因公致伤、致残,着重于鼓励对方战胜困难,树立起勇于战胜自我、超越自我的自强精神。总之,慰问信的内容要根据具体情况而定。

(3) 以概括叙述为主,语言要简洁、亲切、生动,感情要真挚。

(4) 慰问信的结构方法与感谢信基本相同(标题、称谓、正文、署名、日期)。

A. 标题。行文正中写"慰问信"三个字,也可写成"给×××的慰问信"。

B. 称谓。第二行顶格写被慰问对象的称呼,后加冒号。

C. 正文。说明写慰问信的背景、原因,概括叙述对方的先进事迹或高贵品德,向对方表示慰问和学习,最后写共同的愿望和决心以及表示祝愿的话。

D. 结尾。写慰问单位或个人名称和写慰问信的日期。

(三) 贺信

贺信是某单位或个人取得成就,或者有重大活动时,相关单位或个人对其表示祝贺的方式。祝贺以电报传送,叫"贺电"。贺信(贺电)、慰问信(慰问电)与感谢信相同的是它们都是表情示意的书信。不同的是,一方面,贺信只有写作者与受事者两方面,它的情感交流只在双方进行;另一方面,一些重大事件的贺信,通过媒体公开发表,对社会起着一种宣传、鼓动的效应,对社会道德风尚起着倡导作用。

例 8-24

习近平代表党中央、国务院和中央军委祝贺
探月工程嫦娥五号任务取得圆满成功的贺电

探月工程任务指挥部并参加嫦娥五号任务的全体同志:

欣闻探月工程嫦娥五号任务取得圆满成功,我代表党中央、国务院和中央军委,向你们致以热烈的祝贺和诚挚的问候!

嫦娥五号任务作为我国复杂度最高、技术跨度最大的航天系统工程,首次实现了我国地外天体采样返回。这是发挥新型举国体制优势攻坚克难取得的又一重大成就,标志着中国航天向前迈出的一大步,将为深化人类对月球成因和太阳系演化历史的科学认知做出贡献。对你们的卓越功勋,祖国和人民将永远铭记!

人类探索太空的步伐永无止境。希望你们大力弘扬追逐梦想、勇于探索、协同攻坚、

合作共赢的探月精神，一步一个脚印开启星际探测新征程，为建设航天强国、实现中华民族伟大复兴再立新功，为人类和平利用太空、推动构建人类命运共同体做出更大的开拓性贡献！

习近平
2020年12月17日

贺信写作基本要求如下：

（1）明确写贺信的对象。贺信对象可以是做出贡献的个人或集体，也可以是举行的重要活动或召开的重要会议。

（2）明确贺信的内容。如果是做出贡献的情况，贺信的内容就着重赞扬、歌颂其取得的主要成就；如果是举行的重要活动或会议，要高度概括活动或会议的重要意义以及它将产生的重大影响，还要表明自己的态度。

（3）文以叙述与议论相结合的方式，所做出的评价要切实，所表示祝贺的语言要亲切、热烈，感情要真挚。

（4）贺信的结构方法与感谢信基本相同（标题、称谓、正文、署名、日期）。

A. 标题。行文正中写"贺信"两个字，也可写成"给×××的贺信"。

B. 称谓。行文顶格写被祝贺对象的称呼，后加冒号。

C. 正文。说明写贺信的背景、原因；概括叙述对方的贡献或高度概括其产生的重要意义和深远影响（重要活动、重要会议）；表明自己的贺意。

D. 结尾。写贺信的单位或个人名称、日期。

四、申请书、倡议书与建议书

（一）申请书

申请书是一种事务交流性书信文体，使用广泛，常用于个人或单位对组织表达愿望，或提出某种要求。它的种类很多，主要针对个人（单位）的某些社会行为提出，如开工、开业项目申请，困难补助申请，加入组织申请等。

（1）开工、开业申请书。凡开工、开业的个人（单位），事前都应向有关管理部门提交书面申请书，一般都应根据有关规定，写明自己开工、开业的资质条件，还应该附上相关的证明资料。

例8-25

开业申请书

××市工商行政管理局：

为了更快地推广科技新成果，使科研与生产相结合，把科技成果尽快转化为生产力，充分发挥科技项目的优势，因而需要及时地宣传和积极进行新技术、新成果的专利技术咨询、技术转让和技术服务工作，以期为国家和企业取得更好的社会效益和经济效益。为此，特向贵局申请开业。

开业单位名称：××市××应用技术研究服务公司。

企业性质：民办科技企业，股份制经济，独立核算，自负盈亏。

注册资金：人民币×××万元。

场地：土木建筑平房4间（100平方米）。

经营范围和方式：机电化工、仪表新技术新工艺、新产品开发，以及相关的技术转让、技术咨询、技术服务等技、工、贸业务。

地址：××市S路N号

此致

敬礼！

申请人（法定代理人）：×××

××××年×月××日

（2）加入组织、协会申请书。参加组织、协会等团体的申请书写作是一件十分严肃的事情，不能随心所欲或心血来潮，更不能随大流。递交这类申请书，是确切地表达自己的愿望和追求。

参加群众组织、学术团体，必须由本人提出申请，一般都写成书面申请书。作为组织、团体，都有自己的宗旨、纲领、纪律，并要求参加者符合自己组织的标准、条件，还有进行审查的程序。作为要求加入组织的人员，在写申请之前，必须对组织、团体的宗旨、纲领、任务及对成员的要求弄清楚，方能写申请书。

这类申请书写作一般要涉及以下方面内容：

第一，要写清楚对该组织、团体的认识，包括其宗旨、纲领、性质、任务、组织纪律等多方面的内容。

第二，要明确地表示自己申请加入该组织、团体的原因、愿望及决心。要交代清楚该组织需要了解的自己的基本情况，如学历、专业工作经历、所取得的成就及相关的社会关系等。

第三，申请书与志愿书不同。申请书是要求加入组织、团体时，首先表示自己的意愿，而志愿书则是组织、团体初步认为可以接收而需要进一步研究审核时同意填写的一种采用固定形式的印刷表格。

例8-26

入会申请书

××省写作学会并转中国写作学会：

我是××师范学院中文系写作教师，愿意加入贵会，成为一名会员。

贵会是我国高等院校从事写作教学和写作学科研究的教师的学术团体。自它成立以来，遵循以马列主义、毛泽东思想为指导，振兴写作学科、为四化建设服务的宗旨，坚持四项基本原则，贯彻"双百"方针，发扬理论联系实际的学风，团结和组织写作学科的教学和研究力量，撰写出了数以千计的著作，出版了一批质量高的教材，使得写作教学初步具备了一个科学的基本理论体系和一个科学的基本训练体系；创办了国内外颇有影响的《写作》杂志，使古老的写作学科焕发出了蓬勃的生机。

我从事写作教学多年，积累了一些经验，也有一定的理论造诣，出版了《写作能力训练教程》一书，发表有关写作理论论文多篇。

我愿意遵守学会章程，履行会员义务，向学会提供教学经验和科研成果，完成学会交给的任务。请接受我的申请。

申请人：×××
××××年×月××日

（选自：陈惠钦．现代应用文写作大全（修订本）．西安：太白文艺出版社，1994：108．）

申请书写作的基本格式如下：

（1）标题。在申请书的行文正中写申请书的名称。如"申请书""开业申请书"等，字体较正文稍大。

（2）称谓。顶格写接受申请书的单位或有关负责同志的名称，后加冒号。

（3）正文的具体内容：

①申请的事情或理由最好分条写，以便接受申请的一方把握要领。

②申请的理由比较多，可以分几个方面、几个段落表述。

③申请书应把该写的问题写清楚，但也要注意精练。申请书一般是一事一书。

（4）结尾。写表示敬意的话，如"此致敬礼""请领导批准"等语，也可以不写。

（5）署名。最后写申请人姓名或申请单位名称（加盖公章），并写上申请书的日期。

（二）倡议书

倡议书在现代社会里起着十分重要的作用。它不属于政府行为，也没有经济资助。它是采用唤起人们的社会道德意识与良知，使人们自觉自愿地为某个目标或事件齐心协力地奋斗。它可以把个人、团体或有关领导层的意图转化为较大规模群众共同实施的行动。它可以最大范围地使人与人之间，社会跨地区、跨行业、跨部门之间相互联系，交流信息，协同努力，完成一个目标或任务。

倡议书的发起人一般是某人、某团体、某部门。它是一种由发起人号召他人也按所提倡的要求去行动的公开建议书。倡议书的发起者可以是有影响的专家、社会知名人士，也可以是行业、部门等团体，也可以是一般的社会公民。倡议者与参与者之间事前无隶属、领导、业务往来或交往关系。所以，倡议书的内容既要有具体可行的措施，又要有感召力、鼓动性。

倡议书写作的基本格式如下：

（1）标题。行文正中写倡议书的名称。如："倡议书"或包括活动主题内容的"关于××的倡议书"，如例文："××区'我读书我捐书，我学习我快乐'活动倡议书"。

（2）称谓。须顶格写接受倡议的对象名称。由于倡议书面对较为广泛的社会对象，因此，其称谓应尽量明确。如：全区青年，同志们、朋友们、全体师生员工等。在称谓后加冒号。

（3）倡议的内容要求如下：

①倡议书的内容要真实具体，实事求是。理由要充分，目的要明确。

②倡议书事情或理由最好分段写，需要受倡议者做的事情最好分条叙述。

③倡议书语言既要通俗易懂，但也要注意精练，同时要有感召力。

（4）结尾。最后签名署倡议人姓名（所在部门、职务、职称）或倡议单位署名、倡议书公布日期。

(三) 建议书

建议书是一种为部门、单位的工作提出某项建议的书信。这类书信有两种：一是针对较为日常性工作而提出建议；二是针对重大的工作、项目提出建议。

建议书与倡议书不同。倡议书虽然有所建议的内容，但它一般是面对社会广泛的群众，带有一定的号召性；建议书一般主要面对领导和有关部门，而且仅仅是就某项工作或某个项目提出自己的建议的，不需要有号召性。建议书是市场经济中增强企业、公司活力，提高经济效益，改进工作方式和方法的一个重要途径。

例 8 – 27

××公司××油库轻油设施第一期改造工程项目建议书（节选）

一、与建设内容有关的企业现状、建设工的必要性

××油库现有油罐××座，其中汽油罐×座，柴油罐×座，煤油罐×座，容量×万立方米。×座油罐中除×个为1981年所建，状态尚好外，其他油罐都是……（略）。为了改变储油设施落后面貌，确保油库安全生产，并使我库能与××中转油库工程配套，我库轻油设施改造势在必行。根据业务进销和资金筹措情况，我库拟定对轻油设施分两步进行改造。

二、建设规模和建设内容，与其他改造工程的关系

……（略）

三、建设条件及协作关系的意见

……（略）

四、进度安排

……（略）

五、资金来源及估算

……（略）

六、三材估算

钢材×××吨，水泥×××吨，木材××立方米。

七、效益分析

……（略）

十、××油库轻油设施第一期改造工程平面图（略）

（选自：张浩. 新编经济文书写作格式与范本 [M]. 北京：蓝天出版社，2005：228 – 290.）

建议书的形式多样，内容各异，写法比较灵活。大型的项目建议书，可参见国家及相关部门编制的规范要求。一般的建议书内容和结构应包括以下几个部分：

(1) 标题。标题可以直接写"建议书"或"关于×××××的建议书"。

(2) 称谓。须顶格书写接受建议书的机关、单位或个人的名称或姓名。在称谓后加冒号。

(3) 正文。建议书的正文是全文的重点。正文内容应包含提出建议的原因、根据和出发点，提出建议的具体事项，实施建议的切实可行的方法和途径，希望和要求等。

(4) 结语、署名和日期。此部分内容的写作方法和格式与其他书信相同。对于一些重要

建议可在署名时注明建议人所在单位或部门名称、职务、职称等简要情况。建议书可视其涉及范围大小，分别不同内容，送交有关部门，或通过报社、电台、网络等传播媒介公开刊登。

撰写建议书应该注意的事项如下：

（1）建议人要有科学严谨的精神，采取严肃负责的态度，从获取社会效益和经济效益的角度提出建议。

（2）所提出的建议事项，要经过充分的调查研究。撰写建议书要实事求是，要提出合理、必要和可行的依据，不能凭主观臆测。

（3）建议书的写作，特别是改进方法和采取措施要详细、具体，并采用条款式。

五、启事、声明与条据

（一）启事

启事是社会生活中运用较广泛的一种公告性的文体。企、事业单位，社会团体或个人需要向社会公众说明某项事情，并请求公众协助办理或参加，便撰写启事在各类媒体刊登，以求众所周知。启事对于社会公众来说，没有强制性，公众对启事项目可以介入也可以不介入。

常见的启事种类很多，如招聘启事、寻物（人）启事、征文（稿）启事、征订启事、迁移启事等。

1. 招聘启事

它是用人单位需要招聘工作人员的启事。这类启事，一般要写明工作性质、待遇，招聘的条件、名额、报名时间和地址以及应携带的证件、相关材料等。最后，还应写明联系人、电话号码、邮政编码，以便应聘者及时联系。

2. 征文（稿）启事

它是报刊或协会组织向社会广大作者征求稿件所用的文体。这类启事一般应先写明刊物的性质和宗旨，再写征稿的目的、对象、用途、内容范围和征稿起止时间等。有些还要注明稿件字数的限制。

3. 寻物（人）启事

它是寻找丢失的物品或走失的亲人，希望有线索者提供情况，也是求助于社会帮助的信号。寻物启事只要写清楚丢失物品的大概情况，而寻人启事则要详细叙述被寻找人的姓名、性别、身高、年龄、口音、体形特征、相貌、出走时的衣着特征、携带的物品、出走的时间、地点等。寻物（人）启事要写明自己的通信联系地址，以便知情者能及时与自己联系。

例 8-28

寻物启事

本人因不慎，于昨天下午在操场遗失黑色书包一个。英语等级考试即将来临，课本和准考证还在包内。有拾到者请速告之校团委宣传部×××。谨表谢意。

联系地址：综合大楼三楼301室　校团委宣传部办公室

　　　（或）学生宿舍9栋1单元811室

联系电话：×××××××

启事人：×××

××××年×月××日

4. 招领启事

招领启事是拾到东西后，通知失主前来认领的一种文体。为了避免差错，这种启事通常只写招领物品的名称和认领地址，不写物品的数量、特征以及拾到的时间、地点等具体情况。这些要在失主认领时核对属实，才准许领走。

例 8-29

招领启事

我行职工范慰成拾到信用卡一张，请遗失者速来认领。特此启事。

×××商业银行保卫科

××××年×月××日

启事的种类多样，写法不一。一般来讲，启事写作基本格式应包括以下三部分：

（1）标题。启事的标题要醒目，通常写法有两种：一是由"事由+文种"组成，如"招聘启事""征文启事""迁址启事"等；二是由"单位名称+事由+文种"组成，如"××科学院生态环境研究中心招聘启事"。如果启事是重要的或紧急的，还要在"启事"之前加上"重要"或"紧急"等字样，也有简单地写"启事"的标题。

（2）正文。正文的具体内容常因启事性质、种类的不同而各异。总体要求简明扼要、清楚明白地交代有关事项，提出要求。

正文结构常用的有以下两种：

A. 段落式。即采用一段文字，直接陈述有关的事情和要求。大多数启事采用这种写法。

B. 条款式。即在开头先简要、概括地写明发布启事的缘由、目的和启事的内容作为总叙。然后在正文的主体部分，分条标项地写明启事的具体事项，写完即告全文结束。一般招聘启事、征稿启事等常用这种写法。

（3）落款。正文结束后应在其右下方写明发布启事者（单位）的名称、具体时间。

（二）声明

声明是指在公开场合下申诉、说明的意思。社会集团或个人为保护自己的权益不受侵犯或有重要事情向社会告知，便采用这种文体。声明与启事有相同的性质，都是将某事情公布于众。两者不同的是，启事有求助于社会公众给予帮助的内涵，而声明只起告知作用。

声明基本分为两大类：一类是指集团或个人为保护合法利益不受到损害或侵犯，公开昭示而发布声明，或自己的权益已经受到侵犯或损害时，为保障自己的权益，消除危害的不良影响，而向社会发布声明；另一类是社会集团或个人遗失了某些对公众活动有影响的重要文件，需要广而告之以防止后患，而向社会发布声明。

例 8-30

律师声明

××传讯有限公司系××晚报集团属下公司，是××晚报集团批准的唯一对外授权××

晚报集团属下报刊信息的公司。任何公司使用××集团属下报刊，必须获得××传讯公司授权，否则本律师将根据当事人的委托追究其法律责任。

×××律师事务所
××律师
××××年×月××日

例 8-31

注销声明

××市 S 商贸有限公司，准备注销。凡与本公司有债权、债务者，请在我公司登报之日起，90 天内速与我公司联系，过期责任自负。

开户行：××车站××支行

账号：（略）

注册号：（略）

联系人：×××

联系电话：×××××××

××××年×月××日

例 8-32

遗失声明

本人不慎将行车证、驾驶证、身份证丢失。行车证：（号码略）。驾驶证：（号码略）；身份证：（号码略）。特此声明作废。

王××
××××年×月××日

声明的种类多样，有委托授权声明，遗失声明，表明关系、态度的声明等。一般来讲，声明写作的基本格式由三部分组成：

（1）标题。声明的标题要醒目，通常写法是由"事由+文种"组成，如"遗失声明""注销声明""著作权声明"等。有的还要加上"重要"或"紧急"等字样，也有简单地仅写"声明"的标题。

（2）正文。具体内容因声明性质、种类的不同而各异。总体要求简明扼要、清楚明白地说明有关事项本身的内容以及其依据等理由，表明自己的态度，提出要求。

正文结构常用的有以下两种：

①段落式。即采用一段文字，直接陈述有关的事情和要求。

②条款式。由于涉及的内容多，将其主体部分，运用条款式书写。

（3）落款。正文结束后应在其右下方写明发布声明者（单位）的名称、具体时间。

（三）条据

条据是人们处理日常各类事务使用频率较高、使用范围较广泛的一种文体。"口说无凭，立字为据"，显然，条据这类文体起着信用、凭证和说明等作用。在经济活动中，它还具有法定效力，如：国家税务局监制的全国统一发票，就是为了确保社会的经济活动在严格的法律监控之下正常、有序地进行而统一印制的。

条据按其性质可分为两大类：一类是凭证性条据，如：发票、订（购）货单、领（发）货单、车船票、借条、收据等；另一类是说明性条据，如：便条、请假条、留言条等。

1. 凭证性条据的写作和注意事项

（1）凭证性条据一般都是事先印制好的，只需按其格式上规定的项目填写即可，文字内容简明扼要，数字内容注意按规定填写，并要注意大写与小写的区别（见表8-6）。

表8-6 数字的大小写

小写	1	2	3	4	5	6	7	8	9	10	100	1 000	10 000	100 000 000
大写	壹	贰	叁	肆	伍	陆	柒	捌	玖	拾	佰	仟	万	亿

凭证性条据示例：售货单（见表8-7）。

表8-7 ××大厦集团公司商场售货单

客户　　　　　　地址　　　　　　年　月　日

商品编码	品名规格	数　量	单　价	应收金额	实收金额	差　额
合　计						

收银员　　　　　　柜组　　　　　　营业员工号

（2）凭证性条据使用时应注意：首先，是其法定效力，如，经济交往时，发票是否加盖了印章，票据中的各项内容是否填写完整、准确。一份完整的票据，在发生经济纠纷时，是可以保护当事者权益和利益不受到损害的。其次，是其时间效用，如，车船票据，在其有效时期内，不得随意处置或丢失，因为这类的票据票面小，要妥善保管，否则，就会带来不必要的麻烦。再次，填写这类条据要十分认真、仔细，不得随意更改，即使写错后，在更改的地方也要加盖印章或签字证明作为备案。

2. 说明性条据写作

它包括请假条、留言条等。

（1）请假条。它是因公、因事、因病不能上班、出工、上课、参加会议、参加活动时，所使用的一种文体。不论是写事假条或是病假条都要实事求是。若是请假时间长，还要附上相关的证明。

（2）留言条。它是一种简短的书信，是把本应当面说的话语，运用书面语表述出来。在写留言条时一定要把所要表达的事情写清楚，更不能忘记署名和日期。

例8-33

请假条

邓老师：

　　我因参加省大学生田径运动会比赛，故不能来上课，特请假一周，请予以批准。

　　附：校体育部的参赛证明。

　　此致

敬礼!

学生 李成江
×月××日

例 8-34

留言条

小英:

　　今天接到郭处长从上海打来的电话,说事情办得很顺利,他们准备提前回来,火车票已购好,今晚乘 K288 次车,明天一早就到。请你安排好接站事宜。

办公室 伍林
即日上午 10 点半

　　(3) 说明性条据的写作一般由标题、称谓、正文、署名和日期 5 部分组成。
　　A. 标题。直接写"请假条""留言条"即可。
　　B. 称谓。一般按平时称呼,不必用表示尊敬或亲热的词语,如"敬爱的刘主任""亲爱的陈老师"等。称呼后要加冒号,表示有话告诉他(她)。
　　C. 正文。正文前面,不像一般书信那样,再写几句表示问候的话。可以直接写请假或留言的原因,以及要交代的事情,采用一段文字写就可以了。若是内容复杂一些,也可以根据内容分成几个段落写。
　　D. 署名。写在正文右下方第三行处。如果是学生向老师请假,在名字前加上"学生"二字,表示对老师尊重,也表示自己有礼貌。
　　E. 日期。写在署名下面,另起一行。也可不写年份,最好写月份和日期时带上具体时辰,如:下午、上午、即日下午 3 时。这类条据必要时还可以加上地点。

六、演讲稿

(一) 演讲稿的含义

　　演讲稿又称"讲话稿",也称"发言稿"。它是演讲者事前为演讲而准备的文字稿件。演讲者为了把自己的思想、观点或意图更准确地传达给听众,而不至于在演讲时走题或把话讲错,有必要在事前写个稿子。把所要讲的话在事前用文字写下来,并经过一番推敲,这就是演讲稿,也就是讲话稿、发言稿。从这个角度来看,它们之间本无区别,不能认为"演讲"重要,"讲话、发言"次要;或者领导人的讲话才重要,一般人的讲话只是"发言",不那么重要。这种看法是不正确的。只要在公众场合表示自己的某种思想意图,都应严肃认真对待。

　　演讲稿有的是由演讲者本人写的,有的是经过授意由别人代写的。演讲稿有的准备充分,写得详细,拿到会上照着念就行;有的只是拟个提纲,写个要点,到时候根据提纲或要点去讲去说。至于有的由于时间关系事先来不及写稿,仅仅想个腹稿,到时候即席而讲,然后由别人根据记录把它整理出来,这也是演讲(讲话)稿。

(二) 演讲稿的种类

　　演讲的范围广泛,演讲的种类也很多,如会议致词或发言、竞聘演讲、就职演说、演讲比赛、法庭辩论,还有人们在日常生活中的各种即兴演说等。演讲的场合也很多,如礼堂、会议室、广播、电视等公众场合。

1. 会议致辞

这类公关礼仪类演讲包括开幕词、闭幕词、欢迎词、答谢词等。这类文体都带有友好、感激、祝愿、共勉等意义，使宾主双方共同达到相互沟通、促进合作、增进友谊的目的。这类文体写作格式要规范，用语要亲切，感谢、祝愿之言词要真挚。结尾部分要再一次表示欢迎、感谢、祝愿、希望之类的语言。

例 8-35

洽谈会开幕词

女士们、先生们、朋友们、同志们：

　　值此××省国际经济合作和出口商品洽谈会开幕之际，我代表××省人民政府、××市人民政府、××省对外贸易总公司，向远道而来的五大洲各国来宾、港澳同胞、海外侨胞表示热烈的欢迎和真诚的问候！

　　××××年×月××日，在庆祝××对外贸易中心落成典礼时，我们曾在这里举办过一次洽谈会。今年这次洽谈会，规模和内容比上一次洽谈会更加广泛和丰富。这次洽谈会，将进一步扩大我省同世界各国及港澳地区的经济技术合作和贸易往来，增进相互了解和友谊。

　　××省是我国沿海经济比较发达的省份之一，幅员辽阔，物产丰富，人力资源充足，工农业生产和港口、交通均有一定的基础，对外经贸事业的发展有着广阔的前景。目前，我省已同世界上140多个国家和地区建立了贸易往来和经济技术合作关系，这种合作关系正在日益巩固和发展。

　　本次洽谈会，我们将提出200多种对外经济合作项目，包括轻工、纺织、机械、电子、化工、冶金、建材、水产及食品加工等，供各位来宾选择。所展出的商品不少是我省的名牌产品和新发展的出口产品。欢迎各位来宾洽谈贸易，凭样订货。

　　今天在座的各位来宾中，有许多是我们的老朋友，我们之间有合作关系。对于你们的真诚合作精神，我们表示由衷的赞赏和感谢。同时，我们也热情欢迎来自各国各地区的新朋友，为有幸结识这些新朋友感到十分高兴。我们欢迎老朋友和新朋友到××地观光游览，发展相互间的友好合作关系。

　　预祝××省国际技术合作和出口商品洽谈会的圆满成功。

　　谢谢！

（选自：http：//114WM. CN）

2. 会议发言

会议发言一般都将重要的会议发言称为"讲话"。这类发言都有一定的代表性，如"习近平在第二届'一带一路'国际合作高峰论坛记者会上的讲话"就代表中国政府阐述本国的政治见解、立场、观点等。

会议的种类也很多，要准备发言稿，必须注意的是：首先，要弄清楚会议的级别、主题、与会人员及发言人的身份等；其次，无论是作为秘书代写稿子还是发言者亲自撰写都应做到言之有物，不要空发议论。特别是一些小型会议，如单位、部门、班组类型的会议，议题的选择和发言都更应注意切合实际。因为会议的目的是了解现实的某些事业发展的现状，寻求今后卓有成效地发展事业或开展工作的思路、途径和方法。所以，发言稿必须"言之有物、言之有理、言之有效"。

例 8-36

习近平在第二届"一带一路"
国际合作高峰论坛记者会上的讲话

女士们,先生们,记者朋友们:

大家好!

欢迎大家参加第二届"一带一路"国际合作高峰论坛记者会。共建"一带一路"倡议提出5年多来,一直受到媒体朋友们广泛关注。本届高峰论坛开幕以来,记者朋友们持续关注和报道高峰论坛,记录下各个精彩瞬间,传播了各种好声音,展现了共建"一带一路"合作的丰硕成果。我谨代表中国政府和各国与会代表,对记者朋友们的支持和辛勤工作表示感谢!

这是中国第二次举办"一带一路"国际合作高峰论坛。同首届论坛相比,本届论坛规模更大、内容更丰富、参与国家更多、成果更丰硕。高峰论坛期间,我们举行了开幕式,召开了高级别会议,举办了12场分论坛和一场企业家大会,来自150多个国家的各界代表参加。今天,来自38个国家的领导人和联合国、国际货币基金组织负责人在这里举行了领导人圆桌峰会。

这次高峰论坛的主题是"共建'一带一路'、开创美好未来"。圆桌峰会上,与会领导人和国际组织负责人围绕"推进互联互通,挖掘增长新动力""加强政策对接,打造更紧密伙伴关系""推动绿色和可持续发展,落实联合国2030年议程"等议题进行深入讨论,完善了合作理念,明确了合作重点,强化了合作机制,就高质量共建"一带一路"达成了广泛共识。这些共识反映在圆桌峰会一致通过的联合公报中,将成为今后共建"一带一路"国际合作的行动指南。

我们积极评价共建"一带一路"合作取得的进展和意义。我们都认为,共建"一带一路"是通向共同繁荣的机遇之路。共建"一带一路"5年多来,特别是首届高峰论坛以来,在各方共同努力下,政策沟通范围不断拓展,设施联通水平日益提升,经贸和投资合作又上新台阶,资金融通能力持续增强,人文交流往来更加密切。共建"一带一路"合作取得的早期收获,为各国和世界经济增长开辟了更多空间,为加强国际合作打造了平台,为构建人类命运共同体做出了新贡献。

我们丰富了共建"一带一路"合作理念,一致重申致力于高质量共建"一带一路"。我们将坚持共商共建共享原则,由各方平等协商、责任共担、共同受益,欢迎所有感兴趣的国家都参与进来。我们一致支持开放、廉洁、绿色发展,反对保护主义,努力建设风清气正、环境友好的新时代丝绸之路。我们同意践行高标准、惠民生、可持续理念,积极对接普遍接受的国际规则标准,坚持以人民为中心的发展思想,走经济、社会、环境协调发展之路。这些共识为共建"一带一路"合作的发展指明了方向,我们的共同目标是,携手努力让各国互联互通更加有效,经济增长更加强劲,国际合作更加密切,人民生活更加美好。

我们明确了未来共建"一带一路"合作的重点,决定加强全方位、多领域合作。我们将继续推进陆上、海上、空中、网上互联互通,建设高质量、可持续、抗风险、价格合理、包容可及的基础设施。我们将推进建设经济走廊,发展经贸产业合作园区,继续加强市场、规制、标准等方面软联通,以及数字基础设施建设。有关合作项目将坚持政府引导、企业主体、市场运作,确保可持续性,并为各国投资者营造公平和非歧视的营商环境。我们将继续拓宽融资渠道，降低融资成本，欢迎多边和各国金融机构参与投融资合作。我们还同意广泛开展内容丰富、形式多样的人文交流，实施更多民生合作项目。我们都支持共建"一带一路"合作坚持发展导向，支持全球发展事业特别是落实联合国2030年可持续发展议程，努力实现清洁低碳可持续发展，同时帮助发展中国家打破发展瓶颈，更好融入全球价值链、产业链、供应链并从中受益。

我们一致支持着力构建全球互联互通伙伴关系，加强合作机制。为此，我们将深入对接各国和国际组织经济发展倡议和规划，加强双边和第三方市场合作，建设中欧班列、陆海新通道等国际物流和贸易大通道，帮助更多国家提升互联互通水平。我们参阅了高峰论坛咨询委员会政策建议报告，期待咨询委员会为共建"一带一路"合作和高峰论坛发展提供更多智力支持。我们将坚持多边主义，推动形成以高峰论坛为引领、各领域多双边合作作为支撑的架构，使我们的合作既有理念引领、行动跟进，也有机制保障。大家普遍认为，"一带一路"国际合作高峰论坛是重要多边合作平台，支持高峰论坛常态化举办。

我们都支持加强务实合作，取得更多实实在在的成果。在这次论坛筹备进程中和举办期间，各方达成了283项务实成果，包括签署政府间合作协议，开展务实项目合作，发起成立专业领域多边对话合作平台，发布共建"一带一路"进展报告、高峰论坛咨询委员会政策建议报告等。中方作为主席国，将汇总发布一份成果清单。论坛期间举行的企业家大会吸引了众多工商界人士参与，签署了总额640多亿美元的项目合作协议。这些成果充分说明，共建"一带一路"应潮流、得民心、惠民生、利天下。

昨天，我宣布了中国将采取的一系列重大改革开放措施。大家普遍认为，这对中国和世界都是好消息，将为共建"一带一路"和世界经济发展提供重要机遇。这届论坛对外传递了一个明确信号：共建"一带一路"的朋友圈越来越大，好伙伴越来越多，合作质量越来越高，发展前景越来越好。我多次说过，共建"一带一路"倡议源于中国，机会和成果属于世界。共建"一带一路"是一项长期工程，是合作伙伴们共同的事业。中国愿同各方一道，落实好本届高峰论坛各项共识，以绘制"工笔画"的精神，共同推动共建"一带一路"合作走深走实、行稳致远、高质量发展，开创更加美好的未来。希望媒体记者朋友们继续积极支持共建"一带一路"合作。

谢谢大家。

3. 竞聘演说

竞聘演说是用人单位或部门考察、比较竞聘人员能否胜任某种工作的一个必备过程。所以，事先写好这类稿子，做到准备充分，胸有成竹，把握机遇，这样才能增大成功的概率。竞聘演说稿的准备有如下几个方面：

（1）要弄清考核的目标、条件及要求，写作就能做到有的放矢。

（2）要突出自己的特点，如独特的见解、经历、曾经获得过的成果，对竞聘岗位的认识、想法和工作措施等。

（3）应注意给予竞聘者演说的时间要求，超时与没用完必要的时间，对竞聘者来说都是损失，只有恰到好处地完成演说，才能给评委一个完整的印象。

（4）语言的表达，需要注意运用普通话，有的还需要运用外语表达，现在的一些外资公司还要考核竞聘者的方言。但要注意，这些语言不能混在一起进行演说，而应分门别类地按其要求进行表述。仪表着装得体，彬彬有礼，落落大方。这些细节都不应忽略。

例 8-37

竞聘演说（办公室经理职位）

各位领导、各位同事：

大家好！

在这里我以平常人的心态，参与支行综合办公室经理岗位的竞聘。首先应感谢支行领导为我们创造了这次公平竞争的机会！此次竞聘，本人并非只是为了当官，更多的是为了响应人事制度改革的召唤，在有可能的情况下实现自己的人生价值。我现年××岁，中共预备党员，大专文化程度，会计师专业技术职称。×××年在××市供销社参加工作，先后做营业员、门市部主任、统计员。×××年调入××市总工会，担任过图书管理员、出纳员、会计、财务、办公室副主任、计财科副科长。

经过几年银行工作的锻炼，使自己各方面素质得以提高，去年我光荣地加入了中国共产党，荣幸地被××分行评为××年度先进工作者，在创先业务竞赛活动中，被分行授予"三收能手"的称号。××年度我实现了个人揽存余额×××万元的任务。几年的工作使我深深地感到机遇和挑战并存，成功与辛酸同在。参与这次竞聘，我愿在求真务实中认识自己，在积极进取中不断追求，在拼搏奉献中实现价值，在市场竞争中完善自己。

我深知综合办公室工作十分重要，这主要体现在3个方面：一是为支行领导当好参谋；二是为全行事务当好主管；三是为一线员工当好后勤。具体说就是摆正位置，当好配角；胸怀全局，当好参谋；服从领导，当好助手。我也深知，办公室工作非常辛苦，正如前一段社会流传的那样：在办公室工作的同志就像忠诚的狗、老实的羊、受气的猪、吃草的牛、忙碌的马。可是他们像蜡烛一样，燃烧自己，照亮别人；他们像竹子一样，掏空自己，甘为人梯。

如果我竞聘成功，我的工作思路是：

1. 以"三个服从"要求自己。即，个性服从党性，感情服从原则，主观服从客观。做到服务不欠位，主动不越位，服从不偏位，融洽不空位。

2. 以"三个一点"找准工作切入点。即，当上级行要求与我行实际工作相符时，我会尽最大努力去找结合点；当科室之间发生利益冲突时，我会从政策法规与工作职责上去找平衡点；当行领导之间意见不一致时，我会从几位领导所处的角度和所表达意图上去领悟相同点。

3. 以"三个适度"为原则与人相处。即，冷热适度，对人不搞拉拉扯扯、吹吹拍拍，进行等距离相处；刚柔适度，对事当断则断，不优柔寡断；粗细适度，即大事不糊涂，小事不计较。做到对同事多理解，少埋怨；多尊重，少指责；多情义，少冷漠。刺耳的话冷静听，奉承的话警惕听，反对的话分析听，批评的话虚心听，力争在服务中显示实力，在工作中形成动力，在创新中增强压力，在与人交往中凝聚合力。

如果我竞聘成功，我的处事原则和风格是，努力做到严格要求，严密制度，严守纪律，勤学习，勤调查，勤督办。以共同的目标团结人，以有效的管理激励人，以自身的行动带动人。努力做到大事讲原则，小事讲风格，共事讲团结，办事讲效率。管人不整人，用人不疑人。我将用真情和爱心去善待我的每一个同事，使他们的人格得到充分尊重，给他们一个宽松的发展和创造空间。我将用制度和岗位职责去管理我的同事，让他们像圆规一样，找准自己的位置；像尺子一样公正无私；像太阳一样，给人以温暖；像竹子一样每前进一步，小结一次。

如果我竞聘成功，我的工作目标是："以为争位，以位促为。"争取支行领导对综合办公室工作的重视和支持，使办公室工作管理制度化，服务优质化，参谋有效化。让办公室成为支行领导的喉舌，沟通员工与行长之间关系的桥梁，宣传精神文明的窗口，传播企业文化的阵地，培养人才的摇篮，连接银企合作的纽带。我愿与大家共创美好的未来，迎接建行辉煌灿烂的明天。

谢谢大家！

（选自：www.diyifanwen.com）

4. 就职演说

就职演说是指即将就任某种职务时发表的施政演说。其宗旨是阐明政策方针和履行职务的态度，让群众知道今后的施政纲领，以取得他们的信任和支持。一般在就职典礼或会议上进行演说。演说的内容，因领导职位级别的不同而略有一定的差异。国家领导一级的就职演说，内容高度概括，非常原则，篇幅简短；而基层单位领导人的演讲，内容较为具体，篇幅可稍长。

就职演说内容一般包括：简要叙述任职原委，诚挚表示谢意。简明扼要地对任职委派的情况做必要说明，阐明施政方针，表示承担履行职责的态度，让群众清楚地看到新任领导的决心及新观点、新办法、新措施及所要求达到的新目标。

就职演说要求情理交融，有新意、有底蕴，表达出自己的追求，给人以隽永、深刻且耐人寻味的印象。特别是结尾时使用点出主旨的警句，以期留下难以磨灭的余响和值得咀嚼的东西，如美国肯尼迪总统的就职演说，开头并没多少新意，更不用说警句了，但快结束时，他连续使用了两个重复的反问句，不仅增强了演说的鼓动性，而且提升了演说的思想意境："不要问你们的国家能为你们做些什么，而要问你们能为自己的国家做些什么。不要问美国将为你们做些什么，而要问我们共同能为人类的自由做些什么。"还有，朱镕基在当选为总理后的记者招待会上，有一段讲话就颇有感染力，至今为人津津乐道，念念不忘："不管前面是地雷阵还是万丈深渊，我都将一往无前，义无反顾，鞠躬尽瘁，死而后已。"

总之，撰写就职演说稿很重要的一条是在内容组织安排方面要做到言之有理，在语言组织方面要谦虚、坦诚，在演讲时要充满信心，使就职演说者与听众共同形成团结、努力、开拓、奋进的共识。

5. 竞赛演讲

竞赛演讲是由社会团体专门组织的一种群众性活动形式。掌握好竞赛演讲，要明确以下方面的内容：

（1）要明确比赛规则和要求，严格按比赛规则进行准备，特别是对比赛的主题要了解透彻。这是写好演讲稿的基础。

（2）要做到树立听众观念。竞赛演讲要达到好的效果，是与在场听众的反应紧密相连的。要做到眼中、心中时时有听众，就必须在撰写演讲稿时，把与听众的交流作为构成整个演讲内容的有机部分，努力使演讲成为一种热情的谈心式和真诚坦荡的感想、感情的交流。因为演讲的真正目的在于宣传鼓动，说明是非，令人信服，让人行动。

（3）要做到使情和理的表述生动具体。演讲要以理服人，也要以情感人，借助具体、生动的事例，或用其他感性材料来说明道理，表现内心感情，同时要注意具体叙述与概括叙述相互交替，如中央电视台著名节目主持人白岩松荣获"演讲与口才"全国新闻界"做文与做人"演讲比赛特等奖的演讲《人格是最高学位》，就采用了大提琴家卡萨尔斯、北大教授季羡林和世纪老人冰心的为人事例，说明成就伟业的人具备了高尚的人格。我们在网络上阅读许多优秀的竞赛演讲稿时，要注意学习其选择的具体、生动、典型的材料。

（4）要采用口语化。演讲语体是一种特殊的口头语言。它需要明白如话式的口头语言，又需要伸张自己的个性，是一种有抑扬顿挫的口头语言。用简单明了、浅显的语言将丰富的内容、深刻的思想和复杂的情感表现出来。语言表达要浅显易懂，句式的运用要以短句和常规句为宜。朗诵式、朗读式的语言在演讲中都不能起到好的作用。演讲时要熟悉自己的演讲稿，但不要脱离演讲稿去背诵，因为，在演讲时，诸如音响话筒问题、紧张、听众多等很多种因素会导致演讲者把背诵的词给忘记了。演讲时可以手拿演讲稿从容不迫地进行演讲，也可以在演讲时看看稿子，但不要给人造成一种照本宣科式地念稿子的印象。

（5）动作要自然。提起演讲，有人会问如何去"演"，即表情动作。演讲的表情动作不是舞蹈、唱歌式的表演动作。演讲的"演"是一种通过演讲者在演讲过程中，由演讲的内容而引发出的自然而然的情感流露，它的动作也是随着情感流露时身体各部位所发生的自然的变化，如手的抬举、头的转动等。决不能为追求表演而刻意地设计一些所谓表情达意的动作。那样做，演讲者只能给评委和听众形成一种矫揉造作的不好印象。

6. 即席演讲，也称为即兴发言

即席演讲是在没有准备的情况下，被会议或活动的主持人要求当众发表讲话。虽然是没有事先的文字稿件，但可以迅速地组织腹稿，同样可以获得演讲成功。美国公共演讲问题专家理查德曾推荐了一个即席演讲腹稿模式，分为四步：第一步，开头用生动典型的事例画龙点睛，道出主题，引起听众的浓厚兴趣；第二步，进一步让听众感到演讲的内容与自己有直接的利害关系，产生紧迫感；第三步，举生动的事实为例，深化听众记忆，激发听众的感情，开拓主题；第四步，具体地告诉听众所谈的是想让大家做什么。

写作的基本性质告诉我们，客观事物和现象是作者写作的基础。所以，从会议或活动的本身特点出发，就能敏锐地捕捉到话题。也就是说，要从其安排的议程到其活动的主题都密切关注，能从与活动有关的角度切入话题，并能引起活动参与者的关注和兴趣。当然，还要注意围绕话题，选取材料。这就要求演讲者善于临场捕捉和组织材料。一般选取和组织与现场的人和事等直接相关的材料。即席演讲要求现实感和针对性强，所以，还要注意讲话的时间，要控制讲话的内容，以短小精悍为优。最后要交流情感，互相激励。即席演讲的最大优点是演讲者与听众的情感很快地进行交流。在互动中缩短相互间的心理距离，达成共识，以达到相互激励的良好效果。

（三）写作应注意的事项

演讲的种类较多，其称呼也不同，为准备演讲所撰写的稿子通常称之为：讲演稿、演说稿、讲话稿、发言稿、谈话稿、报告稿（不同于向上级的汇报和请示报告稿），以及开幕词、闭幕词、祝酒词等名称。这些不同类型的演讲稿的写作，一般地，都应当注意以下几点：

1. 注重场合和听众

要考虑在何种场合下，听讲者是什么人，怎样讲才容易使人接受，具有吸引力和说服力；同时还要估计可能有人提出什么问题或不同意见，以便及时回答。

2. 主题要鲜明

要表明自己的立场、观点和态度，当然不可面面俱到。引用的例证要准确、恰当，要坚持实事求是的态度。注意稿件的篇幅不可太长。

3. 注意修辞的运用

多采用主谓句式，不宜采用复句，修饰语要少用，以免造成听众的错觉，不得要领。同时，也应当讲究文采，引用、警句、排比、反问都能起到很好的效果。

4. 注意语言的运用

采用口语表达，具有说话的特点。注重礼貌、热情、周到。在演讲中其称谓要妥帖，言辞要真挚、热情。演讲者还应当注意其身份，是代表社会团体或组织机构演讲，或者是代表单位、部门或班组等部分人员演讲，还是代表个人演讲，他们之间在措辞和语气上都要有所区别。

本章提示

本章共四节，包括行政公文、调查报告、计划与总结、书信和演讲稿的写作。

行政公文写作要了解公文是在行政管理过程中形成的具有法定效力和规范体式的文书，是依法行政和进行公务活动的重要工具；熟悉公文的种类及行文方式；掌握报告、请示、函、会议纪要等公文的写作特点。

调查报告写作要掌握调查报告的含义及类别；区别普遍调查与非普遍调查、重点调查与典型调查的不同；熟悉调查资料的搜集、统计与分析，能采用图、表、数据结合文字进行叙述；注意调查报告写作的结构。

计划与总结写作首先要掌握计划与总结的关系，事前计划、事后总结；其次要区别计划类文体中的规划、计划、安排在写作方法上的不同；还要掌握依据计划写结、依据客观事实写总结的原则以及计划与总结写作的基本结构。

书信和演讲稿写作要掌握凭证性的书信写作格式与要求，要熟悉感谢信、慰问信和贺信的区别，还要掌握求职信、建议书的写作内容。对于演讲稿要了解其类别，掌握竞聘演讲、竞赛演讲和即席演讲的主要特点。

思维与训练

1. 简述公文的含义、种类和行文方向。
2. 请示与报告有何区别？
3. 以校团委的身份参照范例撰写通知、请示和报告。
4. 选择一个主题召开班会并做好记录后，依据记录写一篇班会纪要。
5. 普遍调查与非普遍调查、重点调查与典型调查的区别是什么？
6. 将本章第二节的例文《关于挂钩帮扶的调查报告》归纳成调查报告结构图。
7. 阅读多篇有图、表与文字相结合的市场调查报告并做好读书笔记。
8. 试述规划、计划、安排的写作区别。
9. 根据总结的写作基本格式与要求，拟写一篇学习总结。
10. 根据求职信的写作特点，结合自己及用人单位招聘的实际情况，拟写一份求职信。
11. 试述感谢信、贺信和慰问信的异同，并为建校××周年，写一则贺信。
12. 根据某生爱好体育并有国家相应运动证书的基本情况，拟写一则加入校篮球协会的申请书。
13. 根据在校学习、生活的具体情况，试写一份改进有关方面工作的建议书。
14. 熟悉条据中数字的大写与小写。
15. 试述演讲稿的分类。
16. 以当选为班干部的身份，写一篇就职演说稿。
17. 以个人的性格和爱好为题材，发表即席演讲（组织课堂训练）。

第九章

科技类文体写作

学习目的和意义

了解科技类文体发展的概况,掌握科技类文体特点,特别是毕业设计(论文)写作的基本格式,培养规范性、独立性和创新性的学术精神,以适应在校学习和将来从事专业技术工作的需要,成为新时代具有创新能力和健全人格的复合型高素质人才。

学习重点与难点

重点掌握科技文体的种类和写作要求,特别是毕业设计(论文)写作的基本要求与基本格式;难点是规范性、独立性和创新性的学术精神的培养。

第一节 概 述

科技类文体是科技工作者在日常科技事务和科研活动中交流科技信息、处理日常事务、解决具体问题时经常使用的,具有一定规范格式和特定读者对象的文章。科技类文体产生于科学技术的具体实践,是随着科学技术的发展,为适应交流科技信息、处理科技事务的需要而产生发展起来的。

一、科技类文体的性质

科技类文体写作是由科技知识的自身特性决定的,它反映一定时期的科学技术内容,并以说明和议论为主要表达方式,还具有创新性内容。

科技类文体具有鲜明的科学性、客观性、实用性、规范性和创造性。它以严谨、求实作为根本,并以创造性作为主要性质特征。人类社会对大自然的探索从未间断,所以从古至今给我们留下了浩如烟海的科技论著,这笔丰富的遗产是社会进步发展的印迹,是激励科技工作后来者的强大动力。

例如,我国周朝《尚书·禹贡》中记载了我国的山川形势、交通物产,就属于地理著作,还有春秋战国时期的《考工记》《黄帝内经》,秦汉时期的《九章算术》《伤寒杂病论》,魏晋南北朝时期的《齐民要术》,宋代的《梦溪笔谈》,元代的《农桑辑要》,明代的

《本草纲目》《天工开物》等,众多的论著均记录下我国古代各行各业的科学技术发展状况。

同样,我国现代很多著名科学家的论著对现代科技的发展做出了重要贡献,如,侯德榜的《制碱》被称为世界各国制碱工艺的准则;竺可桢花费五十年时间完成了《中国近五千年来气候变迁的初步研究》;华罗庚的论文《关于塔内问题》被国际数学界誉为"华氏定理",《统筹方法平话》《优选法》将运筹学的数学方法运用在生产领域,取得了优质、高产、低耗的效果;李四光的《冰期之庐山》《新华夏之起源》《中国地质学》等为合理利用地下水、开展地质勘探、开发石油资源,提供了可靠的科学依据,他的《一个弯曲的砾石》以英文发表于1946年5月4日英国《自然》杂志第157卷上,该论文是李四光地质力学理论发展过程中的重要论文之一。

在国外,从古希腊到现代西方,有亚里士多德的《物理学》《工具篇》,欧几里得的《几何原本》,阿基米德的《论浮体》,哥白尼的《天体运行论》,维萨里的《人体构造论》,伽利略的《星宿的使命》《运动法则》,开普勒的《新天文学》,笛卡儿的《方法论》,牛顿的《光和颜色的新理论》《自然哲学的数学原理》,达尔文的《物种起源》,道尔顿的《原子论》《分子论》,门捷列夫的《化学原理》,爱因斯坦的《论运动物理的电动力学》《广义相对论》等。20世纪诞生的控制论、信息论和系统论的主要著作有:维纳的《控制论或关于动物和机器中控制与通信的科学》、申农的《通信数学》、贝塔朗菲的《理论生物学》和《现代发展理论》等。21世纪,现代传媒技术的迅猛发展,世界范围内的科技论文和论著层出不穷,不胜枚举。

二、科技类文体的分类

当代,随着科学技术的飞速发展,科技类文体的种类不断增加,应用范围逐步扩大,使用频率也越来越高,对科技文体的研究也自然呈现了多样的特点。

科技类文体众多,可以运用不同的分类标准对科技文体进行分类。本教材从科技类文体的内容进行划分,其目的是便于学习与掌握这类文体写作。

科技论文类:包括科学技术专著、报刊自然科学论文、毕业论文、学位论文等。

科技报告类:包括科技实验报告、科技考察报告、科学研究报告、技术研究报告、科技综合报告等。

科技情报类:包括题录、文摘、综述、述评、动态、手册、年鉴等。

科技事物类:包括合同协议、专利申请、设计指导、鉴定纪要、成果总结、鉴定推广等。

第二节 毕业设计(论文)

毕业设计、毕业论文是指高等院校的学生在毕业时所撰写的专业学习的总结性文件。也可以说,它是一种具有一定学术性、难度适中的综合性答卷。

一、毕业论文

我国学位制度规定,大学生毕业可申请学士学位,因此,毕业论文往往同时就是学士学位论文。学生在教师的咨询、指导下进行选题,独立地阅读文献、收集资料、编写提纲,进行科学研究,并最终以论文形式来反映学生所取得的研究成果。它要求表明该学生在某一学科领域中已经掌握了基本的知识和理论,并具备了一定的独立研究能力。这类论文在内容上不但要强调较强的科学性，而且注重独创性，要求能反映出该学生在某一科学领域中的今后潜在研究能力和发展趋向。但本科毕业论文在科学性和创见性上的要求，不像其他学术论文那样高。它的独创性要弱于硕士、博士论文。其篇幅在1万字左右。写作毕业论文，应注重选择与专业课内容相关的题目，其难易大小要适合自己的实际能力；要在导师的指导下进行科学研究和论文写作；论述要有条理、有逻辑性；装订要科学化、规范化。（本部分可参考本章第三节　学术论文写作）

二、毕业设计的含义

毕业设计是高等院校培养学生专业学习的带研究性、工程实践性的教学环节，按教学计划和毕业设计大纲的要求，学生在教师指导下，运用所学的专业知识和专业技能，独立完成某个具体课题的设计任务，并运用书面语言将研究设计成果完整表述出来。有的称之为毕业设计书，也有的称之为毕业设计报告，它相当于毕业论文。

三、毕业设计（论文）的写作

（一）选题

毕业设计的选题基本由指导教师提供，也可以根据学生对专业的兴趣进行选择。在毕业设计选题中"真题真做"是指教师提供在科研、生产中需要解决的实际问题让学生作为毕业设计的选题；"假题真做"是指虚拟一个专业范围的课题，或者是已经存在的设计项目作为学生的毕业设计内容。

（二）开题报告

开题报告是指开题者对科研课题的一种文字说明材料。由选题者把自己所选的课题的概况（即"开题报告内容"），向有关专家、学者、科技人员进行陈述。然后由他们对科研课题进行评议，再由科研管理部门综合评议的意见，确定是否批准这一选题。毕业设计（论文）的开题报告由相关的系、院组织有关专业和专业教师对选题进行评议，并作为毕业论文答辩委员会对学生答辩资格审查的依据材料之一。

毕业设计（论文）开题报告的主要内容包括题目，选题的依据及课题的意义，研究概况及发展趋势综述，研究内容及实验方法，目标、主要特色及工作进度，主要参考文献等。

（三）毕业设计（论文）写作基本格式

毕业设计（论文）一般由封面、任务书、摘要、目录、引言（绪论）、正文、结论、谢辞、参考文献、附录构成。（各高等院校均有具体规定）

1. 封面

内容包括题目名称、学生所在专业、导师与学生本人签字。

题目名称要选用最恰当、简明的词语组成，应能反映毕业设计（论文）中重要的特定内容，使人看后能大致了解文章的确切内容和专业范畴，题目名称所用词语必须考虑有助于选定关键词和可提供检索的特定信息。

题目名称不得超过20个字，要简练、准确，可分两行书写。

2. 任务书

任务书由导师填写，装订于摘要之前。

任务书主要包括：
（1）毕业设计（论文）题目。
（2）毕业设计（论文）使用的原始资料（数据）及设计技术要求。
（3）毕业设计（论文）工作内容及完成时间。
（4）主要参考资料。

3. 摘要（中文在前，英文在后）和关键词

摘要包括毕业设计（论文）题目（中、英文摘要都应包含）。

摘要是毕业设计（论文）内容的简要陈述，应具有独立性与自含性，即不阅读设计（论文）的全文就能获得必要的信息，一般应重点说明设计或研究工作的目的、设计或实验方法、结果和最终结论。中文摘要一般不得超过300字。

关键词是从毕业设计（论文）中选取出的用以表示全文主题内容的单词或术语。不得自造关键词，关键词一般为4~8个。

4. 目录

目录按三级标题编写，要求层次清楚，且要与正文标题一致，应在目录中列出的还包括引言、主要符号表、论文后的附录、谢辞、参考文献等。

5. 插图和附表清单

毕业设计（论文）中如图、表较多，可以分别列出清单置于目录页之后。图、表的清单应有序号、图名或表名、页码。

6. 主要符号表（根据具体情况可省略）

若论文正文中公式较多，且所用符号不是国际上通用的标准符号，可列出主要符号表。

7. 引言（绪论）

引言是全篇文章的开场白，应简要说明选题的缘由、设计与研究工作的目的、范围、相关领域以及前人的工作和知识空白、理论基础的分析、研究方法、实验方法、预期结果和意义。所用词语应言简意赅，不要与摘要雷同，不要成为摘要的注释。

引言（绪论）也可作为正文的一章。

8. 正文

正文是毕业设计（论文）的核心部分，占全文较多的篇幅，内容包括研究工作的基本前提、模型的建立、试验方案的拟订、基本概念和理论基础、设计计算方法、设计计算的过程、试验与测试方法、试验结果分析、理论论证、结果和意义的阐明等。

正文的撰写中应注意以下问题：

（1）要求实事求是、客观真切；用语要简练、通顺；层次清楚、重点突出。

（2）章、条、款的序号与标题。章号用汉字，如：第三章；条与款的序号用阿拉伯数字，如：第三章第二条为"3.2"；第三章第二条第四款为"3.2.4"。章号和标题要居中书写，条、款及标题顶格书写，题目层次不宜太多。不论几级标题都不能单独置于页面的最后一行。标题不宜太长，一般不超过15字。

（3）图、表及序号。毕业设计（论文）中的图一般分为线条图和照片图，线条图又可分为工程图、坐标图、框图和电气线路图。工程图和电气线路图的绘制均应符合相应的标准。照片图要采用黑白或彩色，不得采用复印方式。原版照片，要采用大光相纸，不宜用布纹相纸。金相显微组织照片必须注明放大倍数。坐标图的坐标轴名必须能清楚而简洁地把图的含义表达清楚，所用单位必须符合法定计量单位。文中的选图要精练，适于文字说明的，就不要用图。所有线条图均应精心设计与绘制，不得徒手勾画。文中表的格式应采用三线表。

图和表一律通栏摆放，两侧不能有文字。图名和表名均应居中放置，且打印字号可比正文小一号。图、表的序号分章编写，序号由两部分组成，前面为章号，后面为该图或表在该章中的顺序号，章号与顺序号之间加一短横。

（4）公式的格式与序号。公式和算式按长度分为短式和长式，占一行的式子称为短式，需要转行的式子称为长式。短式要居中书写，长式转行应首先考虑在"＝"处转行，其次考虑在公式符号处转行。转行后最好采取等号对齐方式。

公式统一用英文斜体书写，公式中的上标、下标、顶标书写时，必须层次清楚，特别是角标层次多时，更应注意此问题。若公式前有"解""证""假设"等文字时，文字顶格写，公式仍居中。

公式序号的编写与图、表相同，但要加圆括号。短式的序号与式子同处一行，右顶格，转行的长式序号写在最后一行，右顶格。不是所有的式子都要编序号，只有那些在以后的叙述中，运算和推演中涉及的式子才编序号。

（5）公式中符号的注释。若式中有一些符号是在全文中第一次出现，则应对这些符号做注释。

引用文献号用方括号"［　］"括起来置于引角词的右上角，若打字用五号上标排版。

9. 结论（或结束语）

结论是对整个研究工作进行归纳和综合得出的总结，包括所得结果与已有结果的比较、课题研究中尚存在的问题、进一步开展研究的见解与建议。它集中反映作者的研究成果，表达作者对所研究课题的见解与主张，是全文的思想精髓，是文章价值的体现，通常要写得简明扼要，篇幅要短。撰写时应注意以下几点：

（1）结论要简单、明确，措辞要严密。

（2）结论反映本人的研究结果要实事求是，切忌言过其实。

结论作为单独一章排列，但总标题前面不加"第×章"字样。结论一般不超过两页。

10. 谢辞

谢辞是对导师和给予指导或协助完成设计与研究工作的组织和个人表示的谢意。这不仅是礼貌，也是对他人劳动的尊重，是治学者应有的思想作风。所用文字要简洁，切勿用浮夸和庸俗之词。

11. 参考文献

参考文献是毕业设计（论文）不可缺少的组成部分，它反映作者工作中参考信息的广博程度和可靠程度。完整的参考文献是向读者提供的一份有价值的信息资料。参考文献必须是学生本人真正阅读过的，以近期发表的文献为主，应与课题直接有关。文献按照在正文中的出现顺序排列。参考文献的条目数应尽可能少而精，非正式发表的文献一般不得引用（硕士、博士论文可引用）。产品说明书、各类标准、专利及未公开发表的研究报告不能作为参考文献。同一书籍只能在参考文献中列用一次。

12. 附录（视具体情况可选）

根据需要可在论文中编排附录，附录序号用"附录 A""附录 B"等字样表示。

例 9-1　中、英文摘要及关键词的书写格式

分度盘的冲压模具设计

摘　要：分度盘的冲压模具设计是一项复杂、系统的工程。本文首先对国内外冲压模具的研究状况、发展趋势，以及研究模具的目的和意义做了介绍；然后详细介绍了分度盘的冲压模具设计的具体计算情况。通过完成分度盘的冲压模具设计，学会各种方案的综合比较，扬长补短。此套模具创造性地糅合了复合模与进级进模的优点，将分度盘的冲压模具设计成级进－复合模，既解决了分度盘上小孔个数过多造成的凸模制造困难，又保证了其孔的位置精度和生产效率。采用自动送料机送料，降低了工人的劳动强度，进一步实现冲压自动化。

关键词：分度盘；冲压模具；级进－复合模；模具装配图

Design of Stamping Die for Index Plate

Abstract：The stamping die design of the index plate is a complex and systematic project. This paper first introduces the research status and development trend of stamping dies at home and abroad and the purpose and significance of the research of die; then, it presents the specific calculation situation of the stamping die design of the indexing plate in detail. By completing the stamping die design of the indexing plate, learn the comprehensive comparison of various schemes and make up for the shortcomings. This die creatively combines the advantages of the compound die and the progressive die, and the stamping dies of the index plate design as a progressive-compound die. It solves the difficulty of punch manufacturing caused by the excessive number of small holes on the indexing plate and ensures the holes' position accuracy and production efficiency. The automatic feeder is used to feed materials, which reduces the labour intensity of workers and further realizes stamping automation.

Keywords：Index Plate, Stamping Die, Progressive-Compound Die, Die Assembly Drawing

例 9 – 2

目录的书写格式

目　录

摘要 ···	（Ⅰ）
ABSTRACT ···	（Ⅱ）
第一章　引言 ···	（1）
1.1　冲压模具的国内外研究现状和发展趋势 ···	（1）
1.1.1　冲压模具概况 ···	（1）
1.1.2　未来冲压模具发展趋势 ···	（3）
1.2　研究冲压模具设计的目的和意义 ··	（5）
1.3　课题来源 ···	（6）
1.4　研究思路和技术方法 ···	（6）
第二章　分度盘的冲压模具设计院 ···	（7）
……（略）	
结语 ···	（20）
参考文献 ···	（21）

致谢 ··· (22)

例9-3 图与表的排放格式

冲裁压力中心的确定

冲压时模具的压力中心要与模具几何中心重合。因此设计模具时,要使模具的压力中心通过模柄的轴线,从而保证模具压力中心和冲床滑块中心重合。

1. 按比例画出每一个凸模刃口轮廓的位置,并确定坐标系,标注各段压中心坐标点,如图2-1所示。

图2-1 凸模分布图

2. 画出坐标轴 X、Y。
3. 分别计算出各段压力中心及各段压力中心的坐标值,并标注如图所示。
4. 分别计算机各凸模刃口轮廓的周长。

冲裁压力中心计算数据见表2-1。

表2-1 冲裁压力中心计算数据　　　　　单位:mm

冲裁线编号	线段总长度	力的作用点到 X 轴的距离	力的作用点到 Y 轴的距离
L1	25.12	0	0
L2	113.04	0	31.1
L3	113.04	0	92.2
L4	247.01	0	214.4

例9-4 公式的序号与长式转行格式

压力中心 C 点坐标:

$$X_c = (L_1X_1 + L_2X_2 + L_3X_3 + L_4X_4)/(L_1 + L_2 + L_3 + L_4) = 0 \text{ mm}$$

$$Y_c = (L_1Y_1 + L_2Y_2 + L_3Y_3 + L_4Y_4)/(L_1 + L_2 + L_3 + L_4)$$
$$= (0 + 3\,515.544 + 10\,422.288 + 52\,958.944)/498.21 = 134.27(\text{mm})$$

即压力中心 C 点到 X 轴距离为0,到 Y 轴距离是134.27 mm。

(选自:王可(09级材料成型及控制工程),徐国栋(指导老师).分度盘的冲压模具设计,[2009年度南昌工程学院优秀毕业设计(论文)],南昌工程学院图书馆藏.)

四、写作技巧及注意点

(1)标题要能反映内容,如有新意更好。例如,拟制欠妥的题目:"图像处理的某些问题的研究""论防火墙技术"等,其中的"某些问题"不如换成具体的词汇。"论防火墙技术"题目太大,不适合。

（2）前言部分要写问题背景、动机。其末尾介绍文章的组织情况及各节内容。

（3）各部分应详略得当。一般来讲，毕业设计（论文）应该主要写作者的见解和工作，把自己的创新写深写透。综述要有述有评有比较。要克服以下问题：一是抓不住实验或设计过程中的主要问题，只要是做了实验，写了程序，整个过程都想写，写不完；反之，会感到空虚，没有多少可以写的。二是有的学生抄书来充篇幅，我们不赞成。一般地，介绍相关工作（前人的成果）部分不应该超过总篇幅的1/6。

（4）完整的毕业设计（论文）应包括测试、运行结果及分析（图表或曲线）。

（5）结论，结语。说明解决了什么问题，有什么创新，下一步工作主要内容等。

（6）参考文献。参考文献是毕业设计（论文）写作中的重要一环。在文中明确给出参考文献的出处，既代表着对前人成果的继承，也代表了对他人研究成果的尊重，是科学研究中应培养的正确的科学态度和做人准则。

参考文献按在论文中出现的顺序，用编码的方式给出。参考文献包括专著、学术期刊、学术会议、技术报告等。

第三节　学术论文写作

学术论文是科技工作者在科研活动的同时或以后就科研内容、过程、方法、研究成果等形成的书面文稿，是在各种科学领域内专门探讨学术问题、反映研究成果的论文。它既是进行科学研究的一种手段，又是描述科研成果的一种工具。

一、学术论文的特点

科技论文的特点可以概括为四性，即学术性、创造性、科学性和文献性。

1. 学术性

学术论文探讨的是某一科学领域中比较专门化的问题，带有较强的研究、论证的性质，侧重于对事物进行抽象的、概括的叙述或论证，反映的不是客观事物的外部直观形态和过程，而是事物发展的内在本质和变化演进的规律。这是学术论文存在的最基本条件。

2. 创造性

学术论文要反映出作者对客观事物研究的独到理解和观点，它应该显示出新理论、新设想、新方法、新定理，甚至能够填补某个领域的空白。它可以用几句话简明、清晰地表述出来。当然，论证这个基本的思想，可能需要非常丰富的材料以及种种复杂的推理。但这种创造性是就全人类总的知识而言的，是在世界范围内来衡量的，而不能局限于某一狭窄的范围。有没有创造性，这是决定论文价值的一个根本标准。

3. 科学性

学术论文的内容必须是客观存在的事实，是国际公认的真理。它应该是成熟的理论或技术，经得起实践的检验，并且应具有当代科学技术的先进水平，在技术上行得通，不脱离实际。在论文的表述上，则体现为：语言使用确切，包括定性和定量准确；内容充分，清楚明白，不能模棱两可，含糊不清，不能一语双关，意义不确定；要全面表述，既要注意主要倾向，又不掩盖另一倾向，防止以偏概全。

4. 文献性

科技论文表达的是一种客观真理和规律，可以长期保存，供检索和查阅，作为后人进行更深入研究、探讨时的借鉴。

二、学术论文的性质与分类

学术论文一般可包括科学专著、专论、科学实验报告、学术报告、研究札记，以及大学中的学年论文、毕业论文、学位论文（学士论文、硕士论文、博士论文）等。本教材从便于学习和掌握其写作特点的角度将从写作类别与内容性质上分类阐述。

1. 根据写作类别分类

（1）科技学术报告。它是描述一项科学技术研究的成果或进展或一项技术研制试验和评价的结果，或是论述某项科学技术问题的现状和发展的文件。

科学技术报告呈送科学技术工作主管机构或科学基金会等组织或主持研究的负责人等。科学技术报告中一般应该提供系统的信息或工作进程的充分信息，可以包括正反两方面的结果和经验，以便有关人员和读者判断和评价，以及对报告中的结论和建议提出修正意见。

（2）学位论文。它是表明作者从事科学研究取得了创造性的结果或有了新的见解，并以此为内容撰写而成的、作为提出申请授予相应学位时评审用的学术论文。它包括学士论文、硕士论文和博士论文。

学士论文应能表明作者确已较好地掌握了本门学科的基础理论、专门知识和基本技能，并具有从事科学研究工作或担负专门技术工作的初步能力。

硕士论文应能表明作者确已在本学科上掌握了坚实的基础理论和系统的专门知识，并对所研究课题有新的见解，有从事科学研究工作或独立担负专门技术工作的能力。

博士论文应能表明作者确已在本门学科上掌握了坚实宽广的基础理论和系统深入的专门知识，并具有独立从事科学研究工作的能力，在科学或专门技术上取得了创造性的成果。

学位论文根据不同层次及不同专业，在学术水平上有不同要求，在写作格式上甚至文章字数上都有不同要求。写作这类论文，一般要在导师指导下，按照本院校相应规定完成。

（3）学术论文。它是某一学术课题在实验性、理论性或观测性上具有新的科学研究成果或创新见解和知识的科学记录，或是某种已知原理应用于实际中取得新进展的科学总结，用以提交到学术会议上宣读、交流或讨论，或在学术刊物上发表，或做其他用途的书面文件。

学术论文应提供新的科技信息，其内容应有所发现、有所发明、有所创造、有所前进，而不是重复、模仿、抄袭前人的工作。

2. 根据内容性质分类

（1）社会科学类。它包括理论性论文、描述性论文。理论性论文具体又可分成两种：一种以纯粹的抽象理论为研究对象，研究方法是严密的理论推导和数学运算，有的也涉及实验与观测，用以验证论点的正确性。另一种是以对客观事物和现象的调查、考察所得观测资料以及有关文献资料数据为研究对象，对其进行分析、综合、概括、抽象，通过归纳、演绎、类比，提出某种新的理论和新的见解。

(2) 自然科学类。它包括实验研究性论文、设计性论文、学位论文等。实验研究性论文是运用实验（试验）、观察方法进行科学研究而获得新材料、形成新论点的论文；设计性论文是指在设计新产品、新工艺的过程中的最佳设计方案，并对这一方案进行全面论述的书面文件；学位论文是学位申请者用以申请授予相应学位提出的作为考核评审用的论文，它是作者独立从事具有一定创造性的科学研究而取得的成果，或是具有新发现的调查研究所得出的结论，并以此为内容的论文。

三、学术论文写作的基本结构与写作要求

（一）社会科学类论文的基本结构与写作要求

社会科学类论文主要是指理论性的论文，包括财会、商务、管理等文科学科的论文。其基本结构一般包括三部分：序论、本论、结论。

1. 序论

序论也叫前言、引言、导论或绪论，它是论文的开头部分。社会科学类论文的序论的内容，一般包括选题的背景、缘由、意义和目的，或研究的目的、范围、方法及所取得的成果，也可以对本文的基本观点、本论部分的基本内容做一个扼要的介绍。序论的写法主要有以下几种：

（1）交代式。开头交代论文写作背景、缘由、目的和意义。

（2）提问式。一开头就提出问题，或在简要交代写作背景之后随即提出本文所要解决的问题。

（3）出示观点式。序论开宗明义，将本文的基本观点或主要内容揭示出来。

（4）提示范围式。序论部分提示本文的论述范围。

（5）阐释概念式。序论先释题，阐释题目中和文中出现的基本概念。

2. 本论

本论是论文的主体部分，是分析问题、论证观点的主要部分，也是最能显示作者的研究成果和学术水平的重要部分。一篇论文质量的高低，主要取决于本论部分写得怎样。本论部分的要求，一是论证充分，说服力强；二是结构严谨，条理清楚；三是观点和材料相统一。下面分别加以说明。

（1）论证充分，说服力强。本论部分最主要的任务是组织论证，以理服人。

（2）结论严谨，条理清楚。本论的篇幅长、容量大、层次较多、头绪纷繁，如果不按一定的次序来安排文章内容，就会层次不清，结构混乱，大大降低表达的效果。根据层次之间的不同关系，可以把本论部分的结构形式划分为并列式、递进式和混合式3种类型。

A. 并列式结构，又称平列式结构或横式结构。它的特点是，围绕中心论点划分为几个分论点和层次，各个分论点和层次平行排列，分别从不同角度、不同侧面论证中心论点，使文章呈现出一种多管齐下、齐头并进的格局。

B. 递进式结构，又称为推进式结构或纵式结构。它对需要论证的问题，采取一层深于一层的形式安排结构，使层次之间呈现一种层层展开、步步深入的逻辑关系，从而使中心论点得到深刻透彻的论证。

C. 混合式结构，也称并列递进式结构或纵横交叉式结构。有些论文的层次关系特别复杂，不能只用一种单一的结构形式，需要把并列式和递进式结合起来，形成一种混合的结构形式。采用混合式结构，又有两种形式：一是在并列的过程中，在每一个并列的面上，又展开递进（并列中的递进）；一是在递进的过程中，在每一个递进层次上，又展开并列（递进中的并列）。这种方法比前两种更复杂，也更难掌握一些。

为了避免由于内容过多而使条理不清，写作本论时，常在各个层次之前加一些外在的标志，这些外在标志的主要形式有小标题、序码、小标题与序码相结合及空行等几种。

（3）观点和材料相统一。本论部分的内容是由观点和材料构成，写好本论要求将观点和材料有机地结合起来，以观点统帅材料，以材料证明观点。

3. 结论

结论是一篇论文的收束部分，是以研究成果和讨论为前提，经过严密的逻辑推理和论证所得出的最后结论。论文的结论要提出论证结果。在这一部分中，作者应对全篇文章所论证的内容做一个归纳，提出自己对问题的总体性看法和意见，指出进一步研究的方向。在论文结论部分，作者常常不仅概括自己的研究成果，而且还指出课题研究中所存在的不足，为他人继续研究指明方向、提供线索。

写好结论，应该注意两点：第一，要使结论部分真正起到收束全文的作用，一般不要提出新的观点或材料；第二，结论的语言要简洁有力，给读者留下深刻的印象。还要避免两种错误：一是草草收尾，不当止而止；二是画蛇添足，当止而不止。在结论部分的最后，也可以写上几句谢辞，向在本篇文章的撰写过程中，曾给予自己帮助的人表示谢意。谢辞要写得感情诚恳，言语得体，不要过多的溢美之词。

（二）自然科学类论文的基本结构与写作要求

自然科学类论文的基本结构一般包括题名、作者及其工作单位、摘要、关键词与中国图书分类号、引言、正文、结论、致谢、参考文献九个方面。不同类型的论文各有侧重。

1. 题名

又称题目或标题。题名是以最恰当、最简明的词语反映论文中最重要的特定内容的逻辑组合。

论文题目是一篇论文给出的涉及论文范围与水平的第一个重要信息，也是必须考虑到有助于选定关键词和编制题录、索引等二次文献可以提供检索的特定实用信息。论文题目十分重要，必须用心斟酌选定。有人描述其重要性，用了下面的一句话：论文题目是文章的一半。对论文题目的要求是：准确、得体、简短、精练、醒目。

2. 作者及其工作单位

这一项属于论文署名问题。署名一是为了表明文责自负，二是记录作者的劳动成果，三是便于读者与作者的联系及文献检索（作者索引）。大致分为两种情形，即：单个作者论文和多个作者论文。后者按署名顺序列为第一作者、第二作者……，重要的是坚持实事求是的态度，对研究工作与论文撰写实际贡献最大的列为第一作者，贡献次之的，列为第二作者，依此类推。注明作者所在单位同样是为了便于读者与作者的联系。

3. 摘要

论文一般应有摘要，有些为了国际交流，还有外文（多用英文）摘要。它是对论文内容不加注释和评论的简短陈述。其作用是不阅读论文全文即能获得必要的信息。

摘要应包含以下内容：

（1）从事这一研究的目的和重要性。

（2）研究的主要内容，指明完成了哪些工作。

（3）获得的基本结论和研究成果，突出论文的新见解。

（4）结论或结果的意义。

论文摘要虽然要反映以上内容，但文字必须十分简练，要求把本文的创新观点、创新内容充分概括，篇幅大小一般限制其字数不超过论文字数的5%。例如，对于6 000字的一篇论文，其摘要一般不超出300字。

4. 关键词与中国图书分类号

关键词属于主题词中的一类，是用来描述文献资料主题和给出检索文献资料的一种新型的情报检索语言词汇。正是由于它的出现和发展，才使得情报检索计算机化（计算机检索）成为可能。

关键词或主题词的一般选择方法是：

由作者在完成论文写作后，纵观全文，先写出能表示论文主要内容的信息或词汇，这些出处或词汇，可以从论文标题中去找和选，也可以从论文内容中去找和选。

中国图书分类号是根据论文的内容由《中国图书馆分类法》的标准进行分类，共分为22大类，由英文字母和数字组成。

5. 引言

引言又称前言，属于整篇论文的引论部分。其写作内容包括研究的理由、目的、背景、前人的工作和知识空白、理论依据和实验基础、预期的结果及其在相关领域里的地位、作用和意义。

6. 正文

正文是一篇论文的本论，属于论文的主体，它占据论文的最大篇幅。论文所体现的创造性成果或新的研究结果，都将在这一部分得到充分的反映。因此，要求这一部分内容充实、论据充分、可靠，论证有力，主题明确。为了满足这一系列要求，同时也为了做到层次分明、脉络清晰，常常将正文部分分成几个大的段落。这些段落即所谓逻辑段，一个逻辑段可包含几个自然段。每一逻辑段落可冠以适当标题，分标题或小标题。

段落的划分，应视论文性质与内容而定。一般常见的实验类的科技论文划分方式有：

（1）实验原材料和材料/实验方法/实验结果和分析。

（2）理论分析/实验装置和方法/实验结果比较与分析。

根据论文内容的需要，还可以灵活地采用其他的段落划分方案，但就一般性情况而言，大体上应包含实验部分和理论分析部分的内容。"实验结果和分析"这一部分是论文的关键部分，论文的新意主要在这里体现。

由于学术论文的选题和内容性质差别较大，其分段及写法均不能做硬性的统一规定，但必须实事求是、客观贴切、准确完备、合乎逻辑、层次分明、简练可读。

一篇学术论文的正文，是其核心部分，占据主要篇幅。一般来说，正文总是可以包括以下部分或内容：调查与研究对象、实验和观测方法、仪器设备、材料原料、实验和观测结果、计算方法和编程原理、数据资料、经过加工整理的图表、形成的论点和导出的结论等。当然,其中的结论可以单独设一部分(或一节)展开叙述。

7. 结论

论文的结论部分,应反映论文中通过实验、观察研究并经过理论分析后得到的学术见解。结论应是该论文的最终的、总体的结论。换句话说,结论应是整篇论文的结局,而不是某一局部问题或某一分支问题的结论,也不是正文中各段的小结的简单重复。结论应当体现作者更深层的认识,且是从全篇论文的全部材料出发,经过推理、判断、归纳等逻辑分析过程而得到的新的学术总观念、总见解。

结论应该准确、完整、明确、精练。该部分的写作内容一般应包括以下几个方面:
(1) 本文研究结果说明了什么问题;
(2) 对前人有关的看法做了哪些修正、补充、发展、证实或否定;
(3) 本文研究的不足之处或遗留未予解决的问题,以及解决这些问题的可能的关键点和方向。

例 9-5

论文题目:奥运期间北京大气降水酸化趋势及湿沉降来源探讨

4. 结论(Conclusions)

1) 近 10 年来北京大气降水呈逐渐酸化趋势,2008 年 8 月奥运会期间北京降水酸化更为明显,3 个大气降水监测站 pH 值月平均都低于 5.6,车公庄站与黄村站甚至低于 5.0,北京近地面酸化缓冲能力的减弱是造成北京降水酸化的主要原因。

2) 北京酸性降水中 SO_4^{2-} 离子比例明显高于 NO_3^- 离子,是北京地区大气降水中最主要的酸根离子。

3) 奥运大气环境控制措施明显抑制了近地面大气污染排放,各主要大气污染物浓度都明显降低,但大气降水离子浓度及湿沉降量并没有相应降低,甚至还有所增加;密云水库近地面大气污染排放远低于市区,但其湿沉降量反而高于市区。近地面大气污染排放可能并不是北京大气降水湿沉降的主要来源。

4) 区域性的大气污染排放及由南向北的污染会聚为北京夏季大气降水提供了丰富的湿沉降来源,污染物长时间的停留为与湿气团的充分混合提供了条件,并随大气降水重返地面,成为北京区域大气降水湿沉降的重要来源。但是否为北京大气降水湿沉降的主要来源,需要进一步证实。

(选自:李令军等. 奥运期间北京大气降水酸化趋势及湿沉降来源探[J]. 环境科学学报,2009,29(10):2023-2024.)

8. 致谢

按照 GB7713—1987 的规定,致谢语句可以放在正文后,体现对下列方面致谢:国家科学基金;资助研究工作的奖学金基金;合同单位;资助和支持的企业、组织或个人;协助完成研究工作和提供便利条件的组织或个人;在研究工作中提出建议和提供帮助的人;给予转载和引用权的资料、图片、文献、研究思想和设想的所有者;其他应感谢的组织和人。(这部分内容一般可省略)

9. 参考文献

在学术论文后一般应列出参考文献（表），一是，为了能反映出真实的科学依据；二是，为了体现严肃的科学态度，分清是自己的观点或成果还是别人的观点或成果；三是，为了对前人的科学成果表示尊重，同时也是为了指明引用资料出处，便于检索。

（三）参考文献的标注方法及规定

根据中华人民共和国国家标准文后参考文献著录规则 GB/T 7714—2015（摘录）：

1. 文献类型及标识代码（见表9–1）

表9–1 参考文献类型及标识代码

参考文献类型	普通图书	会议录	汇编	报纸	期刊	学位论文	报告	标准	专利	数据库	计算机程序	电子公告	档案	舆图	数据集	其他
文件类型标识代码	M	C	G	N	J	D	R	S	P	DB	CP	EB	A	CM	DS	Z

2. 电子文献载体及标识代码（见表9–2）

磁带（magnetic tape）［MT］、磁盘（disk）［DK］、光盘（CD-ROM）［CD］、联机网络（online）［OL］。

表9–2 电子文献载体及标识代码

文献载体	磁带（magnetic tape）	磁盘（disk）	光盘（CD-ROM）	联机网络（online）
标识代码	MT	DK	CD	OL

3. 参考文献著录格式示例

［1］梁吉业，曲开社，徐宗本．信息系统的属性约间［J］．系统工程理论与实践，2001（12）：76–80.

［2］刘清．Rough 集及 Rough 推理［M］．北京：科学出版社，2001.

［3］国家环境保护局科技标准司．土壤环境质量标准：GB 15616–1995［S］．北京：中国标准出版社，1996：2–3.

［4］沈铭贤．为何要"鉴"诺贝尔奖［N］．文汇报，2002–12–16.

［5］雷光春．综合湿地管理：综合湿地管理国际研讨会论文集［C］．北京：海洋出版社，2012.

［6］叶赛华．高等学校重学学科评估研究［D］．上海：复旦大学，2002.

［7］中华人民共和国国务院新闻办公室．国防白皮书：中国武装力量的多样化运用［R/OL］．（2013–04–16）［2014–06–11］．http://www.mod.gov.cn/affair/2013–04/16/content_4442839.htm.

（社会科学类论文也可按此规格写参考文献）

在文中所引用的参考文献处分别用上标①或［1］标引，引用作者本人或未发表的著作，一般不必加注。

例 9-6

长江上游调水对干流电站发电效益的影响（节选）

张远东 魏加华 周建军

（清华大学 水利水电工程系，水沙科学与水利水电工程国家重点实验室，北京 100084）

摘 要：滇中调水和南水北调西线工程达到设计输水规模后，长江上游干流的年径流量将相应减少约 204 亿 m³。为评价这两项调水工程对长江上游干流已建、在建和拟建电站发电效益的影响，建立了梯级多目标优化调度模型。采用浮点多目标遗传算法进行非线性优化模型求解。模型评价的结果表明，滇中调水和南水北调西线工程的实施，将对长江上游干流自拖顶至葛洲坝共计 15 座电站的年发电量和保证出力产生不同程度的影响。在多年平均径流条件下，两项调水工程均达到设计规模后，这 15 座电站的年发电总量将减少 14% 左右，其中三峡电站约减少 4%。

关键词：调水工程；水力发电；三峡电站；长江流域上游

中图分类号：TV 68 文献标识码：A 文章编号：1000-0054（2008）06-0955-04

Impact of water transfer on hydropower generation of power plants in the upper reaches of the Yangtze River

Zhang Yuandong, Wei Jiahua, Zhou Jianjun

(State Key Laboratory of Hydroscience and Engineering,
Department of Hydraulic Engineering, Tsinghua University, Beijing 100084, China)

Abstract: When the Central Yunnan Province Water Transfer Project and the western route of the South-to-North Water Transfer Project reach to their respective planned flow rates, the annual runoff in the upper reaches of the Yangtze River will decrease by about 20.4 billion m³. An optimal cascade dispatching model was developed to quantitatively evaluate the impact of the two water transfer projects on hydropower generation of completed, under construction and proposed power plants. The float-encoding genetic algorithm was used to solve the multi-objective nonlinear model. The simulations show that the two water transfer projects will exert considerable influence on the power generation of fifteen power plants (from the Tuoding Power Plant to the Gezhouba Power Plant). If the two water transfer projects are fully online the total annual power generation of the fifteen power plants will decrease by 14%. The yearly power generation reduction of the Three Gorges Power Plant will be 4%.

Key words: water transfer project; hydropower generation; Three Gorges power plant; upper Yangtze River

长江上游干支流河段是中国水能资源最为丰富的水电基地，在这段河道上，规划、在建和已建的大型水利水电工程达几十座，其中三峡枢纽为世界上迄今规模最大的水电工程。随着国民经济建设对能源需求的不断增长，相关研究工作的不断开展和深入，长江上游地区梯级电站的开发进程有望大大加快。

……（略）

本文通过建立梯级优化调度模型，对滇中调水和南水北调西线调水情况下长江上游干流已建、在建和规划梯级的发电效益损失进行了评价和分析，并侧重分析了上述两项调水工程对三峡电站发电效益的潜在影响。

1. 调水工程概况

1.1 滇中调水工程

滇中调水工程是解决滇中地区缺水问题、保障云南省经济社会可持续发展的重要举措。该工程拟从金沙江规划中的上虎跳峡水库取水，主要解决滇中高原地区城镇生活和工业供水，同时兼顾农业和生态用水。根据"滇中调水工程规划报告"中的设计方案，滇中调水工程多年平均调水量34.2亿m^3/a，其中7—9月不调水，其他月份平均调水，渠首设计流量为145m^3/s。

1.2 南水北调西线工程

南水北调西线工程是从长江上游干支流调水入黄河上游的跨流域调水重大工程，是补充黄河水资源的不足，解决涉及青、甘、宁、内蒙古、陕、晋6省、自治区的黄河上中游地区和渭河关中平原干旱缺水的一项重大战略措施。……（略）

2. 模型的建立

2.1 模型概化

本次研究涉及金沙江上游规划的拖顶电站、金沙江中下游的12座规划和在建电站、三峡电站和葛洲坝电站，共计15座电站。图1为金沙江中下游河段12座梯级水电站纵剖面图。

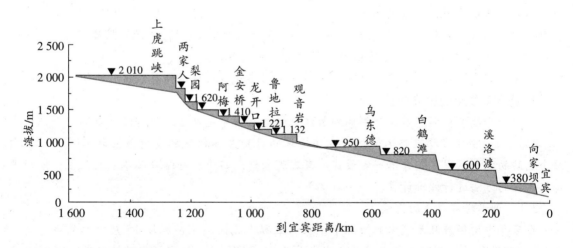

图1 金沙江中下游河段12座水电站纵剖面图

由于金沙江上中游规划的拖顶、两家人、梨园、阿梅、金安桥、龙开口、鲁地拉和观音岩电站以及长江葛洲坝电站的调节库容较小（小于6亿m^3），径流调节能力相对较弱，本模型只对上虎跳峡、乌东德、白鹤滩、溪洛渡、向家坝和三峡6座调节库容较大的电站进行优化计算，其他电站均作为径流式电站处理。模型计算中未考虑雅砻江、大渡河、嘉陵江和乌江等支流水库调节所产生的径流变化；三峡电站没有考虑地下厂房的6台发电机组；金沙江上游拖顶电站由于资料限制，仅根据水头和流量估算其发电效益；上虎跳峡的正常蓄水位取2 010m方案。

2.2 数学模型

主要考虑两个目标：1）各梯级电站年发电量之和最大；2）各电站的弃能之和最小。约束条件包括：水量平衡约束、出力约束、水位约束、通航流量约束及变量的非负约束。数学模型可用式（1）表示：

$$\text{obj.} \quad \max W = \sum_{t=1}^{N_m} \sum_{j=1}^{n} Aq_{i,j\text{div}} H_{i,j} \Delta T_t,$$

$$\text{obj.} \quad \min W_{\text{dis}} = \sum_{t=1}^{N_m} \sum_{j=1}^{n} Aq_{i,j\text{dis}} H_{t,j} \Delta T_t,$$

$$\text{s.t.} \quad V_{t+1,j} = V_{t,j} + (q_{t,j-1\text{div}} + q_{t,j\text{inf}} + q_{t,j-1\text{dis}} - q_{t,j\text{div}} - q_{t,j\text{los}}) \Delta T_t,$$

$$P_{j\min} \leq Aq_{t,j\text{div}} H_{t,j} \leq P_{j\max},$$

$$V_{j\text{des}} \leq V_{t,j\text{dro}} \leq V_{j\text{nor}},$$

$$V_{i\text{dea}} \leq V_{t,i\text{flo}} \leq V_{i\text{lim}},$$

$$q_{t,\text{dis}} \leq q_{\text{nav}},$$

$$N_m = 12, t = 1, \cdots, N_m, j = 1, \cdots, n. \quad (1)$$

（1）式中：W为年发电总量；W_{dis}为弃能总量；A为出力系数；H表示水头；ΔT为每个月的小时数；$P_{\min}$为保证出力；$P_{\max}$为装机容量；N_m为每年的月数；n为电站个数；$q_{\inf}$表示来水流量；q_{dis}表示弃水流量；q_{los}表示蒸发、调水等损失流量；q_{div}表示发电引水流量；q_{nav}表示通航流量（三峡通航最小流量为$5\,860\,m^3/s$）；V表示水库的库容；V_{dro}表示枯水期库容；V_{nor}表示正常蓄水位对应库容；V_{dea}表示死库容；V_{flo}表示汛期库容；V_{lim}表示汛限库容；下标t与j分别表示月份和电站编号；上述所有变量均为非负变量。

上述模型属于多目标的非线性优化模型，采用浮点多目标遗传算法进行求解。

3. 调水对发电的影响分析

滇中和西线工程调水不仅会影响到长江上游电站的年发电量，还将降低电站的保证出力（发电质量）。由于多梯级整体优化的方法追求的目标是各梯级的发电效益之和最大，其中每个电站的发电运用方式并不一定最优。考虑到长江上游干流电站分属不同的业主，采用逐梯级优化的方法进行评价计算。……（略）

3.1 调水对发电量的影响

在多年平均径流且无调水的情况下，长江上游干流拖顶至葛洲坝15座电站的年总发电量约为416TW·h，其中三峡电站的年发电量为91.3TW·h；滇中调水的情况下，15座电站的年总发电量约减少11.4TW·h，其中三峡电站减少约0.3TW·h；西线工程调水的情况下，15座电站的年总发电量约减少41.2TW·h，其中三峡电站减少约2.9TW·h；在滇中和西线工程同时调水的情况下，15座电站的年总发电量约减少57.5TW·h，其中三峡电站减少约3.8TW·h。图2为滇中、西线以及滇中与西线工程同时调水对各电站年发电量的影响。

……（略）

3.2 调水对最小出力的影响

在多年平均径流且无调水的情况下，上虎跳峡至葛洲坝 14 座电站（未计拖顶电站）的最小出力之和约 32.1GW，其中三峡电站的月均最小出力为 5.4GW；滇中调水的情况下，14 座电站的最小出力之和约减少 1.4GW，其中三峡电站减少约 100MW；西线工程调水的情况下，14 座电站的最小出力之和约减少 3.9GW，其中三峡电站减少约 150MW；在滇中和西线工程同时调水的情况下，14 座电站的最小出力约减少 6.1GW，其中三峡电站减少约 230MW。图 3 所示分别为滇中、西线以及滇中与西线工程同时调水对各电站最小出力的影响。

……（略）

4. 结语

滇中调水工程和南水北调西线工程是解决我国滇中和西北地区干旱缺水问题的重大战略举措，对促进受水区经济社会的可持续发展具有重大的意义；但同时，这两项调水工程的实施将相应地减少长江流域上游的可用水资源量，并不可避免地对长江上游水电基地已建、在建和拟建电站的发电效益产生一定的影响。根据本文的研究结果，在多年平均径流条件下，当这两项调水工程达到设计调水规模后，长江上游托顶至葛洲坝 15 座电站的年发电总量将减少 14% 左右，各电站保证出力也有不同程度的降低。

此外，随着长江上游多座大型水电工程的滚动开发和上述两项调水工程的建设，长江流域的水沙条件将发生较大的改变。

因此，笔者建议应当从国家水资源需求、水能开发的高度出发，统筹规划上游调水和拟建工程，开展长江流域供水、防洪、发电、航运、生态和输沙等方面的综合研究，以提高该流域开发的综合效益。

参考文献（References）

[1] 李景宗. 西线南水北调对长江上游水利水电开发影响初析 [J]. 人民黄河，1989，9（6）：3–6.

Li Jingzong. Preliminary analysis of effects of transferring water from Changjiang (Yangtze) River to Yellow River through the West Route on exploitation of water and hydroelectric resources in the upper Changjiang Valley [J]. Yellow River, 1989, 9 (6): 3–6. (in Chinese)

[2] 张新海，张玫，韩侠，等. 南水北调西线工程对长江的影响初步分析 [J]. 人民黄河，2002，22（2）：20–22.

Zhang Xinhai, Zhang Mei, Han Xia, et al. Preliminary analysis of the impact on the Yangtze River caused by the west route of the South-to-North Water Diversion Project [J]. Yellow River, 2002, 22 (2): 20–22.

……（略）

（选自：张远东，等. 长江上游调水对干流电站发电效益的影响 [J]. 清华大学学报，2008，48（6）：955–958.）

本章提示

科技类文体写作包括概述、毕业设计（论文）写作、学术论文写作内容。本章要了解科技文的分类；掌握毕业设计（论文）写作过程和写作基本格式与要求；掌握学术论文写作的基本格式与要求；特别要掌握采用标准著录规则的方法摘录文献资料。

思维与训练

1. 简述毕业设计与学术论文的基本格式。
2. 举例说明对参考文献标注的规定。
3. 结合所学专业阅读若干篇优秀毕业设计书并撰写阅读笔记。
4. 结合所学专业阅读若干篇学术论文并撰写阅读笔记。

本编阅读参考书目

［1］路庆德．普通写作学教程［M］．2版．北京：高等教育出版社，2006.
［2］张汉昌．财经政法类毕业论文写作概论［M］．上海：立信会计出版社，2007.
［3］杨文丰．现代应用文书写作［M］．北京：中国人民大学出版社，2001.
［4］王银清．实用经济文写作［M］．北京：中国经济出版社，1996.
［5］牟瑜．应用写作［M］．青岛：青岛出版社，2001.
［6］刘春生．公务文书写作教程［M］．上海：复旦大学出版社，2002.
［7］杨萌，王筱玲．大学实用写作教程［M］．南昌：江西高校出版社，2003.
［8］杨建洲．现代商务文书大全［M］．北京：金盾出版社，2007.
［9］张浩．财会公文写作［M］．北京：蓝天出版社，2007.
［10］蓝石，周海涛．国际论文研究与撰写规范［M］．上海：格致出版社，上海人民出版社，2009.
［11］张蓉．经济文书写作［M］．北京：电子工业出版，2021.
［12］任遂虎．大学写作训练［M］．4版．北京：中国人民大学出版社，2020.
［13］刘春生．公务文书写作教程［M］．4版．上海：复旦大学出版社，2019.
［14］喻彬．新媒体写作教程［M］．北京：中国传媒大学出版社，2018.
［15］夏晓鸣，张剑平．应用文写作［M］．北京：首都经济贸易大学出版社，2018.
［16］张言彩．文献检索与毕业论文写作［M］．西安：西安电子科技大学出版社，2018.
［17］陈亚丽，基础写作教程［M］．北京：北京大学出版社，2016.
［18］杨文丰．实用经济文书写作［M］．北京：中国人民大学出版社，2016.
［19］罗昌宏，吴彬彬．商务文书写作［M］．3版．武汉：武汉大学出版社，2016.
［20］路德庆．普通写作学教程［M］．北京：高等教育出版社，2015.
［21］段轩如．写作学教程［M］．4版．北京：中国人民大学出版社，2014.
［22］何明．写作教程［M］，武汉：武汉大学出版社，2012.
［23］尉天骄．基础写作教程［M］，高等教育出版社，2010.

第四编

文学常识导读

第十章

中国古代文学主要流派、作家及作品

学习目的和意义

帮助学生建立系统的古代文学知识框架；了解江西历史文化名人事迹，弘扬和传承优秀传统文化、红色文化。

学习重点与难点

认识到中国古代作家在文学领域的建树，感悟中国古代文学的繁荣昌盛，理解他们为提升中国精神文明所做出的重大贡献。

第一节 中国古代文学主要流派

一、文学流派与并称

（1）儒家学派的代表人物有：孔子、孟子。
（2）道家学派的代表人物有：老子、庄子。
（3）墨家学派的代表人物有：墨子。
（4）法家学派的代表人物有：韩非子。
（5）屈宋：指战国时期的屈原、宋玉。
（6）扬马：指西汉扬雄、司马相如。
（7）三曹：指曹操、曹植、曹丕。
（8）建安七子：指孔融、王粲、陈琳、刘桢、徐干、阮瑀、应玚。
（9）沈诗任笔：指南朝齐梁间的沈约和任昉。
（10）初唐四杰：指王勃、杨炯、卢照邻、骆宾王。
（11）沈宋：指初唐武后时期著名的宫廷诗人沈佺期和宋之问。

（12）唐代边塞诗派代表作家：王昌龄、岑参、高适、王之涣、李颀等。

（13）唐代山水田园诗派代表作家：王维、孟浩然、卢纶、李益等。

（14）张王乐府：指张籍、王建所写的乐府诗。

（15）郊寒岛瘦：苏轼语，是对中唐诗人孟郊、贾岛诗风的形象概括。

（16）元白：指中唐诗人元稹和白居易。

（17）南唐二主：指五代时南唐的两个皇帝，中主李璟和后主李煜。

（18）三苏：是苏轼、苏洵、苏辙。

（19）唐宋八大家：指韩愈、柳宗元、欧阳修、王安石、曾巩、苏轼、苏洵、苏辙。

（20）宋词豪放派代表作家：苏轼、辛弃疾等。

（21）宋词婉约派代表作家：柳永、李清照等。

（22）格律词派：格律词派是南宋词两大流派之一。这个词派以姜夔为代表，其余重要的词人还有吴文英、史达祖等。

（23）中兴四大诗人——中兴四大诗人是指陆游、杨万里、范成大、尤袤。

（24）元代元曲四大家：指关汉卿、郑光祖、白朴、马致远。

（25）明代后七子：指宗臣、李攀龙、王世贞、谢榛、梁有誉、徐中行、吴国伦。

（26）唐宋派：是明代前后七子的反对派作家，有：王慎中、唐顺之、归有光。

（27）公安派三袁：指袁宗道、袁宏道、袁中道。

（28）明末清初"三大思想家"：指顾炎武、黄宗羲、王夫之。

（29）南施北宋：指清初著名诗人施闰章和宋琬。

（30）宋诗派：即清代"同光体"诗人，代表作家是陈三立、陈衍。

（31）浙西词派：清初词派，以浙江秀水（今嘉兴市）人朱彝尊为代表。

（32）阳羡词派：清初词派，以江苏省宜兴人陈维崧为代表。

（33）苏州作家群：清初戏曲家群体，代表人有李玉、朱素臣、朱佐朝。

（34）常州词派：清中叶词派，代表人物是张惠言。

（35）桐城派：清中叶最著名的一个散文流派，主要作家有方苞、姚鼐、刘大櫆。

（36）南洪北孔：指清初著名的戏剧家洪昇和孔尚任。

（37）南社：成立于1909年，发起人为陈去病、高旭和柳亚子。

（38）宣南诗社：又名消寒诗会、宣南诗会。清嘉庆、道光年间的文学社团。

二、中国古代文学诗歌流派

【建安风骨】汉末建安时期出现了一批比较优秀的诗歌，代表作家有曹氏父子、建安七子等，其内容或反映社会之动乱，或抒发其渴望国家统一的抱负，大抵情辞慷慨，格调刚健遒劲，在思想性和艺术性上均有鲜明特色。后人称这种特色为"建安风骨"，唐陈子昂所说的"汉魏风骨"，即指此而言，李白也对"蓬莱文章建安骨"加以称道。

【正始体】三国魏后期的一种诗风，以其开始出现于魏齐王曹芳正始年间，故名。严羽在其《沧浪诗话·诗体》："正始体，魏年号，嵇［康］、阮［籍］诸公多诗。"又《文心雕龙·明诗》："乃正始明道，诗杂仙心，何晏之徒，率多浮浅。唯嵇志清峻，阮旨遥深，故能标焉。"

第十章 中国古代文学主要流派、作家及作品

【太康体】晋武帝太康时期所出现的一种诗风。代表作家有潘岳、陆机、张载、张协、陆云等。他们的作品，一般注重炼字析句，追求词藻的华美，渐流于轻绮靡丽，尽失建安风骨。

【元嘉体】指南朝宋文帝元嘉年间出现的一种诗风。严羽《沧浪诗话》谓："元嘉体，宋年号，颜［延之］、鲍［照］、谢［灵运］诸公之诗。"

【齐梁体】南朝齐、梁时代出现的一种诗风。这类诗歌，多讲究音律对偶，绮丽浮艳，世称齐梁体。

【宫体】南朝梁代在宫廷中所形成的一种诗风。作者以梁简文帝为首，大都描绘声色。

【徐庾体】南朝梁徐、庾二家父子的诗风、文风。《周书·庾信传》："时（庾）肩吾为梁太子中庶子，掌管记，东海徐摛为左卫率，摛子陵及信（肩吾子）并为抄撰学士……文并绮艳，故世号为徐庾体焉。"但庾信作品的风格后来有所转变。

【玉台体】以《玉台新咏》为代表的一种诗风。陈徐陵编选《玉台新咏》，其自序说："撰录艳歌，凡为十卷。"所收诗篇，虽有少数质朴刚健之作，但大多文词纤艳。后遂称此种类型的作品为"玉台体"。

【上官体】上官指初唐诗人上官仪。《旧唐书·上官仪传》："工于五言诗，好以绮错婉媚为本。仪即贵显，故当时多有学其体者，时人谓为上官体。"

【元和体】①指唐诗人元稹、白居易的诗风。《新唐书·元稹传》："稹尤长于诗，与居易相埒，天下传讽，号元和体。"据元稹《上令狐相公诗启》，有些人专事摹仿他们那些互相唱和的长篇排律和流连光景的短篇作品，当时也都目之为元和体。元和是唐宪宗的年号。②指唐代中、后期出现的摹拟元和作家的作品。李肇《唐国史补》卷下："元和以后，为文笔，则学奇诡于韩愈，学苦涩于樊宗师；歌行则学流荡于张籍；诗章则学矫激于孟郊、学浅切于白居易，学淫靡于元稹，俱名为元和体。"

【长庆体】指唐诗人元稹、白居易的诗风，两人是好朋友，诗歌风格亦相近。其作品皆于穆宗长庆年间编集，元稹有《元氏长庆集》，白居易有《白氏长庆集》，故名。

【香奁体】以唐韩偓《香奁集》为代表的一种诗风。该集中诗多绮丽脂粉之语。后遂称此类型的作品为"香奁体"，又名"艳体"。

【元祐体】指宋哲宗元祐年间苏轼、黄庭坚、陈师道诸人的诗风。严羽《沧浪诗话》称为"元祐体"。

【台阁体】明初上层官僚间所形成的一种文风，流行于永乐、成化年间。其特征是形式典雅工丽，内容多为粉饰太平歌颂统治者功德。代表作家有杨士奇、杨荣、杨溥，时称"三杨"。

【韩孟诗派】"韩孟诗派"是以中唐诗人韩愈和孟郊为代表的一个诗歌流派。两人是挚友，诗歌风格相近，都喜欢琢句雕章。他们着力实践杜甫"语不惊人死不休"的主张，在形式上追求翻空出奇，形成一种奇险怪僻的诗风，具有某些形式主义倾向，但他们的诗对扭转大历以来平庸靡荡的诗风起了一定作用。韩愈是韩孟诗派的代表人物，最大特点是"以文为诗"，孟郊是另一代表人物，除二人之外，贾岛、卢仝、刘叉等，也都是这一诗派的成员。

【边塞诗派】盛唐诗歌的主要流派之一。文学史家根据作品反映的题材，把盛唐诗坛上

善于表现边塞生活的诗人称作"边塞诗派"。其代表人物有高适、岑参、王昌龄、李颀等，成就最大的是高适和岑参。其诗派的作者结合壮丽、辽阔的边境风光，表现驰骋沙场、建功立业的壮志豪情；也客观地反映了唐帝国内部的各种矛盾，作品气势奔放，慷慨激昂，给人以奋发向上力量。无论从开拓诗歌题材还是艺术上的创新，都取得突出成就，大大促进了盛唐诗歌繁荣。在我国历代诗坛上，其诗派占有一定的地位。

【田园诗派】盛唐另一重要诗歌流派，此派诗人以善于描绘田园生活著称，其代表人物为王维和孟浩然、储光羲、常建。王、孟等人继承并发展了魏晋以来陶渊明、谢灵运等优秀的田园山水诗人的传统。此诗派流露出对恬静的田园生活的留恋和对大自然秀丽风光的热爱，同时也抒发了怀才不遇的苦闷和对黑暗官场的厌恶。田园诗派和边塞诗派并称两大诗派，其艺术技巧较高，得到后人推崇。

【花间词派】五代时西蜀的一个文学流派。他们尊崇唐末词人温庭筠为鼻祖，主要成员有韦庄、薛昭蕴、牛峤、牛希济、欧阳炯等人。后蜀赵崇祚把这些词人的作品收录成集，取名《花间集》，花间词派因而得名。温庭筠以浓艳之色彩，华丽之词藻，构成其"香而软"的风格，他精通音律，在词的格律形式上起了规范化作用。

【南唐词派】五代时南唐的一个词派。代表人物中有李璟、后主李煜和元老冯延巳，南唐君臣终日纵情声色，不图进取，因此，他们的词都有一种颓靡浮艳色彩情调。后主李煜的成就较高，广为传诵的《虞美人》感情真挚，格调哀婉，扩展了词表现生活和抒发感情的能力。

【江西诗派】宋文学流派。北宋末，吕本中作《江西诗社宗派图》，自黄庭坚以下，"列陈师道、潘大临、谢逸等二十五人，以为法嗣"（《苕溪渔隐丛话前集》）。其中所列诗人不都是江西人。而与本中同时，被后人推为江西诗派的重要作者曾几、陈与义二家，却未列入宗派图内。稍后，杨万里又以曾弦、曾思二家为"江西诗派"。江西诗人论诗，多强调活法，崇尚瘦硬风格，要求字字有来历，倡"脱胎换骨，点铁成金"之法，每袭用前人诗意而且略改其词，以为工巧，造成一定不良影响。

【唐宋派】明代散文流派之一。以王慎中、唐顺之、归有光、茅坤为首。他们主张作文应学习唐宋文章的法度，但应有自己的特点，对"前后七子""文必秦汉"的拟古主张表示不满。（注：前七子为明弘治、正德时期文学家李梦阳、何景明、徐祯卿、边贡、康海、王九思和王廷相。后七子为明嘉靖、隆庆时期文学家李攀龙、王世贞、谢榛、宗臣、梁有誉、徐中行和吴国伦。）

【吴江派】明代戏曲流派之一，也叫格律派，以吴江人沈璟为代表。他主张戏曲的语言本色，强调戏曲的音律，并以此为品评戏曲价值的唯一标准。他的主张在当时曾得到不少人支持，其主要作家有吕天成、卜世臣、王骥德、叶宪祖等人，在创作实践上，其"命意多主风世"，戏曲内容多宣传封建伦理道德和宿命论。主张语言本色，并努力实践，动摇了当时浮华的文风。

【临川派】明代戏曲流派之一，因其主要代表是汤显祖，他又是临川人，故名。此派代表作家还有孟称舜、阮大铖、吴炳等人，汤显祖在戏曲创作理论上强调戏曲要以内容为主，很重视戏剧的思想教育性。言"予意所至，不妨拗折天下人嗓子"，与吴江派恰巧相反，一是为意可以致曲，一是为曲可以伤意。汤的代表作品《牡丹亭》在整个戏剧史上耸起另一座高峰，虽汤显祖忽视戏曲格律和音乐美的重要性，但其辉煌艺术成就和丰富的思想内容，为戏剧发展做出了杰出的贡献。

【公安派】明后期的文学流派。以袁宏道及其兄宗道、弟中道为首。因三袁是公安（湖北）人而得名，他们反对"前后七子"的拟古风气，主张文学要抒发性灵，企图在一定程度上突破儒家思想对文学的束缚，在当时很有影响。其部分作品抨击时政，表现对道学的不满，但多数篇章局限于抒写闲情逸致。

【竟陵派】明代后期的文学流派。以钟惺、谭元春为首。两人都是竟陵（今湖北天门）人，故名。他们反对拟古，要求抒写灵性，其主张和公安异曲同工，但又以公安派的作品有浮浅之弊，企图以幽深孤峭的风格矫之，以致流于艰涩。

【苏州派】明末清初的重要的戏曲流派，以李玉为首，包括朱素臣、朱佐朝、邱园、毕魏、张大复等。他们之间交往密切，常组织带有集体创作性质的写剧活动，又都是苏州人，故名。此派的作品大都能联系社会实际，思想性强。艺术上广泛吸取了各种民间艺术营养，取材质朴自然，生活气息浓厚，故其剧作不仅是"案头文学"，而且是"本色当行"，对一些落后倾向进行了抵制和斗争，在当时剧坛上产生了一定影响。

【复社】明末一个全国性文社组织，领导人是张溥、张采。他们集合南北各地文士三千多人大会于虎丘，约于1663年成立复社。复社成员正义感强，崇尚气节，关心大众疾苦。以文社形式进行政治和社会活动。复社在文学上主张复古，实际上是要使复古为现实服务。复社中许多作家，像顾炎武、陈子龙、夏完淳都写了不少慷慨激昂感人至深的爱国诗篇，由于复社主张抗清，于顺治九年（1752）被清政府取缔，在文学史上这样大规模的文学组织，与政治这样关系密切的社团还很少见，它对后世的影响极为深远。（注：明末抗清斗争时，复社成员大多壮烈殉国。）

【浙西词派】清词流派之一，浙西词人朱彝尊所开创，重要作家有厉鹗等，其作品多写琐事，记宴游，在艺术性方面，则把宋代词人周邦彦、姜夔的风格、格律和技巧，奉为填词最高境界。

【桐城派】清代散文流派。由康熙时方苞所开创，其后刘大魁、姚鼐等又进一步加以发展。他们都是安徽桐城人，故名。但后来桐城派的作家，却都不是桐城人。主张学习《左传》《史记》等先秦两汉散文和唐宋古文家韩愈、欧阳修等人的作品，讲究"义法"，要求语言"雅洁"，以阳刚阴柔分析文章风格。其作品略显空洞，但在清代颇有影响。

【阳湖派】清代散文流派。恽敬、张惠言等所开创。恽为江苏阳湖（今武进）人，后继者亦多同县人，故名。他们的渊源，出于桐城派，但对桐城派古文的清规戒律有所不满；作文取法儒家经典，而又参以诸子百家之书，故文风较为恣肆。

【常州词派】清词流派之一，常州词人张惠言所开创，周济又进一步加以发展，反对浙西词派的寄兴不高，提出要依据儒家"诗教"，尊崇词体，强调寄托，同时又竭力在前人作品中寻求"微言大义"，流于穿凿附会。他们的作品，意旨亦较为隐晦。对清末词坛影响颇大。

【同光体】活动于清末和辛亥革命后一段时期的一个诗派，代表人物有陈三立、陈衍、沈曾植等。他们的作品，在艺术上一味模仿宋代的江西诗派，并流露出不满民主革命的情绪。因陈衍在《石遗室诗话》中把同治、光绪以来"诗人不专宗盛唐者"称为"同光体"，后遂以此作为这一诗派的名称。

第二节　中国古代文学主要作家及作品

一、作家在文学史上的地位的归类（含诗词、散文、戏曲、小说等）

（1）孔子是我国古代伟大的思想家和教育家，儒家学派的创始人。
（2）孟子是孔子之后儒家学派的主要代表。
（3）庄子是老子之后道家的主要代表。
（4）屈原是我国古代第一个伟大的爱国诗人。
（5）荀子是战国末期儒家思想的集大成者。
（6）韩非子是战国末期法家思想著名的代表。
（7）李斯是秦代散文作家中的代表人物。
（8）曹操是建安文坛的领袖，开风气之先，影响一代诗风。
（9）曹植是建安时期最负盛名的作家。
（10）陶渊明是中国文学史上第一位以自己的田园生活为内容进行诗歌创作的人。
（11）鲍照是南朝刘宋时期成就最高的诗人，其乐府诗对唐代诗人有很大影响。
（12）王维是盛唐田园山水诗派的代表作家。
（13）李白是继屈原之后我国最伟大的浪漫主义诗人。
（14）杜甫是我国古代最伟大的现实主义诗人。
（15）岑参是盛唐著名的边塞诗人。
（16）白居易是中唐杰出的现实主义诗人，新乐府运动的倡导者和主要代表。
（17）韩愈是唐代古文运动的倡导者和领袖，被后人尊为"唐宋八大家"之首。
（18）李商隐是晚唐诗坛上的著名诗人。
（19）欧阳修是北宋诗人革新运动的领袖。
（20）王安石是北宋著名的政治家和文学家。
（21）苏轼是宋代文艺创作成就最为全面的一位作家，豪放词派的创始人。
（22）柳永是北宋第一个专力写词的作家，也是婉约派词人的代表。
（23）陆游是南宋伟大的爱国诗人。
（24）李清照是我国古代文学史上难得的女作家、女词人。
（25）关汉卿是元代杂剧的奠基人。
（26）马致远是元代著名的杂剧家、散曲家，有"曲状元"之称。
（27）王实甫是元代前期杰出的杂剧作家。
（28）汤显祖是明代成就最高的剧作家。
（29）曹雪芹是我国清代伟大的现实主义作家。
（30）梁启超是最早高度评价和积极提倡小说创作的人。
（31）黄遵宪是"诗界革命"的一面旗帜。
（32）龚自珍是近代历史开端之际得风气之先的思想家和文学家。

二、主要文学创作基本特点的归类

（1）《论语》的艺术特色有：①浅显、简练、富于哲理性。②在简单的对话中表现人物形象。

（2）《墨子》的艺术特色有：①质朴少文采，但逻辑性很强。②善于运用具体事例来说理，从具体问题的争论进而为概括性的辩难，是说理文的一大进展。

（3）孟子散文的艺术特色有：①气势充沛，笔力锋芒，富于鼓动性，有纵横家、雄辩家气概。②常用巧妙的譬喻和寓言式的小故事来阐明道理，生动而有说服力。

（4）庄子散文的艺术特色有：①想象奇幻，构思奇特，极富浪漫主义色彩。②好用各种比喻和寓言来阐明道理，寓抽象概念于具体形象。②行文汪洋恣肆，变化万端。

（5）《荀子》的艺术特色是：体系完整，长篇大论，论点明确，论证严密，巧譬博喻，句式整齐。

（6）《韩非子》的艺术特色是：议论透辟，观点鲜明，切中要害，标志着先秦理论文的进一步发展。

（7）《战国策》的艺术特色是：①叙事说理铺张渲染，纵横恣肆。②善用比喻和寓言故事。③刻画人物，鲜明生动。

（8）《离骚》的艺术特色是：①273句，2400余字，是我国古典文学中最长的抒情诗。②塑造了诗人伟大爱国者的主体形象。③融铸神话传说，驰骋想象，创造出神奇瑰丽的境界以表现对理想的热烈追求，具有浓郁的浪漫主义色彩。④继承和发展了《诗经》的比兴手法，香草美人，寄托遥深。

（9）《吕氏春秋》是一种系统化的、许多单篇说理文的集合之作，层层深入，最富条理，往往以寓言故事为譬喻，富有形象性。

（10）《史记》的艺术特色有：①塑造了丰富多彩的、性格鲜明的一系列人物形象。②谋篇布局，独具匠心、善于选择、剪裁和集中史料，善用"互见法"，善写大事和紧张场面，并以细节描写来刻画人物。③寓褒贬于叙事，有强烈的抒情性。④语言生动、准确、灵活。

（11）《孔雀东南飞》的艺术特色有：①是我国古代最长的叙事诗，代表了汉乐府的最高艺术成就。②成功地塑造了刘兰芝、焦仲卿等几个鲜明的人物形象。③情节曲折，结构完整，结尾富有浪漫主义色彩。

（12）曹操诗歌的艺术特色有：①大都用乐府旧题表现新的内容。②风格苍凉悲壮。

（13）《世说新语》的艺术特色有：①善于通过富有特征性的细节勾勒人物的性格和精神面貌，使之栩栩如生。②记事与记言相结合。③语言精练含蓄，隽永传神。

（14）陶渊明田园诗的艺术特色有：①风格完整，意境深远。②语言平淡自然、富于韵味。③对田园有着真挚的爱，情景交融。

（15）南朝乐府民歌的艺术特色有：①体裁短小，多为五言四句。②语言清新自然。③广泛运用双关语。

（16）《搜神记》的艺术特色有：①行文简洁质朴，有魏晋史家的行文特征。②一些名篇结构完整，情节较丰富，粗具短篇小说的规模，人物形象比较鲜明。

（17）王维诗歌的艺术特色有：①融诗情画意于一体。②风格清新淡雅、意境幽远。

（18）李白诗歌的风格是：飘逸、奔放、雄奇、壮丽。
（19）杜甫诗歌的风格是：沉郁顿挫。
（20）岑参诗歌的风格特点有：感情真实、气势磅礴、想象新奇、格调激越。
（21）白居易诗歌的艺术特色是：①通俗易懂、雅俗共赏。②常用对比手法。③注重人物描写。
（22）李商隐诗歌的艺术特色有：①构思缜密，情致深蕴。②虚实相生，朦胧之美。
（23）柳永词作的艺术特色有：①多写都市繁华景象及青楼歌妓的生活。②尤善于表达羁行役之苦。③大量制作慢词。④以铺叙见长。
（24）辛弃疾词作的艺术特色有：词风以豪放悲壮为主，"慷慨纵横，有不可一世之概"。
（25）《三国演义》的艺术特色有：①善于刻画人物形象。②语言传神、生动、准确。

三、主要著作的文体性质归类

（1）《论语》是我国先秦时期一部语录体散文集。
（2）《春秋》是鲁国的编年史。
（3）《战国策》是一部国别体史书，也是一部优秀的散文总集。
（4）《国语》是一部国别体史书。
（5）《左传》是我国早期的编年体历史著作、散文名著。
（6）《史记》是我国第一部纪传体通史，同时也是一部伟大的传记文学作品。
（7）《诗经》是我国最早的一部诗歌总集。
（8）《乐府诗集》是唐五代以前乐府诗的总集。
（9）《世说新语》是一部按内容分类的笔记小说集。
（10）《西厢记》是元杂剧，是我国古典杂曲中的不朽著作。
（11）《三国演义》是我国第一部长篇章回小说，历史演义小说的开山之作。
（12）《西游记》是一部神怪小说。
（13）《金瓶梅》是第一部文人独作的白话长篇小说。
（14）"三言""二拍"是明代代表性的短篇小说集。
（15）《聊斋志异》是清初最富有创造性、文学成就最高的志怪传奇文言小说。
（16）《儒林外史》是我国古代最杰出的讽刺文学的代表作。
（17）《红楼梦》是中国古代长篇小说的高峰。

四、主要著作的基本内容归类

（1）《诗经》分为"风""雅""颂"三个部分，"风"是采自15个地区的诗，其中大多数是民歌；"雅"有《大雅》《小雅》，是产生地王都附近的诗；"颂"有《周颂》《鲁颂》《商颂》，是用于宗庙祭祀的诗。
（2）《论语》主要记载孔子及其弟子的言行。
（3）《战国策》记载了战国时期谋臣策士游说各国或互相辩难的言论和行动。
（4）《左传》记叙了春秋时期250多年间各诸侯国的政治、军事、经济、外交等方面的历史事实。

(5)《史记》记叙了上自传说中的黄帝,下至汉武帝太初年间共3 000多年的历史。

(6)《西厢记》写书生张生与崔相国之女莺莺追求婚姻自由、反对封建礼教的故事。

(7)《三国演义》以蜀汉与曹魏的斗争为主线,描写了自汉末群雄逐鹿至西晋统一的历史进程。

(8)《西游记》以孙悟空为中心,写唐僧师徒四人西天取经的故事。寄寓了广大人民反抗黑暗势力,要求战胜自然、克服困难的精神,曲折地反映了封建时代的社会现实。

(9)《红楼梦》以贾、王、史、薛四大家族为背景,以贾宝玉、林黛玉的爱情悲剧为主要线索,着重描写了贾家荣、宁二府由盛到衰的过程。

(10)《聊斋志异》描写歌颂爱情,抨击科举制度的腐败,揭露现实政治的腐败和政治阶级对人民的残酷压迫。热情地歌颂被压迫人民的反抗斗争。

(11)《桃花扇》以侯方域、李香君的爱情故事为线索,写南明王朝兴亡的历史,"借离合之情,写兴亡之感"。

(12)《长生殿》一方面颂扬李、杨之间至死不渝的爱情,表达了作者的爱情理想;另一方面又谴责他们荒淫祸国,企图达到"垂戒来世"的目的。

(13)《牡丹亭》通过杜丽娘和柳梦梅生死离合的爱情故事,揭示了反封建礼教的主题。

五、作家、文论家的文学主张归类

(1)孔子文论:以诗教为核心,倡"兴观群怨"说。

(2)孟子提出"与民同乐"的文艺美学思想,和"以意逆志""知人论世"的文学批评方法论。

(3)老子提"大音希声,大象无形"论。

(4)庄子文论崇尚自然,反对人为,提"虚静""物化"和"得意忘言"。

(5)屈原倡"发愤抒情"说。

(6)司马迁提"发愤著书"说。

(7)王充文论倡"真善美"相统一。

(8)钟嵘文论以"直寻"为核心。

(9)李白诗歌理论崇尚自然清新。

(10)王昌龄倡"诗境"论。

(11)司空图论诗歌要有"味外之味,象外之象,景外之景"。

(12)韩愈文论:文道合一,务去陈言,气盛言宜,文从字顺。

(13)欧阳修文论:文章应"明道""致用""事信""言文"。

(14)白居易主张:"文章合为时而著,歌诗合为事而作"。

(15)严羽论诗倡"别才、别趣""妙悟""以盛唐为法"。

(16)李贽主张"童心说"。

(17)公安派:倡导"性灵说",各尽其变,力求创新。

(18)王士祯主张"神韵说"。

(19)沈德潜主张"格调说"。

(20)翁方纲主张"肌理说"。

(21) 袁枚主张"性灵说"。

第三节 部分江西历史文化名人简述

江西，是一个具有悠久文化历史的省份。古代的江西人民，创造了辉煌灿烂的文化，特别是唐宋时期，书院林立，人文鼎盛，名家辈出，盛极一时。唐代文学家王勃在《滕王阁序》中曾赞美江西是"物华天宝，人杰地灵"。宋代文学家欧阳修在《居士集·送吴生南归》中也写道："区区彼江西，其产多材贤！"江西不仅山川秀丽，风光旖旎，而且在历史上曾经产生过不少杰出人物，他们在文明古国的文化宝库中留下了卷帙浩繁的著作，在人类文化发展史上写下了光彩夺目的篇章。

（1）徐稚（97—168），字孺子，古代豫章南昌人，是我国东汉时期著名的高士贤人，一生博学多识而淡泊名利、不离劳作，被人们千秋传颂为"人杰地灵之典范"。相传豫章太守陈蕃极为敬重徐稚之人品而特为其专设一榻，去则悬之。于是在王勃的名篇《滕王阁序》中便有了"人杰地灵，徐孺子陈蕃之榻"这不朽的名句，并且千古传为佳话。徐孺子谢世后，葬于南昌市进贤门外东潭巷铁树坡旧城壕沟边。其墓为江西省重点文物保护单位。南昌市的孺子路、孺子公园、孺子亭均是以徐稚的字号命名的。

（2）陶侃（259—334），东晋鄱阳郡（今都昌县）人，字士行（一作士衡），东晋大臣。早年孤贫，任郡县令，有志操，为上级所重。击败反晋武装后，任荆州刺史，为王敦所忌，调任广州刺史，无事即朝夕运甓以习劳。王敦败后，以征西大将军还镇荆州。咸和三年（328），应温峤等固请，奉为主帅，平定苏峻、祖约之乱，任侍中、太尉，都督荆、交等八州军事。他勤慎吏治，四十年如一日，不喜饮酒，常勉人惜分阴，造船时竹头木屑都储藏备用，为人所称道。卒，谥曰桓。侃著有文集二卷（《唐书·经籍志》）行于世。

（3）陶渊明（365—427），晋宋时期诗人、辞赋家、散文家。一名潜，字元亮，私谥靖节。浔阳柴桑（今江西九江西南）人。陶诗今存125首，多为五言诗，从内容上可分为饮酒诗、咏怀诗和田园诗三大类；现存文章有辞赋3篇、韵文5篇、散文4篇，共计12篇。陶诗沿袭魏晋诗歌的古朴作风而进入更纯熟的境地，像一座里程碑标志着古朴的歌诗所能达到的高度。陶渊明又是一位创新的先锋。他成功地将"自然"提升为一种美的至境；将玄言诗注疏老庄所表达的玄理，改为日常生活中的哲理；使诗歌与日常生活相结合，并开创了田园诗这种新的题材。陶渊明的诗文充满了田园气息，他的名士风范和对生活简朴的热爱影响了一代又一代的中国文人，甚至整个中国文化都深受其影响。

（4）晏殊（991—1055），北宋词人。字同叔，抚州临川人。景德中赐同进士出身。庆历中官至集贤殿大学士、同中书门下平章事兼枢密使。谥元献。其词擅长小令，多表现诗酒生活和悠闲情致，语言婉丽，颇受南唐冯延巳的影响。《浣溪沙》中"无可奈何花落去，似曾相识燕归来"二句，传诵颇广。原有集，已散佚，仅存《珠玉词》及清人所辑《晏元献遗文》。又编有类书《类要》，今存残本。

（5）欧阳修（1007—1072），北宋时期政治家、文学家、史学家和诗人。字永叔，号醉翁、六一居士，吉州永丰人，自称庐陵人，因吉州原属庐陵郡。天圣进士。仁宗时，累擢知制诰、翰林学士；英宗，官至枢密副使、参知政事；神宗朝，迁兵部尚书，以太子少师致仕。卒谥文忠。其于政治和文学方面都主张革新，既是范仲淹庆历新政的支持者，也是北宋诗文革新运动的领导者。又喜奖掖后进，苏轼父子及曾巩、王安石皆出其门下。创作实绩亦灿然可观，诗、词、散文均为一时之冠。散文说理畅达，抒情委婉，为"唐宋八大家"之一；诗风与散文近似，重气势而能流畅自然；其词深婉清丽，承袭南唐余风。曾与宋祁合修《新唐书》，并独撰《新五代史》。又喜收集金石文字，编为《集古录》。有《欧阳文忠公文集》。

（6）曾巩（1019—1083），字子固，南丰人。北宋文学家，"唐宋八大家"之一。宋嘉祐二年（1057）登进士第。政治上颇有声名，但他的更大贡献在于学术思想和文学事业上。曾巩的思想属儒学体系，他赞同孔孟的哲学观点，强调"仁"和"致诚"，认为只要按照"中庸之道"虚心自省、正诚修身就能认识世界和主宰世界。曾巩的散文创作成就很高，是北宋诗文革新运动的积极参加者。他师承司马迁、韩愈和欧阳修，主张"文以明道"，把欧阳修的"事信、言文"观点推广到史传文学和碑铭文字上。曾巩一生著述丰富，今仅存《元丰类稿》50卷。

（7）王安石（1021—1086），字介甫，晚号半山，小字獾郎，封荆国公，世人又称王荆公，世称临川先生。抚州临川人（现为抚州东乡区上池里洋村），北宋杰出的政治家、思想家、文学家、大诗人，唐宋古文八大家之一。他出生在一个小官吏家庭。父益，字损之，曾为临江军判官，一生在南北各地做了几任州县官。安石少好读书，记忆力强，受到较好的教育。庆历二年（1042）登杨镇榜进士第四名，先后任淮南判官、鄞县知县、舒州通判、常州知州、提点江东刑狱等地方的官吏。治平四年（1067）神宗初即位，诏安石知江宁府，旋召为翰林学士。熙宁二年（1069）提为参知政事，从熙宁三年起，两度任同中书门下平章事，推行新法。熙宁九年（1076）罢相后，隐居，病死于江宁（今江苏南京市）钟山，谥文。被列宁誉为是"中国十一世纪改革家"。文学上的主要成就在诗方面，词作不多，但其词能够"一洗五代旧习"，境界醒豁。今传《临川先生文集》《王文公文集》。

（8）晏几道（约1040—1112），北宋词人。字叔原，号小山，北宋抚州临川县人，晏殊第七子。历任颍昌府许田镇监、乾宁军通判、开封府判官等。性孤傲，晚年家境中落。词风哀感缠绵、清壮顿挫。有《小山词》。

（9）黄庭坚（1045—1105），字鲁直，自号山谷道人，晚号涪翁，又称黄豫章，洪州分宁（今江西修水）人。北宋诗人、词人、书法家，为盛极一时的江西诗派开山之祖。英宗治平四年（1067）进士。绍圣初，新党谓其修史"多诬"，贬涪州别驾，安置黔州等地。徽宗初，羁管宜州卒。宋英宗治平四年进士，绍圣初以校书郎坐修《神宗实录》失实被贬职，后来新党执政，屡遭贬，死于宜州贬所。擅文章、诗词，尤工书法。早年受知于苏轼，与张耒、晁补之、秦观并称"苏门四学士"。诗与苏轼并称"苏黄"，有《豫章黄先生文集》。词与秦观齐名，有《山谷琴趣外篇》《豫章黄先生词》。词风流宕豪迈，较接近苏轼，为"江西诗派"之祖。江西诗派的诗歌理论强调"夺胎换骨""点铁成金"，即或师承前人之辞，或师承前人之意；崇尚瘦硬奇拗的诗风；追求字字有出处。在创作实践中，诗派"以故为新"，重要作家的诗作风格迥异，自成一体，成为宋代最有影响的诗歌流派。它的影响遍及整个南宋诗坛，余波一直延及近代的同光体诗人。

（10）汪藻（1079—1154），北宋末南宋初文学家。字彦章，德兴（今属江西）人。崇宁二年（1103）进士。北宋时官至太常少卿、起居舍人。南宋时，官至显谟阁大学士、左大中大夫，封新安郡侯。他的诗不沾江西诗派习气而近似苏轼。诗作多触及时事，寄兴深远。汪藻学问渊博，绍圣、元符年间有声誉于太学。徽宗时，与胡伸俱有文名，被称为"江左二宝"。汪藻擅长写四六文，南渡初诏令制诰均由他撰写。行文洞达激发，多为时人传诵，被比作陆贽。汪藻撰著，散佚甚多，今传本《浮溪集》36卷。

（11）曾几（1084—1166），南宋诗人，字吉甫，自号茶山居士。赣州人，徙居河南洛阳。历任江西、浙西提刑、秘书少监、礼部侍郎。曾几学识渊博，勤于政事。他的学生陆游替他作《墓志铭》，称他"治经学道之余，发于文章，雅正纯粹，而诗尤工"。后人将其列入江西诗派。其诗多属抒情遣兴、唱酬题赠之作，闲雅清淡。五、七言律诗讲究对仗自然，气韵疏畅。所著《易释象》及文集已佚。《四库全书》有《茶山集》8卷，辑自《永乐大典》。

（12）洪适（1117—1184），南宋金石学家、诗人、词人。初名造，字温伯，又字景温；入仕后改名适，字景伯；晚年自号盘洲老人，饶州鄱阳（今江西省鄱阳县）人，洪皓长子，累官至尚书右仆射、同中书门下平章事兼枢密使，封魏国公，卒谥文惠。洪适与弟弟洪遵、洪迈皆以文学负盛名，有"鄱阳英气钟三秀"之称。同时，他在金石学方面造诣颇深，与欧阳修、赵明诚并称为宋代金石三大家。

（13）周必大（1126—1204），南宋大臣，文学家。字子充，一字洪道，自号平园老叟。庐陵（今江西吉安）人。自号省斋居士，青原野夫，又号平园老叟，南宋吉州庐陵（今吉安县永和镇周家村）人。周必大出身书香门第，自幼勤奋好学，饱读诗书。少年时作文赋诗，名噪庐陵。绍兴二十年（1150）考中进士，绍兴二十七年（1157）中博学鸿词科。绍兴二十一年（1151）进士。官至左丞相，封益国公。今存诗600多首。初学黄庭坚，后由白居易溯源杜甫。善于状物，如《池阳四咏·翠微亭》比喻浅近新颖；《游庐山佛手岩雪霁望南山》，气骨稍弱，却清新淡雅。散文内容丰富，代表朝廷撰写的重要文章典重雅正，所写游记情致丰韵，神道碑、墓志铭颇有史法，往往为元代修《宋史》者所取材。著有《益国周文忠公全集》200卷，有清咸丰刻本。

（14）杨万里（1127—1206），南宋杰出诗人，字廷秀，号诚斋，吉州吉水人。绍兴二十四年（1154）中进士。杨万里一生力主抗战，反对屈膝投降，他在给皇帝的许多"书""策""札子"中都一再痛陈国家利病，力诋投降之误，爱国之情，溢于言表；他为官清正廉洁，尽力不扰百姓，当时的诗人徐玑称赞他"清得门如水，贫惟带有金"（《投杨诚斋》）。江东转运副使任满之后，应有余钱万缗，但他均弃于官库，一钱不取而归。杨万里的诗与陆游、范成大、尤袤齐各，称"中兴四大家"。他起初模仿江西诗派，后来认识到江西诗派追求形式、艰深蹇涩的弊病，于绍兴三十二年（1162）尽焚其诗作千余首，决意跳出江西诗派的窠臼而另辟蹊径。正因为他不随人脚跟、傍人篱下，敢于别转一路，推陈出新，终于自成一家，形成了他独具的诗风，其诗风格纯朴，语言口语化，构思新巧，号为"诚斋体"，对当时诗坛风气的转变，起了一定的促进作用。杨万里一生写作极为勤奋，相传有诗2万余首，现存诗4 200余首，诗文全集133卷，名《诚斋集》，今存。

（15）朱熹（1130—1200），字元晦，又字仲晦，号晦庵，晚称晦翁。祖籍徽州府婺源县（今江西省婺源），生于南剑州尤溪（今属福建省尤溪县）。中国南宋时期理学家、思想家、哲学家、教育家、诗人。朱熹19岁考中进士，曾任江西南康知县、福建漳州知府、浙东巡抚等职，做官清正有为，振举书院建设。官拜焕章阁侍制兼侍讲，为宋宁宗讲学。庆元六年（1200）逝世，享年71岁。后被追赠为太师、徽国公，赐谥号"文"，故世称朱文公。

朱熹是"二程"（程颢、程颐）的三传弟子李侗的学生，与二程合称"程朱学派"。朱熹是理学集大成者，闽学代表人物，被后世尊称为朱子。他的理学思想影响很大，成为元、明、清三朝的官方哲学。著述甚多，有《四书章句集注》《太极图说解》《通书解说》《周易读本》《楚辞集注》，后人辑有《朱子大全》《朱子集语象》等。其中《四书章句集注》成为钦定的教科书和科举考试的标准。

（16）陆九渊（1139—1193），字子静，号存斋，抚州金溪（今江西省金溪县）人，汉族江右民系。南宋大臣、哲学家，"陆王心学"的代表人物。讲学于象山书院，人称"象山先生""陆象山"。陆九渊为宋明两代"心学"的开山之祖，与朱熹齐名。陆九渊主张"心即理"说，上承孔孟，下启王守仁，形成"陆王学派"，不仅对中国，也对日本、韩国、新加坡等国的思想和社会变革产生过重大影响。著有《象山先生全集》。

（17）姜夔（1155—1221），字尧章，号白石道人，饶州鄱阳（今江西鄱阳）人。为人清高，多才多艺，工于诗词，长于书法，吹箫弹琴，精通音律。但怀才不遇，一生困顿不得志，终其身为布衣，但以诗词、音乐及书法与人交往，浪迹江湖，羁滞于江淮湖杭之间，结识了当时宿儒名士如范成大、杨万里、辛弃疾等人，丰富了学识。为诗初学黄庭坚，而自拔于宋人之外，所为《诗说》，多精至之论。尤以词著称，能自度曲，今存有旁谱之词17首，为词格调甚高，清空峭拔，对南宋风雅词派甚有影响，被清初浙西词派奉为圭臬。传世墨迹不多，有词集《白石道人歌曲》。

（18）刘辰翁（1232—1297），字会孟，庐陵灌溪（今吉安县）人。南宋末年著名的爱国诗人。景定三年（1262）登进士第。因与权臣不合，以母老为由请为濂溪书院山长。咸淳元年（1265）除临安府学教授，历任参转运幕事、临安中书省漕运司等职。宋亡后，刘辰翁矢志不仕，回乡隐居，居家著作。刘辰翁为官时间短，政治抱负难以实现，正气在身，是他创作爱国主义诗篇的坚实基础。他一生写了大量的诗文，为后人留下了可贵的丰厚的文化遗产，清四库馆臣据《永乐大典》《天下同文集》等书所录，辑为10卷，另有《须溪先生四景诗集》传世。刘辰翁一生致力于文学创作和文学批评活动，其文学成就主要表现在词作方面。刘辰翁的词属豪放风格，受苏东坡、辛弃疾的影响很深。辰翁的词对苏辛词派既是发扬又有创新，兼熔苏辛，扬其之长，使词风有苏辛之色，又不流于轻浮，形成自己独有的清空疏越之气，对元明词的创作产生了很大的影响。

（19）文天祥（1236—1283），吉州吉水（今属吉安）人，原名云孙，字履善，又字宋瑞，自号文山、浮休道人，抗元英雄。著《文山全集》，名篇有《正气歌》《过零丁洋》。宋理宗宝祐时进士。官至丞相，封信国公。临安危急时，他在家乡招集义军，坚决抵抗元兵的入侵。后不幸被俘，在拘囚中，大义凛然，终以不屈被害。他晚年的诗词，反映了他坚贞的气节和顽强的战斗精神。风格慷慨激昂，苍凉悲壮，具有强烈的感染力。有《文山先生全集》《文山乐府》。

（20）吴澄（1249—1333），字幼清，又字伯清，号一吾山人，人称"草庐先生"。元抚州崇仁人。著名学者、教育家、诗人。为学虽由朱熹《四书集注》入门，又得到朱学门人的指授，自称其学为朱子之学，但他不偏执于一家，对陆九渊的"本心"学说尤为赞赏，认为是出于孟子。因此，他极力调和朱、陆两家学说，称"二师之为教一也"。他对理学作通俗的讲解，以"太极"为万物之总称。又认为"理在气中，原不相离"；而"理"是"气"的主宰。他毕生精研儒学奥蕴，被誉为元朝"国之名儒"，是元代三大理学家之一，与许衡并称"南吴北许"。其著述丰富，有《吴文正公集》100卷和《草庐精语》传于世。吴澄于元统元年（1333）去世。谥"文正"，赠江西行省左丞、上护军，追封为临川郡公。

（21）刘将孙（1257—?），字尚友，庐陵（今江西吉安）人，刘辰翁之子。卒年不详，约元成宗大德中前后在世。宋末以文名第进士，尝为延平（今福建南平）教官、临汀书院山长，学博而文畅，名重艺林。其词叙事婉曲，善言情。风格与其父相近，故当日有"小须"之目。将孙著有《养吾斋集》32卷，《四库全书总目》吴澄称他"浩瀚演迤，自成一家"。

（22）周德清（1277—1365），字日湛，号挺斋，高安人。北宋词人周邦彦的后代。工乐府，善音律。终身不仕。著有音韵学名著《中原音韵》，为我国古代有名的音韵学家，元代卓越的音韵学家与戏曲作家。《寻鬼簿续篇》对他的散曲创作评价很高，其编著的《中原音韵》在中国音韵学与戏曲史上有非凡影响。《中原音韵》是为北曲用韵而作，纠正作曲家用韵不一，其正音依据是中原语音。成书后，戏曲作曲、唱曲都有了规范，促进了戏曲用韵的统一。《中原音韵》以当时北方实际语音为标准，所定之韵接近今北京音，因而此书是研究近代以北方音为主的普通话语音的珍贵资料。"德清三词，不惟江南，实天下之独步也。"《全元散曲》录存其小令31首，套数3套。

（23）梁寅（1303—1389），字孟敬，新喻（今新余市）人。元末名儒。世代为农，寅独自力为学，通贯《五经》百史。元末征召为集庆路（治所在今江苏南京市）儒学训导，晚年结庐石门山，四方士多从学，称其为"梁五经"。平生著述甚富，今存有《石门词》和《诗演义》。《四库提要》称其"文理极醇雅，持论多有根底，不同剽缀语录之空谈。诗格尤春容澹远，规仿陶（渊明）、韦（应物）"。

（24）刘时中（生卒年不详），洪都（今南昌）人。元代散曲家，约元成宗大德中前后在世，官学士。时中工于作曲，今存小令60余支，套数约4首，以《水仙子》《西湖四时渔歌》最著名。他的两套散曲作品《端正好·上高监司》，一扫曲坛吟风弄月、离愁别恨的旧习，直接以创作来评议当时现实政治的重大问题，这在元散曲中几乎是绝无仅有的。前套由15支小令组成，描写在天灾人祸下，广大贫苦人民在死亡线上挣扎的悲惨遭遇。后套由34文小令组成，长达1 800字，为元代散曲之冠，是揭露当时江西库吏的营私和钞法的积弊的，尽管其中也表现出作者的阶级局限，但其战斗性和思想艺术成就是不容置疑的，因而常被现行的高校文科教材引录。

（25）杨士奇（1365—1444），明初台阁体诗人。名寓，字士奇，号东里，江西泰和人。因其居地所处，时人称之为"西杨"。于图书文化事业多所建树，精研目录学，与马愉、曹鼎等人编成《文渊阁书目》。该目在中国目录学史和考明一代文化学术上，有一定价值和地位。他亦嗜藏书，少时家贫，曾经以鸡换钱买书。自称其先世藏书有数万卷，元代毁于兵火。以后所入薪俸，悉购书。历十余年，经史子集略备，藏于"东里草堂"中。著有《三朝圣谕录》《奏对录》《历代名臣奏议》《东里全集》等。明人王世贞对其诗评论说："少师韵语妥协，声度和平，如潦倒书生，虽复酬作驯雅，无复生气。"大致概括了他的诗文特征。

（26）解缙（1369—1415），字大绅，一字缙绅，号春雨、喜易，明朝时吉水（今江西吉水）人，洪武二十一年（1388）中进士，官至内阁首辅、右春坊大学士，参预机要事务。解缙因为才学高而好直言被忌惮，屡遭贬黜，最终以"无人臣礼"下狱，永乐十三年（1415）冬被埋入雪堆冻死，卒年47岁，成化元年（1465）赠朝议大夫，谥文毅。解缙自幼颖悟绝人，他写的文章雅劲奇古，诗豪宕丰赡，书法小楷精绝，行、草皆佳，尤其擅长狂草，与徐渭、杨慎一起被称为明朝三大才子，著有《解学士集》《天潢玉牒》等；总裁《太祖实录》《古今列女传》；主持编纂《永乐大典》；墨迹有《自书诗卷》《书唐人诗》《宋赵恒殿试佚事》等。

（27）刘球（1392—1443），明中叶诗人，字求乐，更字廷振，安福人。永乐十九年（1421）第进士。以杨寓荐，入侍经筵；历翰林侍讲。正统初，明英宗因王振言，欲征麓川，球抗疏力谏，振大怒，逮下诏狱，嘱指挥马顺支解死。景泰初，谥忠愍。球文多和平温雅，撰有《两溪文集》24卷。刘球二子，长子刘钺、次子刘钏，皆笃学，躬耕养母。刘球平反后，兄弟乃出应举，先后成进士。刘钺为广东参政，刘钏为云南按察使。

（28）汤显祖（1550—1616），明戏曲作家，字义仍，号海若，又号若士，别署清远道人，临川人，在中国和世界文学史上有着重要的地位。汤显祖出身书香门第，早有才名，12岁的诗作即已显出才华。14岁补县诸生，21岁中举。他勤政爱民，兴教办学、劝农耕作、灭虎除害，政绩显著。精古文诗词，而且能通天文地理、医药卜筮诸书。汤显祖少年时受学于罗汝芳，抨击程朱理学，怀疑封建教条，反对束缚个性。汤显祖的主要创作成就在戏曲方面，代表作是《牡丹亭》（又名《还魂记》，它和《邯郸记》《南柯记》《紫钗记》合称"玉茗堂四梦"。这些剧作不但为中国人民所喜爱，而且已传播到英、日、德、俄等很多国家，被视为世界戏剧艺术的珍品。汤氏的《宜黄县戏神清源师庙记》也是中国戏曲史上论述戏剧表演的一篇重要文献，对导演学起了拓荒开路的作用。汤显祖还是一位杰出的诗人。其诗作有《玉茗堂全集》4卷、《红泉逸草》1卷、《问棘邮草》2卷。

1995年，占地200亩的汤显祖纪念馆建成并对外开放。2008年1月30日，建筑面积为17 064平方米的汤显祖大剧院正式投入使用。2016年，由江西省政府主办、江西省抚州市政府和江西省文化厅承办的汤显祖逝世400周年纪念活动，活动分为海外系列、在京系列和在汤显祖故里系列三大部分。2017年8月28日，经过江西省文物考古研究院与抚州市文博部门3个多月的考古发掘，汤氏家族墓园露出了真容。

（29）艾南英（1583—1646），明末著名的散文评论家，字千子，号天佣子，东乡人，出身官宦之家。艾南英反对文必秦汉的论文主张，对步趋前、后七子者深致不满，他认为只有取径唐、宋才是溯源秦、汉的正确道路。他特别推崇司马迁、欧阳修，提倡散文古雅畅达。为了贯彻自己的论文主张，他手定《历代诗文选》《皇明古文定》，作为学文的楷模。又编选《文剿》《文妖》《文腐》《文冤》《文戏》来说明作文何处避讳而不致出现"浮华补缀""生吞活剥""不顾义类""盖美饰非""以文为戏"等毛病，但其创作并不出色。他为文刻意模仿欧阳修，肤剿拘挛，仅得字句相似，缺乏欧文独具的纡徐委备的韵味和神采。只是其一些与人往返论辩的书信和序文，笔力还算峻厉爽健，文气也较舒卷自如。

（30）宋应星（1587—1666），字长庚，江西南昌府奉新县（今江西省奉新县）人，明朝著名科学家。宋应星一生致力于对农业和手工业生产的科学考察和研究，收集了丰富的科学资料；同时思想上的超前意识使他成为对封建主义和中世纪学术传统持批判态度的思想家。宋应星的著作和研究领域涉及自然科学及人文科学的不同学科，而其中最杰出的作品《天工开物》被誉为"中国17世纪的工艺百科全书"。

（31）朱耷（1626—约1705），字刃庵，号八大山人，江西南昌人。明末清初画家，中国画一代宗师。是明太祖朱元璋第十七子朱权的九世孙，明亡后削发为僧，后改信道教，住南昌青云谱道院。擅书画，花鸟以水墨写意为主，形象夸张奇特，笔墨凝练沉毅，风格雄奇隽永；山水师法董其昌，笔致简洁，有静穆之趣，得疏旷之韵。擅书法，能诗文，用墨极少。将中国水墨写意画艺术推向高峰，对后世影响极大。代表作品有《水木清华图》《荷花水鸟图》《松石图》等。1985年八大山人被联合国教科文组织命名为中国古代十大文化名人之一。1959年，为纪念朱耷，南昌市人民政府成立了八大山人纪念馆的前身——八大山人书画陈列室。2009年，南昌市委、市政府将八大山人纪念馆改扩建工程作为南昌市的一项民心工程，归为"三大工程"重点建设项目之一。2011年1月，八大山人纪念馆真迹陈列馆竣工。八大山人纪念馆为赣派建筑风格，馆内收藏有八大山人四十余幅真迹，还馆藏有石涛、徐渭、黄慎、郑板桥、吴昌硕、齐白石等画家作品。2020年12月，被评定为第四批国家一级博物馆。

（32）蒋士铨（1725—1785），著名诗人、戏曲作家。字心馀、苕生，号藏园，又号清容居士，铅山人，乾隆二十二年（1757）进士，官翰林院编修。蒋士铨是乾嘉时期有影响的诗人，与袁枚、赵翼并称乾隆三大家。他论诗也重性灵，反对复古主义模拟倾向，戒蹈袭，重性情。蒋士铨诗现存2 500余首，题材比较广泛。其中一部分反映现实民生，大部分诗则为个人抒情，以及吊古、纪游之作。其诗的艺术风格笔力坚劲，很受袁枚的推重。他也写词和散文。此外，他还是位重要的戏曲作家。有杂剧、传奇戏曲16种。他的剧作被日本著名文学史家青木正儿称为"佳作不少，然戏曲以他为殿军"。著有《忠雅堂集》43卷。

（33）黄爵滋（1793—1853），字德成，号树斋，宜黄人。在近代江西历史上，黄爵滋是难得的雄才大略之士。道光三年（1823）进士，和林则徐、龚自珍、魏源、姚莹等人志趣相投，提倡经世之学，主张刷新吏治，扫除贪污，整顿军务，巩固边防，是当时地主阶级改革派中一个有影响的人物。在鸦片战争前，创议禁烟应重治吸食者，挑起了在全国各省军政大吏中关于严禁驰禁的一场大辩论，成为林则徐主持禁烟运动的发起者。鸦片战争爆发后，他奉派赴闽、浙查办鸦片走私问题和视察海防，坚持抵抗侵略的主张，揭露投降派的对外妥协阴谋，"一时以为清流眉目"。还以诗文著称。经常与在京名士交游唱和，写下不少反映现实生活之作。著有《奏议》30卷，《海防图》2卷、附表1卷，《仙屏书屋文录·初集·二集》26卷，《仙屏书屋诗录·诗集·后录·二集》34卷，《戊申楚游草》1卷等，并刊行于世。

（34）陈三立（1853—1937），字伯严，号散原，江西义宁（今修水）人，"同光体"赣派代表人物，誉为中国最后一位传统诗人。父亲陈宝箴是维新派人物，其子陈寅恪为历史学家，陈衡恪为画家。陈三立与谭嗣同、丁惠康、吴保初合称维新四公子，但戊戌变法后，甚少插手政治，自谓"神州袖手人"。陈诗的艺术风格，表现在取境奇奥，造句瘦硬，炼字精妙，"其诗不用新异之语，而境界自与时流异，醇深俊微，吾谓于唐宋人集中罕见伦比"（《饮冰室诗话》，梁启超）。著有《散原精舍诗集》2卷、《续集》3卷、《别集》1卷，有商务印书馆本。《散原精舍文集》17卷，有1949年上海中华书局本。

第十一章

部分文学名家作品介绍

学习目的和意义

了解诺贝尔文学奖及获奖作家和作品获奖理由，了解茅盾文学奖及获奖作品主要内容，有利于提高文学鉴赏能力，有利于开拓文学视野。增强民族优秀文化认同感、自豪感，激发民族文化创造活力，增强大学生推动社会主义文化繁荣兴盛的责任感使命感。

学习重点与难点

认识到诺贝尔文学奖和茅盾文学奖获奖作家在文学领域的建树，感悟到世界文学创作的生命力和中国当代文学的繁荣昌盛，理解他们为提升人类精神文明所做出的重大贡献。

第一节 诺贝尔文学奖及获奖作家

一、诺贝尔文学奖的由来

瑞典著名的发明家和化学家诺贝尔在1895年11月27日写下遗嘱，捐献全部财产设立基金，每年把利息作为奖金，授予"一年来对人类做出最大贡献的人"。这便是诺贝尔奖的由来。根据他的遗嘱，瑞典政府于同年建立"诺贝尔基金会"，负责把基金的年利息按五等分进行分配，其中一份授予"在文学方面创作出具有理想倾向的最佳作品的人"。这就是诺贝尔文学奖，由瑞典文学院颁发。

根据创立者的遗嘱，诺贝尔文学奖奖金授予"最近一年来""在文学方面创作出具有理想倾向的最佳作品的人"。1900年经国王批准的基本章程中改为"近年来创作的"或"近年来才显示出其意义的"作品，"文学作品"的概念扩展为"具有文学价值的作品"，即包括历史和哲学著作。文学奖金由斯德哥尔摩诺贝尔基金会统一管理，由瑞典文学院评议和决定获奖人选，因此，院内设置了专门机构，并建立了诺贝尔图书馆，收集各国文学作品、百科全书和报刊文章。

章程规定各国文学院院士、大学和其他高等学校的文学史和语文教授、历年的诺贝尔奖奖金获得者和各国作家协会主席才有权推荐候选人，本人申请不予考虑。推荐书每年1月1日前交瑞典文学院，11月1日前后公布选拔结果。授奖一般是因为某一作家在整个创作方面的成就，有时也因为某一部作品的成就，如法国作家马·杜·加尔因长篇小说《蒂伯一家》，德国作家托马斯曼因长篇小说《布登勃洛克一家》，英国作家高尔斯华绥因长篇小说《福尔赛世家》，南斯拉夫作家安德里奇因长篇小说《桥·小组》而获奖。81年来，1914、1918、1935、1940至1943年没有颁发奖金，1904、1917、1966、1974年奖金由二人平分。1958年苏联作家帕斯捷尔纳克、1964年法国作家萨特均表示拒绝领奖。

二、历年获奖作家及获奖作品简介（见表11-1）

表11-1 历年获奖作家及获奖作品简介表

时间	获奖人	获奖作品	获奖理由
1901	［法］苏利·普吕多姆（1839—1907），诗人	孤独与深思	"是高尚的理想、完美的艺术和罕有的心灵与智慧的实证。"
1902	［德］特奥多尔·蒙森（1817—1903），历史学家	罗马史	"今世最伟大的纂史巨匠，此点于其巨著《罗马史》中表露无遗。"
1903	［挪威］比昂斯滕·比昂松（1832—1910），戏剧家、诗人、小说家	挑战的手套	"他以诗人鲜活的灵感和难得的赤子之心，把作品写得雍容、华丽而又缤纷。"
1904	［法］弗雷德里克·米斯塔尔（1830—1914），诗人	金岛	"他的诗作蕴涵着清新创造性与真正的感召力，它忠实地反映了他民族的质朴精神。"
	［西班牙］何塞·埃切加赖（1832—1916），戏剧家、诗人	伟大的牵线人	"由于它那独特和原始风格的丰富又杰出，作品恢复了西班牙喜剧的伟大传统。"
1905	［波兰］亨利克·显克维支（1846—1916），小说家	你往何处去	"因为它历史小说的写作极为出色。"
1906	［意大利］乔祖埃·卡尔杜齐（1835—1907），诗人、文艺批评家	青春诗	"不仅是由于他精深的学识和批判性的研究，更重要是为了颂扬他诗歌杰作中所具有的特色、创作气势，清新的风格和抒情的魅力。"
1907	［英］约瑟夫·鲁德亚德·吉卜林（1865—1936），小说家、诗人	老虎！老虎！	"这位世界名作家的作品以观察入微、想象独特、气概雄浑、叙述卓越见长。"

第十一章 部分文学名家作品介绍

续表

时间	获奖人	获奖作品	获奖理由
1908	[德]鲁道尔夫·欧肯（1846—1926），哲学家	精神生活漫笔	"他对真理的热切追求、他对思想的贯通能力、他广阔的观察，以及他在无数作品中，辩解并阐释一种理想主义的人生哲学时，所流露的热诚与力量。"
1909	[瑞典]西尔玛·拉格洛夫（女，1858—1940），小说家	骑鹅旅行记	"由于她作品中特有的高贵的理想主义、丰富的想象力、平易而优美的风格。"
1910	[德]保尔·约翰·路德维希·冯·海塞（1830—1914），戏剧家、小说家	特雷庇姑娘	"表扬这位抒情诗人、戏剧家、小说家以及举世闻名的短篇小说家，在他漫长而多产的创作生涯中，所达到的充满理想主义精神之艺术至境。"
1911	[比利时]莫里斯·梅特林克（1862—1949），剧作家、诗人、散文家	花的智慧	"由于他在文学上多方面的表现，尤其是戏剧作品，不但想象丰富，充满诗意的奇想，有时虽以神话的面貌出现，还是处处充满了深刻的启示。这种启示奇妙地打动了读者的心弦，并且激发了他们的想象。"
1912	[德]盖哈特·霍普特曼（1862—1946），剧作家、诗人	群鼠	"欲以表扬他在戏剧艺术领域中丰硕、多样的出色成就。"
1913	[印度]罗宾德拉纳特·泰戈尔（1861—1941），诗人、社会活动家	吉檀枷利·饥饿石头	"由于他那至为敏锐、清新与优美的诗；这诗出之于高超的技巧，并由于他自己用英文表达出来，使他那充满诗意的思想业已成为西方文学的一部分。"
1915	[法]罗曼·罗兰（1866—1944），作家、音乐评论家	约翰·克利斯朵夫	"文学作品中的高尚理想和他在描绘各种不同类型人物时所具有的同情和对真理的热爱。"
1916	[瑞典]魏尔纳·海顿斯坦姆（1859—1940），诗人、小说家	朝圣年代	"褒奖他在瑞典文学新纪元中所占之重要代表地位。"
1917	[丹麦]卡尔·耶勒鲁普，(1857—1919)，诗人、小说家	磨坊血案	"因为他多样而丰富的诗作——它们蕴含了高超的理想。"
1917	[丹麦]亨利克·彭托皮丹（1857—1943），小说家	天国	"由于他对当前丹麦生活的忠实描绘。"

续表

时间	获奖人	获奖作品	获奖理由
1919	[瑞士]卡尔·施皮特勒（1845—1924），诗人、小说家	奥林比亚的春天	"特别推崇他在史诗《奥林比亚的春天》的优异表现。"
1920	[挪威]克努特·汉姆生（1859—1952），小说家、戏剧家、诗人	大地硕果——畜牧曲	"为了他划时代的巨著《大地硕果》。"
1921	[法]阿纳托尔·法郎士（1844—1924），作家、文学评论家、社会活动家	苔依丝	"他辉煌的文学成就，乃在于他高尚的文体、怜悯的人道同情、迷人的魅力，以及一个真正法国性情所形成的特质。"
1922	[西班牙]哈辛特·贝纳文特·伊·马丁内斯（1866—1954），戏剧家	不吉利的姑娘	"由于他以适当方式，延续了戏剧之灿烂传统。"
1923	[爱尔兰]威廉·勃特勒·叶芝（1865—1939），诗人、剧作家	丽达与天鹅	"由于他那永远充满着灵感的诗，它们透过高度的艺术形式展现了整个民族的精神。"
1924	[波兰]弗拉迪斯拉夫·莱蒙特（1868—1925），小说家	农夫们	"我们颁奖给他，是因为他的民族史诗《农夫们》写得很出色。"
1925	[爱尔兰]乔治·萧伯纳（1856—1950），戏剧家	圣女贞德	"由于他那些充满理想主义及人情味的作品——它们那种激动性讽刺，常涵蕴着一种高度的诗意美。"
1926	[意]格拉齐亚·黛莱达（女，1871—1936），小说家	邪恶之路	"为了表扬她由理想主义所激发的作品，以浑柔的透彻描绘了她所生长的岛屿上的生活；在洞察人类一般问题上，表现的深度与怜悯。"
1927	[法]亨利·柏格森（1859—1941），哲学家	创造进化论	"因为他那丰富的且充满生命力的思想，以及所表现出来的光辉灿烂的技巧。"

续表

时间	获奖人	获奖作品	获奖理由
1928	[挪威]西格里德·温塞特（女 1882—1949），小说家	新娘—主人—十字架	"主要是由于她对中世纪北国生活之有力描绘。"
1929	[德]保尔·托马斯·曼（1875—1955），小说家	布登勃洛克一家	"由于他那在当代文学中具有日益巩固的经典地位的伟大小说《布登勃洛克一家》。"
1930	[美]辛克莱·刘易斯（1885—1951），小说家	巴比特	"由于他充沛有力、切身和动人的叙述艺术，和他以机智幽默去开创新风格的才华。"
1931	[瑞典]埃利克·阿克塞尔·卡尔费尔德（1864—1931），诗人	荒原和爱情	"由于他在诗作的艺术价值上，从没有人怀疑过。"
1932	[英]约翰·高尔斯华绥（1867—1933），小说家、剧作家	《福尔赛世家》	"为其描述的卓越艺术——这种艺术在《福尔赛世家》中达到高峰。"
1933	[俄]伊凡·亚历克塞维奇·蒲宁（1870—1953），诗人、小说家	米佳的爱	"由于他严谨的艺术才能，使俄罗斯古典传统在散文中得到继承。"
1934	[意]路伊吉·皮兰德娄（1867—1936），小说家、戏剧家	寻找自我	"他果敢而灵巧地复兴了戏剧艺术和舞台艺术。"
1936	[美]尤金·奥尼尔（1888—1953），剧作家	天边外	"由于他剧作中所表现的力量、热忱与深挚的感情——它们完全符合悲剧的原始概念。"
1937	[法]罗杰·马丁·杜·加尔（1881—1958），小说家	蒂伯一家	"由于在他的长篇小说《蒂伯一家》中表现出来的艺术魅力和真实性。这是对人类生活面貌的基本反映。"
1938	[美]赛珍珠（珀尔·塞登斯特里克·布克）（女，1892—1973），小说家	大地	"她对于中国农民生活的丰富和真正史诗气概的描述，以及她自传性的杰作。"

续表

时间	获奖人	获奖作品	获奖理由
1939	[芬兰]弗兰斯·埃米尔·西兰帕(1888—1964),小说家	少女西丽亚	"由于他在描绘两样互相影响的东西——他祖国的本质,以及该国农民的生活时——所表现的深刻了解与细腻艺术。"
1944	[丹麦]约翰内斯·威廉·扬森(1873—1950),小说家、诗人	漫长的旅行	"由于借着丰富有力的诗意想象,将胸襟广博的求知心和大胆的、清新的创造性风格结合起来。"
1945	[智利]加夫列拉·米斯特拉尔(女,1889—1957),诗人	柔情	"她那由强烈感情孕育而成的抒情诗,已经使得她的名字成为整个拉丁美洲世界渴求理想的象征。"
1946	[德]赫尔曼·黑塞(1877—1962),小说家	荒原狼	"他那些灵思盎然的作品——它们一方面具有高度的创意和深刻的洞见,一方面象征古典的人道理想与高尚的风格。"
1947	[法]安德烈·纪德(1869—1951),小说家、评论家	田园交响曲	"为了他广泛的与有艺术质地的著作,在这些著作中,他以无所畏惧的对真理的热爱,并以敏锐的心理学洞察力,呈现了人性的种种问题与处境。"
1948	[英]托马斯·斯特恩斯·艾略特(1888—1965),诗人、剧作家、批评家	四个四重奏	"对于现代诗之先锋性的卓越贡献。"
1949	[美]威廉·福克纳(1897—1962),小说家	我弥留之际	"因为他对当代美国小说做出了强有力的和艺术上无与伦比的贡献。"
1950	[英]帕特兰·亚瑟·威廉·罗素(1872—1970),数学家、哲学家	哲学—数学—文学	"表彰他所写的捍卫人道主义理想和思想自由的多种多样意义重大的作品。"
1951	[瑞典]帕尔·费比安·拉格奎斯特(1891—1974),诗人、戏剧家、小说家	大盗巴拉巴	"由于他在作品中为人类面临的永恒的疑难寻求解答所表现出的艺术活力和真正独立的见解。"
1952	[法]弗朗索瓦·莫里亚克(1885—1970),诗人、小说家	爱的荒漠	"因为他在他的小说中剖析了人生的戏剧,对心灵的深刻观察和紧凑的艺术。"

续表

时间	获奖人	获奖作品	获奖理由
1953	[英] 温斯特·丘吉尔（1874—1965），政治家、历史学家、传记作家	不需要的战争	"由于他在描述历史与传记方面的造诣，同时由于他那捍卫崇高的人的价值的光辉演说。"
1954	[美] 欧内斯特·海明威（1899—1961），小说家	老人与海	"因为他精通于叙事艺术，突出地表现在其近著《老人与海》之中；同时也因为他对当代文体风格之影响。"
1955	[冰岛] 赫尔多尔·奇里扬·拉克司内斯（1902—1998），小说家	渔家女	"为了他在作品中所流露的生动、史诗般的力量，使冰岛原已十分优秀的叙述文学技巧更加瑰丽多姿。"
1956	[西班牙] 胡安·拉蒙·希梅内斯（1881—1958），诗人	悲哀的咏叹调	"由于他的西班牙抒情诗，成了高度精神和纯粹艺术的最佳典范。"
1957	[法] 阿尔贝·加缪（1913—1960），戏剧家、小说家、评论家	局外人·鼠疫	"由于他重要的著作，在这著作中他以明察而热切的眼光照亮了我们这时代人类良心的种种问题。"
1958	[苏] 鲍里斯·列昂尼多维奇·帕斯捷尔纳克（1890—1960），诗人、小说家。	日瓦戈医生	"在当代抒情诗和俄国的史诗传统上，他都获得了极为重大的成就。"
1959	[意] 萨瓦多尔·夸西莫多（1901—1968），诗人	水与土	"由于他的抒情诗，以古典的火焰表达了我们这个时代中，生命的悲剧性体验。"
1960	[法] 圣琼·佩斯（1887—1975），诗人	蓝色恋歌	"由于他高超的飞越与丰盈的想象，表达了一种关于目前这个时代之富于意象的沉思。"
1961	[南斯拉夫] 伊沃·安德里奇（1892—1975），小说家	桥·小姐	"由于他作品中史诗般的力量——他借着它在祖国的历史中追寻主题，并描绘人的命运。"
1962	[美] 约翰·斯坦贝克（1902—1968），小说家	人鼠之间	"通过现实主义的、寓于想象的创作，表现出富于同情的幽默和对社会的敏感观察。"

续表

时间	获奖人	获奖作品	获奖理由
1963	[希腊]乔治·塞菲里斯（1900—1971），诗人	"画眉鸟"号	"他的卓越的抒情诗作，是对希腊文化的深刻感受的产物。"
1964	[法]让·保尔·萨特（1905—1980），哲学家、小说家、戏剧家	苍蝇	"因为他那思想丰富、充满自由气息和探求真理精神的作品对我们时代发生了深远影响。"
1965	[苏]米哈伊尔·亚历山大罗维奇·肖洛霍夫（1905—1984），小说家	静静的顿河	"由于这位作家在那部关于顿河流域农村之史诗作品中所流露的活力与艺术热忱——他借这两者在那部小说里描绘了俄罗斯民族生活之某一历史层面。"
1966	[以色列]萨缪尔·约瑟夫·阿格农（1888—1970），小说家	行为之书	"他的叙述技巧深刻而独特，并从犹太民族的生命汲取主题。"
1966	[瑞典]奈莉·萨克斯（女，1891—1970），诗人	逃亡	"因为她杰出的抒情与戏剧作品，以感人的力量阐述了以色列的命运。"
1967	[危地马拉]安赫尔·阿斯图里亚斯（1899—1974），诗人、小说家	玉米人	"因为他的作品落实于自己的民族色彩和印第安传统，而显得鲜明生动。"
1968	[日]川端康成（1899—1972），小说家	雪国·千只鹤·古都	"由于他高超的叙事性作品以非凡的敏锐表现了日本人精神特质。"
1969	[法]萨缪尔·贝克特（1906—1989），小说家、戏剧家	等待戈多	"他那具有奇特形式的小说和戏剧作品，使现代人从精神困乏中得到振奋。"
1970	[苏]亚历山大·索尔仁尼琴(1918—)，小说家	癌病房	"由于他作品中的道德力量，借着它，他继承了俄国文学不可或缺的传统。"

续表

时间	获奖人	获奖作品	获奖理由
1971	[智利] 巴勃鲁·聂鲁达（1904—1973），诗人	情诗·哀诗·赞诗	"诗歌具有自然力般的作用，复苏了一个大陆的命运与梦想。"
1972	[德] 亨利希·伯尔（1917—1985），小说家	女士及众生相	"为了表扬他的作品，这些作品兼具有对时代广阔的透视和塑造人物的细腻技巧，并有助于德国文学的振兴。"
1973	[澳大利亚] 帕特里克·怀特（1912—1990），小说家、剧作家	风暴眼	"由于他史诗般的和擅长刻画人物心理的叙事艺术，把一个大陆介绍进文学领域。"
1974	[瑞典] 埃温特·约翰逊（1900—1976），小说家	乌洛夫的故事	"以自由为目的，而致力于历史的、现代的广阔观点之叙述艺术。"
1974	[瑞典] 哈里·埃德蒙·马丁逊（1904—1978），诗人	露珠里的世界	"他的作品透过一滴露珠反映出整个世界。"
1975	[意] 埃乌杰尼奥·蒙塔莱（1896—1981），诗人	生活之恶	"由于他杰出的诗歌拥有伟大的艺术性，在不适合幻想的人生里，诠释了人类的价值。"
1976	[美] 索尔·贝娄（1915—2005），小说家	赫索格	"由于他的作品对人性的了解，以及对当代文化的敏锐透视。"
1977	[西班牙] 阿莱克桑德雷·梅洛（1898—1984），诗人	天堂的影子	"他的作品继承了西班牙抒情诗的传统并汲取了现代流派的风格，描述了人在宇宙和当今社会中的状况。"
1978	[美] 艾萨克·巴什维斯·辛格（1904—1991），小说家	魔术师·原野王	"他的充满激情的叙事艺术，这种艺术既扎根于波兰犹太人的文化传统，又反映了人类的普遍处境。"
1979	[希腊] 奥德修斯·埃里蒂斯（1911—1996），诗人	英雄挽歌	"他的诗，以希腊传统为背景，用感觉的力量和理智的敏锐，描写了现代人为争取自由和从事创造性活动而进行的斗争。"
1980	[波兰] 切斯拉夫·米沃什（1911—2004），诗人	拆散的笔记簿	"以毫不妥协的敏锐洞察力，描述了人在激烈冲突的世界中的暴露状态。"
1981	[英] 埃利亚斯·卡内蒂（1905— ），小说家	迷茫	"作品具有宽广的视野、丰富的思想和艺术力量。"

续表

时间	获奖人	获奖作品	获奖理由
1982	[哥伦比亚] 加夫列尔·加西亚·马尔克斯（1928— ），记者、作家	霍乱时期的爱情	"由于其长篇小说以结构丰富的想象世界，其中糅混着魔幻与现实，反映出一整个大陆的生命矛盾。"
1983	[英] 威廉·戈尔丁（1911—1994），小说家	蝇王·金字塔	"在小说中以清晰的现实主义叙述手法和变化多端、具有普遍意义的神话，阐明了当代世界人类的状况。"
1984	[捷克] 雅罗斯拉夫·塞弗尔特(1901—1986)，诗人	紫罗兰	"他的诗富于独创性、新颖、栩栩如生，表现了人的不屈不挠精神和多才多艺的渴求解放的形象。"
1985	[法] 克洛德·西蒙（1913— ），小说家	弗兰德公路·农事诗	"由于他善于把诗人和画家的丰富想象与深刻的时间意识融为一体，对人类的生存状况进行了深入的描写。"
1986	[尼日利亚] 沃莱·索因卡（1934— ），剧作家、诗人、小说家、评论家	雄狮与宝石	"他以广博的文化视野创作了富有诗意的关于人生的戏剧。"
1987	[美] 约瑟夫·布罗茨基（1940—1996），诗人	从彼得堡到斯德哥尔摩	"他的作品超越时空限制，无论在文学上或是敏感问题方面都充分显示出他广阔的思想及浓郁的诗意。"
1988	[埃及] 纳吉布·马哈富兹（1911— ），小说家	街魂	"他通过大量刻画入微的作品——洞察一切的现实主义，唤起人们树立雄心——形成了全人类所欣赏的阿拉伯语言艺术。"
1989	[西班牙] 卡米洛·何塞·塞拉（1916— ），小说家	为亡灵弹奏	"带有浓郁情感的丰富而精简的描写，对人类弱点达到的令人难以企及的想象力。"
1990	[墨西哥] 奥·帕斯（1914— ），诗人	太阳石	"他的作品充满激情，视野开阔，渗透着感悟的智慧并体现了完美的人道主义。"
1991	[南非] 纳丁·戈迪默（女，1923— ），小说家	七月的人民	"以强烈而直接的笔触，描写周围复杂的人际与社会关系，其史诗般壮丽的作品，对人类大有裨益。"
1992	[圣卢西亚] 德雷克·沃尔科特(1930—)，诗人	西印度群岛	"他的作品具有巨大的启发性和广阔的历史视野，是其献身多种文化的结果。"

续表

时间	获奖人	获奖作品	获奖理由
1993	[美]托妮·莫里森（女，1931— ），小说家	最蓝的眼睛	"其作品想象力丰富，富有诗意，显示了美国现实生活的重要方面。"
1994	[日]大江健三郎（1935— ），小说家	《个人的体验》和《万延元年的足球队》	"通过诗意的想象力，创造出一个把现实与神话紧密凝缩在一起的想象世界，描绘现代的芸芸众生相，给人们带来了冲击。"
1995	[爱尔兰]谢默斯·希尼（1939— ），诗人	主要作品：诗集《一位自然主义者之死》《通向黑暗之门》《在外过冬》《北方》《野外作业》《苦路岛》《山楂灯》《幻觉》等	"由于其作品洋溢着抒情之美，包容着深邃的伦理，揭示出日常生活和现实历史的奇迹。"
1996	[波兰]维斯拉瓦·申博尔斯卡（女，1923— ），诗人	主要作品：诗集《我们为此活着》《向自己提出问题》《呼唤雪人》《盐》《一百种乐趣》《桥上的历史》《结束与开始》等	"由于其在诗歌艺术中警辟精妙的反讽，挖掘出了人类一点一滴的现实生活背后历史更迭与生物演化的深意。"
1997	[意]达里奥·福（1926— ），讽刺剧作家	主要作品：剧作《喜剧的神秘》《一个无政府主义者的死亡》《我们不能也不愿意付钱》《大胸魔鬼》等	"其在鞭笞权威，褒扬被踩躏者可贵的人格品质方面所取得的成就堪与中世纪《弄臣》一书相媲美。"
1998	[葡]若泽·萨拉马戈（1922— ），记者、小说家	主要作品：小说《里斯本围困史》《失明症漫记》《修道院纪事》等	"由于他那极富想象力、同情心和颇具反讽意味的作品，我们得以反复重温那一段难以捉摸的历史。"
1999	[德]君特·格拉斯（1927— ），诗人、戏剧家、小说家	铁皮鼓	"其嬉戏之中蕴含悲剧色彩的寓言描摹出了人类淡忘的历史面目。"

续表

时间	获奖人	获奖作品	获奖理由
2000	[法]高行健（1940— ），法籍华人，剧作家、小说家	灵山	"其作品的普遍价值，刻骨铭心的洞察力和语言的丰富机智，为中文小说和艺术戏剧开辟了新的道路。"
2001	[英]维·苏·奈保尔（1932— ）印度裔，作家	大河弯	"通过'敏锐而真实'的文学笔调向世人展示受压抑的历史现实。"
2002	[匈]凯尔泰斯·伊姆雷（1929— ），作家	无形的命运	"他对脆弱的个人在对抗强大的野蛮强权时痛苦经历的深刻刻画以及他独特的自传体文学风格。"
2003	[南非]约翰·马克斯韦尔·库切（1940— ），作家	耻	"精准地刻画了众多假面具下的人性本质。"
2004	[奥地利]艾尔弗雷德·耶利内克（女，1943— ），作家	钢琴教师	"因为她的小说和戏剧具有音乐般的韵律，她的作品以非凡的充满激情的语言揭示了社会上的陈腐现象及其禁锢力的荒诞不经。"
2005	[英]哈罗德·品特（1930— ），剧作家	主要作品：《生日宴会》《门房》《归乡》等	"他的戏剧发现了在日常废话掩盖下的惊心动魄之处并强行打开了压抑者关闭的房间。"
2006	[土耳其]奥罕·帕慕克（1952— ），小说家	我的名字叫红	"在追求他故乡忧郁的灵魂时发现了文明之间的冲突和交错的新象征。"
2007	[英]多丽丝·莱辛（女，1919— ），小说家、诗人、剧作家	金色笔记	"女性经验的史诗作者，以其怀疑的态度、激情和远见，清楚地剖析了一个分裂的文化。"
2008	[法]勒·克莱齐奥（1940— ），作家	战争	"新起点、诗歌冒险和感官迷幻类文学的作家，是在现代文明之外对于人性的探索者。"
2009	[德]（罗马尼亚裔）赫塔-穆勒（女，1940— ），作家	代表作品：《我所拥有的我都带着》《光年之外》《行走界线》与《河水奔流》	"以诗歌的凝练和散文的率直，描写了失业人群的生活。"
2010	[秘鲁]马里奥·巴尔加斯·略萨（1936— ），作家	其代表作：《绿房子》《中国套盒》等	"对权力结构进行了细致的描绘，对个人的抵抗、反抗和失败给予了犀利的叙述。"

续表

时间	获奖人	获奖作品	获奖理由
2011	[瑞典]托马斯·特兰斯特勒默（1931— ），诗人	代表作品《十七首诗》、《路上的秘密》(1958)、《完成一半的天堂》(1962)、《钟声与辙迹》(1966)、《在黑暗中观看》(1970)、《路径》(1973)、《真理障碍物》(1978)、《狂野的市场》(1983)、《给生者与死者》(1989)、《悲哀的威尼斯平底船》等	"透过他那简单、凝练的意象，让我们用崭新的方式来体验现实世界。"
2012	[中国]莫言（1955— ），作家	主要作品有《丰乳肥臀》《红高粱家族》《檀香刑》《四十一炮》《生死疲劳》《蛙》《透明的红萝卜》《藏宝图》《拇指铐》《白狗秋千架》《酒国》《天堂蒜薹之歌》等	"将现实和幻想、历史和社会角度结合在一起。他创作中的世界令人联想起福克纳和马尔克斯作品的融合，同时又在中国传统文学和口头文学中寻找到一个出发点。"
2013	[加拿大]爱丽丝·门罗（女，1931— ），小说家	主要作品有《快乐阴影的舞蹈》《女孩和女人的生活》《你认为你是谁?》等	"当代最伟大的短篇小说家。"
2014	[法]帕特里克·莫迪亚诺（1945— ），小说家	主要作品：《星形广场》《环城大道》《暗店街》《夜半撞车》等	"他用记忆的艺术展现了德国占领时期最难把握的人类命运以及人们生活的世界。"
2015	[白俄罗斯]维特兰娜·阿列克谢耶维奇（女，1948— ），记者、散文作家	主要作品：《切尔诺贝利的回忆：核灾难口述史》《战争的非女性面孔》《最后一个证人》《锌制男孩》《死亡的召唤》等	"她的复调式书写，是对我们时代苦难和勇气的纪念。"

续表

时间	获奖人	获奖作品	获奖理由
2016	[美] 鲍勃·迪伦（1941— ），摇滚、民谣艺术家	《答案在风中飘》	"用美国传统歌曲创造了新的诗意表达。"
2017	[日裔英籍] 石黑一雄（1954— ），小说家	主要作品：《群山淡景》《浮世画家》《长日将尽》等	"他的小说富有激情的力量，在我们与世界连为一体的幻觉下，他展现了一道深渊。"
2018	[波兰] 奥尔加·托卡尔丘克（女，1962— ），小说家	主要作品：《航班》《让你的犁头碾着死人的白骨前进》等	"对于叙事的想象充满百科全书式的热情，象征着一种跨界的生活形式。"
2019	[奥] 彼得·汉德克（1942— ）小说家、剧作家	主要作品：《守门员面对罚点球时的焦虑》《重现》《无欲的悲歌》《左撇子女人》等	"他兼具语言独创性与影响力的作品，探索了人类体验的外围和特殊性。"
2020	[美] 露易丝·格丽克（女，1943— ），诗人	主要作品：诗集《初生儿》《沼泽上的房屋》《阿喀琉斯的胜利》《阿勒山》《野鸢尾》《草地》《新生》《七个时代》；散文集《证明与理论：诗歌随笔》等	"她朴实无华、无可挑剔的诗意美，令个体的生存获得普遍性。"

第二节　茅盾文学奖及获奖作家

一、茅盾文学奖的由来

1981年，根据茅盾先生遗愿，将其25万元稿费捐献出来，设立了茅盾文学奖，当时决定由巴金担任评委会主任。此奖项的设立旨在推出和褒奖长篇小说作家和作品。当时规定每3年评选一次，参与首评而未获奖的作品，在下一届以至将来历届评选中仍可获奖。首届评选在1982年确定，评选范围限于1977年至1981年的长篇小说。

"茅盾文学奖"是中国第一个以个人名字命名的文学奖，是中国长篇小说的最高奖项之一。茅盾文学奖当时规定每3年评选一次，现每4年评选一次，参评作品需为长篇小说，字数在13万以上的作品。自2011年起，由于李嘉诚先生的赞助，茅盾文学奖的奖金从5万提升到50万，成为中国奖金最高的文学奖项。

二、历年获奖作家及获奖作品简介（见表11-2）

表11-2 历年获奖作家及获奖作品简介表

时间		获奖人	获奖作品	作品简介
第一届 1977—1981	1977	姚雪垠 （1910—1999） 作家、小说家	李自成 （第二卷）	小说是一篇描写明末农民起义的鸿篇巨制。小说以李自成领导农民起义军抗击明王朝官兵的斗争为主要情节，展示了明末农民起义摧枯拉朽的伟大力量和农民军艰苦卓绝不屈不挠的抗争精神
	1979	魏巍 （1920—2008） 作家、诗人	东方	小说以中国人民志愿军抗美援朝为背景，深刻再现在那火红的岁月中，一位普通的志愿军战士的战斗和情感历程。通过对朝鲜战场和中国农村生活的描写，全面反映了抗美援朝的伟大胜利
	1980	周克芹 （1936—1990） 作家、编剧	许茂和他的女儿们	小说以1975年冬工作组来到四川农村开展整顿工作为背景，描写老农许茂和他的几个女儿悲欢离合的故事，反映十年动乱给农民带来的灾难及农民的抗争和追求
	1980	莫应丰 （1938—1989） 作家	将军吟	小说以空军某兵团司令员彭其受迫害的经历为主线，通过3位将军的命运遭际，歌颂了老一辈革命家在生死考验下的原则性和斗争性。小说不仅以诗意化的理想表达了一位正直将军在特定年代的内心悲愤，而且通过立体化的人物群像塑造，再现了一个时代的精神生活
	1981	古华 （1942— ） 电影编剧、作家	芙蓉镇	小说把熟悉的南方乡村的人和事，浓缩进作品里，寓政治风云于风俗民情，写出南国乡村的生活色彩和生活情调
	1981	李国文 （1930— ） 作家	冬天里的春天	小说以某大型军工动力厂党委书记兼厂长于而龙回到阔别30多年的游击根据地查找暗杀自己妻子芦花的凶手为线索，通过对他回故乡3天之中的经历、见闻、联想、回忆等的叙述，概括了近40年间的社会生活内容

续表

时间		获奖人	获奖作品	作品简介
第二届 1982—1984	1984	李准（1928—2000）编剧、小说家	黄河东流去	小说以1938年日本侵略军进入中原，溃退南逃的国民党军队扒开黄河花园口大堤，淹没河南、江苏、安徽3省44县，1 000多万人遭灾的历史事件为背景，描写了黄泛区人民从1938年到1948年经历的深重灾难和可歌可泣的斗争
	1984	张洁（1937— ）作家	沉重的翅膀（修订版）	小说描写改革开放初期，工业经济体制改革的复杂状况，展现工业体制中改革与反改革力量的斗争
	1984	刘心武（1942— ）作家、红学研究家	钟鼓楼	小说截取北京钟鼓楼下一个四合院里九户居民，在1982年12月12日晨5时至下午5时这一天当中的日常生活，在一个时间线内，交织了不同场合发生的故事来展示丰富的生活图景。翻译、大学生、工人、医生、演员等各式各样的人物齐聚一堂，作者用浓缩的半天展现了北京的社会百态，被评为"北京清明上河图"
第三届 1985—1988	1985	徐兴业（1917—1990）作家	金瓯缺（荣誉奖）	小说再现了曾经并存过的宋、辽、金三个政权和兴衰变化，塑造了一批"受命于败军之际，奉命于危难之间"的民族英雄
	1986	路遥（1949—1992）作家	平凡的世界	作品全景式呈现中国当代城乡社会生活，在近十年的时间跨度里，深刻地展示了在大时代历史进程中，普通人走过的艰难曲折道路
	1987	凌力（1942—2018）作家、小说家	少年天子	小说讲述面临明、清鼎革之际的严峻局面，顺治励精图治，力求变革，但不断受到朝廷保守势力的阻挠，最终以政治上的失败、爱情的幻灭，走完了他短暂的一生。作品以史为翼，将宏大历史背景与传统叙事艺术相交融，情节跌宕起伏，是一部不可多得的深沉凝重、大气磅礴的历史小说
	1987	刘白羽（1916—2005）作家	第二个太阳	小说透过人物命运与人物关系，以3个月的战斗经历，描摹、浓缩了从大革命失败到开国盛典这20多年民主革命战争历史

续表

时间		获奖人	获奖作品	作品简介
第三届 1985—1988	1988	孙力（1949—2010）摄影家、作家 余小惠（1949— ）作家	都市风流	小说以北方某大城市市政建设为中心，刻画了上至市长下至街道妇女的生态，反映了当时城市改革的复杂面貌
	1988	霍达（1945— ）作家、编剧、记者	穆斯林的葬礼	小说讲述了北京一个回族家庭六十余年间的兴衰历史，是一个爱情悲剧。小说塑造了多个人物形象，用中国传统的两个意象玉和月代表韩子奇和韩新月，穿插记叙前后两代人的身世，并穿插地为读者介绍了回教礼节及回族习俗
	1988	萧克（1907—2008）军人、作家	浴血罗霄（荣誉奖）	小说描写了抗日战争时期，罗霄纵队配合中央红军的战略决策北进的历史故事
第四届 1989—1994	1989	刘斯奋（1942— ）作家	白门柳（一、二）	小说在明清王朝更替的大背景下，呈现了"秦淮八艳"中柳如是、李十娘、董小宛以及名士钱谦益与时代、命运奋力抗争的故事
	1990	刘玉民（1951— ）作家	骚动之秋	小说通过描写一个"农民改革家"，在家乡改革中激起种种骚动，反映在商品经济大潮冲击下，农村面貌和人际关系的巨大变化
	1992	王火（1924— ）编辑、作家	战争和人	小说以三部曲的形式，分别讲述了抗日战争前中后三个时期中国政局和时局变化，内容独特新颖
	1993	陈忠实（1942—2016）作家	白鹿原（修订版）	小说以陕西关中地区白鹿原上白鹿村为缩影，通过讲述白姓和鹿姓两大家族祖孙三代的恩怨纷争，表现了从清朝末年到20世纪七八十年代长达半个多世纪的历史变化
第五届 1995—1998	1997	张平（1954— ）作家	抉择	小说以直面现实人生的胆识和勇气，对腐败分子进行无情鞭挞，对腐败行为进行大无畏的揭露和抨击
	1998	阿来（1959— ）作家	尘埃落定	小说故事精彩曲折动人，以饱含激情的笔墨，超然物外的审视目光，展现了浓郁的民族风情，以及土司制度的浪漫神秘

续表

时间		获奖人	获奖作品	作品简介
第五届 1995—1998	1996	王安忆 （1954— ） 作家	长恨歌	小说描写了上海弄堂里的女人王琦瑶经历了无数理想幻灭、躁动和怨望，对情与爱的追求，是一部"现代上海史诗"
	1998	王旭烽 （1955— ） 作家	茶人三部曲 （一、二）	小说展示了杭州一个茶叶世家的兴衰沉浮，着重通过忘忧茶庄三代茶人的命运悲欢的展示，对茶的精神、茶人精神的透视，演绎出中华民族所不可或缺的具有永恒价值的中国人文精神、民族精神、人类文明精神，塑造了中华民族之魂
第六届 1999—2002	2000	徐贵祥 （1959— ） 作家	历史的天空	作品历数了20世纪30年代开始的、近半个世纪复杂多变而又跌宕起伏的革命历史，塑造了一批性格鲜活，可敬可感的平凡英雄
	2001	宗璞 （1928— ） 作家	东藏记	小说人物以明仑大学历史系教授孟樾、夫人吕碧初及女儿孟离己、孟灵己等一家人为轴心，放射至孟樾教授的亲朋好友同事周围近百人，写出从京城南下的一群知识分子，在抗日战争中的个人遭遇、情感经历，以及心灵成长的历史
	2001	柳建伟 （1963— ） 军旅作家、编剧	英雄时代	这是一部"清明上河图"式的作品，当代中国的政治生活、军事生活和经济生活图景，被描摹刻画得入木三分
	2002	张洁 （1937— ） 作家	无字	小说描摹了社会大动荡、大变革中各色人等的坎坷人生，展现了中国近百年间的风云际会，写出了一个说不尽的时代
	2002	熊召政 （1953— ） 诗人、作家	张居正	小说再现了"万历新政"中张居正这一复杂的封建社会改革家形象，并展现出其悲剧命运的必然性
第七届 2003—2006	2003	麦家 （1964— ） 小说家、编剧	暗算	小说讲述了具有特殊禀赋的人的命运遭际，书写了个人身处在封闭的黑暗空间里的神奇表现。破译密码的故事传奇曲折，充满悬念和神秘感，与此同时，人的心灵世界亦得到丰富细致的展现

第十一章 部分文学名家作品介绍

续表

时间		获奖人	获奖作品	作品简介
第七届 2003—2006	2005	贾平凹（1952— ）作家	秦腔	小说真实而生动地再现了中国社会大转型给农村带来的激烈冲击和变化，给农民带来的心灵惊恐和撕裂
	2005	迟子建（1962— ）作家	额尔古纳河右岸	小说以一位年届九旬的鄂温克族最后一位酋长女人的自述口吻，讲述了一个弱小民族顽强的抗争和优美的爱情。小说语言精妙，以简约之美写活了一群鲜为人知、有血有肉的鄂温克人
	2006	周大新（1952— ）作家	湖光山色	小说以亚洲最大水库——丹江口水库为地点，描述一个曾在北京打过工的乡村女性暖暖与命运抗争追求美好生活的不屈经历。讲述了一个关于人类欲望的寓言
第八届 2007—2010	2008	毕飞宇（1964— ）作家	推拿	小说围绕着"沙宗琪推拿中心"的一群盲人推拿师展开。推拿中心里每一个盲人推拿师或多或少都有一段正常人无法想象的痛苦生活。他们小心翼翼地争取自我的独立和尊严，为了可能的尊重，他们殚精竭虑
	2009	莫言（1955— ）作家	蛙	小说反映新中国近60年波澜起伏的农村生育史，描述国家为了控制人口剧烈增长、实施计划生育国策，所走过的艰巨而复杂的历史过程
	2009	刘震云（1958— ）作家、编剧	一句顶一万句	小说是一本以孤独为主题的书，分为两部：《出延津记》与《回延津记》。前半部写过去，后半部写现在，延宕百年，被称中国版《百年孤独》
	2009	刘醒龙（1956— ）作家	天行者	小说以中国20世纪90年代贫乏的乡村教育为背景，讲述了一群在贫苦生活中无私为乡村教育事业做出贡献的民办教师为求转正而发生的辛酸故事，也反映出被人们遗忘已久的乡村民办教师曾有过的艰难历程。该书秉承了作者现实主义的一贯风格，以细腻的笔触、朴实的文字落脚于中国社会的一隅
	2010	张炜（1956— ）作家	你在高原	小说中塑造出大量的人物形象，其中的女性人物形象独具特色。在这部作品中，作者以宁、曲两家故事作为主线，讲述了"高原"人们的生存方式，并在其中穿插了家族历史与祖辈和父辈的悲剧人生

续表

时间		获奖人	获奖作品	作品简介
第九届 2011—2014	2011	格非（1964— ）作家	江南三部曲	三部曲由《人面桃花》《山河入梦》《春尽江南》三部长篇小说构成。《人面桃花》写的是民国初年的知识人对精神世界和社会理想的探索；《山河入梦》写的是20世纪五六十年代知识分子的梦想和社会实践，而《春尽江南》则对准了当下中国的精神现实，用具穿透力的思考和叙事呈现了一个世纪以来中国社会内在精神的衍变轨迹
	2012	李佩甫（1953— ）作家	生命册	小说追溯了城市和乡村时代变迁的轨迹，书写出当代中国大地上那些破败的人生和残存的信念。在时代与土地的变迁中，人物的精神产生裂变，都走向了自己的反面。在这些无奈和悲凉中，在各种异化的人生轨迹中，又蕴藏着一个个生命的真谛
	2013	金宇澄（1952— ）作家	繁花	小说的叙事时间为上海的20世纪60年代至90年代，阿宝、沪生和小毛则是贯穿首尾的三个主要人物。以大量的人物对话与繁密的故事情节，像"说书"一样平静讲述阿宝、沪生、小毛三个童年好友的上海往事。小说被赞誉为史上最好上海小说之一，建立了一座与南方有关、与城市有关的人情世态的博物馆
	2013	王蒙（1934— ）作家、学者	这边风景	小说以新疆农村为背景，从公社粮食盗窃案入笔，用层层剥开的悬念和西域独特风土人情，为读者展示了一幅现代西域生活的全景图。同时也反映了汉、维两族在特殊历史背景下的真实生活，以及两族人民的相互理解与关爱
	2013	苏童（1963— ）作家	黄雀记	小说讲述了一桩20世纪80年代发生的青少年强奸案引发的命运纠结史。香椿树街鼎鼎有名的纨绔子弟柳生强奸了一名少女，让普通少年保润替其坐牢。最终，保润杀了柳生。主题涉及罪与罚、自我救赎、绝望和希望

续表

时间		获奖人	获奖作品	作品简介
第十届 2015—2018	2018	陈彦（1963— ）编剧、作家	主角	作者以扎实细腻的笔触，尽态极妍地叙述了秦腔名伶忆秦娥近半个世纪人生的兴衰际遇、起废沉浮，及其与秦腔及大历史的起起落落之间的复杂关联，以中国古典的审美方式讲述寓意深远的"中国故事"
	2018	李洱（1966— ）作家	应物兄	小说借鉴经史子集的叙述方式，记叙了形形色色的当代人，尤其是知识者的言谈和举止。"应物兄"，这个似真似假的名字，这个也真诚也虚伪的人物，串连起三十多年来知识分子群体活色生香的生活经历，勾勒出他们的精神轨迹，并终构成了一幅浩瀚的时代星图
	2018	梁晓声（1949— ）影视编剧、作家	人世间	小说是一部关于苦难、奋斗、担当、正直和友谊的小说，以北方省会城市一位周姓平民子弟的生活轨迹为线索，从20世纪70年代写到改革开放后的今天。人物的性格命运各有不同，他们有的通过读书奋斗改变命运成为社会精英，更多的则像父辈那样努力打拼辛劳谋生。描写了中国社会的巨大变迁和百姓生活的跌宕起伏，堪称一部"五十年中国百姓生活史"
	2018	徐怀中（1929— ）作家	牵风记	小说以1947年晋冀鲁豫野战军千里挺进大别山为历史背景，主要讲述了三个人物和一匹马的故事。既有对战争、人性的深刻思考，也有人与大自然神奇关系的表现，亦真亦幻，拓展了战争文学的创作空间
	2018	徐则臣（1978— ）作家	北上	小说以历史与当下两条线索，讲述了发生在京杭大运河之上几个家族之间的百年"秘史"。小说力图跨越运河的历史时空，探究普通国人与中国的关系、知识分子与中国的关系、中国与世界的关系。探讨大运河对于中国政治、经济、地理、文化以及世道人心变迁的重要影响

第十二章

中国古代历史年谱及古代少数民族历史导读

学习目的和意义

中国历史源远流长，中国文学发生、发展正建立在这历史发展的长河之中。中国历朝历代更迭变换以及众多大事记犹如一条线索，穿起无数璀璨的古代文学珍宝。了解历史发展的基本线索，有利于对积淀深厚的中国文学甚至传统文化的理解与承传。我国是一个多民族共存的国家，了解少数民族历史变迁，有利于对我国文学作品的感悟与把握，有利于对我国文学发展中的多元化特征的认识与理解。

学习重点与难点

学习重点是对历史众多大事记的认知；学习难点为古代少数民族历史演变对文学作品的影响。

第一节 中国古代历史年谱

一、原始社会（约170万年前—约公元前21世纪）

约170万年前　　元谋人生活在云南元谋一带

约70—20万年前　　北京人生活在北京周口店一带

约1.8万年前　　山顶洞人开始氏族公社的生活

约0.5—0.7万年前　　河姆渡、半坡母系氏族公社

约0.4—0.5万年前　　大汶口文化中晚期，父系氏族公社

约4 000多年前　　传说中的炎帝、黄帝、尧、舜、禹时期

二、奴隶社会（前2070—前476）

夏　（前2070—前1600）

前2070年 禹传予启，夏朝建立，定都阳城（今河南郑州）

商　（前1600—前1046）

前1600年 商汤灭夏，商朝建立，定都于亳（今天河南商丘）。

前1300年 商王盘庚迁都殷（今河南安阳）

西周　（前1046—前771）

前1046年 周武王灭商，西周开始，定都镐京（今陕西西安）

前841年 国人暴动

前771年 犬戎攻入镐京，西周结束

春秋　（前770年—前476）

前770年 周平王迁都洛邑（今河南洛阳），东周开始

三、封建社会（前475—1840）

战国　（前475—前221）

前356年 商鞅开始变法

秦　（前221—前206）

前221年 秦统一，定都咸阳，秦始皇确立郡县制，统一货币、度量衡和文字

前209年 陈胜、吴广起义爆发

前207年 巨鹿之战

前206年 刘邦攻入咸阳，秦亡

前206—公元前202年 楚汉之争

西汉　（前202—8）

前202年 西汉建立，定都长安（今陕西西安）

前138年 张骞第一次出使西域

8年 王莽夺取西汉政权，改国号新

东汉　（25—220）

25年 东汉建立，定都洛阳（今河南洛阳）

73年 班超出使西域

105年 蔡伦改进造纸术

132年 张衡发明地动仪

166年 大秦王安敦派使臣到中国

184年 张角领导黄巾起义

200年 官渡之战

208年 赤壁之战

三国　（220—280）

220年 曹丕建立魏国，定都洛阳

221年 刘备建立蜀国，定都成都

222年 孙权建立吴国，定都建业（今南京）

230年 吴派卫温等率军队到台湾

263 年 魏灭蜀

265 年 司马炎建立西晋，魏亡，定都洛阳

西晋（265—316）

280 年 西晋灭吴

316 年 匈奴攻占长安，西晋结束

东晋（317—420）

317 年 司马睿建立东晋，定都建康（今南京）

383 年 淝水之战

南北朝（420—589）

420 年 刘裕建立南朝宋，定都建康（今南京）

439 年 拓跋珪建立北朝，北朝建都在平成（今山西大同）

494 年 北魏孝文帝迁都洛阳

隋（581—618）

581 年 杨坚建立隋朝，定都长安（今西安）

589 年 隋统一南北方

605 年 开始开通大运河

611 年 隋末农民起义开始，山东长白山农民起义爆发

唐（618—907）

618 年 李渊建立唐朝，隋朝灭亡

627—649 年 贞观之治

713—741 年 开元盛世

755—763 年 安史之乱

875—884 年 唐末农民战争

五代（907—960）

907 年 朱全忠（朱温）建立后梁，唐亡，五代开始

916 年 耶律阿保机建立契丹国

北宋（960—1127）

960 年 赵匡胤建立北宋

1005 年 宋、辽澶渊之盟

1038 年 元昊建立西夏

11 世纪中期 毕昇发明活字印刷术

1069 年 王安石开始变法

1115 年 完颜阿骨打建立金

1125 年 金灭辽

南宋（1127—1276）

1127 年 金灭北宋，赵构建立南宋，定都临安（今杭州）

1140 年 宋、金郾城大战

1206 年 成吉思汗（孛儿只斤·铁木真）建立蒙古政权

元　（1271—1368）
　　1271 年 忽必烈定国号元，定都大都
　　1276 年 元灭南宋
明　（1368—1644）
　　1368 年 朱元璋建立明朝，元朝结束，定都应天府（今南京），号京师
　　1405—1433 年 郑和七次下西洋
　　1421 年，明成祖朱棣迁都至顺天府（今北京），而应天府改称南京。
　　16 世纪中期 戚继光抗日倭
　　1553 年 葡萄牙攫取澳门居住权
　　1616 年 努尔哈赤建立后金
　　1628 年 明末农民战争爆发
清　（1636—1911）
　　1636 年 皇太极建立清朝，改国号为清，清朝最初建都于赫图阿拉（今辽宁新宾），1621 年迁都辽阳，1625 年迁都沈阳（改称"盛京"），1644 年定都北京，以盛京为陪都。
　　1644 年 李自成建立大顺政权，农民军攻占北京，明亡
　　1662 年 郑成功收复台湾
　　1673 年 三藩叛乱开始
　　1684 年 清朝设置台湾府
　　1689 年 中俄签订《尼布楚条约》
　　1771 年 土尔扈特部重返祖国
　　1839 年 林则徐虎门销烟
　　1840—1842 年 鸦片战争

第二节　中国古代少数民族历史简述

一、古代少数民族的演化

中国历史上的少数民族一般认为都是由以下 5 部分演化而来的：以匈奴为代表的匈奴部分，以鲜卑、契丹、蒙古为代表的东胡部分，以突厥为代表的突厥部分，以满洲为代表的通古斯部分，以羌族、吐蕃为代表的羌藏部分。

匈奴：主体在东汉时期被汉人消灭，剩余部分西逃至欧洲，与马扎尔人融合，构成今天的匈牙利人。

东胡：秦时被匈奴灭亡，之后分成两大部分：乌桓和鲜卑。

乌桓：被曹魏消灭。

鲜卑：主体被汉族同化，剩余的演化为柔然。

柔然：被突厥击败，分化为室韦（蒙古）和契丹。

契丹：主体被女真族和汉族同化，剩余的西逃到中亚，与当地人融合，成为中亚人的一部分。

蒙古：为先秦时东胡的一部分，由鲜卑演化而来，一直生存到现在。

突厥：有可能是匈奴的一个分支，后灭亡了柔然，其自身的主体被回鹘人和汉族人所灭，剩余的向西逃窜，形成了今天的土耳其人。

回鹘：主体由丁零人构成，融入了铁勒和高车人的一部分，在唐朝时期，将突厥主体灭亡。回鹘生存到现在，即今天的维吾尔族。

女真：来自肃慎，后为女真，一直生存到现在，即今天的满族人。

党项：羌族的一部分，后被蒙古人灭亡。

羌：一直生存到今天。

氐：匈奴一部分，后被汉族同化。

吐蕃：也就是今天的藏族，是古代羌族的一部分。

羯：匈奴的一部分，在公元4世纪被汉人冉闵一次性屠杀20万人，导致羯族灭种。

二、历史上著名少数民族概况

（1）匈奴。匈奴人是夏朝的遗民。《史记·匈奴列传》记载："匈奴，其先祖夏后氏之苗裔也，曰淳维。"（司马迁．史记［M］．北京：中国友谊出版公司，1994，第526页）。匈奴崛起于河套阴山一带，从战国以来便是漠北的大族，控弦30万，威胁秦汉帝国的北边，著名的万里长城就是为防御匈奴的侵扰而修筑的。秦汉帝国倾全国之力，软硬兼施，或和亲通好，或通西域断其右臂，或采主动攻击，深入大漠；终于大大削弱了匈奴势力。东汉初年，匈奴分裂为南北匈奴；南匈奴归降汉朝，20多万众被安置于今内蒙古、山西与陕西北部及甘肃东部一带，为汉帝国守边。东汉后期，他们更进一步内徙到山西中部汾水流域一带，与汉人杂居。曹魏时代，匈奴部众被编入郡县户籍，与汉人一样同为编户齐民，而融入汉族之中。五胡乱华时，首先起事的就是匈奴族的领袖刘渊，从他用汉人的姓"刘"、命国号为"汉"，可见他已以汉族自居了。北匈奴则在汉帝国军队的攻击下，一部分由北单于带领，西迁至伊犁一带，再向西迁至东欧，就是四世纪在欧洲出现的匈人（Huns）的祖先，他们在多瑙河中游建立匈奴王国，其王阿提拉（Attila）号称"上帝之鞭"，曾挥军进攻罗马。这一支匈奴人后来融入匈牙利一带的土著之中。而留在漠北的匈奴人，据估计约占全部匈奴人口的百分之四十，则加入新兴的鲜卑，成为鲜卑族的成员。总之，匈奴族，南迁的与汉人杂居，加入汉族，留在漠北的加入鲜卑，西迁的成为东欧民族的一分子。匈奴后裔汉化后，所改汉姓有刘、贺、丛、呼延、万俟等，很多生活在今天的陕西、山西和山东等地。

（2）东胡。东胡是一个古老的游牧为主的民族，自商代初年到西汉，东胡存在了大约1 300年。东胡语言属阿尔泰语系。春秋时期，东胡居住在燕国北部，《史记·匈奴列传》记载"燕北有东胡、山戎"（司马迁．史记［M］．北京：中国友谊出版公司，1994，第527页）。战国时期，东胡居住在燕国和赵国北部，这个时期东胡最为强盛，号称"控弦之士二十万"，曾多次南下侵入中原。秦汉之际，东胡逐渐衰落。公元前206年，东胡被匈奴冒顿单于击败，余部聚居乌桓山和鲜卑山，形成后来的乌桓族与鲜卑族。

（3）乌桓。秦末汉初（前3世纪末）之际，匈奴王冒顿单于击败东胡。东胡人北迁至鲜卑山和乌桓山，各以山名为族号，分别形成鲜卑人和乌桓人。乌桓山即现大兴安岭中部的东西罕山。乌桓人随水草放牧，以穹庐为室，常要向匈奴进贡，匈奴每岁向乌桓征收牲畜、皮革。

汉光武帝建武二十二年（46）乌桓趁匈奴内乱之时进攻匈奴，把匈奴赶出大漠以南。东汉对乌桓优抚，允许乌桓人部分移居太原关内各地，驻牧于辽东属国，乌桓人大多归附于汉。乌桓南迁后，原居地为鲜卑所占，留在塞外的部分乌桓人，亦附鲜卑，常助鲜卑寇边。东汉末年，辽东、辽西等地的乌桓人"悉徙居中国"。五胡十六国时期，乌桓与各族杂居，形成"杂胡"。乌桓和匈奴的混血后代"铁弗"人赫连勃勃立国胡夏。唐朝时嫩江以北有乌丸国，传说是乌桓后人所创。辽太祖耶律阿保机曾派兵征伐，之后乌桓融入其他民族。

（4）鲜卑。代匈奴而起的漠北民族是鲜卑，鲜卑族兴起于今大兴安岭的鲜卑山区，后来南迁至呼伦贝尔草原。他们接受汉帝国的招抚，合力攻击北匈奴；北匈奴瓦解西迁，鲜卑代之而起，吸纳匈奴余众，主宰北方大草原，进而入居辽西，并进入关中，于淝水之战后，建立政权，成为五胡十六国的主要成员。进而以今山西大同一带为基地，统一华北，建立北魏王朝。在孝文帝的汉化政策下，禁胡服，断北语，在朝廷上使用汉语，改姓氏，如拓跋氏改姓元氏、独孤改姓刘、步六孤改姓陆、丘穆陵改姓穆；于是内迁中原的鲜卑族，逐渐融入汉族。隋唐以后，鲜卑族遂融入汉族之中，不再是一个民族实体了。

（5）柔然。鲜卑人的一支。4世纪末至6世纪中叶，活动于中国大漠南北和西北广大地区，主要是柔然和敕勒。当时，正是中国历史上处于十六国、南北朝纷争对峙时期。柔然源于东胡族，4世纪中叶附属于拓跋部，主要游牧在鄂尔浑河与土拉河流域。柔然最盛时，其势遍及大漠南北，北达贝加尔湖畔，南抵阴山北麓，东北到大兴安岭，与地豆于（今内蒙古锡林郭勒盟乌珠穆沁旗和通辽市一带）相接，东南与西拉木伦河的库莫奚及契丹为邻，西边远及准噶尔盆地和伊犁河流域，并曾进入塔里木盆地。另一部柔然西迁中亚称阿瓦尔人，占领了中欧潘诺尼亚一带。公元9世纪初，阿瓦尔王国被查理曼大帝击溃，阿瓦尔人定居下来，成为现代匈牙利民族族源之一。

（6）突厥。北方大草原先后为属于突厥语族的突厥、铁勒、回纥所控制。突厥原住于阿尔泰山南麓，是匈奴的后裔，以狼为崇拜的图腾。突厥原臣服于柔然，6世纪中叶，击败柔然，占领漠北草原与准噶尔盆地。势力最盛时，其疆域东起辽东，西至中亚咸海，北抵贝加尔湖，威胁隋唐帝国。583年分裂为东西突厥，东突厥控制漠北草原，630年为唐帝国所灭。西突厥控制阿尔泰山以西，于659年也被唐所灭。东突厥族众降唐，被安置在今鄂尔多斯草原。虽曾一度再兴，在漠北重建汗庭，但不久为回纥所灭，族众纷纷降唐，定居于内地。安史之乱时，政府军与叛军中，均有不少突厥人，他们后来都融入汉族之中，他们分别改姓浑、张、薛，与汉人无异。西突厥也有降唐迁入中原的，其中一支沙陀部被安置在陕西盐州，与散处在关中的沙陀人结合，迁到山西太原一带，为唐朝征伐方镇，屡立战功。沙陀人在五代十国时期，先后建立后唐、后晋、后汉三个王朝与北汉国，盛极一时。传说中的"十三太保"就是沙陀人。突厥亡后，族众除融入汉族外，一部分归附回纥，成为回纥族；一部分西迁至今阿富汗，在中亚建立塞尔柱突厥王朝及奥斯曼突厥王朝。

（7）契丹。契丹族源于东胡后裔鲜卑的柔然部。其以原意为镔铁的"契丹"一词作为民族称号，来象征契丹人顽强的意志和坚不可摧的民族精神。历史文献最早记载契丹族开始于389年，柔然部败于鲜卑拓跋氏的北魏。其中北柔然退到外兴安岭一带，成为蒙古人的祖先室韦。而南柔然避居今内蒙古的西喇木伦河以南、老哈河以北地区，以聚族分部的组织形式过着游牧和渔猎的氏族社会生活。此时8个部落的名称分别为悉万丹、何大何、伏弗郁、羽陵、匹吉、黎、土六于、日连。在战事动荡的岁月中，各部走向联合，形成契丹民族，先后经过了大贺氏和遥辇氏两个部落联盟时代，后建立辽朝。主体被女真族和汉族同化，剩余的西逃到中亚，与当地人融合，成为中亚人的一部分。契丹人大多融入其他中国北方的民族，如女真族、蒙古族等。在俄语、希腊语，以及中古英语中，整个中国均被称为"契丹"。如现在俄语中中国的发音是"Kitay"。当代英语也有用"Cathay"来表示中国，如Cathay Pacific（国泰航空，"中国太平洋航空"）。

（8）蒙古。蒙古族是东北亚主要民族之一，也是蒙古国的主体民族。除蒙古国外，蒙古族人口主要集中在中国的内蒙古自治区和新疆及临近省份以及俄罗斯联邦。全世界蒙古族人约为1 000万人，一半以上居住在中国境内。"蒙兀"与"蒙古"是同名异译，在蒙古语中意为"永恒的火焰"。蒙古诸部中，东蒙古来自室韦诸部，是成吉思汗家族的嫡系后裔。宋朝时期，在蒙古高原上的突厥系民族的统治逐渐衰落，东边的包括成吉思汗祖先的室韦诸部开始西迁至蒙古高原内部。室韦诸部在突厥语中称作鞑靼。西部蒙古诸部则在同一时期在由突厥或突厥化的部落的基础上形成。明朝时东、西蒙古分称为鞑靼和瓦剌。

（9）回鹘。又称回纥，亦称"乌护""乌纥""韦纥"。回纥是维吾尔族及裕固族等族的前身。在唐朝的同时代，回纥和吐蕃在北方和西方立国，对中国历史有深远的影响。回纥的前身敕勒在公元前3世纪为分布于贝加尔湖以南的部落联合体。该部落群有狄历、敕勒、铁勒、丁零等名称，都是相同发音的音译。由于使用一种"车轮高大，辐数至多"的大车，又被称为高车。这些部落共有袁纥、薛延陀、契苾等15部。隋朝称韦纥，隋大业元年，袁纥部因反抗突厥的压迫，与仆固、同罗、拔野古等成立联盟，总称回纥。唐天宝三年（744），以骨力裴罗为领袖的回纥联盟在唐朝大军的配合下，推翻了突厥汗国，并建立起漠北回纥汗国，王庭（牙帐）设于鄂尔浑河流域，居民仍以游牧为主。唐朝时，回纥取"迅捷如鹘然"的意思，改作回鹘。立国后，回纥曾帮助唐平定安史之乱。版图最大时疆域东接室韦，西至金山（今阿尔泰山），南跨大漠。回纥后因长期与吐蕃战争，加上内讧不断，于846年被所属部黠戛斯所亡。其部分三路西迁：一迁吐鲁番盆地，称高昌回鹘或西州回鹘；一迁葱岭西楚河一带，称葱岭西回鹘；一迁河西走廊，称河西回鹘，后来成为河西地方的土著，就是现在的裕固族。其中前两支定居新疆的回纥，发展成今天的维吾尔族人。

（10）女真。女真（或女贞与女直），亦作女真族，源自3 000多年前的"肃慎"，汉－晋时期称"挹娄"，南北朝时期称"勿吉"（读音"莫吉"），隋－唐称"黑水靺鞨"，辽－金时期称"女真""女直"（避辽兴宗耶律宗真讳）。清朝以后，"女真"称为"满洲"，后通称为满族至今。"女真"在明朝初期分为建州女真、海西女真、野人女真三大部。后又按地域分为建州、长白、东海、扈伦四大部分。隋称靺鞨，唐初，有黑水靺鞨、粟末靺鞨。1115年，完颜阿骨打统一女真各部，建立金。明朝万历四十三年（1615），女真首领努尔哈赤在新宾县二道河子畔的赫图阿拉城称汗建国，国号为"大金"，史称后金。1644年女真人（满洲）入主中原，建立中国历史上最后一个王朝——清朝。清朝的建立，奠定了中国日后版图的基础。

（11）羌。羌是一个古老的民族，现主要聚居区是四川省阿坝藏族羌族自治州的茂县和汶川县。羌族地区至今仍保留原始宗教，盛行万物有灵、多种信仰的灵物崇拜。羌族历史可追溯至上古时代，早在春秋战国时期已聚居于中国西北，秦国曾与羌族展开过战斗，至汉朝未止。三国时羌族开始迁居中原，分布于中国中部的山部地区。五胡十六国期间，384 年羌人姚苌利用前秦苻坚淝水之战兵败后，关中空虚之际，自称万年秦王。386 年姚苌称帝于长安，建立后秦。北宋到南宋时，1038 年至 1227 年期间，羌族的一支，党项族曾在今宁夏、甘肃、新疆、青海、内蒙古以及陕西的部分地区建立了大夏政权，史称西夏。

（12）党项。党项是羌族的一支，又称作党项羌，是西夏王朝的建立者。党项族原居住在四川松潘高原一带，以畜牧为生，唐朝中期时，受到吐蕃所迫，主要北移至今天宁夏、甘肃、陕西交界一带，原居地的党项族人则受吐蕃贵族役使，被称作弭药人。北移的党项至宋初，首领李继捧归降宋，但族人拥立李继迁叛宋自立，李继迁之孙李元昊称帝，成立了西夏，统治西北地区约 200 年之久。西夏为蒙古灭亡后，党项族被蒙古人称作"唐兀"，属色目人的一族，在元朝时还有部分甚为活跃，但其后逐渐与其他各族融合，党项之名逐渐消失于中国历史上。据近年来人类学家的查访，在四川地区尚有党项族人的后代，可能是西夏灭亡后南移的党项人与弭药人融合而成，此外在安徽、河南等地也有党项人的后裔存在。

（13）氐。古代中国西北部少数民族之一，氐族的起源历来说法不一。一说氐族与羌族同源。曾有说法，指属于藏族（古代的吐蕃人）一支的白马藏人。春秋战国时始以氐为族名，居于中国西北部。汉朝至三国期间，氐族曾两度大迁徙，至关中一带居住。其时还有如羌族的少数民族迁入关中。十六国时晋室南下，氐人便在北方建立前秦、后凉、仇池等政权。在唐朝时代，一部分氐族人与吐蕃人相融合，而其余氐族则与其他民族相融合。

（14）吐蕃。即今天的藏族。吐蕃王朝是一个位于青藏高原的古代王国，由松赞干布到达磨延续两百多年，是西藏历史上创立的第一个政权。按照藏族历史的传统，松赞干布是第 33 任吐蕃国王。846 年，达磨赞普被杀，吐蕃分裂为贵族领主割据的局面。元朝后受到中央王朝的直接统治。

（15）羯。中国古代北方民族之一，源于小月氏，曾附属于匈奴，故又称"匈奴别部"。匈奴衰亡后，南匈奴及一些原附于匈奴的部众，于魏晋时代散居上谷郡与汉人杂居。他们以农耕为主，信奉"胡天"（祆教）。晋时，羯人石勒建立后赵，为十六国之一。时至今日，山西、河北及陕西渭水北诸山间也多有此族。他们与汉族杂处，主要从事农业，相貌特征为深目、高鼻、多须，通常用火葬，信仰"胡天"（祆教），姓氏有石、支、康、白等。

（16）丁零、敕勒。属于原始游牧部落，又称赤勒、铁勒、高车、丁零（丁灵、狄历）。敕勒人最早生活在贝加尔湖附近，在冒顿单于时臣属于匈奴。南迁入中原的敕勒被称为丁零。鲜卑人因北方的敕勒人使用车轮高大的车子，称之为高车。汉朝击溃北匈奴之后，敕勒的地域开始南移，与中原的汉人交往。公元 4 世纪末至 6 世纪中叶，继匈奴、鲜卑之后，敕勒人和柔然人活动于中国大漠南北和西北广大地区。在中原的丁零人曾建立翟魏政权。

4 世纪中叶，生活在阴山一带的人大都已鲜卑化。著名的《敕勒歌》，是北齐时敕勒人的鲜卑语的牧歌，后被翻译成汉语："敕勒川，阴山下，天似穹庐，笼盖四野。天苍苍，野茫茫，风吹草低见牛羊。"（游国恩，等. 中国文学史（一）[M]. 北京：人民文学出版社，1983：262.）敕勒人在北魏时期大量参加鲜卑人、汉人的战争，其中大部和丁零人一起逐渐融入汉族。敕勒中北方的一部臣服突厥汗国，后来成为回纥，现代维吾尔族的祖先。俄罗斯联邦萨哈（雅库特）共和国境内的雅库特人也是敕勒人的后裔。

三、少数民族历史演变的基本特征

我国当代的少数民族在分布、人口数量、民族文化等方面都有很多不相同的地方，在民族的起源、形成、历史、演变方面也都有各自的特点，但由于他们都共同生活在我国广阔的国土上，都受到汉民族不同程度的影响，因而在历史演变的基本特征方面，仍有许多共同之处。

（一）族源方面

每一个当代的民族都是由历史上不同时期的古老部族演变发展而来的，都可以追溯出自己的民族起源。不同民族的族源主要有以下几种情况：

（1）绝大多数民族都是来源于在国内土生土长的古代部族，但也有少部分民族的渊源产生在我国以外的地区，根据他们移入的不同情况，又可分出几种类型。

一是迁入前就已经完成了民族的转化过程，属于已经形成的民族共同体的一部分。迁入我国后，有的仍然保持着原来民族的独立性。如朝鲜族和俄罗斯族是分别形成于朝鲜半岛上和俄罗斯境内的民族，于18世纪开始陆续迁入我国。也有一些民族迁入我国后，在发展的过程中又融合了国内其他一些民族。

二是从外部移入我国境内不是已经形成的独立的民族，而是还处于民族形成前的部族或部落的联盟阶段。在我国境内逐渐演变并完成了民族的转化，形成为当代的一个少数民族。如柯尔克孜族，其族源就是唐代时来自俄罗斯境内叶尼塞河上游地区的"黠戛斯"人；撒拉族的先民，目前比较一致的意见是，在元代由中亚细亚的马尔汗经过长途跋涉到青海东部的循化地区定居下来的；乌孜别克族的先民也是很早以前就从中亚地区迁入新疆的。

（2）族源产生于国内的各民族中，多数既可找出向当代民族转化的直接族源，也可追溯出最早远祖先世，而且这些最早的祖源都是一些历史非常久远的古老部族。从目前的民族起源研究来看，各民族的远源在秦代以前基本上都已存在了。如满族的最早先民肃慎人早在舜时代就活动在黑龙江流域地区。其他如高原和西北部分地区诸民族的先民西戎、氐、羌，南方各民族的远源百越及以后分化出的骆越、瓯骆，苗、瑶的先民五溪蛮，土家族的先民巴人等，都是在先秦时就活动在各地的古老部族。

各民族起源的直接族源，出现时间普遍较晚些，但多数也都在唐代以前。如蒙古族源自室韦，维吾尔族源于回纥，哈萨克族起源于突厥，藏族源于吐蕃，彝族源于乌蛮，白族源于白蛮，壮族、黎族源于俚，侗族源于僚等，分别在汉代、南北朝和隋唐时就已经存在和形成了。直接族源在唐以后才出现的民族很少，满族的渊源女真是在宋辽时期才由（靺）吉人的一个分支演化而来的，是各直接族源中起源最晚的一个。这说明在我国辽阔的土地上，很久以来就是一个多民族共存的国家。这些古老的民族与汉族及其前身华夏族有着长期的交往和渗透，对中华民族的发展大都做出了巨大贡献。

（3）作为民族起源的古代部族，与当代民族之间的渊源关系非常复杂。大体有以下三种情况：

第十二章 中国古代历史年谱及古代少数民族历史导读

一是一个历史上早期的部族经过长期的发展与演变,最终只形成当代的一个民族。如古代的室韦与蒙古族、吐蕃与藏族、巴人与土家族等,一个祖源只与当代的一个民族有历史的延续关系。

二是一个早期的部族,经过长期的演变与分化,最终形成了当代的多个民族。如当代的苗族、瑶族等属于苗瑶语族的各民族,最早的远祖先世都是五溪蛮;南方属于侗傣语族的壮、侗、布依、水傣、黎等民族,最早的远祖先世都与百越集团及其主要支分瓯骆和骆越有密切关系;西南地区属藏。

三是有的当代民族追溯不出一个在民族的形成过程中占重要地位的主体族源,他们一开始就是几个原始部族的混合体。如哈萨克族最早的远祖先世,就是公元前一世纪到公元后四世纪期间活动在今新疆伊犁河谷和伊塞克湖周围地区的乌孙人,及更早些时候就住在这里的塞种人、月氏人;回族的起源民族虽然都信奉伊斯兰教,但却分属于阿拉伯人、波斯人、中亚人等不同的民族。

(二) 民族的形成发展方面

当代的民族都经历了非常曲折、漫长的演变过程。表现在:

(1) 当代的每一个民族,虽然形成的历史时期不同,但在民族形成以后的发展中,没有哪一个自起源到现在始终保持着当初的完整性和独立性,相反,都掺杂有其他民族的成分,先后融合、吸收、同化、渗入了许多其他民族成员。那些被同化或收入的民族,有的在历史上已经消失了,有的其分支又与他民族融合后形成了另一个新的民族。

(2) 多数民族在形成初期都经历了由血缘关系向地缘关系转化的过程,首先是通过民族活动范围的大体确定,使民族共同体得到进一步地稳定与发展。但不同民族向地缘关系转化的方式也不一样。有的是通过建立独立的民族地方政权来实现的,是在先产生国家政权的基础上,逐步使部族之间在经济活动生活习惯、语言与意识等方面趋向一致,从而完成民族的转化。如藏族、蒙古族、满族、白族、彝族等。

有些民族,从没有独立建立过国家政权,是通过中央政府设置行政机构的方式,使他们的地缘关系得到确定,而后逐步完成民族的转化。这样的民族较多,苗、瑶、侗、壮、土家、黎等民族都属于此种情况。

(3) 民族起源的远祖先民出现的时代相差非常悬殊,但完成民族的转化、形成一个独立民族的时间却非常接近。当代民族的远祖先民,有的远在舜禹时就存在了,有的在商周时出现。藏族的先民室韦是南北朝时才出现的。最早的与最晚的相差二千多年。但民族形成的时间,绝大多数是在唐代至宋代期间。唐宋两代是我国当代少数民族最重要的形成时期。只有北方和西北地区的个别民族,由于流动性大,无稳定的活动地域,或由于其他原因,形成时间稍晚了些。如回族、哈萨克族形成于明代。最早的与最晚的相差只有五六百年。这是由于到唐代,封建中央政权更加巩固,封建经济高度发达,疆域不断扩大,行政区划逐渐稳定。这些对连续地区少数民族的转化与形成起到极大的促进作用。

(三) 民族地理分布方面

(1) 有些民族,自形成以后其活动的地域范围基本没有太大的变化,始终保持着当初的状况。南方多数民族基本上都属于这种类型。如藏族自7世纪吐蕃兴起时就活动在现在分布的高原大部分地区；彝族一开始形成时就居住在云南西部横断山区和以四川大、小凉山为中心的两个地区，直到现在仍然保持着这种分布格局；黎族的先民早在3 000年前就居住海南岛上，以后虽然由于汉族的迁入，使他们的范围逐渐缩小到五指山及其以南地区，但从来没有扩大到海南岛以外地区。其他一些民族，如台湾岛上的高山族、湘鄂川黔交界处的土家族，以及广西的壮族、侗族等，现在的地理分布与民族形成初期的活动范围基本一致。

（2）多数民族形成以后，由于政治历史和社会经济等原因，有的分布地域范围比原来的扩大许多，有的与原来的发祥地已毫无地域联系。满族和蒙古族，他们的发祥地分别在东北黑吉两省的白山黑水之间和蒙古高原东北部的草原地区，以后这两个民族都统一了全国，建立了中央王朝，随着政治中心的转移和统治全国的需要，他们分布在全国各地，被推翻后虽然大部分已撤走了，但目前的分布范围仍然远远超出当初的东北和蒙古地区。发祥地在辽宁的锡伯族、发祥地在大兴安岭周围地区的达斡尔族、发祥地在新疆的维吾尔族，明清两代，由于军事征调，一部分离开了发祥地，锡伯族、达斡尔族到了新疆，维吾尔族到了湖南、云南等地。还有原新疆的哈萨克族，中华人民共和国成立前因受反动军阀盛世才的迫害，一部分被迫流散到甘肃青海等，至今仍有一些哈萨克人居住在那里。

（3）我国当代少数民族的地理分布中，还有一些跨国的现象。这也是在民族的历史演变过程中形成的。属于这种类型的民族有：朝鲜族，是形成于朝鲜半岛而后迁移到我国来的，并一直保持着本民族的独立特征；蒙古族，由于历史政治的原因，一部分居住在蒙古人民共和国；哈萨克族，原来起源、形成和活动地区，都属于中国的领土，后来因为沙俄割占了我国大片土地，并推行"土归民随"的政策，使哈萨克族的相当一部分成了俄国的国民；其他如南方的傣族、苗族等，发祥地都在我国境内，后由于迁移流动，一部分分布在缅甸、泰国、老挝、越南等邻国境内。

附　录

一、常用工具书介绍

（一）检索字的工具书

1.《说文解字》

《说文解字》简称《说文》，东汉许慎著。因为本书对独体的"文"和合体的"字"加以说解，所以叫《说文解字》。本书收篆文 9 353 个，重文 1 163 个。该书在每一篆文下先释义，再分析形体结构，最后说明读若某（注音）。其突出贡献在于综合分析了小篆、籀文和古文的形体结构，因形见义。据它，可以上求造字根源、下辨字体变化，同时也是研究甲骨文、金文的桥梁，是我国第一部系统分析字形考求本义的字典，是研究先秦典籍中字义的必备工具书。

2.《康熙字典》

这部字典成书于康熙五十五年（1716），由于它是张玉书、陈廷敬等 38 人奉清圣祖之命编纂的，所以流传甚广。共收字 47 035 个，一般字典中查不到的字，在此书中可以查到。

本字典在编排体例上有以下特点：①先注音后释义。②注音先列反切，将《广韵》《集韵》等韵书的音切一一列在后面，再加直音。③解释字的本义，下面引《书经》等作为书证。④若有考辨，则附于注末，加"按"字标明。⑤古体列于正体之后。

《康熙字典》错误较多，王引之作《字典考证》，指出错误 2 588 条，现通行本把《字典考证》附于文后，应参考。

3.《中华大字典》

这部字典由徐元浩、欧阳浦存主编，成书于 1915 年，共收字 48 000 多条。由于成书时间为中华民国四年（1915），故名《中华大字典》。它在《康熙字典》的基础上编纂而成，校正《康熙字典》两千多条错误。

该字典在编排体例上有以下特点：①每字下先列《集韵》反切（如《集韵》没有就参《广韵》或其他韵书），再列义项。②每个义项下，先释义，后列书证。书证中用"—"代替被释字，一个义项用一个书证。③释义时先本义，再引申义，再假借义。

4.《汉语大字典》

这部字典由《汉语大字典》编辑委员会编纂，徐中舒为主编，李格非、赵振铎为常务副主编，共 8 册，收单字 56 000 个左右。

此字典在编排体例上有以下特点：①字形方面，收列能反映字形源流演变的甲骨文、金文、小篆、隶书的代表形体。②字音方面，尽可能注出现代读音，并列中古的反切、上古的韵部。③字义方面,不仅注意收列常用字的常用义,而且注意考释常用字的偏僻义和偏僻字的义项。对于多义词,按本义、引申义、假借义顺序排列。

5. 《古汉语常用字字典》

这是一部为学习古代汉语的人专门编写的字典。收古汉语常用字3 700多个,另附"难字表"做补充,收难字2 600余个,并附上注音。

这部字典在编排体例上有以下特点:①义项按词义引申的远近排列。②注意词义的辨析。③对词义历史发展中应注意的地方予以说明,这为古代汉语初学者提供了极大的便利。例如:

臺、台④星名,即三台(六颗星)。古代用"三台"比"三公"(古代最高的官位),因此旧时常用"台"来作为对别人的敬称,如兄台、台甫(向别人请问表字时的敬称)。[辨] 臺、台本是两个字。"臺"是土筑的高坛,又表示古代官署名,如"楼臺""臺省",古代不写作"楼台""台省"。台有两读,读 yí 时有"我""何""愉快"等意义,读 tái 是星宿名,古代都不写作"台"。

(二) 检索词语的工具书

1. 《辞源》

有新旧两种。旧《辞源》1915年出版,中华人民共和国成立后,《辞源》进行了修订,成为我国目前最大的一部古代汉语工具书。

该书具有以下特点:①收录了古书中常用的语词、成语、典故、文物、典章制度。②单字下用拼音、注音和反切三种方法注音,并注明声韵。③释义简明确切,注意语词的来源和使用过程中的发展演变;多义词先注本义,再注引申义、假借义等,层次分明;引书注明书名、篇名、卷次。人们不太熟悉的古籍,都注明了时代和作者,便于核对原书,在有关词目之末,略举参考书目,为进一步研究提供线索。

2. 《辞海》

也有新、旧之分。旧《辞海》出版于1936年,比《辞源》晚20年。较之于《辞源》,《辞海》更注重收社会科学与自然科学方面的百科条目。中华人民共和国成立后《辞海》进行了修订,成为一部百科性质的辞书。同时还另有一套按学科分编的分册,除语词分册外,还有哲学、历史、文学等19个分册,类似各学科的专科辞典。

3. 《汉语大词典》

这部词典由罗竹风主编,共12卷,收列词目375 000余条。本词典除对单字本身的意义演变加以总结外,更侧重于收列一般词语的意义,着重从词的历史演变过程加以全面的阐述。此书后有笔画索引和单字汉语拼音索引,检索方便。

该词典在编排体例上有如下特点:①字音方面,每个字头标注现代音和古音,现代音用拼音字母,古音用反切。②释义方面,所收条目较为完整、释义较为确切、例句较为丰富。

4. 《诗词曲语辞汇释》

近人张相著,主要研究唐宋元明诗词曲中的特殊语词。全书收单字、词语共537项,印证丰富,对诗词曲的阅读有很高的参考价值。例如:

杜甫《春日梓州登楼二首》

行路难如此,登楼望欲迷。身无却少壮,迹有但羁栖。
江水流城郭,春风入鼓鼙。双双新燕子,依旧已衔泥。
天畔登楼眼,随春入故园。战场今始定,移柳更能存。
厌蜀交游冷,思吴胜事繁。应须理舟楫,长啸下荆门。

"更"字不太好懂,本书注为:

更,犹岂也。又三绝句:"群盗相随剧虎狼,食人更肯留妻子!"更肯,岂肯也。刘长卿诗《登润州万岁楼》:"闻道王师犹转战,更能谈笑解重围。"更能,岂能也。陆龟蒙《江城夜泊》诗:"漏移寒箭丁丁急,月挂虚弓霭霭明。此夜离魂堪射断,更须江笛两三声。"更须,岂须也。

这样,"更能"的意思也就清楚了。

(三) 检索古代人名、地名的工具书

1.《中国人名大辞典》

臧励龢等编,这是一部专门查检我国历史人名的工具书。这部书以"经书"中的重要人名和二十四史中有传的人名为主,同时也参考了其他著作出现的人名,共计 4 万多人。该书收罗对象广,既有经书、史传中的人物,也有工、商、医等各阶层的人物;同时对古代少数民族的知名人物,也酌加收录。此外其收入年代从远古神话中的人名开始,直到清代末年的著名人物,时间跨度长。

本书编排上按姓氏笔画排列,同一姓氏的人按名字的笔画排列。每条下注明其朝代、籍贯、生平事迹。同时书后附有《四角号码索引》《姓氏考略》《异名表》。《异名表》列举一些重要人物常用的字、号等,注出原名,共五千多条。这对我们初步了解一个人物,极为便利。

2.《中国古今地名大辞典》

这是一部专门查检地名的工具书,共收古今地名约 4 万条。此书的收罗对象也很广,不仅名胜古迹、重城要塞有收录,一些古籍中出现的村镇墟集也酌情收入。每一条地名都简要介绍它的地理位置和历史沿革;对异地同名者,也用符号标明,分别叙述;书后附有《四角号码检字索引》和《各县异名表》,对古籍阅读者提供了极大的方便。如李白《下江陵》:"朝辞白帝彩云间,千里江陵一日还。""白帝""江陵"在哪里,翻检本书就可以知道:"白帝"即"白帝城",在今重庆市奉节县。三国时刘备曾以此为防吴重地,后刘备征吴失败以后死于此,曾改名永安。"江陵"即春秋时楚国郢都旧地。汉朝置江陵县,唐代改成江陵府。"江陵"是府治所在地。这样,我们就能更好地理解这首诗了。

古今地名变化很大,《中国古今地名大辞典》把地名的这种变化分项列举出来了,这对我们也是很有益处的。如"北京"条下就列出了历代其所指的变化:唐代时北京指山西太原,宋代时指河北大名,直至明代才指现在的北京。

(四) 工具书使用应注意的问题

工具书很多人都会查，但能充分有效地使用一部工具书，从中获得丰富知识的人却并不多。这是因为有些人查检工具书时，查到自己需要了解的词就完事了，不愿仔细看解释，也不关注前言、凡例，所以对问题的了解也只能是蜻蜓点水、一知半解。工具书使用中应注意哪些问题呢？

首先，工具书中，每个条目下都有详细的解释，如一个字有几种读音，几种意义，这些意义之间有什么关系，都应该弄清楚。查到一个字或一个词，先要把对其所有的解释从头到尾看一遍，理清各义项之间的联系，形成一个完整的认知，然后再根据具体的语境，选定确切的义项。

其次，工具书前边大都有"前言""凡例"，交代该书的性质、内容和使用方法，说明书中各种符号所代表的意思。在使用任何一种工具书之前，都应该把"前言""凡例"仔细阅读一遍。如《新华字典》的释义中经常有㊎、㊋等各种符号，这些符号各代表什么意思呢？编者在《凡例》中有说明：㊌表示由原义引申出来的意义；㊎表示由比喻形成的意义；㊋表示由原义、故事、成语等转化而成的意义。了解这些，对于准确理解字义是有帮助的。

最后，还应该注意书后有无附录、补遗之类的。如《汉语大字典》后附《新旧字形对照表》《简化字总表》《现代汉语常用字表》等。这些对我们平常的学习也是很有益处的。

总之，要想熟练地掌握工具书，主要还是靠不断实践，认真探究。只要我们能认真对待，也就一定能把它用好。

二、教育部推荐大学生必读书目100本

（1）《语言问题》，赵元任著，商务印书馆，1980年版

（2）《语言与文化》，罗常培著，语文出版社，1989年版

（3）《汉语语法分析问题》，吕叔湘著，商务印书馆，1979年版

（4）《修辞学发凡》，陈望道著，上海教育出版社，1979年版

（5）《汉语方言概要》，袁家骅等著，文字改革出版社，1983年版

（6）《马氏文通》，马建忠著，商务印书馆，1983年版

（7）《汉语音韵》，王力著，中华书局，1980年版

（8）《训诂简论》，陆宗达著，北京出版社，1980年版

（9）《中国语言学史》，王力著，山西人民出版社，1981年版

（10）《中国文字学》，唐兰著，上海古籍出版社，1979年版

（11）《中国历代语言学论文选注》，吴文祺、张世禄主编，上海教育出版社，1986年版

（12）《普通语言学教程》，（瑞士）索绪尔著，高名凯译，岑麒祥、叶蜚声校注，商务印书馆，1982年版

（13）《语言论》，高名凯著，商务印书馆，1995年版

（14）《西方语言学名著选读》，胡明扬主编，中国人民大学出版社，1988年版

（15）《应用语言学》，刘涌泉、乔毅编著，上海外语教育出版社，1991年版

(16)《马克思恩格斯论文学与艺术》，陆梅林辑注，人民文学出版社，1982年版

(17)《在延安文艺座谈会上的讲话》，毛泽东著，见《毛泽东选集》第3卷，人民出版社，1991年版

(18)《邓小平论文艺》，中共中央宣传部文艺局编，人民文学出版社，1989年版

(19)《中国历代文论选》，郭绍虞主编，上海古籍出版社，1979年版

(20)《文心雕龙选译》，刘勰著，周振甫译注，中华书局，1980年版

(21)《诗学》，亚里斯多德著，罗念生译，人民文学出版社，1982年版

(22)《西方文艺理论史精读文献》，章安祺编，中国人民大学出版社，1996年版

(23)《20世纪西方美学名著选》，蒋孔阳主编，复旦大学出版社，1987年版

(24)《西方美学史》，朱光潜著，人民文学出版社，1979年版

(25)《文学理论》，（美）韦勒克、沃伦著，刘象愚等译，三联书店，1984年版

(26)《比较文学与文学理论》，（美）韦斯坦因著，刘象愚译，辽宁人民出版社，1987年版

(27)《诗经选》，余冠英选注，人民文学出版社，1956年版

(28)《楚辞选》，马茂元选注，人民文学出版社，1980年版

(29)《论语译注》，杨伯峻译注，中华书局，1980年版

(30)《孟子译注》，杨伯峻译注，中华书局，1960年版

(31)《庄子今注今译》，陈鼓应译注，中华书局，1983年版

(32)《乐府诗选》，余冠英选，人民文学出版社，1959年版

(33)《史记选》，王伯祥选，人民文学出版社，1957年版

(34)《陶渊明集》，逯钦立校注，中华书局，1979年版

(35)《李白诗选》，复旦大学中文系古典文学教研组选注，人民文学出版社，1977年版

(36)《杜甫诗选》，萧涤非选注，人民文学出版社，1985年版

(37)《李商隐选集》，周振甫选注，上海古籍出版社，1986年版

(38)《唐宋八大家文选》，牛宝彤选，甘肃人民出版社，1986年版

(39)《唐人小说》，汪辟疆校录，上海古籍出版社，1978年版

(40)《唐诗选》，中国社会科学院文学所编，人民文学出版社，1978年版

(41)《唐宋词选》，中国社科院文学所编，人民文学出版社，1982年版

(42)《宋诗选注》，钱锺书选注，人民文学出版社，1989年版

(43)《苏轼选集》，王水照选注，上海古籍出版社，1984年版

(44)《元人杂剧选》，顾肇仓选注，人民文学出版社，1962年版

(45)《辛弃疾词选》，朱德才选注，人民文学出版社，1988年版

(46)《西厢记》，王实甫著，王季思校注，人民文学出版，1978年版

(47)《三国演义》，罗贯中著，人民文学出版社，1957年版

(48)《水浒传》，施耐庵著，人民文学出版社，1975年版

(49)《西游记》，吴承恩著，人民文学出版社，1955年版

(50)《今古奇观》，抱瓮老人辑，人民文学出版社，1979年版

(51)《牡丹亭》，汤显祖著，人民文学出版社，1982年版
(52)《聊斋志异选》，张友鹤选注，人民文学出版社，1978年版
(53)《儒林外史》，吴敬梓著，人民文学出版社，1977年版
(54)《红楼梦》，曹雪芹著，人民文学出版社，1982年版
(55)《长生殿》，洪昇著，人民文学出版社，1983年版
(56)《桃花扇》，孔尚任著，人民文学出版社，1958年版
(57)《老残游记》，刘鹗著，人民文学出版社，1959年版
(58)《鲁迅小说集》，人民文学出版社，1979年版
(59)《野草》，鲁迅著，人民文学出版社，1979年版
(60)《女神》，郭沫若著，人民文学出版社，1978年重印版
(61)《郁达夫小说集》，浙江人民出版社，1982年版
(62)《新月诗选》，陈梦家编，上海书店复印，1985年
(63)《子夜》，茅盾著，人民文学出版社，1994年版
(64)《家》，巴金著，人民文学出版社，1979年版
(65)《沈从文小说选集》，人民文学出版社，1982年版
(66)《骆驼祥子》，老舍著，人民文学出版社，1999年版
(67)《曹禺选集》，曹禺著，人民文学出版社，1978年版
(68)《艾青诗选》，艾青著，人民文学出版社，1988年版
(69)《围城》，钱锺书著，人民文学出版社，1980年版
(70)《赵树理选集》，人民文学出版社，1958年版
(71)《现代派诗选》，蓝棣之编选，人民文学出版社，1986年版
(72)《创业史》，（第一部）柳青著，中国青年出版社，1960年版
(73)《茶馆》，老舍著，人民文学出版社，1994年版
(74)《王蒙代表作》，张学正编，黄河文艺出版社，1990年版
(75)《白鹿原》，陈忠实著，人民文学出版社，1993年版
(76)《余光中精品文集》，安徽人民出版社，1999年版
(77)《台湾小说选》，《台湾小说选》编辑委员会选编，人民文学出版社，1983年版
(78)《中国当代文学作品选》，王庆生主编，华中师范大学出版社，1997年版
(79)《希腊的神话和传说》，（德）斯威布著，楚图南译，人民文学出版社，1977年版
(80)《俄狄浦斯王》（《索福克勒斯悲剧二种》），罗念生译，人民文学出版社，1961版
(81)《神曲》，（意）但丁著，王维克译，人民文学出版社，1980年版
(82)《哈姆莱特》，（《莎士比亚悲剧四》）卞之琳译，人民出版社，1988年版
(83)《伪君子》，（法）莫里哀著，李健吾译，上海译文出版社，1980年版
(84)《浮士德》，（德）歌德著，董问樵译，复旦大学出版社，1982年版
(85)《悲惨世界》，（法）雨果著，李丹、方于译，人民文学出版社，1978—1983年版
(86)《红与黑》，（法）司汤达著，郝运译，上海译文出版社，1986年版
(87)《高老头》，（法）巴尔扎克著，傅雷译，人民文学出版社，1954年版
(88)《双城记》，（英）狄更斯著，石永礼译，人民文学出版社，1993年版

(89)《德伯家的苔丝》，（英）哈代著，张谷若译，人民文学出版社，1957年版

(90)《卡拉马佐夫兄弟》，（俄）陀思妥耶夫斯基著，耿济之译，人民文学出版社，1981年版

(91)《安娜·卡列尼娜》，（俄）托尔斯泰著，周扬、谢索台译，人民文学出版社，1978年版

(92)《母亲》，（俄）高尔基著，瞿秋白等译，人民文学出版社，1980年版

(93)《百年孤独》，（哥伦比亚）加西亚·马尔克斯著，黄锦炎等译，上海译文出版社，1984年版

(94)《喧哗与骚动》，（美）福克纳著，李文俊译，上海译文出版社，1984年版

(95)《等待戈多》，（法）萨缪埃尔·贝克特著，收于《荒诞派戏剧选》外国文学出版社，1998年版

(96)《沙恭达罗》，（印）迦梨陀娑著，季羡林译，人民文学出版社，1981年版

(97)《泰戈尔诗选》，冰心译，湖南人民出版社，1981年版

(98)《雪国》，（日）川端康成著，高慧勤译，漓江出版社，1985初版

(99)《一千零一夜》，（阿拉伯）纳训译，人民文学出版社，1957年版

(100)《外国文学作品选》，（两卷本）郑克鲁编，复旦大学出版，1999年版